PATRICK ADLER

PRIVATRECHT

BAND II – VERTIEFUNG

Maximilian Verlag
Hamburg

PATRICK ADLER

PRIVATRECHT
BAND II – VERTIEFUNG

2. Auflage

Bibliografische Information der Deutschen Nationalbibliothek
Die Deutsche Nationalbibliothek verzeichnet diese Publikation in der Deutschen Nationalbibliografie; detaillierte bibliografische Daten sind im Internet über http://dnb.d-nb.de abrufbar.

ISBN 978-3-7869-1286-6

Layout: Inge Mellenthin, Produktion: Marisa Tippe, Hamburg
Umschlaggestaltung: Marisa Tippe, Hamburg
Druck und Bindung: Plump Druck & Medien GmbH, Rolandsecker Weg 33, 53619 Rheinbreitbach

Printed in Germany

Inhaltsverzeichnis

Übersichten

Vorwort

Das vorliegende Lehrbuch erscheint nunmehr in zweiter Auflage. Die Weiterführung des von Julia Kolkmann begründeten Werkes obliegt ab der zweiten Auflage Patrick Adler.

Seit dem Erscheinen der ersten Auflage im Jahr 2013 gab es einige Rechtsänderungen. Die größten Änderungen ergaben sich im kaufrechtlichen Gewährleistungsrecht sowie im Bereich des Widerrufs von Verbraucherverträgen.

Mittelfristig ist eine gänzliche Neuauflage des zweibändigen Werkes unter neuer Schwerpunktsetzung angedacht.

Über Anregungen zum Werk freue ich mich (Patrick.Adler@sikosa.de).

Aus dem Vorwort zur ersten Auflage:

»Das Privatrecht wird von vielen als Rechtsgebiet angesehen, das schwer zugänglich und oft verwirrend ist. Manche Auszubildende und Beschäftigte in der öffentlichen Verwaltung gehen sogar so weit, zu behaupten, dass das Privatrecht im Rahmen der Ausbildung eigentlich überflüssig ist, da man ja nur mit öffentlich-rechtlichen Vorschriften arbeite. Dabei wird außer Acht gelassen, dass das Privatrecht eine wichtige Säule unseres Rechtssystems ist und von den Mitarbeitern in der öffentlichen Verwaltung immer wieder erwartet wird, dass sie zumindest erkennen können, wann ein Sachverhalt nach privatrechtlichen Regelungen behandelt wird.

Dieses Skript ist geschrieben worden, um den Teilnehmern an einem Beschäftigtenlehrgang II dabei zu helfen, sich einen Weg durch den Dschungel des BGB zu bahnen und Sicherheit im Umgang mit privatrechtlichen Sachverhalten zu erlangen. Dabei orientieren sich die Inhalte an den Stoffverteilungsplänen des Studieninstituts für kommunale Verwaltung Sachsen-Anhalt e.V. Zahlreiche Beispiele dienen der Veranschaulichung und schärfen den Blick dafür, wie groß in der täglichen Verwaltungspraxis die Bedeutung des Privatrechts ist.«

1. Kapitel: Vertrag und Willenserklärung

Vor mehr oder weniger langer Zeit haben Sie einen B I absolviert oder eine Ausbildung zum/zur Verwaltungsfachangestellten. Vielleicht haben Sie das bürgerliche Recht damals lieben gelernt? Oder eher hassen gelernt? Nun sitzen Sie jedenfalls im Beschäftigtenlehrgang II und haben keine Wahl: So oder so müssen Sie sich wieder mit dem bürgerlichen Recht und dem BGB herumärgern. Besonders mühsam wird es, wenn Sie Ihren Beschäftigtenlehrgang I oder Ihre Ausbildung bereits vor dem 01.01.2002 absolviert haben. Denn an diesem Tag ist das neue Schuldrecht in Kraft getreten, und es hat sich vieles geändert. An einigen Stellen wäre es am besten, wenn Sie das, was Sie damals mühsam gelernt haben, bereits wieder vergessen hätten. Sie haben sicherheitshalber alles vergessen? Auch gut. Aber es gibt Dinge, die Sie sich jetzt wieder ins Gedächtnis rufen müssen. Darum wird es in den ersten drei Kapiteln dieses Buches gehen: Die wichtigsten Dinge wieder auszugraben, die in Ihrem Gedächtnis verschüttet sind.

Worum geht es im bürgerlichen Recht? Hauptsächlich um Verträge.
Die Deckung des eigenen täglichen Bedarfs erfolgt in erster Linie durch den Abschluss von Verträgen: Jeder Mensch braucht Essen und ein Dach über dem Kopf. Wenn man sich diese Dinge nicht mit Hilfe von roher Gewalt beschaffen möchte, bleibt nur eine Möglichkeit: Man muss Verträge schließen:
Lebensmittel kann man kaufen (Kaufvertrag, §§ 433 ff. BGB, Ware gegen Geld), eine Wohnung mieten (Mietvertrag §§ 535 ff. BGB, Benutzung gegen Geld) oder ebenfalls kaufen (§§ 433 ff. BGB). Um die Gegenstände des täglichen Bedarfs zu erhalten, muss man jemanden finden, der das hat, was man braucht und der bereit ist, gegen eine entsprechende Bezahlung die Sache herzugeben. Allen Verträgen ist gemeinsam, dass es nicht nur um den Willen einer Person geht. Vielmehr kommt ein Vertrag nur dann zustande, wenn **zwei** Personen sich einig sind. Beide Personen müssen jeweils ihren Willen erklären, einen Vertrag miteinander schließen zu wollen. Es ist also eine Erklärung von jeder der beiden Vertragsparteien erforderlich. Diese rechtlich relevanten Erklärungen nennt das Gesetz **Willenserklärungen**.
Nicht jeder Wille, den man äußert, stellt eine Willenserklärung dar. Wenn man bei einer Frühstücksverabredung sein Gegenüber bittet, doch einmal die Butter zu reichen, äußert man zwar einen Willen, aber diese Äußerung hat keine rechtlichen Konsequenzen. Nur dann, wenn der geäußerte Willen auf die Herbeiführung einer bestimmten Rechtsfolge gerichtet ist, liegt eine Willenserklärung vor.

Eine Willenserklärung ist eine private Willensäußerung, die auf die Erzielung einer Rechtsfolge gerichtet ist.

Aus zwei Willenserklärungen kann dann ein Vertrag werden, wenn die Erklärungen inhaltlich übereinstimmen. Beide Vertragsparteien müssen sich über den Inhalt des Vertrages einig sein. Sie müssen sich sozusagen »vertragen«.

Ein Vertrag ist eine Willenseinigung, d.h. ein Rechtsgeschäft, das aus inhaltlich übereinstimmenden, mit Bezug aufeinander abgegebenen Willenserklärungen von mindestens zwei Personen besteht.

Bevor es um Verträge geht, müssen Sie sich erst einmal wieder daran erinnern, was genau eine Willenserklärung als Kern eines jeden Vertrages ist.

I. Die Bestandteile einer Willenserklärung

Bauamtsleiter Bert Baumann (B) wankt am Sonntag früh zu nachtschlafender Zeit (11.00 Uhr) zum Kiosk. Er greift wortlos in den Zeitungsständer und nimmt sich eine Zeitung heraus. Das Geld legt er der Kioskverkäuferin wortlos auf den Tisch und verlässt – weiterhin muffelnd – den Laden. Hat B einen Vertrag mit der Verkäuferin über den Kauf der Zeitung geschlossen?

Jeder Vertrag besteht also aus zwei übereinstimmenden Willenserklärungen, Angebot und Annahme. Wann aber liegt eine Willenserklärung vor? Die Definition, »Eine Willenserklärung ist jede private Willensäußerung, die auf die Erzielung einer Rechtsfolge gerichtet ist«, hilft nur begrenzt weiter.

Zunächst einmal darf man nämlich den Begriff »Willenserklärung« nicht zu wörtlich nehmen. Willens**erklärung** bedeutet nicht, dass der Erklärende den Mund aufmachen muss und etwas sagen muss, um eine Willenserklärung abzugeben. Auch durch ein bestimmtes und schlüssiges **Verhalten** (auch genannt »konkludentes Handeln«) kann man eine Willenserklärung abgeben.

Im obigen Fall darf man also den Abschluss eines Kaufvertrages nicht schon deshalb ablehnen, weil B während des ganzen Vorganges nicht ein Wort sagt. Allein durch sein Verhalten kann B eine Willenserklärung abgeben.

Aber Vorsicht: Es muss wenigstens **irgendein** Verhalten vorliegen. Wenn jemand **gar nichts macht**, kann sein Schweigen nicht einfach als Willenserklärung gedeutet werden. Das geht nur, wenn es eine entsprechende Vereinbarung zwischen den Parteien gibt oder das Gesetz dem Schweigen einen entsprechenden Erklärungswert beilegt, z.B. in § 516 Abs. 2 S. 2 BGB.

Schon der Name **Willenserklärung** weist darauf hin, dass eine Willenserklärung aus zwei Teilen besteht: dem Willen (= innerer Erklärungstatbestand) und der Erklärung dieses Willens (= äußerer Erklärungstatbestand). Da der Wille einer Person zunächst nicht erkennbar ist, muss er nach außen durch die Erklärung erkennbar gemacht werden.

Bestandteile einer Willenserklärung:

Wille
Innerer Erklärungstatbestand, z.B.:
»Ich will die örtliche Tageszeitung
für 0,80 € kaufen.«

Erklärung
Äußerer Erklärungstatbestand:
Gang zur Kasse mit der Zeitung in
der Hand, Geld auf den Tisch
legen.

Im Rechtsverkehr kommt es zunächst allein darauf an, wie der erklärte Willen, **nach außen** zu verstehen war. Was der Erklärende tatsächlich gewollt hat, ist erst einmal unbeachtlich. Entscheidend ist, welchen Willen der Erklärungsempfänger der geäußerten Erklärung entnehmen kann. Hierbei kann § 133 BGB Hilfestellung geben:

»Bei der Auslegung einer Willenserklärung ist der wirkliche Wille zu erforschen und nicht an dem buchstäblichen Sinne des Ausdrucks zu haften.«

Entscheidend ist demnach der wirkliche Wille des Erklärenden und nicht das, was er erklärt hat!

Wenn man aber nur auf den wirklichen Willen des Erklärenden abstellen würde, gäbe es allerdings Probleme: Jeder Mensch könnte Willenserklärungen abgeben und hinterher behaupten, dass er etwas ganz anderes gewollt hat und seine Willenserklärung so gar nicht mehr gültig sein soll. Der jeweilige Erklärungsempfänger könnte sich nie darauf verlassen, dass die Erklärung auch dem entspricht, was der Erklärende gewollt hat.

Um das Vertrauen des Erklärungsempfängers zu schützen, könnte man deshalb sagen:
»Die Willenserklärung hat den Inhalt, wie der Erklärungsempfänger sie tatsächlich verstanden hat.« Aber dann würde man dem Erklärungsempfänger die Macht einräumen, den Inhalt der Willenserklärung festzulegen. Dann könnte der Erklärungsempfänger immer sagen: »Ich habe die Willenserklärung so verstanden, also gilt das auch.« Das würde dem Erklärungsempfänger alle Macht geben.

Sinnvollerweise darf also weder der Erklärende noch der Erklärungsempfänger letztlich allein ausschlaggebend sein. Und was macht das BGB? Es geht den goldenen Mittelweg: Gemäß § 157 sind »Verträge so auszulegen, wie Treu und Glauben mit Rücksicht auf die Verkehrssitte es erfordern.« Aus dieser Vorschrift wird hergeleitet, dass weder der wirkliche Wille des Erklärenden entscheidend ist noch die Sicht des Erklärungsempfängers. Es ist vielmehr allein darauf abzustellen, wie der Empfänger die Erklärung »nach Treu und Glauben mit Rücksicht auf die Verkehrssitte hätte verstehen müssen.« Das bedeutet übersetzt: Man muss sich einen objektiven, verständigen Dritten an die Stelle des Erklärungsempfängers denken und sich fragen, wie dieser die Erklärung verstanden hätte. Das heißt dann: **Die Willenserklärung wird ausgelegt nach dem objektiven Empfängerhorizont.** Zunächst gilt also erst einmal die Willenserklärung mit dem Inhalt, wie sie vom Empfänger bei der ihm zumutbaren Sorgfalt zu verstehen ist. Dem Erklärenden bleibt gegebenenfalls nur die Möglichkeit, seine Willenserklärung anzufechten und sich auf diese Weise von dem geschlossenen Vertrag zu lösen.

1. Der äußere Erklärungstatbestand der Willenserklärung

Weil im Rechtsverkehr zunächst immer nur auf das geguckt wird, was der Erklärende geäußert hat und sein Wille erst einmal unwichtig ist, schauen auch wir zunächst auf den äußeren Tatbestand der Willenserklärung:

Damit der äußere Tatbestand einer Willenserklärung vorliegt, muss aus Sicht eines objektiven Beobachters auf einen Willen zur rechtlichen Bindung (Rechtsbindungswillen) geschlossen werden können.

Wenn für den Erklärungsempfänger deutlich wird, dass der Erklärende sich nicht rechtlich binden will, liegt keine Willenserklärung vor.

Im obigen Fall würde ein Rechtsbindungswille erkennbar fehlen, wenn B nur zum Plaudern vorbeigekommen wäre. Plaudern will B aber offenbar nicht, eher das Gegenteil. So lässt das Verhalten des B aus der Sicht der Verkäuferin nur den Schluss zu, dass B sich rechtlich binden will, nämlich einen Kaufvertrag abschließen will.

Wichtig: An dieser Stelle geht es noch nicht um die Frage, welche rechtliche Bindung genau eingegangen werden soll, also was für ein Vertrag genau abgeschlossen werden soll. Hier geht es nur darum, ob der Erklärende deutlich gemacht hat, dass er überhaupt eine rechtliche Bindung eingehen will.

Bei Gefälligkeiten liegt ebenfalls kein Rechtsbindungswille vor, es sei denn die Parteien wollten einen Gefälligkeitsvertrag schließen:
Ob das der Fall ist, richtet sich danach, ob
- eine wertvolle Sache anvertraut wird
- die Angelegenheit wirtschaftliche Bedeutung hat
- der Begünstigte ein besonderes Interesse an der Leistung hat

2. Der innere Erklärungstatbestand der Willenserklärung

Nun kommt die andere Hälfte der Willenserklärung, nämlich der wirkliche Wille des Erklärenden. Im Idealfall entspricht der innere Tatbestand der Willenserklärung (also der Wille des Erklärenden) dem äußeren Tatbestand (also der tatsächlichen Erklärung). Was geschieht aber, wenn der äußere Erklärungstatbestand einer bestimmten Willenserklärung vorliegt, aber der Erklärende einen ganz anderen Willen hatte?
An dieser Stelle muss geprüft werden, welcher Bestandteil des inneren Willens fehlt. Je nachdem ergeben sich unterschiedliche Rechtsfolgen. Der innere Tatbestand der Willenserklärung besteht hierbei aus dem Handlungswillen, dem Erklärungsbewusstsein sowie dem Geschäftswillen.

a) Der Handlungswille fehlt

Fall: Der 19-jährige Auszubildende zum Verwaltungsfachangestellten Max Müller geht freitagsabends in die Diskothek »Wildes Schaf«. Dort findet eine Hypnoseparty statt. Der Hypnotiseur hypnotisiert Max und einige andere Gäste. Unter Hypnose stehend wird Max gebeten bei der Tankstelle zwei Straßen weiter für den Hypnotiseur eine Schnellladestation für die Autobatterie zum Preis von 100,– € zu kaufen. Max folgt den Anweisungen.

Die Willenserklärung muss von einem Handlungswillen getragen sein. Unter dem Handlungswillen versteht man den Willen, eine bestimmte Handlung vorzunehmen. Der Handlungswille liegt bei jedem willensgesteuerten Verhalten vor. Er fehlt nur, wenn ein Verhalten nicht willensgesteuert ist, z.B. bei Bewegungen im Schlaf oder in Hypnose.

Wenn der Handlungswille fehlt, liegt nie eine Willenserklärung vor.

Im obigen Fall liegt aus der Sicht der Tankstelle erst einmal eine Willenserklärung und damit ein Kaufvertrag vor: Von dort kann man nicht erkennen, dass Max seine Bestellung unter Hypnose gemacht hat. Für die Tankstelle sieht es so aus, als wenn Max tatsächlich die Schnellladestation kaufen wollte. Der Rechtsbindungswille ist gegeben. Da Max jedoch unter Hypnose stand und ihm damit der Handlungswille fehlt, liegt keine Willenserklärung von ihm vor. Da keine Willenserklärung von Max vorliegt, konnte auch kein Kaufvertrag zustande kommen, da dieser zwei übereinstimmende Willenserklärungen erfordert. Hier gibt es nur die Willenserklärung der Tankstelle.

b) Das Erklärungsbewusstsein fehlt

Fall: Theodor ist zu Besuch in Trier. Im Rahmen des Besuchs nimmt er an einer Weinversteigerung, geleitet durch den Auktionator Flink, teil. Als der Auktionator gerade eine Flasche des Jahrganges 1786 für ein Mindestgebot von 160.000,– € aufruft, reißt Theodor den Arm in die Luft und begrüßt einen Freund, den er gerade unter den Anwesenden entdeckt. Der Auktionator sieht, dass Theodor seinen Arm hob und erteilt ihm, da kein anderer auf die sündhaft teure Flasche geboten hat, den Zuschlag. Theodor ist der Auffassung, dass er die Flasche Wein nicht gekauft hat, er habe schließlich nicht gewusst, dass in Trier das Heben eines Arms während einer Versteigerung die Abgabe eines (höheren) Angebots bedeutet.

Wenn jemand durch eine Äußerung aus Sicht des Erklärungsempfängers eine Willenserklärung abgibt, obwohl er eigentlich nichts Rechtserhebliches erklären wollte, sondern davon ausging, nur eine allgemeine Äußerung zu tätigen, wird es schwierig: An dieser Stelle besteht Streit darüber, ob eine Willenserklärung vorliegt oder nicht.

Nach der herrschenden Meinung liegt bei fehlendem Erklärungsbewusstsein eine Willenserklärung vor, wenn der Erklärende bei Anwendung der im Verkehr erforderlichen Sorgfalt hätte erkennen können, dass die Erklärung objektiv als Willenserklärung aufgefasst wird. Der Erklärende muss also aufpassen, was er tut. Wenn er sich in einer bestimmten Umgebung befindet, muss er Rücksicht darauf nehmen, dass seine Mitmenschen sein Verhalten auf eine bestimmte Art und Weise deuten. Also wird bei fehlendem Erklärungsbewusstsein erst einmal von einer Willenserklärung ausgegangen. Damit der Erklärende aber nicht dauerhaft an seine Willenserklärung gebunden bleibt, gibt ihm die herrschende Meinung die Möglichkeit, seine Willenserklärung anzufechten.

Im vorliegenden Fall liegen nach außen für den Auktionator der Rechtsbindungswille und damit der äußere Tatbestand der Willenserklärung vor. Deshalb liegt zunächst eine Willenserklärung von Theodor vor!
Problem aber: Theodor fehlte das Bewusstsein, dass sein Verhalten eine rechtserhebliche Erklärung darstellt. Es fehlt ihm also das Erklärungsbewusstsein! Dennoch liegt nach der herrschenden Meinung eine Willenserklärung vor. Entscheidend ist, dass Theodor, wenn er aufgepasst hätte, hätte erkennen

können, dass sein Verhalten als Willenserklärung gedeutet werden kann. Er hätte sich über die Bedeutung des Hebens des Arms informieren müssen. Nur wenn Theodor nicht hätte erkennen können, dass sein Verhalten nach außen als Willenserklärung gedeutet wird, würde keine Willenserklärung vorliegen. In unserem Fall bleibt es also bei einer Willenserklärung des Theodor. Jedoch hat er die Möglichkeit, seine Willenserklärung anzufechten.

c) Der Erklärende hatte keinen bzw. einen anderen Geschäftswillen

Der Erklärende muss deutlich machen, welche Rechtsfolgen er mit seiner Erklärung genau herbeiführen will. Während es beim Rechtsbindungswillen noch um die Frage ging, ob sich der Erklärende überhaupt rechtlich binden will, geht es jetzt darum, welche Rechtsfolge der Erklärende genau bewirken will. Wenn kein bestimmter Geschäftswille erkennbar ist, liegt keine Willenserklärung vor.

Wenn der Erklärende jedoch einen anderen Geschäftswillen hat, als er tatsächlich mit seiner Willenserklärung geäußert hat, so liegt dennoch eine Willenserklärung vor. Sein abweichender Wille schadet nicht. Die Willenserklärung hat den Inhalt, wie der Erklärungsempfänger sie bei Anwendung der ihm zumutbaren Sorgfalt verstehen konnte. Dem Erklärenden, der tatsächlich etwas anderes wollte, bleibt nur die Möglichkeit, seine Willenserklärung anzufechten, wenn die Voraussetzungen der §§ 119 ff. BGB vorliegen.

Übersicht: Der innere Erklärungstatbestand der Willenserklärung:

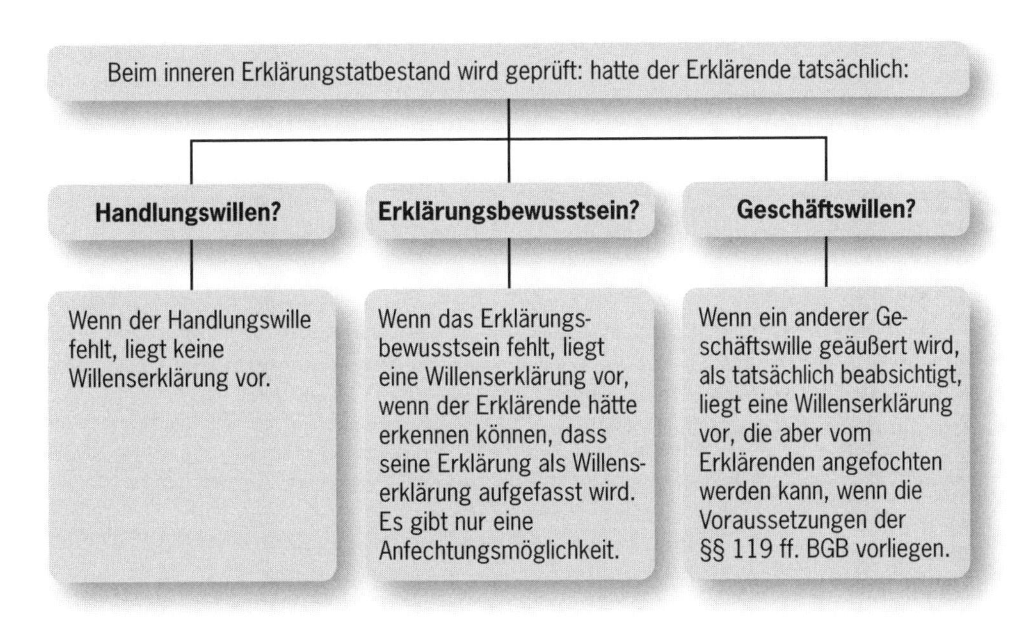

II. Wirksamwerden der Willenserklärung: empfangsbedürftige – nicht empfangsbedürftige Willenserklärung

Nachdem es eben um die Bestandteile einer Willenserklärung ging, geht es jetzt um die Frage, wie man eine wirksame Willenserklärung in die Welt setzen kann. Nicht jede Willenserklärung ist schon dann wirksam in der Welt, wenn sie geäußert wurde oder zu Papier gebracht wurde. Das Gesetz unterscheidet zwischen **empfangsbedürftigen** und **nicht empfangsbedürftigen Willenserklärungen.**

1. Empfangsbedürftige Willenserklärung

Eine empfangsbedürftige Willenserklärung, wie der Name schon sagt, »bedarf eines Empfanges«. Empfangsbedürftige Willenserklärungen sind solche, die an eine andere Person gerichtet sind und von denen eine bestimmte Reaktion auf die Willenserklärung erwartet wird. Beispiel: Ein Angebot zum Abschluss eines Kaufvertrages ist an eine bestimmte andere Person gerichtet. Von dieser erwartet der Erklärende, dass sie sich zu dem Angebot äußert und das Angebot im Idealfall annimmt. Weil eine Reaktion des Erklärungsempfängers auf die Willenserklärung erwartet wird, ist es für das Wirksamwerden einer empfangsbedürftigen Willenserklärung nicht ausreichend, dass der Erklärende sie im stillen Kämmerlein vor sich hin erzählt. Vielmehr soll sich die Person, an die sich die Erklärung richtet, darauf einstellen können, dass eine Willenserklärung an sie gerichtet wird. Aus diesem Grund wird eine empfangsbedürftige Willenserklärung erst dann wirksam, wenn der Erklärende sie **abgegeben** hat und sie dem Erklärungsempfänger **zugegangen** ist, § 130 I 1 BGB. Leider sagt das Gesetz nicht, was genau unter Abgabe und Zugang der Willenserklärung zu verstehen ist. Hier haben Sie reichlich Gelegenheit zum Auswendiglernen:

a) Abgabe der Willenserklärung

Frau Brummelig ist Bürgermeisterin. Sie und Ihre Ehefrau steuern auf ihren ersten Hochzeitstag zu. Zu diesem Anlass möchte B ihrer Frau eine besondere Freude machen. Sie wählt aus einem Versandkatalog einen Hosenanzug aus, von dem sie weiß, dass ihre Frau ihn sich schon lange gewünscht hat. Sie füllt das Bestellformular aus und lässt es auf ihrem Schreibtisch im Büro liegen, da sie sich die Sache noch einmal durch den Kopf gehen lassen möchte. Tatsächlich kommen ihr am nächsten Tag Zweifel, als sie mit ihrer Frau im Streit ist. Also nimmt sie von der Kaufentscheidung Abstand. Als sie das Bestellformular vernichten will, muss sie aber feststellen, dass ihr eifriger Mitarbeiter im Vorzimmer in der Vorstellung, sie habe nur vergessen, das Formular abzuschicken, dieses schon weggeschickt hat. Als das Versandhaus den Hosenanzug schickt, fragt sich B, ob wirklich ein Vertrag zwischen ihr und dem Versandhaus zustande gekommen ist.

Eine empfangsbedürftige Willenserklärung ist dann abgegeben worden, wenn sie vom Erklärenden **willentlich** so in den Verkehr gebracht worden ist, dass ohne sein weiteres Zutun der Zugang eintreten kann.

Bei **mündlichen** Äußerungen ist die Erklärung dann abgegeben, wenn sie **ausgesprochen** worden ist. Bei einer **schriftlichen** Erklärung ist die Willenserklärung erst dann abgegeben worden, wenn der Erklärende **alles getan hat, damit die Erklärung zum Empfänger gelangt.**
Wenn eine Willenserklärung auf dem Postweg verschickt werden soll, ist sie also dann abgegeben, wenn sie der Erklärende in den Briefkasten gesteckt hat. Erst dann muss der Erklärende nichts mehr tun, damit die Willenserklärung dem Empfänger zugeht.

Im obigen Fall hatte B noch nicht alles getan, damit ihre Willenserklärung zum Versandhaus gelangt. Das wäre erst der Fall gewesen, wenn sie das Bestellformular in den Briefkasten gesteckt hätte oder es dem Mitarbeiter gegeben hätte, damit dieser es abschickt. So ist die Bestellung zwar zum Versandhaus gelangt, aber ohne den Willen der B. Da es an einer willentlichen Entäußerung fehlt, ist die Willenserklärung nicht abgegeben worden. Daher ist die Willenserklärung der B nicht wirksam geworden. Nur das Versandhaus hat hier eine wirksame Willenserklärung abgegeben, indem es den Hosenanzug zugesandt hat. Eine Willenserklärung reicht aber für den Abschluss eines Kaufvertrages nicht aus. Daher ist zwischen B und dem Versandhaus kein Kaufvertrag zustande gekommen.

b) Zugang der Willenserklärung

Fall: Während der Fußballweltmeisterschaft geht einen Tag vor dem Finale das Fernsehgerät von Sachbearbeiter im Finanzwesen Oliver K. kaputt. In höchster Not ruft er beim Elektrogeschäft des Jens L. an, um sofort ein neues Gerät zu bestellen. Dort erreicht er, da es bereits 22.00 Uhr ist, nur den Anrufbeantworter, der seine Bestellung aufzeichnet. Am nächsten Morgen öffnet Jens L. um 9.00 Uhr sein Geschäft. Wegen des großen Andrangs während der WM kommt er erst gegen 12.00 Uhr dazu, die Nachrichten abzuhören. Wann ist die Willenserklärung von Oliver K. zugegangen?

Eine empfangsbedürftige Willenserklärung ist dann zugegangen, wenn sie so in den Machtbereich des Empfängers gelangt ist, dass dieser unter normalen Verhältnissen die Möglichkeit hat, vom Inhalt der Erklärung Kenntnis zu nehmen.

Zugang der Willenserklärung bedeutet also nicht, dass der Empfänger von der Erklärung tatsächlich Kenntnis genommen haben muss. Vielmehr ist ausreichend, dass der Empfänger die Möglichkeit hat, von der Erklärung Kenntnis zu nehmen **und** wenn unter normalen Umständen mit der Kenntnisnahme zu rechnen ist.
Mit der obigen Faustformel lassen sich alle Fälle lösen, in denen eine Willenserklärung gegenüber einem **Abwesenden** geäußert wird. Immer wenn eine Willenserklärung geäußert wurde und der Erklärungsempfänger **nicht anwesend** war, muss also geprüft werden:
1. wann die Willenserklärung in den Machtbereich des Erklärungsempfängers gelangt ist **und**
2. wann er die Möglichkeit zur Kenntnisnahme hatte
und
3. wann unter normalen Umständen mit der Kenntnisnahme zu rechnen war.

Im obigen Fall ist die Bestellung des K. vom Anrufbeantworter entgegengenommen worden. Alle vom Erklärungsempfänger bereitgehaltenen Einrichtungen zur Entgegennahme von Erklärungen, wie z.B. Briefkasten, Postfach, E-Mail-Briefkasten oder Anrufbeantworter gehören zum Machtbereich des Erklärungsempfängers. Wenn also der Anrufbeantworter die Bestellung aufgezeichnet hat, ist die Willenserklärung in den Machtbereich des Erklärungsempfängers gelangt. Damit ist aber noch nicht automatisch der Zugang eingetreten. L. hatte nämlich, da es nach Geschäftsschluss war, keine Möglichkeit, die Willenserklärung zur Kenntnis zu nehmen. Diese Möglichkeit hatte er erst am nächsten Morgen. Tatsächlich hat er aber erst mittags den Anrufbeantworter abgehört. Auf die tatsächliche Kenntnisnahme kommt es jedoch nicht an. Unter normalen Umständen war mit einer Kenntnisnahme schon zu einem früheren Zeitpunkt zu rechnen: Normalerweise hätte L. den Anrufbeantworter schon früher abhören können. Im vorliegenden Fall wird man sagen können, dass die Willenserklärung des K. schon um 9.00 Uhr zugegangen ist, als das Geschäft geöffnet wurde.

Etwas schwieriger wird es, wenn die Willenserklärung gegenüber einem **Anwesenden** erklärt wird. In einem solchen Fall fehlt eine gesetzliche Regelung.
Wenn es um eine **schriftliche** Erklärung geht, kann wieder auf die Faustformel zurückgegriffen werden. Wann ist die Erklärung in dem Machtbereich des Erklärungsempfängers gelangt und wann ist mit seiner Kenntnisnahme zu rechnen? In dem Moment, in dem ihm die schriftliche Erklärung übergeben wird.

Wenn es aber um eine **mündliche** Erklärung geht, wird es schwieriger:
Man könnte jetzt auf die Idee kommen, dass diese Fälle ganz einfach sind: Wenn der Erklärungsempfänger anwesend ist, also die Erklärung gleich **hören** kann, fallen Abgabe und Zugang zusammen, und die Willenserklärung wird sofort wirksam. Die ganzen Verrenkungen mit dem Machtbereich und der Möglichkeit der Kenntnisnahme könnte man sich damit sparen. Aber was passiert, wenn der Erklärungsempfänger taub ist, die Willenserklärung also gar nicht hören kann? Dann kann die Erklärung gar nicht zugehen. Und was passiert, wenn der Erklärungsempfänger die Erklärung falsch versteht? Ist sie dann nicht zugegangen? Das wäre für den Erklärenden schwierig, weil er dann immer sicherstellen müsste, dass der Erklärungsempfänger ihn richtig verstanden hat, anderenfalls wäre seine Willenserklärung nicht wirksam geworden. Um einerseits den Erklärungsempfänger davor zu schützen, dass er mit einer Willenserklärung konfrontiert wird, die er nicht wahrnehmen konnte, andererseits aber auch den Erklärenden zu schützen, damit er nicht noch dreimal nachfragen muss, ob der Empfänger ihn richtig verstanden hat, wird in den Fällen der mündlichen Erklärung gegenüber Anwesenden folgendermaßen entschieden:

> Eine mündliche Erklärung gegenüber Anwesenden geht dann zu, wenn der Erklärungsempfänger sie akustisch verstanden hat und der Erklärende vernünftigerweise keinen Zweifel daran haben konnte, dass der Empfänger die Erklärung verstanden hat.

Beispiel: Wenn jemand gegenüber einem Tauben eine Willenserklärung abgibt, kann die Willenserklärung nicht zugehen, weil der Taube die Erklärung nicht akustisch wahrnehmen kann. Anders ist es, wenn der Erklärungsempfänger nicht ordentlich zuhört und deshalb die Erklärung falsch versteht: In diesem Fall hat der Empfänger die Erklärung akustisch wahrgenommen und der Erklärende durfte davon ausgehen, dass der Empfänger die Erklärung richtig versteht.

c) Widerruf einer Willenserklärung nach § 130 Abs. 1 S. 2 BGB

Fall: Die Stadt Schnurpseldingen benötigt neues Streusalz für den nächsten Winter. Es wird eine Bestellung an die Firma Blitzeis geschickt. Nachdem die Bestellung bereits abgeschickt wurde, erhält die Stadt das Angebot, aus den Vorräten des Landkreises das benötigte Streusalz zu einem günstigeren Preis zu erhalten. Der Hauptamtsleiter von Schnurpseldingen schickt der Firma Blitzeis ein Telegramm, wonach die Bestellung nicht gelten soll. Dieses Telegramm erreicht der Geschäftsführer der Firma Blitzeis mit der gleichen Post wie die Bestellung. Die Geschäftsführerin liest erst die Annahmeerklärung, dann das Telegramm. Sie möchte das Streusalz gerne loswerden und fragt, welche Auswirkungen das Telegramm auf die Annahmeerklärung hat.

Mit dem Zugang beim Erklärungsempfänger wird die Willenserklärung wirksam. Im Falle einer Annahmeerklärung kommt mit dem Zugang der Erklärung bei der Person, die das Angebot unterbreitet hat, der Vertrag zustande. Der Annehmende hat dann nur in Ausnahmefällen die

Möglichkeit, sich wieder vom Vertrag zu lösen. Der Erklärende hat nur **vor** dem Zugang der Erklärung noch die Möglichkeit, das Wirksamwerden der Erklärung zu verhindern, und zwar, wenn er die Willenserklärung **widerruft**.
Diese Widerrufserklärung muss dem Erklärungsempfänger gemäß § 130 Abs. 1 S. 2 BGB **vor** oder **spätestens gleichzeitig** mit der eigentlichen Willenserklärung zugehen.

Im obigen Fall ist der Geschäftsführerin die Widerrufserklärung mit der gleichen Post zugegangen wie die Annahmeerklärung. Also liegen die Voraussetzungen von § 130 Abs. 1 S. 2 BGB vor: Die Annahmeerklärung wird nicht wirksam. Dass die Geschäftsführerin tatsächlich erst die Annahmeerklärung und dann den Widerruf gelesen hat, schadet nicht. Entscheidend ist nur, dass Widerruf und Annahmeerklärung gleichzeitig zugegangen sind.

Übersicht über das Wirksamwerden einer empfangsbedürftigen Willenserklärung:

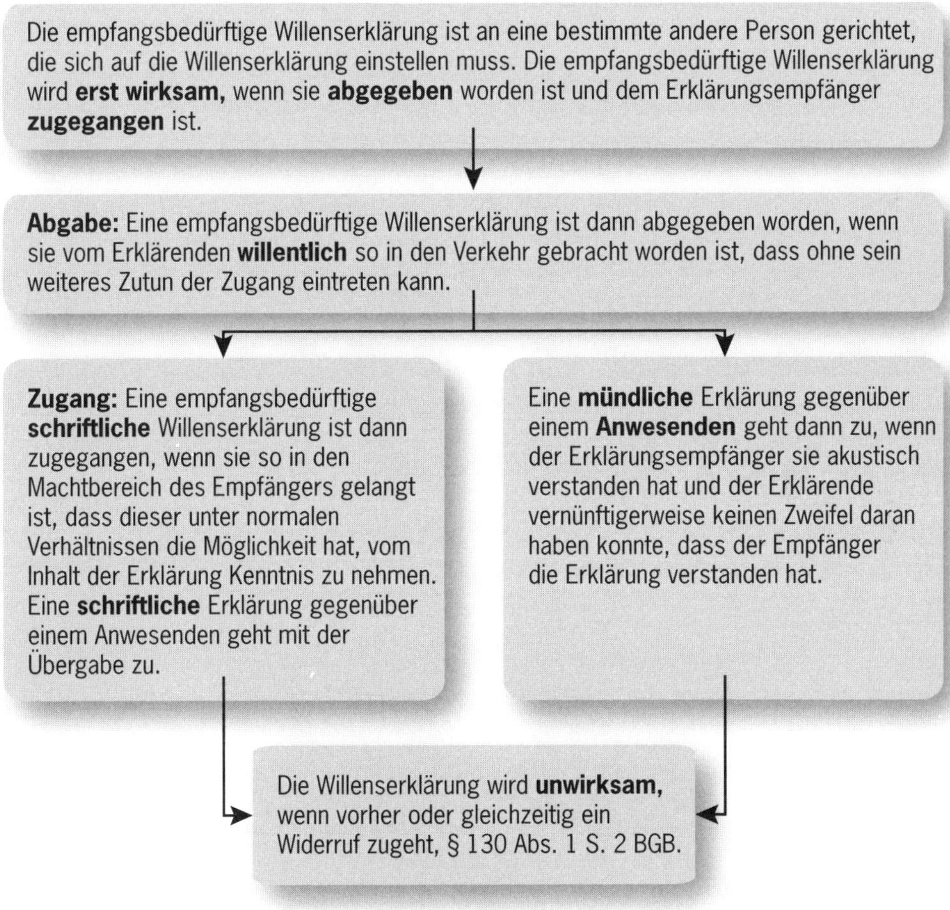

Die empfangsbedürftige Willenserklärung ist an eine bestimmte andere Person gerichtet, die sich auf die Willenserklärung einstellen muss. Die empfangsbedürftige Willenserklärung wird **erst wirksam,** wenn sie **abgegeben** worden ist und dem Erklärungsempfänger **zugegangen** ist.

↓

Abgabe: Eine empfangsbedürftige Willenserklärung ist dann abgegeben worden, wenn sie vom Erklärenden **willentlich** so in den Verkehr gebracht worden ist, dass ohne sein weiteres Zutun der Zugang eintreten kann.

↓

Zugang: Eine empfangsbedürftige **schriftliche** Willenserklärung ist dann zugegangen, wenn sie so in den Machtbereich des Empfängers gelangt ist, dass dieser unter normalen Verhältnissen die Möglichkeit hat, vom Inhalt der Erklärung Kenntnis zu nehmen. Eine **schriftliche** Erklärung gegenüber einem Anwesenden geht mit der Übergabe zu.

Eine **mündliche** Erklärung gegenüber einem **Anwesenden** geht dann zu, wenn der Erklärungsempfänger sie akustisch verstanden hat und der Erklärende vernünftigerweise keinen Zweifel daran haben konnte, dass der Empfänger die Erklärung verstanden hat.

↓

Die Willenserklärung wird **unwirksam,** wenn vorher oder gleichzeitig ein Widerruf zugeht, § 130 Abs. 1 S. 2 BGB.

2. Die nicht empfangsbedürftige Willenserklärung

Nicht empfangsbedürftige Willenserklärungen sind alle Willenserklärungen, die nicht an eine bestimmte Person gerichtet sind. Der Erklärende erwartet keine bestimmte Reaktion auf seine Erklärung. Niemand muss sich in besonderer Weise auf die Willenserklärung einstellen.
Die meisten Willenserklärungen sind empfangsbedürftig. Nur wenn sich ausdrücklich aus dem Gesetz oder dem Zusammenhang ergibt, dass die Willenserklärung nicht an eine bestimmte Person gerichtet ist, liegt eine nicht empfangsbedürftige Willenserklärung vor.
Hauptbeispiel für eine nicht empfangsbedürftige Willenserklärung ist das **Testament**: Ein Testament ist nicht an eine bestimmte Person gerichtet, die sich auf die Erklärung einstellen muss.
Während die empfangsbedürftige Willenserklärung erst dann wirksam ist, wenn sie abgegeben wurde und dem Empfänger zugegangen ist, geht es bei der nicht empfangsbedürftigen Willenserklärung leichter: Die nicht empfangsbedürftige Willenserklärung wird mit der **Abgabe wirksam**. Dabei bedeutet Abgabe nicht das Gleiche wie bei der empfangsbedürftigen Willenserklärung: Die nicht empfangsbedürftige Willenserklärung muss nicht willentlich in den Verkehr gebracht werden. Vielmehr bedeutet »Abgabe« bei der nicht empfangsbedürftigen Willenserklärung, dass der Erklärende die Erklärung fertiggestellt haben muss, sie also z.B. zu Papier gebracht haben muss: In dem Augenblick ist die Willenserklärung abgegeben und damit wirksam.

Übersicht: Wirksamwerden von empfangsbedürftigen und nicht empfangsbedürftigen Willenserklärungen:

Wann eine Willenserklärung wirksam wird richtet sich danach, ob es eine **empfangsbedürftige** oder **nicht empfangsbedürftige** Willenserklärung ist.

Empfangsbedürftige Willenserklärung: An eine bestimmte Person gerichtet, die sich auf die Willenserklärung einstellen muss.
Grds. alle Willenserklärungen, es sei denn, es ergibt sich aus dem Gesetz, dass die Erklärung an keine bestimmte Person gerichtet ist.
Wird wirksam mit:

Abgabe: Wenn die Willenserklärung vom Erklärenden willentlich so in den Verkehr gebracht wird, dass ohne sein weiteres Zutun der Zugang eintreten kann.

Zugang: Wenn die Willenserklärung so in den Machtbereich des Empfängers gelangt ist, dass er die Möglichkeit der Kenntnisnahme hat und unter normalen Umständen mit der Kenntnisnahme zu rechnen ist.

Die Willenserklärung wird **unwirksam,** wenn vorher oder gleichzeitig ein Widerruf zugeht, § 130 Abs. 1 S. 2 BGB.

Nicht empfangsbedürftige Willenserklärung: An keine bestimmte Person gerichtet. Beispiel: Testament.
Wird wirksam mit:

Abgabe = Fertigstellung

III. Der Vertragsschluss

So, nun wissen Sie wieder ganz genau, was Willenserklärungen sind, woraus sie bestehen und wie sie wirksam werden. Nun geht es wieder um das Thema Vertrag und die Frage, wie ein Vertrag zustande kommt. Für den Abschluss eines Vertrages braucht man zwei übereinstimmende Willenserklärungen, nämlich ein **Angebot** (vom BGB auch Antrag genannt) einer Person und die **Annahme** dieses Angebotes durch eine andere Person. Angebot und Annahme sind empfangsbedürftige Willenserklärungen.

Fall: A schreibt B einen Brief: »Wollen Sie meine Jugendstilvase zum Preis von 300,– € erwerben?« B schreibt zurück: »Zum Preis von 200,– € würde ich die Vase sofort nehmen.« A antwortet darauf nicht. Ist ein Kaufvertrag zwischen A und B zustande gekommen?

Im Idealfall sieht der Vertragschluss so aus:

Angebot: Annahme:

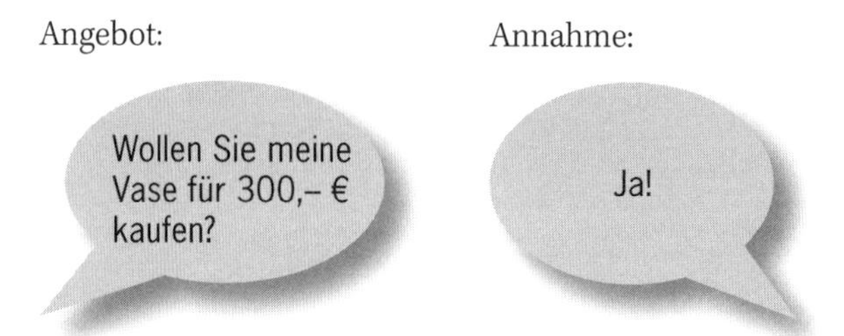

Ein Vertrag setzt im Einzelnen Folgendes voraus:

1. Es müssen Willenserklärungen von mindestens zwei Personen vorliegen: Angebot und Annahme.
2. Die Willenserklärungen müssen inhaltlich übereinstimmen. Beide müssen also das Gleiche wollen. Dabei ist nur der äußere Erklärungstatbestand der Willenserklärungen gemeint, s.o. (Nur am Rande: Wenn der **innere** Wille der Parteien übereinstimmt, dann liegt immer ein Vertragsschluss hierüber vor, egal, was die Parteien nach außen erklärt haben. Wenn der indische Geschäftsmann im bayerischen Biergarten also sagt: »Ich möchte diesen Teppich nicht kaufen«, dann ist ein Kaufvertrag über ein Weißbier zustande gekommen, wenn die Kellnerin erkennt, dass er ein Weißbier bestellen wollte und sie ihm das Weißbier auch verkaufen will.)

Im obigen Fall stimmen die beiden Willenserklärungen nicht inhaltlich überein. A und B wollen nicht das Gleiche. Daher ist kein Vertrag geschlossen worden.

3. Die Willenserklärungen müssen mit Bezug aufeinander abgegeben werden. Das ist dann nicht der Fall, wenn die Willenserklärungen unabhängig voneinander abgegeben werden.

Beispiel: A schreibt B einen Brief: »Wollen Sie meine Vase für 300,– € kaufen?« B schreibt, bevor er den Brief des A erhält: »Ich würde gerne Ihre Vase für 300,– € kaufen.« Auch wenn die Willenserklärungen übereinstimmen, wurde kein Vertrag geschlossen!

1. Das Angebot

a) Angebot oder nur Aufforderung zur Abgabe von Angeboten?

Fall: Die Verwaltungsfachangestellte Jennifer A. geht shoppen. Im Schaufenster des Bekleidungsgeschäftes von Frau Edel-Fetzen erblickt sie ein gar liebliches Modellkleid.
Das Kleid ist mit einem großen Schild gekennzeichnet: »Sonderangebot! Einzelstück für sagenhaft günstige 1.300,– €!« Jennifer A. ist hingerissen. Sie begibt sich sogleich in das Geschäft und erklärt, sie nehme das Kleid, es solle ihr bitte eingepackt werden. Frau Edel-Fetzen weigert sich jedoch, weil sie das Kleid kurz zuvor bereits an Frau Angelina J. verkauft hat und nur noch nicht dazu gekommen ist, es aus dem Fenster zu nehmen. Jennifer A. fordert wutschnaubend die Übereignung und Übergabe des Kleides. Sie meint, dass sie das Sonderangebot von Frau Edel-Fetzen angenommen habe und damit ein Vertrag zwischen ihnen zustande gekommen sei. Hat sie recht?

Jeder Vertragschluss beginnt damit, dass jemand ein Angebot abgibt.
Aber Vorsicht! Nicht überall, wo »Angebot« draufsteht, ist auch ein Angebot drin! Wichtig ist, sich immer wieder zu sagen, dass das Angebot eine empfangsbedürftige Willenserklärung ist. Das Angebot muss also alle Bestandteile einer Willenserklärung aufweisen. Der äußere Erklärungstatbestand muss **für den Erklärungsempfänger** auf einen Handlungswillen, einen Rechtsbindungswillen und einen Geschäftswillen schließen lassen.

Im obigen Fall wäre also zu prüfen, ob das Ausstellen des Kleides im Schaufenster mit dem Preisschild alle Merkmale einer Willenserklärung aufweist.
Problematisch ist in diesem Zusammenhang der Rechtsbindungswille: Wollte Frau E.-F. mit jedem Kunden, der die Annahme erklärt, einen Kaufvertrag schließen? Dann würde sie auch mit jemandem, der das Kleid überhaupt nicht bezahlen kann, einen Vertrag schließen müssen, nur weil er in den Laden spaziert ist und die Annahme erklärt hat. Außerdem würde sie dann Gefahr laufen – wie es im obigen Fall ja auch passiert ist –, dass mehrere Personen ihr Angebot annehmen und sie nur einen Vertrag tatsächlich erfüllen kann. Aus diesen Gründen kann man im Fall der Schaufensterauslage keinen Rechtsbindungswillen der Frau E.-F. annehmen: Sie wollte sich nicht jedem gegenüber rechtlich binden und mit jedem, der vorbeikommt einen Kaufvertrag abschließen. Also hat sie kein Angebot abgegeben!

Im Fall von Schaufensterauslagen fehlt also stets der Rechtsbindungswille. Das Gleiche gilt für Zeitungsanzeigen, Werbeprospekte, Versandkataloge und auch für das Bereitstellen der Ware in einem Selbstbedienungsladen. Alle diese Äußerungen stellen selbst noch keine Willenserklärung dar, sondern dienen nur der Vorbereitung eines Vertragsschlusses. Der Erklärende macht nur deutlich, dass er grundsätzlich bereit ist, einen Vertrag abzuschließen. Rechtlich binden will er sich in dem Moment aber noch nicht.
Aber wer gibt denn nun ein Angebot ab, wenn das »Sonderangebot« im Schaufenster gar kein Angebot ist? Das wird klar, wenn man sich überlegt, welche Willenserklärung »Angebot« und welche Willenserklärung »Annahme« heißt: **Das Angebot ist immer die Willenserklärung, die als erste abgegeben wird.** Und die Annahme ist die zeitlich nachfolgende Erklärung. Wenn also z.B. der Verkäufer durch das Ausstellen der Ware im Schaufenster noch kein Angebot abgegeben hat, ist es der Käufer, der in den Laden spaziert und seine Kaufabsicht äußert, der damit ein Angebot abgibt. Es ist also genau andersherum, als man es sich so vorstellt: Nicht der Verkäufer gibt ein Angebot ab, sondern der Käufer. Und dieses Angebot kann der Verkäufer dann annehmen, wenn

er sich von der Zahlungsfähigkeit des Käufers überzeugt hat und sichergestellt hat, dass er die Ware noch auf Lager hat.
Die Äußerung des Verkäufers, die in dem Ausstellen der Ware im Schaufenster liegt, nennt man »Aufforderung an die Allgemeinheit zur Abgabe von Angeboten«. Oder wenn Sie es lateinisch mögen: »invitatio ad offerendum«.

b) Angebot oder nur Gefälligkeit?

Fall: Der Sachbearbeiter Anton Klotz aus München will am Wochenende mit seinem Auto an die Nordsee fahren. Da Anton eigentlich keine Lust hat, alleine zu fahren, bietet er seinem Freund Egon Motz an, doch mitzufahren. Dieser sagt begeistert zu. Einen Tag bevor es losgehen soll, lernt Anton Beate kennen. Kurz entschlossen fragt er sie, ob sie ihn am Wochenende an die See begleiten möchte. Beate sagt zu. Daraufhin ruft Anton bei Egon an und teilt ihm mit, dass aus der Fahrt nichts wird, da er lieber mit Beate allein fahren möchte. Egon ist stinksauer und fragt, ob er nicht einen Anspruch auf Mitnahme hat. Schließlich hätte er doch das Angebot von Anton angenommen und somit einen Vertrag geschlossen. Anton hingegen meint, dass ein Vertrag schon deshalb zwischen ihnen nicht bestehe, weil er Egon kostenlos mitnehmen wollte. Bei einer unentgeltlichen Leistung bestehe aber nie ein Vertrag. Wer von den beiden hat recht?

Jetzt geht es noch einmal um das Thema: Nicht überall, wo »Angebot« draufsteht, ist auch ein Angebot drin! Nicht jedes Versprechen, eine bestimmte Leistung zu erbringen, führt automatisch dazu, dass ein Vertrag zwischen den beteiligten Personen zustande kommt, der einen Anspruch auf die versprochene Leistung begründet. Dann würde sich kein Mensch noch dazu bereitfinden, aus reiner Freundlichkeit einem anderen einen Gefallen zu tun oder eine Leistung zu erbringen: Er müsste immer befürchten, verklagt zu werden, nur weil er seiner Zusage nicht nachgekommen ist. So könnte man z.B. nicht mehr ohne Weiteres Freunde zum Grillen einladen: Nachher frisst der Hund in einem unbeobachteten Moment das gesamte Grillgut auf. Da den Freunden ein Anspruch auf die versprochenen Bratwürste zusteht, müsste man jetzt neues Grillgut beschaffen oder gar Schadensersatz zahlen, wenn die Freunde sich weigern, nur mit Nudelsalat im Bauch wieder nach Hause zu gehen.
Es gibt viele Bereiche, wo jemand nur einer freundschaftlichen oder familiären Verpflichtung nachkommen will, ohne dass dies rechtliche Konsequenzen auslösen soll. Zwischen den Beteiligten entsteht dann kein Vertrag, sondern ein sogenanntes **Gefälligkeitsverhältnis,** welches keine Ansprüche auslöst.
Andererseits soll sich niemand, der eine für den anderen besonders wichtige Leistung erbringen soll, später damit herausreden können, er habe nur eine Gefälligkeit erweisen wollen.

Beispiel: Die Amtsleiterin Leichtfuß stellt nach dem Tod ihres Vaters fest, dass dieser sein gesamtes Vermögen dem Tierschutzverein vermacht hat. Weil sie ihre Enterbung nicht akzeptieren möchte, geht sie zur Rechtsanwältin Winkel, die ihr mitteilt, dass man da wohl leider nichts machen könne und das gesamte Vermögen für sie verloren sei. Aus Freundschaft werde sie ihr für diese Auskunft aber keine Rechnung stellen. Nachdem fünf Jahre vergangen sind, erfährt Leichtfuß durch Zufall, dass ihr eigentlich ein Pflichtteilsanspruch zugestanden hätte, der angesichts des großen Vermögens ihres verstorbenen Vaters auch noch ein erkleckliches Sümmchen ausgemacht hätte. Diese späte Erkenntnis nützt ihr allerdings nicht viel, da der Pflichtteilsanspruch inzwischen verjährt ist. Als sie Frau RA Winkel auf Schadensersatz in Anspruch nehmen will, meint diese, sie habe ihr doch bloß einen Gefallen erweisen wollen und auch keine Rechnung gestellt. Keinesfalls habe sie die Absicht gehabt, sich mit ihrer Auskunft rechtlich zu binden.

Dies kann natürlich nicht sein. Im geschilderten Fall besteht selbstverständlich ein Vertragsverhältnis zwischen den Handelnden. Dies führt dazu, dass auch Haftungsansprüche zugunsten der Leichtfuß bestehen können.

In den Fällen, in denen der Erklärende hinterher behauptet, er habe nur ganz unverbindlich mal etwas so in den Raum gestellt, ohne irgendeine Verbindlichkeit eingehen zu wollen, muss also genau geprüft werden, ob der Erklärungsempfänger nicht ein Recht darauf hat, dass die Erklärung doch rechtsverbindlich ist. Aber wie genau prüft man das?
Zu einem Anspruch des Erklärungsempfängers auf die versprochene Leistung kommt man nur dann, wenn die beiden Beteiligten einen Vertrag geschlossen haben. Und einen Vertrag hat man nur dann, wenn zwei übereinstimmende Willenserklärungen vorliegen, nämlich Angebot und Annahme. Und weil ein Angebot eine empfangsbedürftige Willenserklärung ist, muss das Verhalten nach außen auf einen Rechtsbindungswillen schließen lassen. Es stellt sich also die Frage, ob sich der Erklärende mit seiner Erklärung rechtlich binden möchte oder nicht? Problem nur: Wie in den beiden oben geschilderten Fällen wird der Erklärende natürlich immer behaupten, dass er keinen Rechtsbindungswillen hatte, sondern nur aus Freundlichkeit etwas getan hat. Der Erklärungsempfänger wiederum wird den Erklärenden immer an seine Erklärung binden wollen. Und wer bekommt nun Recht? Jetzt kommt wieder die Sache mit dem **objektiven Empfängerhorizont** ins Spiel: **Ob ein Rechtsbindungswille vorliegt oder nicht, entscheidet sich nicht danach, was der Erklärende will, sondern wie seine Erklärung nach außen von einem objektiven Empfänger verstanden wird.** Immer wenn ein **objektiver** Erklärungsempfänger davon ausgehen darf, dass der Erklärende sich rechtlich binden will, liegt auch ein Rechtsbindungswille vor. Auf diese Weise kann dem Erklärenden sozusagen gegen seinen Willen eine Willenserklärung untergeschoben werden, auch wenn er gar keine Willenserklärung abgeben wollte.
Schwierig wird es allerdings, genau zu sagen, wann der **objektive** Empfänger von einem Rechtsbindungswillen ausgehen darf. Hierzu bestehen eine Reihe von Kriterien, bei deren Vorliegen ein objektiver Dritter anstelle des Erklärungsempfängers davon ausgehen darf, dass der Erklärende sich rechtlich binden wollte. Danach soll ein Rechtsbindungswille des Erklärenden insbesondere dann angenommen werden können, **wenn**
- die Angelegenheit von besonderer wirtschaftlicher Bedeutung für den Erklärungsempfänger ist oder
- dem Erklärenden eine Sache anvertraut wird, die einen besonderen Wert hat oder
- der Begünstigte ein erkennbares besonderes Interesse an der Leistung hat und dem Versprechenden erkennbar ist, das der Begünstigte in eine besondere Gefahr gerät, wenn nicht ordentlich geleistet wird.

Andererseits liegt ein Rechtsbindungswille dann nicht vor, wenn derjenige, der aus Gefälligkeit eine Leistung erbringt, dadurch ein nicht zumutbares Risiko übernimmt.
Beispiel: Jemand verspricht seiner kranken Nachbarin, ihren Lottoschein abzugeben und vergisst es später. Dummerweise wären es sechs Richtige gewesen. Frau Nachbarin fordert jetzt den Millionengewinn vom freundlichen Nachbarn als Schadensersatz. Nach den ersten drei Kriterien müsste man einen Rechtsbindungswillen annehmen. Aber weil der freundliche Nachbar damit ein unzumutbares Risiko übernommen hätte, scheidet ein Rechtsbindungswille aus.

Mit diesen Überlegungen muss man sich im Einzelfall also fragen, ob der Erklärende haften soll, obwohl er eigentlich nur jemandem einen Gefallen tun wollte.

Wichtig ist, dass sich der Erklärende nicht einfach darauf berufen kann, dass er für seine Leistung kein Geld bekommen habe. Das ist egal! Das Gesetz kennt eine Reihe von unentgeltlichen Verträgen, wie z.B. das Auftragsverhältnis gem. §§ 662 ff. BGB. Man kann also auch dann einen Vertrag geschlossen haben, wenn man für seine Leistung kein Geld bekommt.

Im Mitfahrer-Fall darf man eine vertragliche Verpflichtung von Anton also nicht schon deshalb ablehnen, weil Egon nichts bezahlen sollte. Ein Rechtsbindungswille des Anton bei dem Angebot, Egon mitzunehmen, fehlt vielmehr deshalb, weil es nicht um eine Angelegenheit von besonderer wirtschaftlicher Bedeutung geht und Egon auch kein besonderes Interesse an der Fahrt hat (außer dass er gerne an die See möchte). Weil der Rechtsbindungswille fehlt, hat Anton also keine Willenserklärung abgegeben. Es gibt kein Angebot im Rechtssinne, dass Egon hätte annehmen können. Also wurde auch kein vertraglicher Anspruch des Egon begründet.

Im Anwaltsfall wird man allerdings wegen der wirtschaftlichen Bedeutung der Angelegenheit und wegen der erkennbaren besonderen Gefahr für Leichtfuß einen Rechtsbindungswillen von RA Winkel annehmen können, auch wenn er gratis tätig geworden ist. Damit hat Winkel eine Willenserklärung abgegeben und es besteht ein Vertrag zwischen den Beteiligten.

c) Inhaltliche Bestimmtheit des Angebotes

Fall: X geht in ein Bekleidungsgeschäft und erklärt: »Ich möchte eine Krawatte kaufen.« Hat er damit ein Angebot abgegeben?

Ein Angebot ist eine Willenserklärung, die auf den Abschluss eines Vertrages gerichtet ist. Damit in einer Erklärung ein Angebot gesehen werden kann, muss das Angebot einen bestimmten Inhalt aufweisen: Das Angebot muss inhaltlich so bestimmt sein, dass der Annehmende nur noch »Ja« sagen muss, um den Vertrag zustande zu bringen. Daher muss das Angebot die **wesentlichen Vertragsbestandteile** enthalten. Wesentliche Vertragsbestandteile sind die wichtigsten Punkte, über die die Parteien gesprochen haben müssen und eine Einigung herbeigeführt haben müssen. Welches die wesentlichen Vertragsbestandteile sind, ist unterschiedlich. Beim wichtigsten Beispiel Kaufvertrag sind die wesentlichen Vertragsbestandteile der **Kaufgegenstand** und der **Kaufpreis**. Solange sich die Parteien nicht über diese Minimalvoraussetzungen geeinigt haben, liegt kein Kaufvertrag vor. Damit der Annehmende nur »Ja« sagen muss, muss das Angebot also den Kaufgegenstand und den Kaufpreis enthalten.

Im obigen Beispiel ist die Erklärung des X zu unbestimmt: Welche Krawatte will er kaufen? Es fehlt also der genaue Kaufgegenstand. Und was soll sie kosten? Auch dazu äußert er sich nicht. Also stellt seine Erklärung kein Angebot dar. X hat nur allgemein seine Kaufabsicht geäußert.

Beim Werkvertrag müssen sich die Parteien nur über den »Werkgegenstand«, also über Art und Umfang der Leistung geeinigt haben. Über den Preis müssen sie sich nicht einigen. Wenn die Parteien nicht übers Geld geredet haben, hilft § 632 BGB weiter.

d) Bindung an das Angebot

Fall: Pferdehändler Hottehü bietet dem Land Sachsen-Anhalt für die Reiterstaffel der Polizei schriftlich das Pferd »Pegasus« zu einem Preis von 5.000,– € an. Das Innenministerium erhält den Brief. Noch bevor man sich zu dem Angebot äußern kann, bietet Herr Hoppe Herrn Hottehü 8.000,– € für das Tier an. Herr Hottehü würde natürlich nun lieber das Pferd an Herrn Hoppe verkaufen. Darf er das jetzt noch?

Eigentlich sollte man glauben, dass erst ein geschlossener Vertrag die Parteien bindet und bestimmte Ansprüche auslöst. Das Gesetz schlägt aber schon vorher zu: Gemäß § 145 BGB ist derjenige, der ein Angebot abgibt, an das Angebot gebunden, es sei denn, dass er die Gebundenheit ausgeschlossen hat. Das bedeutet übersetzt, dass der Erklärende, wenn sein Angebot erst einmal in der Welt ist, es sich nicht noch einmal anders überlegen kann. Ausnahme: Er hat ausdrücklich gesagt, dass er nicht gebunden sein will, z.B. indem er erklärt » Preis freibleibend«. Wenn ein solcher Zusatz fehlt, hat der Antragende keine Möglichkeit mehr, sein Angebot wieder zurückzuziehen, wenn es erst einmal zum Empfänger gelangt ist. Aber halt ! Einen letzten Notausgang gibt es doch noch: Wann ist denn ein Angebot wirksam in der Welt? Als empfangsbedürftige Willenserklärung muss das Angebot erst dem Erklärungsempfänger **zugehen**. Bis zum Zugang aber kann das Angebot gemäß § 130 Abs. 1 S. 2 BGB widerrufen werden (s.o). Wenn der Antragende also aus irgendeinem Grund einen Rückzieher machen will, kann er versuchen, sein Angebot noch rechtzeitig zu widerrufen. Gelingt ihm auch das nicht, muss er sich an dem von ihm geäußerten Angebot festhalten lassen.

Da im obigen Fall Pferdehändler Hottehü sein Angebot nicht rechtzeitig bis zum Zugang widerrufen hat, ist er daran gebunden. Das Land Sachsen-Anhalt kann das Angebot annehmen. Damit kommt zwischen ihnen ein Kaufvertrag zustande.

e) Erlöschen des Angebotes

Der Fall des Pferdehändlers Hottehü zeigt, dass es für den Antragenden schwierig werden kann, wenn er ein Angebot gemacht hat. Er bleibt aber nicht für immer und ewig an das Angebot gebunden. Das von ihm gemachte Angebot erlischt nämlich unter bestimmten Umständen wieder: durch Ablehnung, geänderte Annahme oder verspätete Annahme.

aa) Ablehnung, § 146 BGB

Am einfachsten ist es, wenn das Angebot vom anderen nicht angenommen wird, sondern abgelehnt wird. Gemäß § 146 BGB erlischt das Angebot in diesem Moment, und der Antragende ist dann nicht mehr gebunden. Das Angebot wird von dem, der es hätte annehmen sollen, kaputt gemacht. Die Parteien müssen, wenn sie immer noch einen Vertrag miteinander schließen wollen, wieder von vorne anfangen. Einer der beiden müsste ein neues Angebot unterbreiten.

Angebot: Annahme:

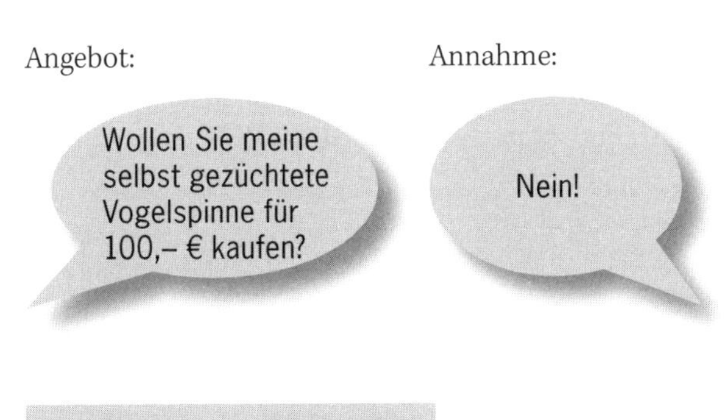

Angebot erlischt, § 146 BGB.

bb) Geänderte Annahme, § 150 Abs. 2 BGB

Fall: Herr Knickrig möchte seine Segelyacht verkaufen und bietet sie der wohlhabenden Frau Protz zum Preis von 30.000,– € an. Diese ist durchaus interessiert und schreibt dem Knickrig zurück: »Ich nehme Ihr Angebot gerne an, allerdings werde ich die 30.000,– € in monatlichen Raten von 5.000,– € zahlen.« Knickrig reagiert darauf nicht, sondern verkauft das Boot an jemand anderes. Protz ist nun stinkig. Sie meint, dass Knickrig nicht an jemanden anderes hätte verkaufen dürfen. Sie habe das Angebot angenommen, und damit sei zwischen ihr und Knickrig ein Kaufvertrag zustande gekommen. Nur sie hätte jetzt einen Anspruch auf das Boot. Stimmt das?

Immer wenn der Annehmende nicht einfach nur »Ja« zu dem Angebot sagt, greift § 150 Abs. 2 BGB ein: Die Annahme unter Erweiterungen, Einschränkungen oder sonstigen Änderungen gilt als Ablehnung, verbunden mit einem neuen Antrag. Der Annehmende, der das Angebot nur mit Änderungen annehmen will, erreicht damit also nur, dass das Angebot erlischt. Dafür wird jetzt seine geänderte Annahme als neues Angebot behandelt. Dieses neue Angebot kann dann von demjenigen, der das erste Angebot unterbreitet hat, angenommen oder abgelehnt werden. Wenn er darauf nicht reagiert, kommt kein Vertrag zustande, da dann keine zwei Willenserklärungen vorliegen: Das erste Angebot ist ja durch die geänderte Annahme erloschen.

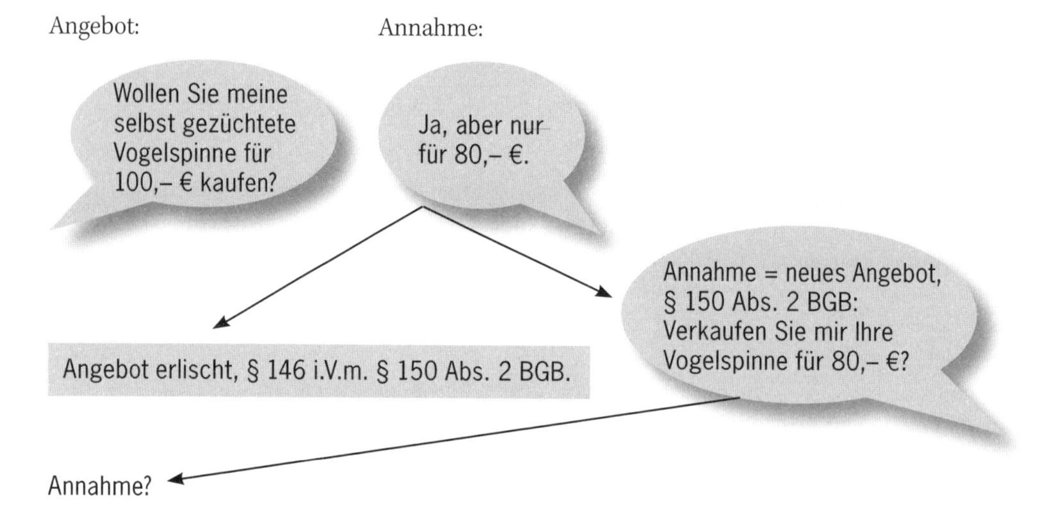

Wichtig ist, dass § 150 Abs. 2 BGB schon bei klitzekleinen, scheinbar nebensächlichen Änderungen zum Zuge kommt. Deshalb sollte man sich für § 150 Abs. 2 BGB Folgendes merken: Nur wenn der Annehmende »**Ja**« sagt **und sonst nichts,** hat man eine »echte« Annahme und damit einen Vertragsschluss. Sobald der Annehmende »**Ja, aber**« sagt, greift **§ 150 Abs. 2 BGB** ein.

In unserem Fall hat Protz nicht »Ja« gesagt. Sie hat sich zwar mit dem Preis einverstanden erklärt, aber andere Zahlungsbedingungen gefordert. Damit liegt eine Annahme mit Änderung vor. Das Angebot des Knickrig ist erloschen. Es gibt jetzt das neue Angebot der Protz: Verkaufen Sie mir das Schiff für 30.000,– €, zahlbar in monatlichen Raten à 5.000,– €? Wenn Knickrig dieses Angebot nicht annimmt, kommt auch kein Kaufvertrag zustande. Knickrig kann das Boot ungerührt an einen Dritten verkaufen. An sein Angebot ist er nicht mehr gebunden. Dieses ist durch die Ablehnung der Protz in Form der geänderten Annahme erloschen.

Natürlich muss man an dieser Stelle genau gucken: Wenn der Annehmende nur um bessere Vertragsbedingungen bittet und deutlich macht, dass er notfalls auch mit den angebotenen Bedingungen einverstanden ist, greift § 150 Abs. 2 BGB nicht ein. Dann bleibt es bei dem »Ja« des Annehmenden.
Und es gibt noch eine weitere Tücke: Es stimmt zwar, dass § 150 Abs. 2 BGB schon bei kleinsten Änderungen greift, allerdings muss man in den »Kleinkram-Fällen« etwas beachten: Das ursprüngliche Angebot erlischt zwar durch die geänderte Annahme und es liegt jetzt ein neues Angebot vor. Wenn aber der ursprünglich Antragende, der nun das neue Angebot annehmen soll, einfach nur schweigt, so wird dieses Schweigen als Annahme gewertet.

In unserem Fall handelt es sich bei einer Forderung von Ratenzahlung um eine wesentliche Änderung. Daher musste Knickrig auch nicht mehr reagieren und das Angebot des Protz ausdrücklich ablehnen.

cc) Verspätete Annahme

Annahmefrist, § 148 BGB

Der Antragende kann die Dauer seiner Bindung an das Angebot dadurch beschränken, dass er dem Annehmenden eine Frist setzt, innerhalb derer das Angebot angenommen werden muss. Wenn diese Frist abgelaufen ist, die Annahme also verspätet erklärt wird, erlischt das Angebot gemäß § 146 BGB. Die verspätete Annahme gilt gemäß § 150 Abs. 1 BGB als neues Angebot. Dieses Angebot kann von demjenigen, der das erste Angebot unterbreitet hat, entweder angenommen oder abgelehnt werden.

Angebot:

Ich biete Ihnen meine selbst gezüchtete Vogelspinne für 100,– € an. Dieses Angebot gilt bis zum 01.05.2027.

Annahme: am 05.05.2027:

Ich nehme Ihr Angebot an!

§ 150 Abs. 1 BGB: Verkaufen Sie mir Ihre Vogelspinne für 100,– €?

Angebot ist am 02.05.2027 erloschen, § 146.

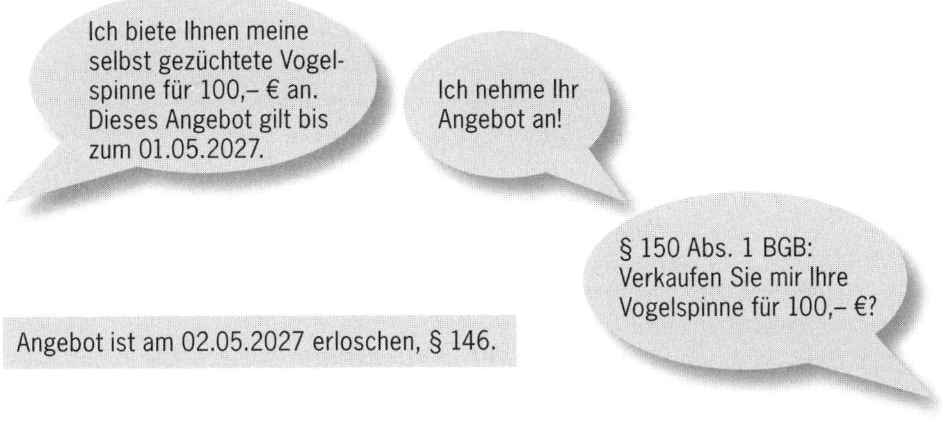

Gesetzliche Annahmefrist

Fall: Der Ordnungsamtsmitarbeiter Peter Gutglaub besucht einen Flohmarkt. Dort stößt er auf den Stand des Alois Schumml. Dieser bietet unter anderem eine Zahnbürste, gebraucht von Papst Benedikt XVI., an. Gutglaub als treuer Katholik ist natürlich begeistert. Die Begeisterung lässt allerdings stark nach, als er den Preis hört: Schumml fordert 500,– € für die Zahnbürste! Da ihm das doch etwas zu teuer ist, bummelt er erst einmal weiter. Irgendwie lässt es ihm doch keine Ruhe. Deshalb kehrt er später noch einmal zum Stand des Schumml zurück und erklärt, dass er das Angebot gerne annehmen möchte. Schumml erklärt ihm nun allerdings, dass seine Preise inzwischen gestiegen seien. Nun will er 700,– € haben. Gutglaub findet das unverschämt. Aus seiner Vorausbildung weiß er noch, dass man an ein Angebot gebunden ist. Er fordert deshalb die Zahnbürste für 500,– €, weil er das ursprüngliche Angebot nunmehr angenommen habe. Hat er recht?

In vielen Fällen bestimmt der Antragende keine Frist, innerhalb der sein Angebot angenommen werden muss. Damit er nun nicht bis in alle Ewigkeit an sein Angebot gebunden bleibt, kommt ihm das Gesetz zu Hilfe. In § 147 BGB ist bestimmt, bis zu welchem Zeitpunkt ein Angebot spätestens angenommen werden muss. Dabei wird unterschieden, ob das Angebot gegenüber einem **Anwesenden** oder einem **Abwesenden** gemacht wird:
Wird das Angebot gegenüber einem **Anwesenden** gemacht, so muss es **sofort** angenommen werden, § 147 Abs. 1 BGB.
Wenn der Empfänger des Angebotes **abwesend** ist, also das Angebot z.B. zugeschickt bekommt, kann der Antrag »**nur bis zu dem Zeitpunkt angenommen werden, in welchem der Antragende den Eingang der Antwort unter regelmäßigen Umständen erwarten darf.**« Das ist natürlich herrlich schwammig. Übersetzt bedeutet es Folgendes: Man muss gucken, wie lange das Angebot normalerweise braucht, um beim Empfänger zu sein, dazu kommt dann eine gewisse Zeit zum Überlegen und zuletzt noch die Zeit, die die Annahmeerklärung normalerweise braucht, um zurück zum Antragenden zu kommen. Die gesetzliche Annahmefrist kann danach ganz unterschiedlich lang sein, je nachdem, auf welchem Weg das Angebot übermittelt wurde: Ein Angebot per Fax muss schneller angenommen werden als ein Angebot auf dem Postweg. Außerdem kann je nach Art des Vertrages eine längere oder kürzere Überlegungszeit angemessen sein: Ob eine Privatperson eine Vogelspinne kaufen will, lässt sich in der Regel schneller entscheiden als die Frage, ob eine Fluggesellschaft drei neue Flugzeuge bestellen will.
Wenn man sich überlegt hat, wie lange unter normalen Umständen das Hin und Her von Angebot und Annahme dauert, prüft man, ob in dem konkreten Fall, den man hat, die Annahme bis zu dem errechneten Zeitpunkt eingegangen ist oder nicht. Wenn sie innerhalb der errechneten Frist eingegangen ist, kommt der Vertrag zustande. Geht die Annahmeerklärung zu spät ein, erlischt gemäß § 146 BGB das Angebot. Die verspätete Annahme wird gemäß § 150 Abs. 1 BGB als neuer Antrag gewertet.

Im obigen Fall hat Schumml ein Angebot über den Kauf der Zahnbürste zu einem Preis i.H.v. 500,– € unterbreitet, ohne eine Annahmefrist bestimmt zu haben. Daher greift § 147 BGB mit den gesetzlichen Annahmefristen. Da das Angebot gegenüber dem anwesenden Schumml gemacht wird, kann es gemäß § 147 Abs. 1 BGB nur sofort angenommen werden. Gutglaub hat das Angebot aber zunächst nicht angenommen, sondern ist erst einmal weitergegangen. Deshalb war das Angebot des Schumml gemäß § 146 erloschen: Es war nicht innerhalb der Frist des § 147 Abs. 1 BGB (= sofort) angenommen worden. Als Gutglaub später zurückkam und die Annahme erklärte, gab es also kein Angebot mehr, das er hätte annehmen können. Seine verspätete Annahme wird gemäß § 150 Abs. 1 BGB als neuer Antrag gewertet. Er bietet also Schumml an, die Zahnbürste für 500,– € zu kaufen. Dieses Angebot lehnt Schumml ab, weshalb es gemäß § 146 BGB erlischt.
Nun unterbreitet Schumml wieder ein neues Angebot: Verkauf der Zahnbürste für 700,– €. Dieses Angebot hat Gutglaub bisher noch nicht angenommen. Ein Vertrag ist daher nicht geschlossen worden.

§ 149 BGB: Anzeige der verspätet zugegangenen Annahmeerklärung
Immer wieder kommt es vor, dass die Post nicht so funktioniert, wie man sich das wünscht. Deshalb kann es passieren, dass der Annehmende seine Annahmeerklärung noch rechtzeitig

losschickt, aber durch ein Versehen der Post die Annahmeerklärung erst sehr viel später beim Antragenden eingeht. In einem solchen Fall bleibt es zunächst dabei, dass das Angebot gemäß § 146 BGB erlischt, weil es eben nicht rechtzeitig angenommen worden ist. Die verspätete Annahmeerklärung wird als neuer Antrag gewertet, § 150 Abs. 1 BGB. Weil der Annehmende aber nichts dafür kann, dass die Post seine Annahmeerklärung nicht schneller befördert hat, kommt ihm § 149 BGB zu Hilfe und fordert vom Antragenden, dass er dem Annehmenden wenigstens mitteilt, dass die Annahmeerklärung verspätet eingegangen ist: Wenn der Annehmende die Annahmeerklärung rechtzeitig losgeschickt hat und der Antragende auch z.B. aufgrund des Poststempels erkennen kann, dass die Annahmeerklärung eigentlich rechtzeitig abgeschickt wurde, so muss der Antragende dem Annehmenden unverzüglich mitteilen, dass seine Erklärung zu spät angekommen ist. Tut der Antragende das nicht, dann wird einfach so getan, als wäre die Annahmeerklärung rechtzeitig eingegangen, § 149 S. 2 BGB. Dann ist das Angebot also noch nicht erloschen, sondern konnte auch mit der verspäteten Annahmeerklärung noch angenommen werden. Der Vertrag kommt damit zustande.

Übersicht zur verspäteten Annahme:

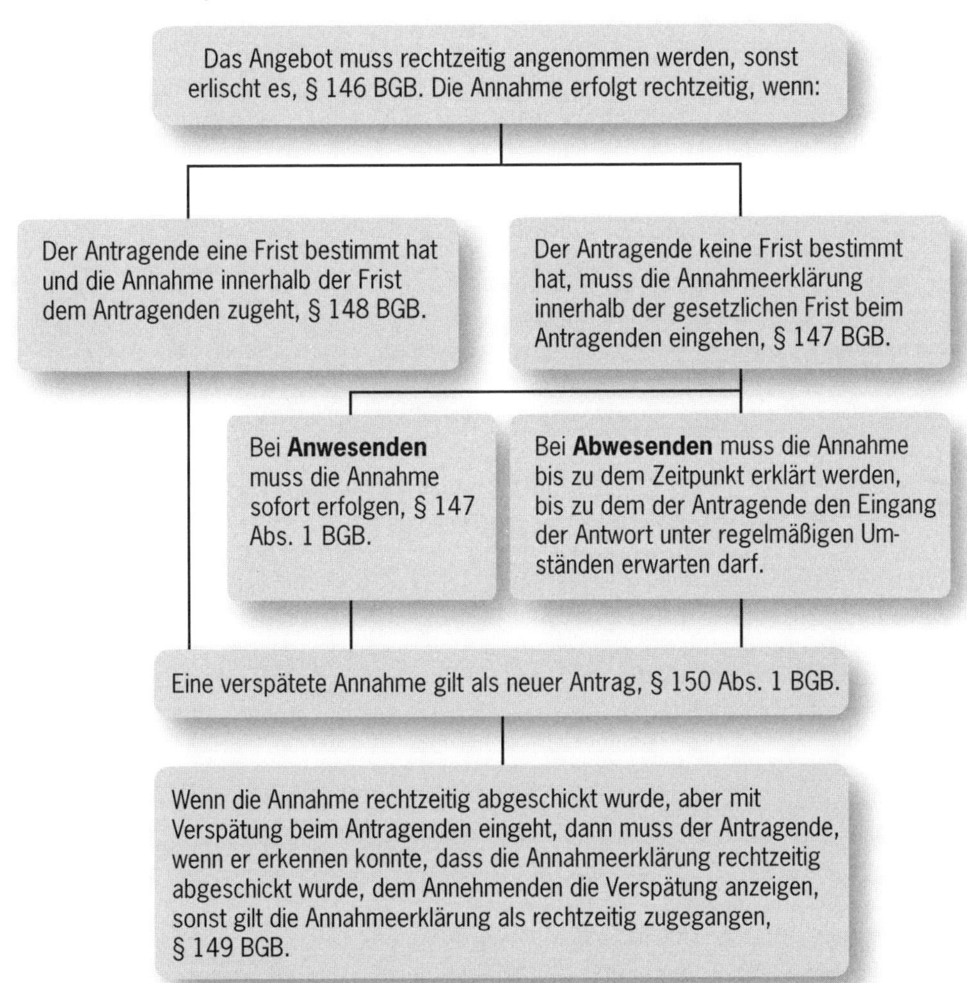

2. Die Annahmeerklärung

Vieles was die Annahmerklärung betrifft, wurde schon beim Thema Angebot abgehandelt. Jetzt geht es darum, einige Sachen zur Annahmeerklärung nur noch einmal ganz deutlich zu sagen:

a) Annahme = empfangsbedürftige Willenserklärung

Ebenso wie das Angebot ist die Annahme eine **empfangsbedürftige Willenserklärung**. Also müssen alle Bestandteile einer Willenserklärung vorhanden sein. Außerdem wird die Annahmeerklärung grundsätzlich erst dann wirksam, wenn sie dem Antragenden **zugeht**.

b) Entbehrlichkeit des Zugangs, § 151 BGB

Der Zugang der Annahmeerklärung ist ausnahmsweise entbehrlich, wenn die Voraussetzungen von § 151 BGB vorliegen. Gemäß § 151 BGB kommt der Vertrag zustande, ohne dass die Annahme dem Antragenden gegenüber erklärt zu werden braucht, wenn eine solche Erklärung nach der Verkehrssitte nicht zu erwarten ist oder der Antragende auf sie verzichtet hat. § 151 BGB umfasst zwei Fälle:

- der Zugang der Annahmeerklärung beim Antragenden ist dann entbehrlich, wenn der Antragende auf den Zugang verzichtet hat. Diese Fälle sind einfach, da sich der Verzicht dem Angebot entnehmen lässt. Beim zweiten Fall wird das BGB dann schwammiger:
- wenn der Antragende nicht auf die Übermittlung der Annahmeerklärung verzichtet hat, ist der Zugang dann entbehrlich, wenn eine Annahmeerklärung nach der Verkehrssitte nicht zu erwarten ist. Dabei geht es um die Fälle, in denen es unüblich ist, dass der Annehmende dem Antragenden noch einmal ausdrücklich erklärt, dass er das Angebot annimmt.

Beispiel: Wenn Sie aus einem Versandhauskatalog einen neuen Staubsauger bestellen, würden Sie es sicher merkwürdig finden, wenn das Versandhaus Ihnen erst noch erklärt, dass man Ihr Angebot annimmt, bevor es Ihnen dann den bestellten Staubsauger zuschickt. Vielmehr schickt das Versandhaus gleich den Staubsauger los und zeigt damit, dass es Ihr Angebot annimmt. Diese ***Bestätigung des Annahmewillens*** *ist ausreichend. Der Zugang einer ausdrücklichen Annahmeerklärung ist darüber hinaus nach der Verkehrssitte nicht zu erwarten.*
(P.S.: Wenn Sie sich jetzt fragen, warum Sie in diesem Fall ein Angebot abgegeben haben und nicht das Versandhaus, schließlich stand doch in dem Versandkatalog extra noch drin, dass es sich um ein Sonderangebot handelt ..., dann lesen Sie bitte noch einmal das Kapitel über das Angebot und die Aufforderung zur Abgabe von Angeboten).

Wichtig ist, dass der Annehmende auf irgendeine Weise deutlich gemacht haben muss, dass er das Angebot annehmen möchte. § 151 BGB sagt nicht, dass die Annahmeerklärung an sich entbehrlich ist. Nur der Zugang ist nicht nötig. Es muss immer eine nach außen erkennbare Betätigung des Annahmewillens vorliegen. Wenn der Annehmende einfach gar nichts tut, darf man ihm nicht einfach unterstellen, dass er das Angebot angenommen hat. Das geht nur in einigen wenigen Ausnahmefällen. Womit wir beim nächsten Thema wären:

c) Schweigen als Annahmeerklärung?

Fall: Der Sachbearbeiter aus der Gemeinde B, Herr Otto Normal, kommt eines Tages nach Hause und findet ein großes Paket vor seiner Tür. Als er es öffnet, kommt ein mehrbändiges Konversationslexikon zum Vorschein. Das Paket enthält außerdem ein Anschreiben des Buchhändlers Bücherwurm mit folgendem Inhalt: »Dieses großartige Angebot ist nur für Sie, sehr geehrter Herr Normal! Erwerben Sie dieses Lexikon für nur 600,– €! Der Einfachheit halber verzichte ich auf den Zugang

Ihrer Annahmeerklärung. Wenn ich innerhalb einer Woche nichts von Ihnen höre, gilt der Vertrag als geschlossen.« Otto Normal hat weder Zeit noch Lust, die Bücherkiste zur Post zu schleppen und zurückzuschicken.
Nachdem die Kiste einige Zeit im Flur herumgestanden hat, räumt er die Bücher doch in sein Bücherregal und blättert auch gelegentlich darin. Nach einigen Wochen fordert Bücherwurm 600,– €. Normal meint, dass Bücherwurm ihm nicht einfach irgendwelche Erklärungen unterschieben darf. Bücherwurm kontert, dass Normal seinen Annahmewillen nach außen erkennbar bestätigt hat, indem er die Bücher in sein Regal gestellt hat. Damit hätte er das Angebot angenommen und der Vertrag wäre zustande gekommen. Stimmt das?

Die Annahmeerklärung ist erst einmal eine Willenserklärung wie jede andere auch. Also braucht man einen äußeren Erklärungstatbestand, der auf einen Handlungswillen, Rechtsbindungswillen und Geschäftswillen schließen lässt. Daran fehlt es, wenn jemand gar nichts tut. **Wenn jemand einfach schweigt, stellt dieses Schweigen grundsätzlich keine Willenserklärung dar**.
Nur in einigen wenigen Ausnahmefällen kann Schweigen als Willenserklärung gewertet werden:

aa) Vereinbarung zwischen den Parteien.

Die Vertragsparteien oder zukünftigen Vertragsparteien können vereinbaren, dass das Schweigen als Willenserklärung gelten soll. Sie können aushandeln, dass der eine dem anderen ein Angebot zuschickt und dieses als angenommen gilt, wenn der Annehmende nicht innerhalb einer bestimmten Frist das Angebot ausdrücklich ablehnt.

In unserem Fall gibt es keine entsprechende Vereinbarung zwischen Bücherwurm und Normal. Nur wenn beide vorher vereinbart hätten, dass Bücherwurm das Lexikon zuschickt und Normal das Angebot ausdrücklich ablehnen muss, hätte man eine entsprechende Vereinbarung. Hier haben sich Bücherwurm und Normal vorher nicht unterhalten, evtl. kennen sie sich überhaupt nicht. Ohne eine entsprechende Vereinbarung, kann dem Schweigen von Normal nicht einfach einseitig von Bücherwurm irgendein Erklärungswert beigelegt werden. Bei einer vertraglichen Vereinbarung müssten schon beide mitspielen.

bb) Schweigen wird vom Gesetz als Willenserklärung gedeutet

In einigen <u>wenigen</u> Fällen bestimmt das BGB, dass das Schweigen eine Willenserklärung darstellen soll. Ein Beispiel ist § 516 BGB. Wenn jemand einem anderen eine Schenkung zuwendet, handelt es sich auch dabei um einen Vertrag. Erforderlich für einen wirksamen Schenkungsvertrag sind also Angebot und Annahme. Wenn jemand einem anderen ein Geschenk übersendet und der andere sich nicht meldet (also unhöflicher Weise nicht einmal Danke sagt!), könnte sich die Frage stellen, ob das Angebot überhaupt angenommen worden ist. Der Schenker kann jetzt den Empfänger dazu auffordern, die Annahme zu erklären. Tut der Empfänger dies nicht bzw. schweigt weiterhin, so bestimmt § 516 Abs. 2 S. 2 BGB, dass das Schweigen als Annahme des Schenkungsangebotes zu werten ist.
Sie werden noch weitere Fälle kennen lernen, in denen das Gesetz dem Schweigen einen Erklärungswert beilegt, aber es ist wirklich die Ausnahme!

cc) Rechtspflicht aus Treu und Glauben zur Gegenerklärung

Zuletzt kann ein Vertragspartner aus Treu und Glauben verpflichtet sein, ausdrücklich darauf hinzuweisen, dass er das Angebot nicht annehmen will. Tut er dies nicht, so wird sein Schweigen

als Annahme gewertet. Ein Beispiel haben Sie bereits kennengelernt: Wenn jemand ein Angebot mit **geringfügiger** Änderung annimmt, so erlischt gemäß § 150 Abs. 2 BGB das ursprüngliche Angebot und die geänderte Annahme gilt als neues Angebot. Wenn derjenige, der das erste Angebot abgegeben hat, jetzt schweigt, so wird sein Schweigen als Annahme des neuen Angebotes gewertet.
Grund hierfür ist, dass man den Annehmenden schützen will: Der Annehmende weiß vielleicht gar nicht, dass seine kleine Änderung solche gravierenden Folgen hat und er das schöne Angebot, das er gerne annehmen möchte, selbst zum Erlöschen gebracht hat.
Das Gleiche gilt auch für eine Annahme mit **geringfügiger** Verspätung. Diese gilt gemäß § 150 Abs. 1 BGB als neues Angebot. Wenn derjenige, der das erste Angebot abgegeben hat, darauf nicht reagiert, wird sein Schweigen nach Treu und Glauben als Annahmeerklärung gewertet.

Man sollte sich immer wieder klarmachen, dass Schweigen grundsätzlich keine Willenserklärung darstellt und nur in wenigen Ausnahmefällen dem Schweigen ein Erklärungswert beigelegt wird!

Im obigen Fall liegt keiner der Ausnahmefälle vor. Also kann dem Schweigen des Normal kein Erklärungswert beigelegt werden. Allerdings hat Normal die Bücher irgendwann in sein Regal gestellt und darin gelesen. Also könnte man wie Bücherwurm auf die Idee kommen, dass er damit seinen Annahmewillen bestätigt hat. Da Bücherwurm auf den Zugang der Annahmeerklärung verzichtet hat, wäre dann ein Vertrag zustande gekommen.
An dieser Stelle kommt allerdings § 241 a BGB ins Spiel: Nach dieser Vorschrift wird durch die Lieferung unbestellter Sachen kein Anspruch begründet! Abweichend von § 151 BGB stellen auch Handlungen, die normalerweise als eine Bestätigung des Annahmewillens anzusehen wären, keine Annahme dar. Normal durfte also die Bücher ins Regal stellen, ohne dabei Gefahr zu laufen, dass er nun einen Vertrag mit Bücherwurm geschlossen hat.

d) Annahmeerklärung muss inhaltlich mit dem Angebot übereinstimmen

Die Annahmeerklärung muss inhaltlich mit dem Angebot übereinstimmen. Der Anbietende und der Annehmende müssen also das Gleiche wollen. Wenn die Annahme vom Angebot abweicht, stellt sie eine Ablehnung des ursprünglichen Angebotes verbunden mit einem neuen Angebot dar, § 150 Abs. 2 BGB.

So, damit haben wir alles, was Sie zum Thema Vertragsschluss wissen müssen, gründlich wiederholt. Zum Abschluss noch eine zusammenfassende Übersicht:

Angebot	Annahme
Empfangsbedürftige Willenserklärung Keine Angebote sind (weil keine Willenserklärung vorliegt): Zeitungsanzeigen, Werbeprospekte, Versandkataloge, Schaufensterauslagen → es fehlt der Rechtsbindungswille! Wenn es sich um eine alltägliche Gefälligkeit handelt, liegt ebenfalls kein Rechtsbindungswille vor. Dies entscheidet sich danach, ob der Erklärungsempfänger davon ausgehen durfte, dass der Erklärende sich rechtlich binden wollte.	**Empfangsbedürftige Willenserklärung** Ausnahme: § 151 BGB: Der Zugang der Annahmeerklärung ist entbehrlich, wenn der Antragende darauf verzichtet hat oder wenn der Zugang nach der Verkehrssitte nicht zu erwarten ist. Schweigen ist keine Willenserklärung!!! Beachte auch § 241 a BGB.
Muss **inhaltlich so bestimmt** sein, dass die Annahme durch bloße Zustimmung des anderen erfolgen kann. Die wesentlichen Vertragsbestandteile müssen enthalten sein. Beim Kaufvertrag: Kaufgegenstand und Kaufpreis.	Muss **inhaltlich mit dem Angebot übereinstimmen**, sonst Ablehnung, verbunden mit einem neuen Antrag, § 150 Abs. 2 BGB.
Der Antragende ist an sein Angebot **gebunden**, es sei denn, er hat die Bindung ausgeschlossen, § 145 BGB. Aber: § 130 Abs. 1 S. 2 BGB: Bis zum Zugang beim Erklärungsempfänger kann das Angebot widerrufen werden.	
Erlöschen des Angebots bei: - Ablehnung, § 146 BGB - geänderter Annahme, § 150 Abs. 2 BGB - verspäteter Annahme, § 146 BGB	Die geänderte Annahme gilt als neues Angebot, § 150 Abs. 2 BGB. Die verspätete Annahme gilt als neues Angebot, § 150 Abs. 1 BGB. Wann liegt Verspätung vor? - Versäumung der Annahmefrist, § 148 BGB. - bei Anwesenden muss sofort angenommen werden, § 147 Abs. 1 BGB. - bei Abwesenden: § 147 Abs. 2 BGB Aber: § 149 BGB: Die rechtzeitig verschickte, aber verspätet zugegangene Annahme muss unverzüglich angezeigt werden. Sonst gilt sie als nicht verspätet.

2. Kapitel: Stellvertretung

I. Wirkungen der Stellvertretung

Normalerweise treffen die Rechtsfolgen einer Willenserklärung denjenigen, der die Willenserklärung abgegeben hat. Bisher ging es auch immer um den Normalfall, dass zwei Personen einen Vertrag schließen und **sich selbst** zu irgendeiner Leistung verpflichten. Es gibt aber Fälle, in denen jemand einen Vertrag schließen (oder ein anderes Rechtsgeschäft vornehmen) muss, es aber nicht selbst tun kann: Der Inhaber eines großen Supermarktes kann nicht gleichzeitig an allen zehn Kassen sitzen und mit allen Kunden Kaufverträge über die Waren schließen. Er braucht deshalb Angestellte, die dies für ihn tun. Die 90-jährige Dame, die nicht mehr gut zu Fuß ist, braucht jemanden, der für sie einkaufen geht. Ein Geschäftsunfähiger, der keine wirksame Willenserklärung abgeben kann, braucht jemanden, der für ihn die erforderlichen Verträge abschließt, wie z.B. den Behandlungsvertrag mit einem Arzt.
In den §§ 164 ff. BGB ist geregelt, wie jemand für einen anderen rechtsgeschäftlich handeln kann. In § 164 Abs. 1 BGB heißt es: »Eine Willenserklärung, die jemand innerhalb der ihm zustehenden Vertretungsmacht im Namen des Vertretenen abgibt, wirkt unmittelbar für und gegen den Vertretenen.« Wenn man ein Rechtsgeschäft nicht selbst abschließen kann oder will, kann man also einen Vertreter einschalten, der für einen handelt. Wenn der Vertreter dann im Namen des Vertretenen eine Willenserklärung abgibt, treffen die Rechtsfolgen nicht den Vertreter, sondern den Vertretenen. Es wird so getan, als hätte der Vertretene selbst die Willenserklärung abgegeben. Dass ein Vertreter am Vertragsschluss beteiligt war, spielt keine Rolle mehr. Der Vertreter hat mit dem Vertrag, den er für einen anderen geschlossen hat, gar nichts mehr zu tun. Er kann keine Ansprüche daraus herleiten.

II. Voraussetzungen der Stellvertretung

Um zu erreichen, dass die Rechtsfolgen der Willenserklärung eines Vertreters nur den Vertretenen treffen und nicht den Vertreter, müssen folgende Voraussetzungen vorliegen:

- die Stellvertretung muss zulässig sein,
- der Vertreter muss eine eigene Willenserklärung abgeben,
- der Vertreter muss im fremden Namen handeln, d.h. im Namen des Vertretenen,
- der Vertreter muss Vertretungsmacht besitzen.

a) Die Zulässigkeit der Stellvertretung

Fall: Der Oberbürgermeister der Stadt Schnurpseldingen Herr Niezeit möchte heiraten. Allerdings kriegt er den Heiratstermin nicht in seinem vollen Terminkalender unter: Wie man es auch dreht, es gibt immer wichtigere Termine. Weil die Hochzeit aber unbedingt wegen der Steuern noch in diesem Jahr stattfinden soll, kommt Herr Niezeit auf folgende schöne Idee: Er könnte doch einfach seine treue

Chauffeurin als Vertreterin zum Standesamt schicken! Wenn diese dann ausdrücklich im Namen und mit Vollmacht von Herrn Niezeit »Ja« sagen würde, dann würden die Folgen der Eheschließung nicht die Chauffeurin, sondern Niezeit treffen. Aber was wird die Standesbeamtin sagen, wenn die Chauffeurin bei der Trauung sagt: »Als Vertreterin von Herrn Niezeit sage ich Ja.«?

Eigentlich ist es logisch, aber trotzdem noch einmal ganz deutlich: Bei der Stellvertretung geht es immer darum, dass jemand für einen anderen eine **Willenserklärung** abgibt. Bei allen anderen rechtlich erheblichen Verhaltensweisen ist eine Stellvertretung nicht möglich. Wenn man z.B. vorhat, seinem Nachbarn das Auto zu zerkratzen (= eine unerlaubte Handlung gemäß § 823 Abs. 1 BGB zu begehen), dann muss man das schon selbst machen.

Grundsätzlich ist immer dann, wenn es um die Abgabe einer Willenserklärung geht, die Einschaltung eines Stellvertreters möglich. Von diesem Grundsatz macht das BGB an einigen Stellen eine Ausnahme: Es gibt **höchstpersönliche** Rechtsgeschäfte, die der Erklärende **immer selbst** vornehmen muss. Dazu gehört z.B. die Errichtung einer Verfügung von Todes wegen, § 2064 BGB. Sein Testament soll man also selbst machen. Und auch bei Eheschließung ist gemäß § 1311 BGB erforderlich, dass die Eheschließenden beide persönlich anwesend sind und die Erklärung persönlich abgeben, miteinander die Ehe eingehen zu wollen. Wenn gegen diese Spezialvorschriften verstoßen und ein Stellvertreter eingeschaltet wird, dann ist die von diesem abgegebene Willenserklärung nichtig.

Was sich Herr Niezeit überlegt hat, geht also nicht. Er kann nicht einfach seine Chauffeurin schicken. Er muss sich schon die Mühe machen und selbst zum Standesamt gehen.

b) Eigene Willenserklärung des Stellvertreters

Man muss sich bei der Stellvertretung klarmachen, dass der Vertretene selbst gegenüber seinem zukünftigen Vertragspartner **keine** Willenserklärung abgibt, sondern **nur** der Vertreter. Dieser wird vom Vertretenen losgeschickt und gibt eine Willenserklärung ab, die dann aber für den Vertreter keine Wirkung hat, sondern nur für den Vertretenen. Der Vertretene wird dann z.B. Vertragspartner, obwohl er gar keine Willenserklärung gegenüber seinem Vertragspartner abgegeben hat.
Eine Stellvertretung gemäß § 164 Abs. 1 BGB liegt außerdem nur dann vor, wenn der Stellvertreter eine **eigene** Willenserklärung abgibt. Wenn jemand einem anderen eine fremde Willenserklärung überbringt, ist er nicht der Vertreter des Erklärenden, sondern ein **Erklärungsbote**. Eine eigene Willenserklärung des Vertreters liegt immer dann vor, wenn der Vertreter den Inhalt der Willenserklärung bestimmen kann. Der Vertreter hat also immer einen **eigenen Entscheidungsspielraum**, wie die Willenserklärung letztlich aussehen soll, auch wenn dieser Entscheidungsspielraum im Einzelfall vielleicht sehr klein ist. Der Erklärungsbote übermittelt dagegen nur eine »fertige« Willenserklärung. Er kann keinen Einfluss auf den Inhalt der Willenserklärung nehmen.

Beispiel: In der Mittagspause schickt der Hauptamtsleiter den Auszubildenden los, damit er eine Runde Kuchen für alle kauft. Wenn der Hauptamtsleiter zum Auszubildenden sagt: »Suche bitte etwas Leckeres für alle aus«, dann ist der Auszubildende sein Stellvertreter: Er soll irgendeinen Kuchen aussuchen, hat also einen eigenen Entscheidungsspielraum. Wenn der Hauptamtsleiter dagegen sagt: »Hol bitte eine Käsesahnetorte von der Bäckerei Lustig«, dann ist der Auszubildende nur der Bote des Hauptamtsleiters, weil er dann keinen eigenen Entscheidungsspielraum hat, sondern eine fertige Willenserklärung überbringt.

Ob jemand nun ein Bote oder ein Vertreter ist, richtet sich danach, wie er nach außen hin gegenüber dem Vertragspartner aufgetreten ist. Wenn jemand also nach außen hin als Stellvertreter auftritt, obwohl er nur ein Bote ist, dann finden die §§ 164 ff. BGB Anwendung. Wenn jemand, der eigentlich ein Vertreter ist, als Bote auftritt, wird er auch als Bote behandelt.

Dass nur der Vertreter eine eigene Willenserklärung abgibt und nicht auch der Vertretene, spielt an verschiedenen Stellen eine Rolle:

(1) Kenntnis bestimmter Umstände, § 166 BGB
Fall: Die Leiterin des städtischen Museums, Pinsel, schickt ihren Mitarbeiter Schafsnas als Vertreter los, damit dieser bei einer Kunstauktion ein Bild eines bestimmten Künstlers für die Stadt ersteigert. Schafsnas hat zwar von Kunst nicht viel Ahnung, bemüht sich aber redlich, mitzubieten. Er ersteigert schließlich ein Bild des großen Malers Schmierfink, ohne zu merken, dass es sich um einen Nachdruck handelt und nicht das Original. Pinsel ist über diesen Erwerb nicht sehr glücklich. Sie möchte den Kaufvertrag gern wegen eines Irrtums von Schafnas gemäß § 119 Abs. 2 BGB anfechten. Der Verkäufer lehnt dies jedoch ab, weil er der Meinung ist, dass nur Schafsnas sich geirrt hat, nicht aber Frau Pinsel. Welchen Paragrafen kann ihm Frau Pinsel daraufhin um die Ohren hauen?

Die Wirkungen der Willenserklärung treffen zwar bei ordnungsgemäßer Stellvertretung ausschließlich den Vertretenen, andererseits hat aber nur der Stellvertreter tatsächlich eine Willenserklärung abgegeben. Weil der Stellvertreter gehandelt hat, ordnet § 166 Abs. 1 BGB an, dass auch nur seine Sicht der Dinge entscheidend ist. § 166 Abs. 1 BGB formuliert das ziemlich umständlich: »Soweit die rechtlichen Folgen einer Willenserklärung durch Willensmängel oder durch die Kenntnis oder das Kennenmüssen gewisser Umstände beeinflusst werden, kommt nicht die Person des Vertretenen, sondern die des Vertreters in Betracht.« Das bedeutet übersetzt, dass man immer, wenn es um besondere Kenntnisse geht, fragen muss, ob der Vertreter diese Kenntnisse hatte. Und wenn es darum geht, ob eine Willenserklärung wegen eines Irrtums angefochten werden kann, dann kommt es nur darauf an, ob dem Vertreter und nicht dem Vertretenen ein Irrtum unterlaufen ist.

In unserem Beispiel kann Pinsel also dem Verkäufer ohne Weiteres § 166 Abs. 1 BGB um die Ohren hauen.

Andererseits wäre es ungerecht, wenn jemand durch die Einschaltung eines Stellvertreters erreichen könnte, dass seine besonderen Kenntnisse unter den Tisch fallen.
Hier greift § 166 Abs. 2 BGB ein und ordnet an, dass der Vertretene sich nicht auf die Unkenntnis seines Vertreters berufen kann, wenn er den Vertreter angewiesen hat, einen bestimmten Vertrag abzuschließen.

Beispiel: Der Pferdehändler Günther Gauner betreibt neben dem Pferdehandel eine Pferdepension. Hier hat der Beigeordnete schwerreiche Baron von und zu Blaublut sein wertvolles Rennpferd Matheo untergestellt. Pferdefreund Schlitzohr möchte dieses Tier unbedingt haben. Baron Blaublut will es ihm jedoch nicht verkaufen. Daher kommt Schlitzohr auf folgende Idee: Er schickt seinen Freund

Adrian Ahnungslos zu Günther Gauner mit dem Auftrag, Matheo zu kaufen. Mit Günther Gauner hat er vereinbart, dass dieser sich als Eigentümer des Pferdes ausgeben soll. Adrian Ahnungslos weiß nicht, wem das Pferd in Wirklichkeit gehört. Er kauft dass Pferd für Schlitzohr. Es wird auch an ihn als Vertreter von Schlitzohr übereignet. Als Baron Blaublut sein Pferd von Schlitzohr wieder zurückhaben will, meint dieser, dass er gemäß § 932 Abs. 1 S. 1 BGB Eigentümer geworden sei.
Schließlich sei Adrian Ahnungslos als sein Vertreter gutgläubig im Sinne von § 932 Abs. 1 S. 1 BGB gewesen und gemäß § 166 Abs. 1 BGB käme es doch allein darauf an. Hat er recht?

Sie erinnern sich vielleicht dunkel? Gemäß § 932 Abs. 1 S. 1 BGB kann man das Eigentum an einer Sache auch von jemandem bekommen, der selbst gar nicht Eigentümer ist. Man muss nur daran glauben, dass derjenige, der sich als Eigentümer ausgibt, auch tatsächlich Eigentümer ist. Ahnungslos gibt im Namen von Schlitzohr die nach § 929 S. 1 BGB erforderliche Willenserklärung ab und ist dabei der Meinung, dass Gauner der Eigentümer des Pferdes ist. Also liegen die Voraussetzungen des § 932 Abs. 1 S. 1 BGB eigentlich vor. Da die Wirkungen dieser Erklärung allein Schlitzohr treffen, würde dieser also nach § 932 Abs. 1 S. 1 BGB Eigentümer des Pferdes werden, obwohl er genau weiß, dass Gauner gar nicht Eigentümer ist. Wenn er selbst den Vertrag abgeschlossen hätte, hätte er nicht Eigentümer werden können, weil dann die Voraussetzungen von § 932 Abs. 1 S. 1 BGB nicht erfüllt wäre. Um zu verhindern, dass Schlitzohr auf diese Weise seine Hände in Unschuld waschen kann, darf Schlitzohr sich nicht gemäß § 166 Abs. 2 BGB auf die Unkenntnis von Ahnungslos berufen. Schlitzohr hätte einfach nur § 166 BGB vollständig lesen müssen, dann wäre ihm klar gewesen, dass sein Manöver gar nichts bringt.

Wenn jemand einen Boten beauftragt, eine Willenserklärung zu überbringen, dann sind die besonderen Kenntnisse des Boten unerheblich. Es kommt nur auf die Kenntnisse des Auftraggebers an.

(2) Form des Rechtsgeschäftes
Wenn für ein Rechtsgeschäft eine bestimmte Form vorgeschrieben ist, dann muss die Willenserklärung, die der Vertreter abgibt, diese Form einhalten. Wenn ein Bote eine Willenserklärung überbringt, muss diese überbrachte Erklärung das Formerfordernis erfüllen.

(3) Geschäftsfähigkeit
Weil der Stellvertreter eine eigene Willenserklärung abgibt, muss er überhaupt in der Lage sein, eine Willenserklärung abzugeben. Wer geschäftsunfähig ist, also keine Willenserklärung abgeben kann, kann daher niemals Stellvertreter sein. Er kommt höchstens als Bote infrage, weil er dann ja nur eine fremde Erklärung überbringt.
Andererseits muss der Stellvertreter nicht voll geschäftsfähig sein. Es reicht aus, wenn er beschränkt geschäftsfähig ist, § 165 BGB. Der Grund dafür ist, dass den Vertreter die Folgen seiner Willenserklärung nicht treffen. Diese treffen ja allein den Vertretenen. Da der Vertreter mit den Folgen nicht belastet wird, kann auch ein Minderjähriger problemlos Stellvertreter sein, da ihm daraus keine Nachteile entstehen.

c) Handeln im fremden Namen (= Offenkundigkeitsprinzip)
Fall: Herr Maus ist Mitarbeiter des städtischen Zoos der Stadt Schnurpseldingen. Er soll für den Zoo zwei Wildkatzen ankaufen. Er kauft Frau Samtpfote, die als Hobby Wildkatzen züchtet, zwei neugeborene Wildkatzen ab. Dabei weist er nicht darauf hin, dass er die Tiere nicht für sich selbst

haben will, sondern die Katzen in seiner Eigenschaft als Vertreter des Zoos erwirbt. Die Katzen sollen noch einige Wochen bei ihrer Mutter bleiben und dann von Herrn Maus abgeholt werden. Bevor es dazu kommt, stellt der Zoo fest, dass man sich die Tiere eigentlich angesichts der angespannten Haushaltslage gar nicht leisten kann. Frau Samtpfote fordert von Herrn Maus, dass dieser ihr die Katzen abnimmt und den Kaufpreis zahlt. Schließlich habe sie mit ihm einen Kaufvertrag geschlossen. Dass er für den Zoo gehandelt habe, habe sie nicht gewusst. Davon habe er kein Wort gesagt. Herr Maus will die Katzen nicht haben, da er eine schwere Katzenphobie hat.
Wenn er schon aus Versehen einen Kaufvertrag mit Frau Samtpfote abgeschlossen habe, so könne er diesen Vertrag doch wegen eines Inhaltsirrtums gemäß § 119 Abs. 1 BGB anfechten. Schließlich habe er seiner Erklärung eine andere Bedeutung beigemessen, als sie in Wirklichkeit hat. Hat er recht?

Der Vertreter muss gemäß § 164 Abs. 1 BGB die Willenserklärung **im Namen des Vertretenen** abgeben. Die Willenserklärung, die ein Stellvertreter abgibt, wirkt nur dann für den Vertretenen, wenn der Vertreter deutlich macht, dass er nicht für sich selbst, sondern für einen anderen handelt. Wenn er nicht darauf hinweist, dass er als Vertreter handelt, dann treffen die Wirkungen der Willenserklärung ihn selbst.

Im obigen Fall hat Herr Maus nicht ausdrücklich gesagt, dass er für den städtischen Zoo handeln will. Daher wirkt die von Herrn Maus abgegebene Willenserklärung nicht für den Zoo. Vielmehr hat Herr Maus den Vertrag im eigenen Namen abgeschlossen. Er ist damit Vertragspartner von Frau Samtpfote geworden und müsste jetzt gemäß § 433 Abs. 2 BGB die Katzen nehmen und den Kaufpreis bezahlen.

Nun würde es natürlich komisch wirken, wenn die Kassiererin in einem Supermarkt zu jedem Kunden sagen würde: »Guten Tag, ich schließe mit Ihnen einen Kaufvertrag im Namen der Misto-AG.« Deshalb ist gemäß § 164 Abs. 1 S. 2 BGB ausreichend, wenn sich **aus den Umständen ergibt**, dass die Willenserklärung im Namen des Vertretenen abgegeben wird. Im Supermarkt-Beispiel kann der Kunde auch aus den Umständen, z.B. der Firmenkleidung der Kassiererin, erkennen, dass diese für »Misto« handelt und nicht für sich selbst.

Von dem Grundsatz, dass der Vertreter deutlich machen muss, für wen er handelt, gibt es eine Ausnahme: Bei manchen Verträgen ist es dem Vertragspartner gleichgültig, mit wem er eigentlich einen Vertrag abschließt. Bei den sogenannten Bargeschäften des täglichen Lebens, bei denen der Vertrag sofort erfüllt wird (z.B. Lebensmitteleinkauf, Kauf einer Zeitung am Kiosk), kommt es dem Verkäufer nicht darauf an, mit wem er den Vertrag schließt. Er bekommt schließlich sofort sein Geld. So ist es der Kassiererin im Supermarkt egal, ob der Kunde die Waren für sich kaufen will oder ob er gerade den Einkauf für die kranke Nachbarin erledigt. Es würde wohl auch niemand auf die Idee kommen, der Kassiererin ungefragt zu erzählen, für wen er hier gerade einkaufen geht, es sei denn, er ist ein sehr mitteilungsfreudiger Mensch. In solchen Fällen ist es daher nicht erforderlich, dass der Vertreter genau sagt, für wen er handelt. Auch wenn er das nicht tut, wirkt die Willenserklärung für den Vertretenen, wenn die übrigen Voraussetzungen der Stellvertretung vorliegen (eigene Willenserklärung, Vollmacht).

Diese Ausnahme vom Offenkundigkeitsprinzip hilft Herrn Maus auch nicht weiter. Der Kauf von Wildkatzen ist kein Bargeschäft des täglichen Lebens. Also bleibt es erst einmal dabei, dass er den Vertrag im eigenen Namen geschlossen hat. Aber vielleicht kann er wegen eines Inhaltsirrtums anfechten? Er hat zwar erklärt, was er erklären wollte, dem aber eine andere rechtliche Bedeutung beigemessen. Er wollte ja einen Vertrag für einen anderen schließen, auch wenn er nach außen etwas anderes erklärt hat. Alle Voraussetzungen einer Anfechtung liegen also vor. An dieser Stelle kommt jetzt aber die wahrscheinlich unverständlichste Norm des BGB zum Zuge: § 164 Abs. 2 BGB: »Tritt der Wille, im fremden Namen zu handeln, nicht erkennbar hervor, so kommt der Mangel des Willens, im eigenen Namen zu handeln, nicht in Betracht.« Na, alles klar?

Also, das soll heißen: Wenn der Vertreter nicht deutlich gemacht hat, für wen er handelt, und deshalb irrtümlich einen Vertrag im eigenen Namen geschlossen hat, dann kann er wegen dieses Irrtums nicht anfechten (= kommt der Mangel des Willens, im eigenen Namen zu handeln, nicht in Betracht.«). Also hat Herr Maus Pech gehabt. Er muss die Katzen nehmen.

d) Vertretungsmacht

Damit die Willenserklärung für den Vertretenen wirkt, muss der Vertreter innerhalb der ihm zustehenden Vertretungsmacht gehandelt haben. Erst die Vertretungsmacht räumt dem Vertreter das Recht ein, für den Vertretenen zu handeln. Die Vertretungsmacht kann sich aus zwei Gründen ergeben:

1. Der Vertreter kann **kraft Gesetzes befugt** sein, das Rechtsgeschäft vorzunehmen.
2. Der Vertretene hat dem Vertreter **durch ein Rechtsgeschäft** eine entsprechende Vertretungsmacht (=**Vollmacht**) erteilt.

aa) Vertretungsmacht durch eine gesetzliche Vorschrift

Das BGB räumt in verschiedenen Fällen einer Person eine Vertretungsmacht ein. So benötigt jemand, der nicht voll geschäftsfähig ist, einen anderen, der die für ihn erforderlichen Geschäfte abschließt. Daher haben z.B. Eltern für ihr minderjähriges Kind gemäß § 1629 Abs. 1 S. 1 BGB Vertretungsmacht: »Die elterliche Sorge umfasst die Vertretung des Kindes.«
Ein Volljähriger, der geschäftsunfähig ist, wird gemäß § 1902 BGB von seinem Betreuer vertreten: »In seinem Aufgabenkreis vertritt der Betreuer den Betreuten gerichtlich und außergerichtlich.«
Eheleute haben gemäß § 1357 Abs. 1 BGB für den jeweils anderen Ehepartner die Vertretungsmacht, die Geschäfte abzuschließen, die zur angemessenen Deckung des Lebensbedarfes der Familie erforderlich sind.
Aber auch die Organe einer juristischen Person haben für diese aufgrund einer gesetzlichen Vorschrift Vertretungsmacht: Gemäß § 26 Abs. 2 BGB vertritt der Vorstand den eingetragenen Verein gerichtlich und außergerichtlich. Eine GmbH wird durch ihren Geschäftsführer vertreten, § 35 Abs. 1 GmbHG, eine Aktiengesellschaft durch ihren Vorstand, § 78 Abs. 1 Aktiengesetz.

bb) Rechtsgeschäftlich erteilte Vertretungsmacht (= Vollmacht)

Außerhalb der gesetzlichen Vertretungsmacht kann man jedem anderen durch Rechtsgeschäft eine Vertretungsmacht einräumen. Die durch ein Rechtsgeschäft erteilte Vertretungsmacht heißt **Vollmacht** (s. hierzu die Legaldefinition in § 166 Abs. 2 BGB). Die Vollmacht wird durch eine einseitige empfangsbedürftige Willenserklärung erteilt. Der Empfänger braucht sich also nicht dazu zu äußern, ob er mit der Bevollmächtigung einverstanden ist oder nicht. Der Bevollmächtigte muss sich auch deshalb nicht dazu äußern, weil ihm durch die Bevollmächtigung keine Nachteile entstehen. Er bekommt schließlich dadurch nur mehr Rechte: Er darf jetzt auch für einen anderen handeln.

(1) Vollmachtsarten: Unterscheidung nach der Person des Vollmachtsempfängers

Eine Vollmacht kann viele verschiedene Gesichter haben. Zunächst kann man danach unterscheiden, wem gegenüber die Vollmacht erteilt wird. Interessanterweise muss die Vollmacht nämlich nicht unbedingt dem Vertreter gegenüber erteilt werden. Gemäß § 167 Abs. 1 BGB kann die Vollmacht auch gegenüber dem zukünftigen Vertragspartner erteilt werden. Der Vertretene kann sich also mit dem zukünftigen Vertragspartner in Verbindung setzen und ihm z.B. mitteilen: »Ich werde Ihnen Herrn Schulze vorbeischicken, der für mich bei Ihnen einen Neuwagen bestellen soll.« Dann hat Herr Schulze, obwohl er davon eventuell noch gar nichts weiß, in diesem Augenblick eine Vollmacht bekommen. Wird die Vollmacht dem zukünftigen Vertragspartner gegenüber erteilt, spricht man von einer **Außenvollmacht**.

Normalerweise wird die Bevollmächtigung gegenüber dem Vertreter erfolgen. Der zukünftige Vertretene wird also Herrn Schulze zu sich holen und zu ihm sagen: »Hiermit bevollmächtige ich Sie, für mich bei der Firma Schrottmühl einen Neuwagen zu bestellen. Wenn die Vollmacht dem Stellvertreter erteilt wird, spricht man von einer **Innenvollmacht.**

(2) Unterscheidung nach dem Umfang der Vollmacht

Der Vertretene, der eine Vollmacht erteilt, kann auch bestimmen, welchen Umfang die Vollmacht haben soll, also für welche Rechtsgeschäfte sie gelten soll. Je nachdem, wofür die Vollmacht erteilt wird, unterscheidet man zwischen:

- **Spezialvollmacht**: Sie wird erteilt, wenn der Bevollmächtigte zur Vornahme **eines einzigen Rechtsgeschäftes** befugt sein soll. Beispiel: »Kaufen Sie für mich bei der Auktion am 29.06. ein Bild des Künstlers Schmierklecks.«
- **Gattungs- bzw. Artvollmacht**: Sie ermächtigt den Bevollmächtigten zu allen gleichartigen Rechtsgeschäften, die zu einem **bestimmten Geschäftsbereich** gehören. Beispiel: Der Kassierer eines Supermarktes ist bevollmächtigt, an der Kasse die Kaufverträge über die Waren abzuschließen und das Geld zu kassieren. Er darf aber nicht die Wareneinkäufe tätigen oder Personal einstellen.
- **Generalvollmacht**: Berechtigt zur Vornahme **aller** Rechtsgeschäfte, bei denen eine Vertretung **zulässig** ist.

Welchen Umfang die Vollmacht hat, ist im Zweifelsfall durch Auslegung zu ermitteln. Da es sich bei der Vollmachtserteilung um eine empfangsbedürftige Willenserklärung handelt, erfolgt die Auslegung nach dem objektiven Empfängerhorizont. (Sie erinnern sich: Wie konnte der Erklärungsempfänger die Erklärung verstehen?)

(3) Vollmacht und zugrunde liegendes Rechtsgeschäft

Die Vollmachtserteilung enthält nur die Erklärung, dass der Vertreter ein Rechtsgeschäft für den Vertretenen vornehmen darf. Es ist lediglich die Ermächtigung des Vertreters **nach au**ßen hin. Davon muss man unterscheiden, **warum** der Vertreter ein Rechtsgeschäft vornehmen soll, ob er hierfür bezahlt wird oder irgendwelchen Beschränkungen unterliegt, z.B. bei dem Kauf einer Sache einen bestimmten Preis nicht zu überschreiten. Das ist eine Frage des der Vollmachtserteilung zugrunde liegenden Rechtsgeschäftes. Zwischen dem Vertreter und dem Vertretenen wird nämlich in aller Regel ein Vertrag geschlossen, in dem sich der Vertreter verpflichtet, für den Vertretenen ein bestimmtes Rechtsgeschäft vorzunehmen. Dies kann z.B. ein Dienstvertrag sein oder ein Auftragsverhältnis.

Die Vollmacht ist **unabhängig** von dem zugrunde liegenden Vertragsverhältnis. So kann z.B. dem Vertreter die Vollmacht erteilt werden, Wareneinkäufe für ein Warenhaus vorzunehmen. Damit ist der Vertreter nach außen hin ermächtigt, Wareneinkäufe vorzunehmen. Die Vollmacht regelt, was der Vertreter nach außen hin im Verhältnis zum Geschäftspartner alles tun **kann**, nämlich Waren einkaufen. Eine andere Frage ist es, was der Vertreter tun **darf**. Hierfür entscheidend ist das Vertragsverhältnis zwischen dem Vertreter und dem Vertretenen. Dort ist geregelt, welche Rechtsgeschäfte der Vertreter im Einzelnen nur abschließen darf und welche Beschränkungen er dabei beachten muss. **Für den Geschäftspartner sind diese Beschränkungen gleichgültig. Wenn das vorgenommene Rechtsgeschäft nach außen hin von der erteilten Vollmacht gedeckt wird, dann treffen die Folgen des Rechtsgeschäftes den Vertretenen, auch wenn der Vertreter das Rechtsgeschäft nach dem mit dem Vertretenen geschlossenen Vertragsverhältnis gar nicht abschließen durfte.**
Nur wenn der Vertreter die ihm erteilte Vollmacht auch nach außen hin überschritten hat, wirkt das Rechtsgeschäft nicht für den Vertretenen (zu den Folgen in diesem Fall genauer s.u.: der Vertreter ohne Vertretungsmacht).

Von dem Grundsatz, dass das abgeschlossene Rechtsgeschäft mit dem Vertretenen zustande kommt, auch wenn der Vertreter es aufgrund des Vertragsverhältnisses mit dem Vertretenen gar nicht abschließen durfte, wird nur in zwei Fällen eine Ausnahme gemacht:
- Wenn der Vertreter mit dem Vertragspartner unter einer Decke steckt und beide zusammenwirken, um den Vertretenen zu schädigen, wirkt das Rechtsgeschäft nicht gegen den Vertretenen. Der Vertreter wird so behandelt, als habe er ohne Vertretungsmacht gehandelt. Der Vertreter kann das Rechtsgeschäft gemäß § 177 BGB genehmigen (s. dazu unten (5)).
- Wenn der Vertragspartner genau weiß, dass der Vertreter aufgrund des Vertragsverhältnisses mit dem Vertretenen das Rechtsgeschäft gar nicht abschließen darf. Auch in diesem Fall wird so getan, als habe der Vertreter ohne Vertretungsmacht gehandelt.

(4) Erlöschen der Vollmacht
Die erteilte Vollmacht bleibt dem Bevollmächtigten nicht ewig erhalten. Es gibt verschiedene Gründe, die zum Erlöschen der Vollmacht führen:
- Der erste Grund liegt auf der Hand: Eine Spezialvollmacht erlischt, wenn das Rechtsgeschäft, für das sie erteilt wurde, vorgenommen worden ist.
- Die Vollmacht erlischt in der Regel auch, wenn das zugrunde liegende Rechtsgeschäft (Dienstverhältnis, Auftrag) erlischt, allerdings kann der Vollmachtgeber etwas anderes bestimmen.
- Der Vertretene kann die Vollmacht jederzeit widerrufen, § 168 S. 2 BGB. Unabhängig davon, ob es sich um eine Innen- oder Außenvollmacht handelt, kann der Widerruf sowohl dem Bevollmächtigten als auch dem Geschäftspartner gegenüber erfolgen.

Wenn die Vollmacht erloschen ist, kann der Bevollmächtigte eigentlich keine Rechtsgeschäfte für den Vertretenen mehr vornehmen. Von diesem Grundsatz macht das Gesetz aber einige Ausnahmen zugunsten des Geschäftspartners, nämlich dann, wenn beim Geschäftspartner ein besonderes Vertrauen in das Bestehen der Vollmacht geweckt wurde. Die Vollmacht ist dann zwar grundsätzlich aus einem der eben genannten Gründe erloschen, sie bleibt aber gegenüber dem Geschäftspartner unter bestimmten Voraussetzungen wirksam:
- Das Erlöschen einer Außenvollmacht muss dem Geschäftspartner gegenüber angezeigt werden oder sie muss direkt gegenüber dem Geschäftspartner widerrufen werden, sonst bleibt sie

dem Geschäftspartner gegenüber in Kraft, § 170 BGB. Der Bevollmächtigte kann also mit der Vollmacht weiterhin mit dem Geschäftspartner Verträge abschließen. Diese wirken gegenüber dem Vertretenen, obwohl die Vollmacht eigentlich erloschen ist. Der Grund dafür ist, dass die Außenvollmacht dem Vertragspartner gegenüber erteilt worden ist. Solange ihm nichts Gegenteiliges bekannt ist, darf er deshalb davon ausgehen, dass die Vollmacht fortbesteht.

- Wenn es sich zwar nicht um eine Außenvollmacht handelt, die Vollmacht aber durch besondere Mitteilung an den Geschäftspartner oder öffentliche Bekanntmachung kundgegeben worden ist (sogenannte nach außen kundgemachte Innenvollmacht), dann bleibt die Vollmacht auch nach ihrem Erlöschen so lange in Kraft, bis das Erlöschen auf dem gleichen Weg mitgeteilt wird wie die Erteilung, § 171 BGB. Auch hier ist ja beim Geschäftspartner ein besonderes Vertrauen in das Bestehen der Vollmacht geweckt worden.
- Auch wenn der Bevollmächtigte dem Geschäftspartner eine Vollmachtsurkunde vorgelegt hat, bleibt die erloschene Vollmacht dem Geschäftspartner gegenüber so lange in Kraft, bis ihm das Erlöschen mitgeteilt wird, § 172 BGB.

Bei den eben genannten Gründen geht es immer darum, ein bestehendes Vertrauen des Geschäftspartners zu schützen. Daher kommen diese Vorschriften dann nicht zum Zuge, wenn der Geschäftspartner ohnehin weiß, dass die Vollmacht erloschen ist, § 173 BGB.
Außerdem muss man sich noch einmal ganz klarmachen, dass es sich bei den §§ 170–172 BGB um **Ausnahmen** handelt. **Wenn keine dieser Ausnahmen vorliegt, wird das Vertrauen des Geschäftspartners in das Bestehen einer Vollmacht nicht geschützt.** Selbst wenn der Geschäftspartner also felsenfest davon überzeugt ist, dass der Vertreter eine Vollmacht für den Abschluss des Rechtsgeschäftes hat, wirkt das Geschäft nicht gegenüber dem Vertretenen, wenn tatsächlich keine Vollmacht vorliegt.

(5) Der Vertreter ohne Vertretungsmacht

a) Folgen für den geschlossenen Vertrag

Fall: Der 17-jährige Rudi befindet sich im ersten Lehrjahr seiner Ausbildung zum Verwaltungsfachangestellten bei der Stadt Schnurpseldingen. Er wird vom Hauptamtsleiter zum Büroartikelfachmarkt Müllia-Markt (M) losgeschickt mit dem Auftrag, eine Kiste mit 1000 Blatt Papier zu kaufen. Rudi erhält dafür 20,– €, und der Hauptamtsleiter bittet ihn, nach dem günstigsten Angebot zu suchen.
Rudi sieht sich bei M um und probiert erst einmal alle Spielkonsolen aus, die es bei M gibt. Hinterher hat er schon wieder ganz vergessen, warum er eigentlich zu M geschickt wurde. Auf dem Weg zum Ausgang kommt er allerdings an einem sehr günstigen Sonderangebot vorbei: Ein Schreibtischstuhl für nur 49,– €. Da er weiß, dass der Hauptamtsleiter schon seit einiger Zeit laut über einen neuen Bürostuhl für sich nachdenkt, nimmt er den Stuhl mit und hofft, dass der Hauptamtsleiter aus Begeisterung über sein selbständiges Verhalten gar nicht mehr daran denkt, was Rudi eigentlich besorgen sollte. An der Kasse teilt Rudi mit, dass er den Stuhl für die Stadt Schnurpseldingen erwerben will. Da das ihm mitgegebene Bargeld nicht für den Stuhl ausreicht, bittet er um Übersendung einer Rechnung.
Der Hauptamtsleiter ist entsetzt über den angeschleppten Bürostuhl. Als die Rechnung eintrifft, weigert er sich, zu zahlen. Muss die Stadt Schnurpseldingen den Stuhl bezahlen?

Wenn jemand sich als Vertreter eines anderen ausgibt, obwohl er gar keine Vertretungsmacht hat, dann greifen die Wirkungen der Stellvertretung nicht ein. Es kommt also zunächst kein wirksamer Vertrag zwischen dem Geschäftspartner und dem scheinbar Vertretenen zustande. Das Gleiche gilt auch, wenn der Vertreter zwar eigentlich Vertretungsmacht hatte, aber die Grenzen der Vertretungsmacht überschreitet. Auch dann kommt es erst einmal nicht zu einem wirksamen Vertragsschluss zwischen dem Vertragspartner und dem Vertretenen. Trotzdem bleibt das Verhalten des Vertreters nicht ohne Folgen für den Vertretenen. Das BGB geht nämlich von der Möglichkeit aus, dass der Vertrag, den der Vertreter im Namen des Vertretenen, aber ohne Vertretungsmacht abschließt, für den Vertretenen vielleicht doch ganz interessant sein könnte. Dem Vertretenen soll die Gelegenheit gegeben werden, darüber zu entscheiden, ob er den Vertrag im Nachhinein genehmigen und so einen wirksamen Vertragsschluss zwischen sich und dem Vertragspartner herbeiführen will. Aus diesem Grund sieht das BGB vor, dass es auch bei fehlender Vertretungsmacht zu einem **Vertragsschluss zwischen dem Vertretenen und dem Vertragspartner** kommt.

Dieser Vertrag ist allerdings zunächst nicht wirksam, sondern **schwebend unwirksam**, § 177 Abs. 1 BGB. Schwebend unwirksam bedeutet das Gleiche wie bei einem Vertrag, den der Minderjährige ohne die erforderliche Einwilligung seiner Eltern abgeschlossen hat: Der Vertrag besteht zwar und die Parteien sind auch daran gebunden, es können aber keine Rechte daraus hergeleitet werden. (Übrigens: Viele Regelungen für den Vertreter ohne Vertretungsmacht sind genauso wie bei einem schwebend unwirksamen Vertrag, den ein Minderjähriger ohne Einwilligung seiner Eltern abgeschlossen hat, wie Sie gleich sehen werden. Damit können Sie sich das Lernen etwas vereinfachen.)

Im obigen Beispiel besteht also über den Stuhl erst einmal ein Kaufvertrag zwischen der Stadt Schnurpseldingen und dem Müllia-Markt. Wegen der fehlenden Vertretungsmacht von Rudi ist dieser Vertrag aber zunächst schwebend unwirksam, so lange, bis der Hauptamtsleiter entweder genehmigt oder die Genehmigung verweigert. Dass Rudi noch minderjährig ist, ist übrigens gemäß § 165 BGB kein Problem!

Wenn der Vertretene den Vertrag genehmigt, wird dieser von Anfang an wirksam, § 184 Abs. 1 BGB. Es wird also so getan, als habe der Vertreter von Anfang an mit Vertretungsmacht gehandelt. Die Genehmigung kann gemäß § 182 Abs. 1 BGB sowohl dem Vertreter als auch dem Dritten gegenüber erteilt werden.
Wenn der Vertretene dagegen die Genehmigung verweigert, wird der Vertrag zwischen dem Vertretenen und dem Vertragspartner endgültig unwirksam.

In unserem Beispiel könnte der Hauptamtsleiter also den Kauf des Stuhles genehmigen. Der Einfachheit halber kann er Rudi gegenüber erklären, dass er das Geschäft genehmigt. Er braucht dafür nicht extra zum Müllia-Markt zu laufen. Mit der Erteilung der Genehmigung Rudi gegenüber wird dieser Kaufvertrag rückwirkend wirksam.
Allerdings ist der Hauptamtsleiter über den Stuhl entsetzt und verweigert die Genehmigung. Auch dieses kann Rudi gegenüber erklärt werden. Damit ist der Vertrag zwischen der Stadt und M endgültig unwirksam geworden.

Für den Vertragspartner, der erfährt, dass er einen schwebend unwirksamen Vertrag geschlossen hat, ist es natürlich ziemlich lästig: Er ist an einen Vertrag gebunden, ohne daraus Rechte herleiten zu können. Dabei war er davon ausgegangen, dass mit dem Vertrag alles in Ordnung gehen würde! Wie bei einem Vertrag, den ein beschränkt Geschäftsfähiger ohne die erforderliche Einwilligung geschlossen hat, hat der Vertragspartner zwei Möglichkeiten:

1. Der Vertragspartner kann den Vertretenen auffordern, den Vertrag zu genehmigen, § 177 Abs. 2 BGB. Diese Regelung entspricht § 108 Abs. 2 BGB: Eine dem Vertreter gegenüber erteilte Genehmigung wird wieder unwirksam. Wenn die Genehmigung nicht innerhalb von zwei Wochen dem Vertragspartner gegenüber erteilt wird, gilt sie als verweigert.
2. Er kann den schwebend unwirksamen Vertrag bis zur Erteilung der Genehmigung widerrufen, § 178 BGB. Wenn der Vertragspartner den Vertrag widerruft, ist der Vertrag ebenfalls endgültig unwirksam. Das geht nur dann nicht, wenn der Vertragspartner wusste, dass der Vertreter ohne Vertretungsmacht handelt. Dann wusste er schließlich, worauf er sich einlässt und dass der Vertrag zunächst schwebend unwirksam ist. Er bleibt daher an den schwebend unwirksamen Vertrag gebunden und hat nur die Möglichkeit, den Schwebezustand durch die Aufforderung des Vertretenen zur Genehmigung zu beenden.

b) Haftung des Vertreters ohne Vertretungsmacht

Wenn der Vertrag vom Vertretenen nicht genehmigt wird und damit unwirksam ist, ist die Sache aber noch nicht endgültig vom Tisch. Der Vertragspartner hat dann nämlich noch gemäß § 179 Abs. 1 BGB die Möglichkeit, gegen den Vertreter vorzugehen. Ganz wichtig: Diese Möglichkeit besteht **nur, wenn der Vertrag wegen der Verweigerung der Genehmigung durch den Vertretenen unwirksam ist**. Wenn der Vertragspartner selbst den Vertrag widerrufen hat, hat er keine Rechte aus § 179 Abs. 1 BGB. Dann hat er sich ja selbst entschieden, den Vertrag aus der Welt zu schaffen. § 179 Abs. 1 BGB greift nur in dem Fall, dass dem Vertragspartner von dem Vertreter ein schwebend unwirksamer Vertrag untergejubelt wurde, der ohne sein Zutun durch die Verweigerung der Genehmigung vom Vertretenen wieder zerstört wurde. Dann ist der Vertragspartner ja erst einmal angeschmiert. Deshalb gibt § 179 Abs. 1 BGB ihm die Möglichkeit, vom Vertreter **entweder Erfüllung oder Schadensersatz** zu verlangen.

- Wenn der Vertragspartner Erfüllung wählt, passiert etwas ganz Interessantes: Es wird so getan, als wäre der Vertrag zwischen dem Vertragspartner **und dem Vertreter** geschlossen worden. Der Vertragspartner kann also von dem Vertreter alles das verlangen, was er vom Vertretenen hätte verlangen können, wenn dieser den Vertrag genehmigt hätte. Gleichzeitig bekommt auch der Vertreter alle Rechte aus dem Vertrag, als hätte er ihn im eigenen Namen mit dem Vertragspartner geschlossen.

Bei dem Kaufvertrag über den Stuhl könnte M also darüber nachdenken, Erfüllung zu wählen. Wenn er Erfüllung wählt, wird er so behandelt, als hätte er einen Kaufvertrag mit Rudi geschlossen: Dieser muss ihm gemäß § 433 Abs. 2 BGB den Stuhl abnehmen und ihm den Kaufpreis zahlen. Voraussetzung dafür ist allerdings, dass Rudi volljährig ist! Dazu s.u.

- Wenn der Vertragspartner Schadensersatz wählt, muss ihm der Vertreter den Schaden bezahlen, der ihm dadurch entstanden ist, dass der Vertrag nicht mit dem Vertretenen zustande gekommen ist.

c) Einschränkungen der Haftung des Vertreters

Die Haftung des Vertreters wird in § 179 Abs. 2 und 3 BGB für einige Fälle eingeschränkt:

1. In den Fällen, in denen **der Vertreter selbst nicht wusste, dass er keine Vertretungsmacht hat**, wird seine Haftung gegenüber dem Vertragspartner durch § 179 Abs. 2 BGB eingeschränkt: Der Vertragspartner kann nicht Erfüllung verlangen. Er kann nur den Ersatz des Schadens verlangen, der ihm dadurch entstanden ist, dass er auf die Gültigkeit der Erklärung vertraut

hat. Hinsichtlich der Rechtsfolgen entspricht § 179 Abs. 2 BGB der Vorschrift des § 122 Abs. 1 BGB.

2. Wenn **der Vertragspartner selbst genau wusste, dass der Vertreter keine Vertretungsmacht hatte**, dann haftet der Vertreter **nicht**. In diesem Fall weiß der Vertragspartner schließlich, worauf er sich einlässt.
3. Zuletzt haftet der Vertreter auch dann nicht, wenn er **beschränkt geschäftsfähig** ist, § 179 Abs. 3 S. 2 BGB. Noch einmal zur Wiederholung: Auch ein beschränkt Geschäftsfähiger kann gemäß § 165 BGB ein Vertreter sein *(In unserem Beispiel konnte Rudi also auch als Minderjähriger wirksam vertreten).*
   Wenn er aber ohne Vertretungsmacht handelt, dann haftet er dem Vertragspartner nicht gemäß § 179 Abs. 1 BGB. Schließlich soll er ja vor allen nachteiligen Folgen seines rechtsgeschäftlichen Handelns geschützt werden.

In unserem Beispiel hat M also Pech gehabt, weil Rudi minderjährig ist. Er müsste den Stuhl wieder zurücknehmen, weil kein Vertrag zwischen ihm und der Stadt zustande gekommen ist und er auch nicht gemäß § 179 Abs. 1 BGB gegen Rudi vorgehen könnte.

d) Das einseitige Rechtsgeschäft durch einen Vertreter ohne Vertretungsmacht

Wenn ein Vertreter ohne Vertretungsmacht ein einseitiges Rechtsgeschäft vorgenommen hat, dann wäre es keine glückliche Lösung, wenn das einseitige Rechtsgeschäft zunächst so wie ein Vertrag schwebend unwirksam wäre. Dann wüsste der Erklärungsempfänger überhaupt nicht, woran er ist. Hier gibt es wieder eine vergleichbare Regelung wie bei einem Rechtsgeschäft, das von einem beschränkt Geschäftsfähigen abgeschlossen wurde: Gemäß § 180 Abs. 1 BGB ist ein einseitiges Rechtsgeschäft, das ohne Vertretungsmacht vorgenommen wird, unwirksam. Nur wenn der Erklärungsempfänger damit einverstanden war oder nicht beanstandet hat, dass der Vertreter ohne Vertretungsmacht handelt, ist das Rechtsgeschäft zunächst schwebend unwirksam und kann nachträglich genehmigt werden.

Zusammenfassende Übersicht: Der Vertreter ohne Vertretungsmacht:

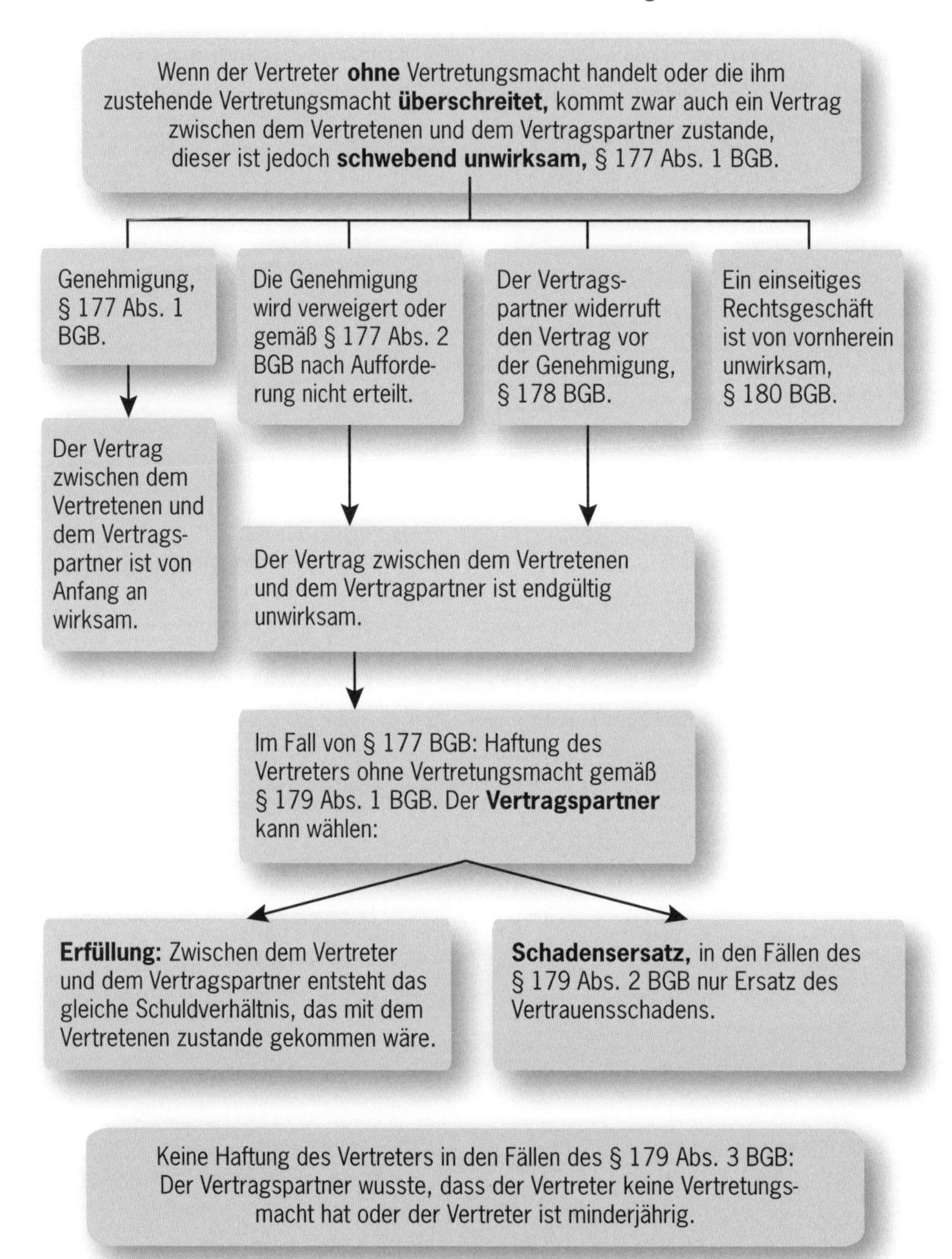

6. Die Begrenzung der Vertretungsmacht durch § 181 BGB (Insichgeschäft)

Fall: Maurermeister M will Urlaub machen. Er holt deshalb seinen treuen Mitarbeiter Werkmeister zu sich und teilt ihm mit, dass er ihn während seiner Abwesenheit in allen anfallenden Angelegenheiten vertreten soll. Er erteilt ihm für die Zeit seines Urlaubs eine Generalvollmacht. Werkmeister findet das prima. Gleich am ersten Tag geht er zur Bank und überweist sich den noch ausstehenden Lohn für die letzten drei Monate. Außerdem schließt er im Namen seines Chefs mit sich einen neuen Arbeitsvertrag, nach dem er bei gleichem Gehalt zehn Stunden in der Woche weniger arbeiten muss. Sind diese Rechtsgeschäfte wirksam?

Wenn jemand Vertretungsmacht hat, könnte er auf die Idee kommen, im Namen des Vertretenen mit sich selbst ein Rechtsgeschäft abzuschließen (= Selbstkontrahieren).

Rein praktisch würde das so aussehen: In unserem Fall würde Herr Werkmeister sich auf den Chefsessel setzen und sagen: »Im Namen des Chefs unterbreite ich mir folgendes Angebot: Reduzierung meiner wöchentlichen Arbeitszeit bei gleichem Gehalt.« Dann springt er auf, rennt um den Schreibtisch herum und sagt: »Dieses Angebot nehme ich gerne an!«

Wenn jemand mehrere Personen vertritt, könnte er diese Personen einen Vertrag miteinander abschließen lassen (= Mehrvertretung).

Bespiel: Der Immobilienmakler Hai ist von Herrn Hauswech damit beauftragt worden, sein Haus zu verkaufen. Von Herrn Hausher ist er damit beauftragt worden, ein Haus zu kaufen. Also könnte er in seinem Inneren als Vertreter von Hauswech und Hausher diesen einen Kaufvertrag miteinander schließen lassen.

In beiden Fällen besteht die Gefahr, dass der Vertreter gegensätzliche Interessen wahrnimmt und der Vertretene oder die Vertretenen dem ausgeliefert ist. Wenn der Vertreter gleichzeitig mehrere Personen vertritt oder mit sich selbst im Namen des Vertretenen einen Vertrag schließt, kommt eine Partei eventuell besser dabei weg, als wenn sich immer zwei Personen gegenüberstehen. Oder es wird ein Vertrag geschlossen, den der Vertretene überhaupt nicht will. Das ist im Beispiel von Herrn Werkmeister besonders deutlich zu sehen. Daher verbietet § 181 BGB grundsätzlich die Vornahme solcher Rechtsgeschäfte. Für die Fälle des Selbstkontrahierens und der Mehrvertretung hat der Vertreter keine Vertretungsmacht. Die Regelungen der §§ 177 ff. BGB finden Anwendung. Der abgeschlossene Vertrag ist zunächst schwebend unwirksam, mit der Möglichkeit für den Vertretenen, ihn zu genehmigen.

In unserem Beispiel mit Werkmeister könnte also der Chef den geänderten Arbeitsvertrag genehmigen, wenn er meint, dass Werkmeister das verdient hat.

Von diesem Grundsatz sieht § 181 BGB zwei Ausnahmen vor:

1. Das Rechtsgeschäft ist zulässig, wenn dem Vertreter die Vornahme erlaubt wird. § 181 BGB dient dazu, den Vertretenen zu schützen. Da ist es natürlich erlaubt, auf diesen Schutz zu verzichten, wenn es aus irgendeinem Grund erforderlich ist.
2. Außerdem ist ein Insichgeschäft zulässig, wenn das Rechtsgeschäft ausschließlich in der Erfüllung einer Verbindlichkeit besteht. Wenn also der Vertretene dem Vertreter etwas schuldet, dann darf der Vertreter die Erfüllung im Namen des Vertretenen gegenüber sich selbst

vornehmen. In den Fällen der Mehrvertretung darf der Vertreter eine Verbindlichkeit erfüllen, die der eine Vertretene gegenüber dem anderen Vertretenen hat.

In unserem Beispiel darf Herr Werkmeister sich also den noch ausstehenden Lohn auszahlen. Damit erfüllt er nur eine ihm gegenüber bestehende Verbindlichkeit. Wenn er sich nur das holt, was ihm zusteht, gibt es keinen Grund, weshalb das Rechtsgeschäft unwirksam sein sollte.

Zusammenfassende Übersicht zu Stellvertretung:

Die Rechtsfolgen einer Willenserklärung treffen normalerweise den Erklärenden. Es gibt aber die Möglichkeit, einen Stellvertreter für sich handeln zu lassen. Wenn die Voraussetzungen einer wirksamen Stellvertretung vorliegen, treffen die Rechtsfolgen der Willenserklärung den Vertretenen und nicht den Stellvertreter.

Voraussetzungen der Stellvertretung:	Folge des Fehlens dieser Voraussetzung:
1. Zulässigkeit der Stellvertretung Stellvertretung ist bei Rechtsgeschäften, also wenn es um die Abgabe von Willenserklärungen geht, grundsätzlich immer zulässig. Ausnahme: höchstpersönliche Rechtsgeschäfte wie Eheschließung oder Testament.	Bei unzulässiger Stellvertretung ist die Willenserklärung des Vertreters nichtig.
2. Eigene Willenserklärung des Stellvertreters Der Stellvertreter gibt eine eigene Willenserklärung ab, wenn er einen **eigenen Entscheidungsspielraum** hat.	Wenn der Stellvertreter nur eine fremde Willenserklärung überbringt, ist er Erklärungsbote und nicht Stellvertreter.
3. Im Namen des Vertretenen (= Offenkundigkeitsprinzip) Der Vertreter muss deutlich machen, dass er für einen anderen handelt.	Wenn der Stellvertreter nicht deutlich macht, dass er für einen anderen handelt, treffen die Folgen der Willenserklärung ihn selbst. Er hat dann z.B. einen Vertrag im eigenen Namen geschlossen und kann diesen auch nicht anfechten, § 164 Abs. 2 BGB.
4. Mit Vertretungsmacht = Rechtsmacht, für einen anderen ein Rechtsgeschäft vornehmen zu können. Ergibt sich aus - dem Gesetz: z.B.: § 26 Abs. 2 S. 1; § 1629 Abs. 1 S. 1; § 1902 BGB oder - aufgrund eines Rechtsgeschäftes (= Vollmacht).	Wenn der Vertreter ohne Vertretungsmacht gehandelt hat, kommt auch ein Vertrag zwischen dem Vertretenen und dem Vertragspartner zustande. Dieser ist aber schwebend unwirksam. Der Vertretene kann diesen Vertrag genehmigen. Tut er dies nicht, ist der Vertrag endgültig unwirksam. Der Vertreter haftet dann gemäß § 179 Abs. 1 BGB.

3. Kapitel: Leistungsstörungen

Nur wenn der Schuldner die geschuldete Leistung zur richtigen Zeit und am richtigen Ort erbringt, dann ist der Anspruch des Gläubigers erfüllt und erlischt.
Nicht immer erbringt der Schuldner die geschuldete Leistung so, wie er sie erbringen soll. Wenn der Schuldner eine Leistungspflicht nicht ordnungsgemäß erfüllt, sondern irgendetwas falsch macht, spricht man von **Leistungsstörungen:** Der Schuldner stört seine eigene ordnungsgemäße Leistung.
Der Schuldner kann auf ganz unterschiedliche Weise die Verpflichtungen, die ihn gegenüber dem Gläubiger treffen, verletzen. Es gibt im Wesentlichen vier Dinge, die schieflaufen können:

1. Der Schuldner kann die Leistung nicht erbringen, weil die Leistung nicht mehr möglich ist (= Unmöglichkeit, § 275 BGB).
2. Der Schuldner leistet nicht rechtzeitig, sondern verspätet (= Schuldnerverzug, § 286 BGB).
3. Der Schuldner erbringt eine schlechte Leistung (= Gewährleistungsrecht, z.B. §§ 434 ff. BGB für den Kaufvertrag, §§ 633 ff. BGB für den Werkvertrag).
4. Der Schuldner erbringt zwar die Leistung selbst ordnungsgemäß, er verletzt dabei aber eine ihm gegenüber dem Gläubiger obliegende Pflicht (= Nebenpflichtverletzung).

Wenn der Schuldner nicht das tut, was er soll, dann stellt sich die Frage für den Gläubiger, was er für Rechte gegen den Schuldner geltend machen kann. Je nach Art der Leistungsstörung können das sein: Schadensersatz, Rücktritt oder Gewährleistungsrechte.

Vorab eine ganz grobe Übersicht:

Art der Leistungsstörung:		Rechtsfolgen?
Unmöglichkeit	Der Schuldner kann nicht leisten.	– § 275 BGB: Leistungsanspruch entfällt. – Herausgabe des Ersatzes – Rücktritt: § 323 BGB – nur bei Verschulden: Schadensersatz: § 280 1, 3; § 283 BGB – Aufwendungsersatz
Schuldnerverzug	Der Schuldner leistet verspätet.	– Schadensersatz: – Verzögerungsschaden: § 280 1, 2; § 286 BGB – statt der Leistung: §§ 280 1, 3 und 281 BGB – Rücktritt: § 323 BGB

Schlechtleistung	Der Schuldner leistet mangelhaft	§ 437 (Kaufvertrag) § 634 (Werkvertrag - Nacherfüllung - Rücktritt - Schadensersatz
Nebenpflichtverletzung	Der Schuldner verletzt eine Pflicht gemäß § 241 Abs. 2 BGB: Rücksichtnahme, Aufklärung und Beratung.	§ 280 i.V.m. § 241 Abs. 2 BGB Schadensersatz

Jetzt soll es darum gehen, was im Einzelnen passiert, wenn der Schuldner eine vertragliche Pflicht verletzt.

A. Unmöglichkeit, § 275 BGB

Fall: Bert Brummsel, Leiter des Bauhofes der Gemeinde Schnurpseldingen, erwirbt vom Landmaschinenhändler Lotterlich einen gebrauchten Rasentrecker für die Grünflächenpflege der Gemeinde. Bevor die Gemeinde Schnurpseldingen den Trecker abholen kann, schlägt der Blitz in die Verkaufshalle von Lotterlich ein. Von dem Trecker bleibt nichts übrig. Brummsel fragt sich, welche Rechte der Gemeinde gegen Lotterlich zustehen? Lotterlich hingegen findet, dass ihm die Gemeinde den geschuldeten Kaufpreis i.H.v. 5.000,– € zahlen muss. Hat hier überhaupt jemand Ansprüche?

Unmöglichkeit liegt immer dann vor, wenn der Schuldner die Leistung – aus welchem Grund auch immer – nicht erbringen kann. Dabei kann es sein, dass es **für niemanden möglich** ist, die Leistung zu erbringen. Dann spricht man von **objektiver Unmöglichkeit**. Es kann aber auch sein, dass es **nur für den Schuldner unmöglich** ist, die Leistung zu erbringen. Jemand anderes könnte die Leistung erbringen. Dann spricht man von **subjektiver Unmöglichkeit**.

Was passiert, wenn die Leistung unmöglich ist, ist in § 275 Abs. 1 BGB geregelt. Gemäß § 275 Abs. 1 BGB ist der Anspruch auf die Leistung ausgeschlossen, soweit diese für den Schuldner oder für jedermann unmöglich ist. Das BGB sagt also ganz einfach: »Wenn der Schuldner nicht leisten kann, dann muss er auch nicht leisten. Niemand soll zu einer Leistung verpflichtet sein, die er nicht erbringen kann.« Was erst einmal sehr nett klingt, ist aber eigentlich nur zwingend: Wie soll man denn auch eine Leistung erbringen, wenn das gar nicht geht? (Wenn Sie übrigens jetzt meinen, dass man für dieses Ergebnis kein BGB braucht, sondern nur gesunden Menschenverstand, haben Sie natürlich recht!)
Die Gründe, weswegen die Leistung unmöglich ist, können sehr vielfältig sein:

I. Auf welche Weise wird die Leistung unmöglich?

a) Die Leistung kann von niemandem mehr erbracht werden, weil der Leistungsgegenstand nicht mehr vorhanden ist

Zunächst kann die Leistung unmöglich sein, weil dass, was geleistet werden sollte, gar nicht mehr existiert. Wenn die Sache unwiederbringlich zerstört ist, kann niemand mehr die geschuldete Leistung erbringen.

Um diesen Fall geht es im obigen Beispiel: Von dem Trecker sind nur noch verkohlte Reste übrig. Das Fahrzeug existiert nicht mehr.

b) Die Leistung kann nicht erbracht werden, weil der Schuldner die Sache nicht hat, sondern ein Dritter

Die Leistung kann unmöglich sein, weil die Sache, die geleistet werden sollte, nicht mehr im Besitz des Schuldners ist. Wenn ein Dritter die Sache hat, weil er Eigentümer ist oder die Sache gestohlen hat, dann kann der Schuldner die Leistung nicht erbringen. Nur derjenige, der die Sache hat, könnte die Leistung erbringen. Wenn die Sache gestohlen ist, hat der Schuldner keine Möglichkeit, die Sache zu beschaffen, wenn nicht die Polizei ihm dabei hilft. Wenn ein Dritter Eigentümer der Sache ist, kann der Schuldner nur versuchen, den Eigentümer dazu zu überreden, ihm die Sache zu verkaufen. Wenn der Eigentümer dazu aber nicht bereit ist, dann ist dem Schuldner die Leistung unmöglich.

Das wäre in unserem Beispiel der Fall, wenn der Trecker nicht verbrannt wäre, sondern von Herrn Lotterlich noch vor dem Abholen an einen anderen Interessenten verkauft worden wäre. Dieser ist nicht bereit, den Trecker herauszurücken, egal, welcher Preis ihm dafür geboten wird. Der zweite Käufer könnte die Leistung erbringen, wenn er wollte. Nicht aber Herr Lotterlich. Ihm ist die Leistung unmöglich (= subjektive Unmöglichkeit).

c) Der Leistungserfolg ist auf andere Weise eingetreten (= Zweckerreichung).

Manchmal kann es auch passieren, dass der Leistungserfolg, den der Schuldner herbeiführen sollte, ohne Zutun des Schuldners auf andere Weise eintritt.

Beispiel: Gustaf Gourmet verschluckt sich in einem Restaurant an einer Fischgräte und leidet an akuter Atemnot. Ein Arzt wird herbeigerufen. Bevor dieser eintrifft, hat der Oberkellner mit einem gekonnten Handgriff Herrn Gourmet von der Gräte befreit. Der Arzt kann nichts mehr tun.
Weiteres Beispiel: Das Auto von Fräulein Blond will morgens nicht anspringen. Verzweifelt ruft sie die Werkstatt an, damit ihr von dort jemand zu Hilfe eilt. Bevor der Mechaniker bei ihr eintrifft, hat der hilfreiche Nachbar den Wagen wieder in Gang gebracht.

d) Der Gegenstand, an dem die Leistung erbracht werden soll, existiert nicht mehr (= Zweckfortfall).

Wenn eine Leistung an einem Gegenstand zu erbringen ist und der Gegenstand nicht mehr da ist, dann ist die Leistung auch unmöglich geworden.

Beispiel: Das Haus des Gläubigers, dessen Dach vom Schuldner neu gedeckt werden sollte, brennt vorher ab.

e) Der Leistungserfolg wird durch Zeitablauf unmöglich

Bei einigen Verträgen ist die Einhaltung der Leistungszeit so wichtig, dass die Leistung zu einem späteren Zeitpunkt keine Erfüllung mehr darstellt. Der Gläubiger kann die Leistung nur zu einem ganz bestimmten Zeitpunkt gebrauchen. Später nützt sie ihm nichts mehr. Man spricht dann von einem **absoluten Fixgeschäft**. Obwohl die Leistung selbst noch möglich wäre, wird in diesen Fällen so getan, als wäre die Leistung unmöglich.

Beispiel: Herr Sausewind hat eine Flugreise gebucht. Am Tag vor dem Abflug bestellt er sich ein Taxi, um pünktlich am Flughafen zu sein. Er weist das Taxiunternehmen ausdrücklich darauf hin, wie wichtig es ist, dass das Taxi pünktlich kommt. Trotzdem verspätet sich das Taxi um zwei Stunden, sodass Herr Sausewind seinen Flug verpasst. Das Taxi könnte ihn zwar noch zum Flughafen bringen, aber das stellt für Sausewind keine Erfüllung mehr dar.

In allen eben aufgeführten Fällen liegt Unmöglichkeit i.S.v. § 275 Abs. 1 BGB vor, mit der Folge, dass der Schuldner von seiner Leistungspflicht befreit wird. Er muss die Leistung nicht erbringen, weil er sie gar nicht erbringen kann.

In unserem Beispiel muss Lotterlich den Trecker also nicht leisten, weil es sie ja gar nicht mehr gibt. Er wird gemäß § 275 Abs. 1 BGB von seiner Leistungspflicht befreit.

f) Unmöglichkeit bei Gattungsschulden

Fall: Herr Miefig, Chefkoch der Kantine der Stadtverwaltung Schnurpzeldingen, bestellt beim Öko-Bauern Knolle drei Zentner Kartoffeln. Knolle stellt die Kartoffeln bereit und bittet Herrn Miefig, sie bald abzuholen.

Drei Tage später, die Kartoffeln stehen immer noch bei Knolle, bricht eine Wildschweinherde nachts in den Lagerschuppen von Knolle ein und frisst als Erstes die für Miefig bereitgestellten Kartoffeln. Miefig findet das gar nicht schlimm, weil ja noch genug andere Kartoffeln bei Knolle lagern. Er meint, dass die Säcke austauschbar wären und fordert drei andere Zentner. Knolle ist der Meinung, dass er nicht mehr leisten muss, weil die bereitgestellten Kartoffeln hin sind. Er wäre nur bereit, Herrn Miefig zu einem höheren Preis andere Kartoffeln zu verkaufen. Bekommt Herr Miefig neue Kartoffeln?

Schwierig wird es in den Fällen, in denen der Schuldner nicht eine ganz bestimmte Sache leisten soll, sondern eine Sache aus einer bestimmten Gattung schuldet. In diesen Fällen spricht man von einer sogenannten Gattungsschuld: Die geschuldete Leistung ist nur nach allgemeinen Merkmalen bestimmt. Es handelt sich bei der Leistung nicht um ein ganz bestimmtes Einzelstück, das nicht ersetzt werden kann. Wenn man z.B. bei einem Versandhaus eine blaue Jacke bestellt, dann hat das Versandhaus nicht nur diese eine Jacke, sondern ein ganzes Regal voll mit den gleichen Jacken. In diesen Fällen kann der Schuldner, wenn ein Stück der Gattung zerstört wird, ein anderes Stück nehmen. Solange noch Sachen der gleichen Gattung vorhanden sind, kann niemals Unmöglichkeit eintreten. Der Schuldner muss vielmehr eine andere Sache aus der Gattung beschaffen und mit dieser dann erfüllen. In den Fällen einer Gattungsschuld ist die Erbringung der Leistung nur dann unmöglich, wenn

- die gesamte Gattung nicht mehr vorhanden ist, also auf dem Markt nicht mehr beschafft werden kann.
- der Schuldner gemäß § 243 Abs. 2 BGB das »seinerseits Erforderliche« getan hat. Dann beschränkt sich seine Leistungspflicht auf dieses Stück. Man spricht dann von **Konkretisierung**. Wenn das Stück untergeht, dann wird er von der Leistungspflicht gemäß § 275 Abs. 1 BGB befreit.

Es fragt sich nur, wann der Schuldner das »seinerseits Erforderliche« getan hat. Dazu müssen Sie sich auf die Unterscheidung zwischen Hol-, Schick- und Bringschuld zurückbesinnen. Je nachdem, um welche Schuld es sich handelt, kann das »seinerseits Erforderliche« etwas anderes sein:

1. Bei der **Holschuld** hat der Schuldner dann das seinerseits Erforderliche getan, **wenn er die Sache aus der Gattung ausgesondert hat und den Gläubiger benachrichtigt hat.**

Im obigen Beispiel hat Bauer Knolle also das seinerseits Erforderliche getan: Der Leistungsort befindet sich gemäß § 269 Abs. 1 BGB am Wohnort des Schuldners: Eine Bestimmung durch die Parteien oder eine spezielle gesetzliche Vorschrift gibt es nicht. Auch aus den Umständen lässt sich kein besonderer Leistungsort entnehmen. Also liegt der gesetzliche Regelfall der Holschuld vor. Deshalb muss Bauer Knolle nur die drei Zentner von den übrigen Kartoffeln absondern und Herrn Mief benachrichtigen. Wenn das geschehen ist, hat er das seinerseits Erforderliche getan. Dann beschränkt sich gemäß § 243 Abs. 2 BGB seine Schuld auf die ausgesonderten drei Zentner Kartoffeln. Wenn diese futsch sind, muss er nicht in seinen Kartoffelvorrat greifen und neue hervorholen. Er ist gemäß § 275 Abs. 1 BGB von seiner Leistungspflicht befreit.

2. Bei der **Bringschuld** hat der Schuldner dann das seinerseits Erforderliche getan, **wenn er die Sache aus der Gattung ausgesondert, zum Gläubiger transportiert und dem Gläubiger angeboten hat.** Wenn das alles geschehen ist, beschränkt sich die Schuld auf das ausgesonderte Stück. Wenn die Sache auf dem Weg zum Gläubiger zerstört wird, muss der Schuldner eine andere Sache aus der Gattung beschaffen und damit erfüllen.

Wenn in unserem Kartoffel-Beispiel eine Bringschuld vereinbart worden wäre, hätte Knolle die Kartoffel also bei Miefig abliefern müssen. Wenn dem Knolle auf dem Weg zu Miefig ein Wildschwein vor den Wagen läuft, sodass Wagen und Kartoffeln hinterher Mus sind, dann muss Knolle neue Kartoffeln holen, weil er noch nicht das seinerseits Erforderliche getan hat und deshalb noch nicht gemäß § 275 Abs. 1 BGB von seiner Leistungspflicht befreit ist.

3. Bei der **Schickschuld** hat der Schuldner das seinerseits Erforderliche getan, **wenn er die Sache der Transportperson übergeben hat.** Danach kann es ihm egal sein, was auf dem Transport mit der Sache passiert, weil er von seiner Leistungspflicht befreit ist und keine neue Sache beschaffen muss.

Außer den eben genannten Fällen der Unmöglichkeit sind in § 275 BGB noch zwei Sonderfälle geregelt, in denen zwar keine Unmöglichkeit wie in den oben aufgeführten Beispielen vorliegt, der Schuldner aber trotzdem aus bestimmten Gründen berechtigt ist, die Leistung zu verweigern:

g) Leistungsverweigerungsrecht wegen unverhältnismäßigem Aufwand, § 275 Abs. 2 BGB

Es kann auch passieren, dass die Leistung selbst noch möglich wäre, aber für den Schuldner mit einem unverhältnismäßigen Aufwand verbunden wäre. Dieser Fall ist in § 275 Abs. 2 BGB geregelt: Wenn die Leistung einen Aufwand erfordert, der unter Beachtung des Inhalts des Schuldverhältnisses und der Gebote von Treu und Glauben in einem groben Missverhältnis zu dem Leistungsinteresse des Gläubigers steht, dann ist der Schuldner berechtigt, die Leistung zu verweigern. Das bedeutet übersetzt: Auch wenn die Leistung noch möglich ist, muss sie nicht erbracht werden, wenn der Aufwand, der betrieben werden muss, um die Leistung zu erbringen, viel teurer ist als die Sache selbst. Diese Fälle werden genauso behandelt, als wäre die Leistung tatsächlich unmöglich.

Beispiel: Der Direktor des städtischen Museums erwirbt für die Dauerausstellung des Museums von einem privaten Sammler aus Amerika einige Modeschmuckstücke aus dem Jahr 1930 zum Preis von 3.400,– €. Es wird vereinbart, dass die Schmuckstücke auf Kosten des Verkäufers nach Deutschland verschifft werden. Leider sinkt das Schiff. Der Museumsdirektor ist der Meinung, dass der Verkäufer nun ein U-Boot und mehrere Taucher runterschicken muss, um nach dem Schmuck zu suchen. Dies würde mindestens 20.000,– € kosten, weil das Schiff an einer besonders tiefen und schwer zu erreichenden Stelle gesunken ist. Dieser Aufwand ist angesichts des Kaufpreises für den Schmuck unverhältnismäßig. Die Leistung wäre zwar theoretisch noch möglich, sie kann aber gemäß § 275 Abs. 2 BGB verweigert werden.

h) Leistungsverweigerungsrecht bei persönlich zu erbringender Leistung gemäß § 275 Abs. 3 BGB

Ein weiterer Fall, in dem die Unmöglichkeitsregeln entsprechend angewendet werden, ist in § 275 Abs. 3 BGB aufgeführt. Nach dieser Vorschrift kann der Schuldner die Leistung verweigern, wenn er sie persönlich zu erbringen hat und sie ihm unter Abwägung des seiner Leistung entgegenstehenden Hindernisses mit dem Leistungsinteresse des Gläubigers nicht zugemutet werden kann. Das bedeutet übersetzt, dass der Schuldner die Leistung aus persönlichen Gründen verweigern darf, wenn er aus einem Grund an der Leistung gehindert wird, der schwerwiegender ist, als das Interesse des Gläubigers daran, dass die Leistung durchgeführt wird. Man muss also gucken, welches Interesse auf der Seite des Gläubigers steht und wodurch der Schuldner an der Leistung gehindert wird. Wenn man dann zum Gläubiger sagen kann: »Deine Probleme sind nur Kleinkram im Vergleich zu den Sorgen des Schuldners«, dann darf der Schuldner die Leistung aus diesem persönlichen Grund verweigern, auch wenn er eigentlich leisten könnte.

Beispiel: Der Chanson-Sänger Nachtigall soll am Silvesterabend in der Kneipe des Herrn Schluckspecht auftreten. Am gleichen Tag erkrankt das Kind von Herrn Nachtigall schwer. Herr Nachtigall kann als alleinerziehender Vater so kurzfristig keine Betreuung für das Kind auftreiben. Außerdem möchte er auch gar nicht von der Seite seines schwerkranken Kindes weichen. Unter diesen Umständen darf Herr Nachtigall seinen Auftritt verweigern: Das kranke Kind ist im Vergleich zur Umsatzeinbuße, die Schluckspecht dann vielleicht erleidet, das größere Übel. Herr Nachtigall dürfte aber nicht den Auftritt mit dem Hinweis verweigern, dass er gerade an Liebeskummer leide.

Zu guter Letzt noch ein Hinweis am Rande für alle die sich jetzt schon gefreut haben: Wenn man zur Zahlung von Geld verpflichtet ist, dann wird diese Verpflichtung niemals unmöglich, egal wie pleite man ist. Geld muss man immer haben. Da kann man sich leider nicht auf § 275 Abs. 1 BGB berufen.

II. Rechtsfolgen der Unmöglichkeit

Die wichtigste Rechtsfolge der Unmöglichkeit haben wir schon genannt: Gemäß § 275 Abs. 1 BGB erlischt der Anspruch auf die unmöglich gewordene Leistung. Damit sind wir aber noch nicht am Ende. Die Unmöglichkeit der Leistung hat noch weitere Rechtsfolgen. Die Rechtsfolgen können aber ganz unterschiedlich sein, **je nachdem, wer daran Schuld hat, dass die Leistung unmöglich geworden ist.** Es gibt – grob gesehen – drei Varianten:

- weder Gläubiger noch Schuldner können etwas dafür, dass die Leistung unmöglich ist. Das war in den vorangegangenen Beispielen immer der Fall: Die Sache wird durch einen Blitzschlag zerstört oder die Wildschweine fallen darüber her. In diese Fallgruppe gehören aber auch die Fälle, in denen ein Dritter die Sache zerstört.
- Der Schuldner ist daran schuld, dass die Leistung unmöglich ist.
- Der Gläubiger ist daran schuld, dass die Leistung unmöglich ist.

Das BGB drückt sich natürlich wieder etwas eleganter aus: Es spricht nicht von »Schuld haben«, sondern von »zu vertreten haben«. Wenn es also sagt: »die Pflichtverletzung ist vom Schuldner nicht zu vertreten«, dann heißt das: »Der Schuldner kann nichts für die Pflichtverletzung.«

Kleine Anmerkung: Leider arbeitet das BGB bei den Rechtsfolgen der Leistungsstörungen mit vielen Verweisungen. Wenn Sie sich fragen, welche der Rechte der Gläubiger hat, dann finden sich diese Rechte nicht in § 275 BGB. Dort heißt es nur in Absatz vier: »Die Rechte des Gläubigers bestimmen sich nach den §§ 280; 283 bis 285; §§ 311 a und 326.« Das bedeutet, dass Sie von einem Paragrafen zum nächsten geschickt werden und sich Ihre Rechtsfolgen und die Voraussetzungen dieser Rechtsfolgen mühsam zusammensuchen müssen. Das BGB macht das aus Sparsamkeitsgründen. Das führt dazu, dass nicht alles hübsch in einem Paragrafen steht, sondern an den interessantesten Stellen zu finden ist.

a) Die Unmöglichkeit ist weder vom Gläubiger noch vom Schuldner zu vertreten

aa) Folgen für den Anspruch auf die Gegenleistung: § 275 Abs. 4 i.V.m. § 326 Abs. 1 BGB

Wenn die Leistung unmöglich geworden ist, ohne dass irgendjemand etwas dafür kann, wäre es schwierig, wenn der Gläubiger trotzdem seine Gegenleistung erbringen müsste. Zum Beispiel wäre es ungerecht, wenn der Gläubiger den Kaufpreis zahlen muss, obwohl er die gekaufte Sache nicht bekommt. Um das zu verhindern, ordnet § 326 Abs. 1 S. 1 BGB an: »Braucht der Schuldner nach § 275 Abs. 1 bis 3 BGB nicht zu leisten, entfällt der Anspruch auf die Gegenleistung.« Wenn die **Leistung unmöglich** geworden ist, dann muss also auch der Gläubiger die **Gegenleistung nicht erbringen**.

Im Trecker-Beispiel könnte Herr Lotterlich also nicht den Kaufpreis verlangen.

bb) Herausgabe des Ersatzes, § 275 Abs. 4 i.V.m. § 285 Abs. 1 BGB

Eigentlich könnte man meinen, dass damit alles vom Tisch ist: Der Schuldner muss die Leistung nicht erbringen, er bekommt aber auch nicht die Gegenleistung. Jedoch gibt es noch eine weitere Möglichkeit: Der Gläubiger kann nämlich gemäß § 285 BGB die Herausgabe des Ersatzes verlangen. In § 285 Abs. 1 BGB heißt es: »Erlangt der Schuldner infolge des Umstandes, aufgrund dessen er die Leistung nach § 275 Abs. 1 bis 3 BGB nicht zu erbringen braucht, für den geschuldeten Gegenstand einen Ersatz oder einen Ersatzanspruch, so kann der Gläubiger Herausgabe des als Ersatz Empfangenen oder Abtretung des Ersatzanspruches verlangen.« Das bedeutet übersetzt: Wenn der Schuldner für die zerstörte Sache eine Versicherungsleistung erhält oder einen Schadensersatzanspruch gegen denjenigen hat, der die Sache kaputt gemacht hat, dann kann der Gläubiger verlangen, dass der Schuldner ihm die Versicherungsleistung gibt oder den Schadensersatzanspruch gegen den Schädiger abtritt.

Wenn in unserem Trecker-Beispiel Herr Lotterlich eine Leistung von der Versicherung erhält, dann kann Herr Brummsel verlangen, dass diese Versicherungsleistung an die Gemeinde geht.

Wenn der Gläubiger die Herausgabe des Ersatzes gemäß § 285 Abs. 1 BGB verlangt, dann wäre es wiederum ungerecht, wenn er selbst dafür nichts zahlen müsste. Also bleibt es in diesem Fall nicht bei § 326 Abs. 1 S. 1 BGB. Stattdessen ordnet § 326 Abs. 3 BGB an: »Verlangt der Gläubiger nach § 285 BGB Herausgabe des für den geschuldeten Gegenstand erlangten Ersatzes, so bleibt er zur Gegenleistung verpflichtet.« Das ist auch wieder logisch: Wenn der Gläubiger etwas bekommt, dann muss er etwas dafür zahlen. Er bekommt nichts geschenkt. Der Gläubiger muss allerdings auch nur so viel zahlen, wie er als Ersatz bekommt, § 326 Abs. 3 S. 2 BGB. Das klingt auf den ersten Blick so, als würde die Herausgabe des Ersatzes gar keinen Sinn machen: Der Gläubiger bekommt zwar Geld, muss aber dafür genauso viel zahlen. Das stimmt allerdings in einem Punkt nicht: Der Ersatzanspruch kann nämlich auch höher liegen als das, was der Gläubiger zahlen muss. Und dann macht der Gläubiger ein gutes Geschäft, wenn er die Herausgabe des Ersatzes verlangt.

cc) Rücktritt, § 275 Abs. 4 i.V.m. § 326 Abs. 5 BGB

Der Gläubiger hat noch eine weitere Möglichkeit, wenn die Leistung unmöglich geworden ist: Er kann vom Vertrag zurücktreten, § 326 Abs. 5 BGB. Wenn er zurücktritt, dann hat das gemäß § 346 Abs. 1 BGB folgende Wirkungen: Die empfangenen Leistungen sind zurückzugewähren. Und wenn noch keine Leistungen ausgetauscht wurden, also gar nichts zurückgewährt werden kann, dann befreit der Rücktritt wenigstens von der Leistungspflicht. Das erschien dem BGB so selbstverständlich, dass es in § 346 Abs. 1 BGB gar nicht mehr erwähnt wird.
Im Fall der Unmöglichkeit ist es allerdings überflüssig zurückzutreten, da ohnehin über § 275 Abs. 1 und § 326 Abs. 1 S. 1 BGB keine gegenseitigen Ansprüche mehr bestehen. Also nur der Vollständigkeit halber: Wenn dem Gläubiger danach ist, darf er vom Vertrag zurücktreten.

Das sind die Möglichkeiten, die der Gläubiger hat, wenn die Leistung unmöglich ist und niemand etwas dafür kann. Sehr viel mehr Möglichkeiten gibt es, wenn die Leistung unmöglich ist und der Schuldner daran Schuld hat.

b) Die Unmöglichkeit ist vom Schuldner zu vertreten

Fall: Wieder geht es um die Gemeinde Schnurpseldingen und ihren Bauhofleiter Brummsel: Nachdem der Trecker zerstört ist, erwirbt Brummsel bei Lotterlich einen gebrauchten Häcksler zum Zerkleinern von Astwerk. Als Lotterlich die Maschine zur Lieferung auf seinen Anhänger lädt, fällt sie herunter, weil Lotterlich sie nicht ausreichend gesichert hatte. Der Häcksler ist nicht mehr zu reparieren. Brummsel fragt, welche Rechte die Gemeinde jetzt hat?

aa) Anspruch auf die Leistung, § 275 Abs. 1 BGB

Um es noch einmal ganz deutlich zu sagen: Auch wenn der Schuldner daran schuld ist, dass die Sache jetzt kaputt ist, erlischt der Anspruch auf die Leistung! § 275 Abs. 1 BGB gilt immer, egal wer die Unmöglichkeit verursacht hat. Man kann also nicht sagen: Wenn der Schuldner die Sache kaputt gemacht hat, dann bleibt zur Strafe der Leistungsanspruch erhalten. Auch hier gilt: Niemand soll etwas leisten müssen, was er nicht leisten kann.

In unserem Beispiel kann Herr Brummsel also nicht mehr die Lieferung des Häckslers verlangen.

bb) Anspruch auf die Gegenleistung, § 275 Abs. 4 i.V.m. § 326 Abs. 1 S. 1 BGB

Auch in diesen Fällen erlischt der Anspruch auf die Gegenleistung. Klar, der Gläubiger muss nicht zahlen, obwohl er die Sache nicht bekommt. Das muss erst recht dann gelten, wenn der Schuldner daran Schuld hat, dass der Gläubiger die Sache nicht bekommt.

Die Gemeinde muss also auch in diesem Fall nicht den Kaufpreis zahlen.

cc) Schadensersatz statt der Leistung gemäß § 275 Abs. 4 i.V.m. § 280 Abs. 1; § 283 S. 1 BGB

Wenn der Gläubiger die Sache selbst nicht bekommt, kann er stattdessen Schadensersatz verlangen. Nun wird es allerdings etwas mühsam, weil es jetzt mit den Verweisungen so richtig losgeht. § 275 Abs. 4 BGB schickt Sie zu § 283 BGB: Schadensersatz statt der Leistung bei Ausschluss der Leistungspflicht. In § 283 steht aber nur, dass der Gläubiger unter den Voraussetzungen von § 280 Abs. 1 BGB Schadensersatz verlangen kann. Also müssen Sie für die Voraussetzungen des Schadensersatzanspruches in § 280 Abs. 1 BGB gucken. Was jetzt erst einmal verwirrend klingt, hat eigentlich einen ganz einfachen Hintergrund: Es gibt nämlich bei den allgemeinen Leistungsstörungen nur zwei Anspruchsgrundlagen für Schadensersatz, und das sind § 280 Abs. 1 BGB und § 311 a Abs. 2 BGB. § 311 a Abs. 2 BGB betrifft nur einen Ausnahmefall (dazu gleich), sodass es in den meisten Fällen um § 280 Abs. 1 BGB geht. § 280 Abs. 1 BGB ist die Grundnorm, zu der je nach Art der Leistungsstörung weitere Voraussetzungen treten.

Die Voraussetzungen für einen Schadensersatzanspruch gemäß § 280 Abs. 1 BGB sind:
1. Das Bestehen eines Schuldverhältnisses zwischen Gläubiger und Schuldner.
2. Die Verletzung einer Pflicht aus dem Schuldverhältnis.
3. Pflichtverletzung ist vom Schuldner zu vertreten.
4. Das Entstehen eines Schadens.

Wenn man mit diesen Voraussetzungen dann einen Fall der Unmöglichkeit prüft, heißt es:
1. Liegt ein Schuldverhältnis vor? Das ist immer dann der Fall, wenn die Parteien einen wirksamen Vertrag geschlossen haben.

Brummsel und Lotterlich haben einen Kaufvertrag geschlossen, weshalb zwischen der Gemeinde und Lotterlich ein Schuldverhältnis besteht.

2. Liegt eine Pflichtverletzung vor? Das ist immer dann der Fall, wenn der Schuldner gemäß § 275 Abs. 1–3 BGB von der Leistungspflicht befreit wird, also nicht mehr leisten kann. Er verletzt also seine Leistungspflicht durch Nichtleistung.

Lotterlich kann gemäß § 275 Abs. 1 BGB nicht leisten und verletzt damit seine Leistungspflicht.

3. Ist die Pflichtverletzung vom Schuldner zu vertreten? An dieser Stelle muss man sich fragen, was »vertreten« bedeutet. Oben wurde es mit »Verschulden« gleichgesetzt. Was genau der Schuldner zu vertreten hat, ist in § 276 Abs. 1 S. 1 BGB geregelt: »Der Schuldner hat Vorsatz und Fahrlässigkeit zu vertreten ...« Vorsatz bedeutet, dass der Schuldner den Schaden wissentlich und willentlich herbeiführt. Fahrlässigkeit bedeutet nach der Legaldefinition in § 276

Abs. 2 BGB, dass »der Schuldner die im Verkehr erforderliche Sorgfalt außer Acht lässt« und dadurch einen Schaden verursacht.

In unserem Beispiel hat Herr Lotterlich den Häcksler nicht richtig gesichert. Damit hat er fahrlässig gehandelt. Die Fahrlässigkeit hat er gemäß § 276 Abs. 1 BGB zu vertreten.

An dieser Stelle kommt Ihnen das BGB übrigens ein Stück weit entgegen: Anders als in unserem Fall kann es nämlich manchmal sein, dass man gar nicht erkennen kann, ob der Schuldner nun etwas für die Unmöglichkeit kann oder nicht. Nach der Gesetzesformulierung wird das Verschulden des Schuldners dann einfach vermutet. In § 280 Abs. 1 S. 2 BGB heißt es: »Dies gilt nicht, wenn der Schuldner die Pflichtverletzung nicht zu vertreten hat.« Damit sagt das BGB: »Es wird erst einmal davon ausgegangen, dass der Schuldner die Pflichtverletzung zu vertreten hat. Wenn er nichts dafür kann, dann muss er das erst einmal beweisen.« Bei der Lösung eines Falles bedeutet das: Wenn Sie genaue Anhaltspunkte dafür haben, dass der Schuldner Schuld an der Unmöglichkeit hat, dann können Sie das feststellen. Das Gleiche gilt, wenn der Schuldner nach dem Sachverhalt nichts für die Unmöglichkeit kann. Aber wenn nichts Genaues im Sachverhalt steht und Sie nicht sagen können, ob der Schuldner nun etwas für die Unmöglichkeit kann oder nicht, dann dürfen Sie es sich leichtmachen und sagen: »Das Verschulden des Schuldners wird vermutet, § 280 Abs. 1 S. 2 BGB.«

4. Ist ein Schaden entstanden? Ein Schaden liegt nach dem BGB immer dann vor, wenn der Gläubiger einen **finanziellen Nachteil** erlitten hat. Wenn der Gläubiger Schadensersatz statt der Leistung verlangt, ist er so zu stellen, wie er im Fall der Erfüllung gestanden hätte. Man muss gucken, wie der Gläubiger gestanden hätte, wenn erfüllt worden wäre, und wie er jetzt tatsächlich steht. Das, was er bei ordnungsgemäßer Erfüllung mehr hätte, ist ihm als Schaden zu ersetzen.

Wenn in unserem Fall die Gemeinde den Häcksler hätte weiterverkaufen können und dabei einen Gewinn erzielt hätte, dann kann sie den Ersatz dieses Gewinns verlangen. Außerdem könnte dann ein Schaden entstanden sein, wenn die Gemeinde einen geringeren Kaufpreis hätte zahlen müssen, als der Häcksler tatsächlich wert ist. Beispiel: Bei ordnungsgemäßer Erfüllung hätte sie eine Maschine mit einem Wert von z.B. 10.000,– € bekommen, dafür aber nur einen Kaufpreis i.H.v. 8.000,– € hingeblättert. Auch in diesem Fall hätte sie dann auf dem Konto weniger gehabt, als bei ordnungsgemäßer Erfüllung, sodass ihr diese Differenz (in unserem Beispiel 2.000,– €) ersetzt werden müsste.

Der eben dargestellte Schadensersatzanspruch greift nur in dem Fall ein, wenn die Leistung **nach** Vertragsschluss unmöglich wird. Es ging also um den Fall der sogenannten **nachträglichen** Unmöglichkeit. Davon zu unterscheiden ist die **anfängliche** Unmöglichkeit: Die Leistung ist bereits bei Vertragsschluss unmöglich. Die Rechtsfolgen der Anfänglichen Unmöglichkeit sind die gleichen wie bei der nachträglichen Unmöglichkeit. Es gibt nur einen einzigen Unterschied: Beim Schadensersatz gilt eine andere Anspruchsgrundlage, die die Schadensersatzpflicht an andere Voraussetzungen knüpft:

dd) Sonderfall der anfänglichen Unmöglichkeit, § 311 a BGB

Fall: In unserem obigen Beispiel wird der Häcksler nicht durch die fehlerhafte Sicherung zerstört, sondern durch einen Blitzeischlag irreparabel beschäftig, während Lotterlich und Brummsel noch

Vertragsverhandlungen führen. Beide bekommen nicht mit, dass der Häcksler lichterloh brennt, obwohl draußen das schlimmste Unwetter seit hundert Jahren tobt. Sie werden auch nicht aufmerksam, als die Feuerwehr mit Blaulicht auf den Hof des Lotterlich fährt, so sehr sind sie mit den Verhandlungen beschäftigt. Erst später stellen sie fest, dass die Maschine schon bei Abschluss des Vertrages nicht mehr zu retten war. Brummsel fragt, ob die Gemeinde Schadensersatz verlangen kann?

Auch wenn der Leistungsgegenstand bei Vertragsschluss nicht mehr existiert, kommt ein wirksamer Vertrag zustande. Wie bei der nachträglichen Unmöglichkeit besteht aber kein Anspruch auf die Leistung, § 275 Abs. 1 BGB und auch der Gegenleistungsanspruch entfällt gemäß § 326 Abs. 1 BGB. Nur beim Schadensersatzanspruch wird es etwas anders. Anspruchsgrundlage für den Schadensersatzanspruch bei anfänglicher Unmöglichkeit ist nicht § 280 Abs. 1 BGB, sondern § 311 a Abs. 2 BGB: Danach kann der Gläubiger nach seiner Wahl Schadensersatz statt der Leistung oder Ersatz seiner Aufwendungen in dem in § 284 bestimmten Umfang verlangen. Dies gilt nicht, wenn der Schuldner das Leistungshindernis bei Vertragsschluss nicht kannte und seine Unkenntnis auch nicht zu vertreten hat. § 311 a Abs. 2 BGB knüpft die Schadensersatzpflicht nicht daran, dass der Schuldner die Unmöglichkeit der Leistung verschuldet hat, also z.B. die Sache kaputt gemacht hat. Es kommt vielmehr bei der anfänglichen Unmöglichkeit dann zu einer Schadensersatzverpflichtung des Schuldners, wenn er den Vertrag geschlossen hat, obwohl er wusste oder hätte wissen können, dass er gar nicht leisten kann. Der Grund für diese besondere Schadensersatzpflicht in § 311 a Abs. 2 BGB ist nicht, dass der Schuldner irgendetwas für die Unmöglichkeit kann, sondern nur, dass er etwas versprochen hat, was er nicht halten kann. Wenn der Schuldner eine Leistung verspricht, die es nicht mehr gibt, dann muss er dafür hinterher auch haften.
Er soll sich eben vorher schlaumachen, ob er zur Leistung imstande ist. Nur wenn der Schuldner nicht wusste und auch nicht wissen konnte, dass der Leistungsgegenstand nicht mehr existiert, haftet er nicht. Seine Unkenntnis hat der Schuldner dann nicht zu vertreten, wenn es keinen Grund gab, an der eigenen Leistungsfähigkeit zu zweifeln. Auch an dieser Stelle geht aus der Gesetzesformulierung wieder hervor, dass das Verschulden des Schuldners hinsichtlich seiner Unkenntnis vermutet wird. Nur wenn der Schuldner darlegen kann, dass er beim besten Willen keine Ahnung davon haben konnte, dass die Sache weg ist, haftet er nicht.

Die Voraussetzungen für einen Anspruch auf Schadensersatz statt der Leistung wegen anfänglicher Unmöglichkeit sind im Überblick:

a) Wirksames Schuldverhältnis im Sinne von § 311 a Abs. 1 BGB.
b) Leistungsbefreiung des Schuldners gemäß § 275 Abs. 1–3 BGB.
   Die Unmöglichkeit muss **bereits bei Vertragsschluss** vorgelegen haben.
c) Der Schuldner muss die Unmöglichkeit bei Vertragsschluss gekannt haben oder er muss seine Unkenntnis zu vertreten haben. Die Kenntnis wird vermutet, wenn der Schuldner nicht nachweisen kann, dass er die Unkenntnis nicht zu vertreten hat.
d) Schaden.

Im obigen Fall hätte Lotterlich angesichts der Flammen und des Blaulichts vermuten können, dass etwas passiert ist. Jeder normale Mensch hätte sich gefragt, ob mit der Maschine noch alles in Ordnung ist. Lotterlich hätte sich vor dem Vertragsschluss noch einmal die Mühe machen können, zu gucken, ob der Häcksler noch da ist. Da er dies nicht getan hat, hat er seine Unkenntnis zu vertreten. Er haftet gemäß § 311 a Abs. 2 BGB auf Schadensersatz. Etwas anderes würde z.B. dann gelten, wenn der

Häcksler wenige Minuten vor dem Vertragsschluss unbemerkt gestohlen worden wäre: Gerade haben Lotterlich und Brummsel die Maschine noch einmal durchs Fenster besichtigt, aber als sie sich nach der Unterzeichnung des Vertrages nach draußen begeben, ist der Häcksler weg. Dann haftet Lotterlich nicht, weil er das Leistungshindernis (= Diebstahl) nicht kannte und auch nicht kennen konnte.

ee) Aufwendungsersatz gemäß § 275 Abs. 4; § 280 Abs. 1, 3; § 284 BGB

Der Gläubiger kann statt des Schadensersatzes auch Ersatz seiner vergeblichen Aufwendungen gemäß § 284 BGB verlangen. Wichtig ist, dass der Aufwendungsersatz nach § 284 BGB **statt** des Schadensersatzes geschuldet wird. Der Gläubiger muss sich also entscheiden, ob er Schadensersatz oder Aufwendungsersatz haben will. Beides auf einmal geht nicht. Im Gesetz heißt es ausdrücklich in § 284 BGB: »**Anstelle** des Schadensersatzes ...«
Aufwendungsersatz kann nur dann verlangt werden, wenn alle oben aufgeführten Voraussetzungen eines Schadensersatzanspruches vorliegen, also insbesondere ein Verschulden des Schuldners. Nur ein Schaden muss nicht unbedingt entstanden sein. An die Stelle des Schadens treten die Aufwendungen. Der Gläubiger kann Ersatz aller Aufwendungen verlangen, die er im Vertrauen darauf getätigt hat, dass er die Leistung bekommen wird. Dazu gehören z.B. Montage-, Untersuchungs- und Transportkosten.

ff) Herausgabe des Ersatzes, § 275 Abs. 4 i.V.m. § 285 Abs. 1 BGB

Außer dem Schadensersatzanspruch und dem Aufwendungsersatzanspruch hat der Gläubiger genau die gleichen Rechte, die er hat, wenn die Unmöglichkeit von niemandem zu vertreten ist. Der Gläubiger kann also gemäß § 285 Abs. 1 BGB die Herausgabe des Ersatzes verlangen. Versicherungsleistungen oder Schadensersatzansprüche gehen an ihn, wenn er das verlangt. Dieser Anspruch kann zusätzlich zu einem Schadensersatzanspruch geltend gemacht werden. Dann gilt aber auch wieder das Gleiche wie oben: Der Gläubiger muss dann auch wieder die Gegenleistung erbringen. Außerdem muss er sich das, was er als Ersatz erhält, auf seinen Schadensersatzanspruch anrechnen lassen, § 285 Abs. 2 BGB.

gg) Rücktritt, § 275 Abs. 4 i.V.m. § 326 Abs. 5 BGB

Zuletzt kann der Schuldner auch in diesem Fall wieder gemäß § 326 Abs. 5 BGB vom Vertrag zurücktreten.

c) Die Unmöglichkeit ist vom Gläubiger zu vertreten oder der Gläubiger befindet sich im Annahmeverzug

Fall: Wieder Brummsel und Lotterlich: Nachdem die ersten beiden Geräte nicht den Weg zur Gemeinde geschafft haben, versucht es Brummsel diesmal mit einem Multicar. Dieses Fahrzeug möchte er sicherheitshalber selbst abholen. Zur Feier des Tages will er noch zusammen mit Herrn Lotterlich eine Zigarre rauchen. Dabei ist Brummsel unvorsichtig und lässt glühende Zigarrenasche in eine Ölpfütze neben dem Multicar fallen. Daraufhin geht das Fahrzeug in Flammen auf. Lotterlich findet, dass ihm spätestens jetzt der vereinbarte Kaufpreis zusteht, wenn Brummsel so blöd ist und den Laster abfackelt. Die Gemeinde will natürlich nichts zahlen, weil sie ja auch nichts bekommt. Wer hat recht?

Es ist auch möglich, dass der Gläubiger noch vor der ordnungsgemäßen Erfüllung die Sache kaputt macht. Auch in diesen Fällen greift zwar wieder § 275 Abs. 1 BGB ein mit der Folge, dass der Schuldner nicht leisten muss. Trotzdem muss man dem Schuldner entgegenkommen, weil er ja nichts dafür kann, dass die Leistung nicht mehr möglich ist. Wenn der Gläubiger selbst dafür gesorgt hat, dass die Sache zerstört ist, hat das Auswirkungen auf die von ihm zu erbringende Gegenleistung und auf die übrigen ihm zustehenden Rechte.

Ähnlich liegen die Dinge, wenn die Sache in einer Zeit zerstört wird, in der der Gläubiger sich im Annahmeverzug befindet. Annahmeverzug liegt immer dann vor, wenn der Gläubiger die Sache nicht annimmt, obwohl sie ihm vom Schuldner angeboten wird. Wenn der Schuldner also auf der Sache sitzen bleibt, obwohl der Gläubiger sie ihm abnehmen müsste, kann er nichts dafür, wenn die Sache bei ihm den Bach heruntergeht: Eigentlich wäre die Sache jetzt schon beim Gläubiger. Auch in diesen Fällen kommt das BGB dem Schuldner entgegen.

aa) Der Anspruch auf die Gegenleistung bleibt erhalten, § 326 Abs. 2 BGB

Weil der Schuldner letztlich gar nichts dafür kann, dass die Leistung nicht mehr möglich ist, sondern der Gläubiger allein verbockt hat, dass er die Leistung nicht bekommt, erhält der Schuldner wenigstens die Gegenleistung, § 326 Abs. 2 BGB.

Im obigen Fall hat Brummsel in fahrlässiger Weise den Multicar zerstört. Also muss die Gemeinde es bezahlen, auch wenn sie es nicht bekommt. Lotterlich ist von seiner Leistungspflicht gemäß § 275 Abs. 1 BGB jedenfalls befreit.

Das gilt, wenn der Gläubiger, so wie im obigen Beispiel, den Leistungsgegenstand selbst zerstört hat. Das gilt aber auch in den Fällen, in denen der Gläubiger im Annahmeverzug ist. Wenn der Gläubiger sich im Annahmeverzug befindet, kommt das BGB dem Schuldner sogar noch weiter entgegen: In diesen Fällen bleibt dem Schuldner die Gegenleistung sogar dann erhalten, wenn er selbst die Unmöglichkeit leicht fahrlässig verursacht hat, § 300 BGB!

bb) Der Rücktritt ist ausgeschlossen, § 326 Abs. 5 i.V.m. § 323 Abs. 6 BGB

Wenn der Gläubiger die Unmöglichkeit zu vertreten hat oder die Leistung unmöglich wird, während der Gläubiger im Annahmeverzug ist, bleibt er zur Gegenleistung verpflichtet. Nun könnte der schlaue Gläubiger auf die Idee kommen, vom Vertrag zurückzutreten und sich so der Verpflichtung zu entziehen, die Gegenleistung erbringen zu müssen. Denn bei einem Rücktritt wird man ja gemäß § 346 Abs. 1 BGB von der Leistungspflicht befreit. Ganz wörtlich genommen ordnet § 326 Abs. 5 BGB auch in diesen Fällen an, dass der Gläubiger zurücktreten kann. Damit der Gläubiger sich nicht seiner Gegenleistungspflicht entziehen kann, kommt ihm § 323 Abs. 6 BGB dazwischen: Danach ist der Rücktritt in den Fällen ausgeschlossen, in denen der Gläubiger die Unmöglichkeit zu vertreten hat oder sich im Annahmeverzug befindet.

Im Multicar-Fall kann die Gemeinde also nicht zurücktreten. Sie muss auf jeden Fall den Kaufpreis zahlen.

cc) Herausgabe des Ersatzes, § 275 Abs. 4 i.V.m. § 285 BGB

Zuletzt kommt noch ein kleines Trostpflaster für den armen Gläubiger: Wenn er schon zahlen muss, obwohl er die Sache nicht bekommt, kann er wenigstens gemäß § 285 BGB Herausgabe des Ersatzes verlangen, wenn der Schuldner denn einen Ersatz bekommt. Wenn nicht, bleibt es dabei: Der Gläubiger guckt in die Röhre: Er kriegt nichts, muss aber trotzdem zahlen.

Zusammenfassende Übersicht zu den Rechtsfolgen der Unmöglichkeit:

Der Anspruch auf die Leistung entfällt, § 275 Abs. 1 BGB.
Die Rechtsfolgen richten sich danach, wer die Unmöglichkeit zu vertreten hat.

Die Unmöglichkeit ist weder vom Gläubiger noch vom Schuldner zu vertreten
1. Der Anspruch auf die Gegenleistung entfällt, § 326 Abs. 1 S.1 BGB.
2. Der Gläubiger kann Herausgabe des Ersatzes verlangen, § 285 BGB, dann aber: § 326 Abs. 3 BGB.
3. Der Gläubiger kann vom Vertrag zurücktreten, § 326 Abs. 5 BGB.

Die Unmöglichkeit ist vom Schuldner zu vertreten
1. Der Anspruch auf die Gegenleistung entfällt, § 326 Abs. 1 S. 1 BGB.
2. Der Gläubiger kann Schadensersatz statt der Leistung fordern, § 275 Abs. 4; § 280 Abs. 1; § 283 BGB.
Sonderfall bei anfänglicher Unmöglichkeit; § 311a Abs. 2 BGB.
3. oder: Aufwendungsersatz, § 284 BGB.
4. Der Gläubiger kann Herausgabe des Ersatzes verlangen, § 285 BGB, dann aber: § 326 Abs. 3, außerdem Anrechnung auf den Schadensersatzanspruch, § 285 Abs. 2 BGB.
5. Rücktritt, § 326 Abs. 5 BGB.

Die Unmöglichkeit ist vom Gläubiger zu vertreten oder der Gläubiger ist im Annahmeverzug.
1. Der Anspruch des Schuldners auf die Gegenleistung bleibt bestehen, § 326 Abs. 2 BGB.
2. Der Gläubiger kann Herausgabe des Ersatzes verlangen, § 285 BGB.
3. Der Rücktritt ist ausgeschlossen, § 323, Abs. 6 BGB.

B. Schuldnerverzug

Fall: Die Stadt Schnurpseldingen benötigt für den städtischen Kindergarten 5 neue Waschbecken und fünf neue Toilettenbecken. Die Firma Bummelmann macht das günstigste Angebot und erhält daher den Auftrag. Dummerweise vergisst der Sachbearbeiter der Stadt mit der Firma Bummelmann einen Termin für die Lieferung zu vereinbaren. Nach vier Wochen sind die Waschbecken und Toiletten immer noch nicht geliefert worden. Was kann die Stadt jetzt unternehmen?

Wenn der Schuldner zu dieser Zeit nicht leistet, kommt er unter den Voraussetzungen von § 286 Abs. 1 BGB in Verzug: Leistet der Schuldner auf eine Mahnung des Gläubigers nicht, die nach dem Eintritt der Fälligkeit erfolgt, so kommt er durch die Mahnung in Verzug. Der Schuldner kommt aber nicht in Verzug, solange die Leistung infolge eines Umstandes unterbleibt, den er nicht zu vertreten hat, § 286 Abs. 4 BGB.

Die **Voraussetzungen des Verzuges** in Kurzform sind also:
- Ein **fälliger, durchsetzbarer Anspruch** des Gläubigers gegen den Schuldner.
- Die **Nichtleistung** des Schuldners zur Leistungszeit.
- Eine **Mahnung** durch den Gläubiger oder die Entbehrlichkeit der Mahnung gemäß § 286 Abs. 2 BGB.
- Die Nichtleistung ist **vom Schuldner zu vertreten**, § 286 Abs. 4 BGB.

Jetzt zu den **Rechtsfolgen** des Verzuges: Was passiert, wenn der Schuldner im Verzug ist?
Zunächst einmal geht natürlich der Anspruch des Gläubigers auf die Leistung nicht unter wie bei der Unmöglichkeit gemäß § 275 Abs. 1 BGB. Auch wenn der Schuldner nicht rechtzeitig leistet, kann der Gläubiger weiterhin die Leistung fordern.
Der Gläubiger braucht jetzt Möglichkeiten, um den Schuldner doch noch zur Leistung anzuhalten oder den durch die verspätete Leistung entstandenen Schaden vom Schuldner ersetzt zu bekommen. Die **Rechte des Gläubigers in Kurzform** sind:
- Der Gläubiger hat Anspruch auf Ersatz des Verzögerungsschadens gemäß § 280 Abs. 1, 2; § 286 BGB
- Der Gläubiger einer Geldschuld hat Anspruch auf Verzugszinsen, § 286; § 288 Abs. 1 BGB.
- Der Gläubiger kann Schadensersatz statt der Leistung verlangen, §§ 280 Abs. 1, 3; 281 BGB: Zusätzliche Voraussetzung: Fristsetzung und erfolgloser Ablauf dieser Frist.
- Der Gläubiger kann vom Vertrag zurücktreten, § 323 BGB: Auch hier muss zusätzlich dem Schuldner noch eine Frist gesetzt werden.

Zu den Voraussetzungen des Schuldnerverzuges nun im Einzelnen:

I. Dem Gläubiger steht ein fälliger, durchsetzbarer Anspruch zu und der Schuldner leistet nicht

Natürlich kann der Gläubiger nur dann Schadensersatz verlangen, wenn ihm ein Leistungsanspruch gegen den Schuldner zusteht, den dieser nicht erfüllt. Der Anspruch muss fällig sein, d.h. es muss die Leistungszeit gemäß § 271 BGB eingetreten sein. Zuletzt muss der Anspruch durchsetzbar sein, d.h. es dürfen dem Schuldner keine Einreden zustehen. Wenn der Schuldner sich z.B. auf die Einrede der Verjährung berufen kann, dann kommt er auch nicht in Verzug. Der Gläubiger muss sagen können: »Leiste!«, ohne dass der Schuldner ihm irgendetwas entgegensetzen kann.

In unserem Beispiel steht der Stadt Schnurpseldingen ein Anspruch aus § 433 Abs. 1 S. 1 BGB zu: Bummelmann muss die Waschbecken und die Toiletten liefern. Fraglich ist, ob die Leistung fällig ist. Hier gilt § 271 Abs. 1 BGB: Da nichts anderes vereinbart ist und sich aus den Umständen auch nichts anderes ergibt, ist der Anspruch auf Lieferung der Waschbecken und Toiletten sofort fällig. Die Firma Bummelmann hat dem nichts entgegenzusetzen.

II. Mahnung oder Entbehrlichkeit der Mahnung

Als weitere Voraussetzung für den Anspruch auf Ersatz des Verzögerungsschadens ordnet § 286 Abs. 1 BGB an, dass der Schuldner vom Gläubiger gemahnt werden muss. Nur in den Ausnahmefällen des § 286 Abs. 2 BGB ist eine Mahnung entbehrlich.

a) Mahnung

Um es ganz deutlich zu sagen: Wenn der Schuldner nicht rechtzeitig seine Leistung erbringt, passiert erst einmal gar nichts! Die bloße Nichtleistung durch den Schuldner löst noch keine zusätzlichen Rechte des Gläubigers aus. Der Gläubiger muss schon selbst etwas tun, um sich den Schadensersatzanspruch aus § 280; § 286 BGB zu verschaffen. Er muss mahnen. Eine Mahnung ist nichts anderes als eine eindeutige Leistungsaufforderung. Der Gläubiger muss zum Ausdruck bringen, dass er jetzt die geschuldete Leistung verlangt. Diese Mahnung muss nicht schriftlich erfolgen.

In unserem Fall müsste die Stadt Schnurpseldingen die Lieferung der Waschbecken und Toiletten also anmahnen. Tut sie das nicht, passiert erst einmal gar nichts: Die Firma Bummelmann ist noch nicht im Verzug. Dafür muss sie schon die Mahnung aussprechen.

b) Entbehrlichkeit der Mahnung, § 286 Abs. 2 BGB

In einigen Fällen wäre es überflüssig, wenn der Schuldner noch einmal extra gemahnt werden müsste. § 286 Abs. 2 BGB sieht deshalb vor, dass in folgenden Fällen nicht gemahnt werden muss.

aa) Für die Leistung ist eine Zeit nach dem Kalender bestimmt, § 286 Abs. 2 Nr. 1 BGB

Gemäß § 286 Abs. 2 Nr. 1 BGB ist eine Mahnung entbehrlich, wenn für die Leistung eine Zeit nach dem Kalender bestimmt ist. Das ist dann der Fall, wenn der Schuldner mit Hilfe des Kalenders genau erkennen kann: »Jetzt muss ich leisten.« Wenn klar vereinbart ist, wann der Schuldner leisten muss, dann wäre es eine zusätzliche unnötige Belastung für den Gläubiger, wenn er trotzdem noch einmal mahnen müsste. »Kalendermäßig bestimmt« ist eine Leistungszeit zum einen dann, wenn ein fester Termin vereinbart worden ist. Aber auch wenn die Leistung innerhalb eines bestimmten Zeitraumes erfolgen soll, den man mit Hilfe des Kalenders ermitteln kann, liegt eine kalendermäßige Bestimmung vor.
So bei einer Vereinbarung »Übergabe im August«, »Lieferung Ende Juni«, »Ende des Jahres 2012« oder »in der 43. Kalenderwoche«. In allen diesen Fällen kann der Schuldner anhand eines Kalenders genau ermitteln, wann er spätestens leisten muss.
Eine »kalendermäßige Bestimmtheit« des Leistungszeitpunktes liegt übrigens nur dann vor, wenn die Parteien die Leistungszeit **vertraglich vereinbart** haben, wenn also beide eine Verabredung darüber getroffen haben. Wenn nur der Gläubiger eine Leistungszeit bestimmt hat, dann greift § 286 Abs. 2 Nr. 1 BGB nicht ein.

In unserem Fall war kein fester Termin für die Lieferung vereinbart worden. Wenn der zuständige Sachbearbeiter von vornherein einen Liefertermin mit Bummelmann vereinbart hätte, dann wäre eine

Mahnung jetzt entbehrlich: Die Firma Bummelmann würde nach dem Verstreichen des Liefertermins automatisch in Verzug kommen.

bb) Leistung nach vorausgegangenem Ereignis, § 286 Abs. 2 Nr. 2 BGB

§ 286 Abs. 2 Nr. 2 BGB geht in die gleiche Richtung wie § 286 Abs. 2 Nr. 1 BGB. Die Mahnung ist auch dann entbehrlich, wenn die Parteien vereinbart haben, dass die Leistung innerhalb einer bestimmten Frist nach einem Ereignis erfolgen soll. Dabei geht es um solche Vereinbarungen wie: »Lieferung zwei Tage nach Abruf«: Das vorausgehende Ereignis ist der Abruf. Wenn dieses Ereignis stattgefunden hat, kann der Schuldner mit Hilfe eines Kalenders genau errechnen, wann er leisten muss. Wichtig ist, dass der Schuldner nach dem Ereignis allein anhand des Kalenders errechnen kann, wann er leisten muss. Eine Bestimmung »Zahlung sofort nach Lieferung« ist daher nicht ausreichend, weil man nicht mit Hilfe eines Kalenders ermitteln kann, was »sofort« ist. Der Sinn dieser Vorschrift ist eben auch hier wieder, dass eine Mahnung überflüssig ist, wenn der Schuldner genau weiß, wann er leisten muss. Nur wenn der Schuldner es nicht genau sagen kann, ist eine Mahnung durch den Gläubiger erforderlich.

cc) Entbehrlichkeit wegen ernsthafter und endgültiger Erfüllungsverweigerung, § 286 Abs. 2 Nr. 3 BGB

Eine Mahnung ist auch dann entbehrlich, wenn der Schuldner von vornherein sagt: »Ich leiste nicht!« Unter diesen Umständen wäre es überflüssig, wenn man vom Gläubiger verlangen würde, dass er den Schuldner noch einmal zur Leistung auffordert.

Wenn im obigen Fall die Firma Bummelmann warum sagt: »Wir werden nicht liefern«, dann könnte Schnurpseldingen sich eine Mahnung sparen. Bummelmann würde ohne Mahnung in Verzug kommen.

dd) Entbehrlichkeit der Mahnung wegen besonderer Umstände, § 286 Abs. 2 Nr. 4 BGB

Eine Mahnung ist zuletzt auch dann gemäß § 286 Abs. 2 Nr.4 BGB entbehrlich, wenn »aus besonderen Gründen unter Abwägung der beiderseitigen Interessen der sofortige Eintritt des Verzuges gerechtfertigt ist.« Das ist mal wieder »sehr aussagekräftig«. Hier gehören all die Fälle hin, bei denen klar ist, dass eine Mahnung überflüssig ist und nichts bringt. Oder wenn man sagen kann: »Kein normaler Mensch würde in diesem Fall eine Mahnung aussprechen.«

Beispiel: Die Toilette in der Kneipe »Fußball + Schluck« ist defekt. Der Wirt ruft mittags verzweifelt beim Klempner an. Die Reparatur ist deshalb besonders eilig, weil heute Abend das Endspiel der Champions-League übertragen wird und sich der Wirt davon einen satten Umsatz erhofft, was er dem Klempner auch mitteilt. Dieser sagt zu, sofort zu kommen. Zwei Stunden vor dem Anstoß ist der Klempner noch nicht aufgetaucht.
Wenn der Wirt seine Kneipe dann nicht öffnen kann, kann er den entgangenen Gewinn ohne Mahnung gemäß § 280 Abs. 1, 3, 286 Abs. 1 BGB vom Klempner fordern. Eine Mahnung ist entbehrlich, weil klar war, dass die Reparatur sofort durchgeführt werden musste.
Weiteres Beispiel: Jemand bestellt sich einen Maßanzug. Der Schneider schwört ihm beim Barte seiner Großmutter und allem, was ihm sonst heilig ist, dass er alsbald liefern werde. In diesen Fällen der sogenannten Selbstmahnung ist eine nochmalige Mahnung durch den Gläubiger entbehrlich, weil der Schuldner durch seine Selbstmahnung schon zum Ausdruck gebracht hat, dass er bald leisten will. Dann muss ihn niemand mehr darauf hinweisen.

Letztes Beispiel: Der Schuldner einer Darlehensforderung zieht es vor, nach Pfefferland auszuwandern, um gar nicht erst irgendwelche Mahnungen zu bekommen. Dann muss der Gläubiger auch keine großen Verrenkungen mehr machen, um dem Schuldner eine Mahnung zukommen zu lassen.

ee) Entbehrlichkeit der Mahnung bei Entgeltforderungen, § 286 Abs. 3 BGB

Wenn es um eine Entgeltforderung geht, also um eine Zahlungsforderung, dann kommt der Schuldner ohne Mahnung in Verzug, wenn er 30 Tage nach dem Zugang der entsprechenden Rechnung noch nicht gezahlt hat. Zweck dieser Regelung ist, den Schuldner zu einer zügigen Bezahlung seiner Rechnung anzuhalten und dem Gläubiger eine Mahnung zu ersparen. Der Gläubiger kann allerdings auch durch eine Mahnung vor Ablauf der 30 Tage den Schuldner in Verzug setzen.

III. Verschulden, § 286 Abs. 4 BGB

Gemäß § 286 Abs. 4 BGB kommt der Schuldner nicht in Verzug, solange die Leistung infolge eines Umstandes unterbleibt, den er nicht zu vertreten hat. Wenn der Schuldner also nichts dafür kann, dass er nicht leistet, dann kommt er auch nicht in Verzug. Was der Schuldner zu vertreten hat, steht (wie bei der Unmöglichkeit, s.o.) in § 276 Abs. 1 BGB: Vorsatz und Fahrlässigkeit. Der Schuldner kommt also nur dann in Verzug, wenn er die Leistung vorsätzlich oder fahrlässig nicht erbringt. Auch sonst läuft es hier wie bei der Unmöglichkeit: Durch die Gesetzesformulierung macht das BGB deutlich, dass das Verschulden immer vermutet wird. Der Schuldner muss dann beweisen, dass er für die verspätete Leistung nichts kann. Ohne besondere Anhaltspunkte im Sachverhalt können Sie einfach davon ausgehen, dass der Schuldner den Verzug auch zu vertreten hat.

In unserem obigen Beispiel wurde nicht erwähnt, warum Bummelmann nicht liefert. Vielleicht können die Waschbecken nicht mehr geliefert werden, weil nach einem Blitzeinschlag die Lagerhalle komplett ausgebrannt ist? Egal, solange Bummelmann sich nicht dazu äußert, dürfen Sie davon ausgehen, dass Bummelmann auch Schuld an der verspäteten Leistung ist.

Jetzt soll es um die Frage gehen, wann und unter welchen Voraussetzungen der Gläubiger wegen einer verspäteten Leistung des Schuldners zusätzliche Rechte geltend machen kann:

IV. Ersatz des Verzögerungsschadens, § 280 Abs. 1, 2; § 286 BGB

Wenn der Schuldner nicht rechtzeitig leistet, entsteht dem Gläubiger dadurch eventuell ein Schaden: Er kann z.B. zusätzliche Kosten haben, wie Mietkosten für die Anmietung einer Ersatzsache. Oder er hat einen Gewinnausfall, weil er die Sache gewinnbringend hätte weiterverkaufen können. Aus den § 280 Abs. 1, 2; § 286 BGB ergibt sich ein Anspruch des Gläubigers auf Ersatz dieses Verzögerungsschadens: Der Gläubiger kann verlangen, so gestellt zu werden, wie er bei ordnungsgemäßer Erfüllung gestanden hätte.
Die Anspruchsgrundlage für den Schadensersatzanspruch ist – wie immer bei den Leistungsstörungen – § 280 Abs. 1 BGB. Das ist die Grundnorm. Je nach Art der Leistungsstörung ordnet § 280 BGB für einen Schadensersatzanspruch **zusätzliche Voraussetzungen** an: Wenn es um Schadensersatz wegen Verzögerung der Leistung geht, verweist § 280 Abs. 2 BGB auf § 286 BGB. Nur wenn die zusätzlichen Voraussetzungen von § 286 BGB vorliegen, kann der Gläubiger den Ersatz des Verzögerungsschadens verlangen. Man muss sich also die Voraussetzungen für den Anspruch auf Ersatz des Verzögerungsschadens mühsam aus § 280 Abs. 1 und § 286 BGB zusammensuchen.

Die Voraussetzungen für den Schadensersatzanspruch aus § 280 Abs. 1, 2; § 286 BGB heißen dann:
1. Schuldverhältnis zwischen Gläubiger und Schuldner: Vertrag?
2. Vorliegen einer Pflichtverletzung = der Schuldner ist im Verzug. Es sind also die Voraussetzungen des Verzuges zu prüfen: – fälliger, durchsetzbarer Anspruch
   - Nichtleistung
   - Mahnung
   - Verzug zu vertreten, § 286 IV BGB
3. Vorliegen eines Verzögerungsschadens.

Wenn die eben aufgeführten Voraussetzungen vorliegen, kann der Gläubiger den Ersatz des Verzögerungsschadens verlangen. Der Verzögerungsschaden umfasst alle Vermögensnachteile, die dadurch entstehen, dass der Schuldner verspätet erfüllt. Man muss also prüfen, wie viel Geld der Gläubiger mehr auf dem Konto hätte, wenn die Leistung pünktlich da gewesen wäre. Zum Verzögerungsschaden gehören:
- Mehraufwendungen wegen der Verspätung: z.B. Wohnungsmiete, weil das Haus nicht rechtzeitig fertig gebaut wurde.
- Entgangener Gewinn: Eine Sache hätte gewinnbringend weiterverkauft werden können. Oder: Durch die verspätete Leistung kann eine Sache nicht gewinnbringend genutzt werden.
- Der Gläubiger muss einen Rechtsanwalt beauftragen, um die Forderung einzutreiben.

Im Gegensatz zum Schadensersatz statt der Leistung zeichnet sich der Verzögerungsschaden dadurch aus, dass er neben dem Erfüllungsanspruch bestehen kann.
Es geht nur um den Schaden, der **neben** der eigentlichen Leistung entstanden ist. Wenn der Gläubiger die Leistung gar nicht mehr will, sondern einen Ersatz dafür haben will, dass er die Leistung nicht bekommt, handelt es sich nicht um einen Verzögerungsschaden, sondern um Schadensersatz statt der Leistung, der nur unter den zusätzlichen Voraussetzungen von § 281 BGB gefordert werden kann. Man muss sich also immer fragen: Wenn jetzt noch erfüllt werden würde, bleibt der Schaden des Gläubigers trotzdem bestehen? Dann handelt es sich um einen Verzögerungsschaden.
Oder will der Gläubiger die Leistung nicht mehr haben, sondern fordert einen Ersatz für die ausgebliebene Leistung? Dann handelt es sich um Schadensersatz statt der Leistung.

Im obigen Beispiel ist Schnurpseldingen bisher kein Schaden entstanden. Es könnte allerdings sein, dass die Stadt vorübergehend einen mobilen Toilettenwagen anmieten muss.
Die Mietkosten könnten dann der Firma Bummelmann als Verzögerungsschaden in Rechnung gestellt werden und zusätzlich zur Lieferung der Toiletten und der Waschbecken gefordert werden.

V. Verzugszinsen, § 288 BGB

Außer dem Verzögerungsschaden hat der Gläubiger einer **Geldschuld** noch ein weiteres Recht: Sobald der Schuldner in Verzug kommt, schuldet er dem Gläubiger Verzugszinsen in Höhe von fünf Prozentpunkten über dem Basiszinssatz pro Jahr.

VI. Schadensersatz statt der Leistung, § 280 Abs. 1, Abs. 3; § 281 Abs. 1 S. 1 BGB

Wenn der Gläubiger lange genug gewartet hat, kann es irgendwann passieren, dass er die Leistung gar nicht mehr haben will. Unter den Voraussetzungen der §§ 280 Abs. 1, 3; 281 Abs. 1 S. 1 BGB kann der Gläubiger Schadensersatz statt der Leistung verlangen. Er will dann nicht mehr die eigentliche Leistung, sondern einen Ersatz dafür, dass er die Leistung nicht bekommt. Beim Schadensersatz statt der Leistung kann der Gläubiger verlangen, so gestellt zu werden, wie er bei ordnungsgemäßer Erfüllung gestanden hätte. Er erhält Ersatz für alle Schäden, die durch das Ausbleiben der Leistung entstanden sind. Die Höhe des Schadensersatzes wird durch einen Vergleich ermittelt: Wie sieht das Konto des Gläubigers heute aus? Und wie würde es aussehen, wenn der Schuldner seine Leistungsverpflichtung ordnungsgemäß erfüllt hätte? Wenn der Gläubiger ohne die Pflichtverletzung des Schuldners mehr auf seinem Konto gehabt hätte, dann ist ihm dieses »Mehr« vom Schuldner zu ersetzen.

In unserem Fall kann die Stadt Schnurpseldingen, wenn sich Bummelmann gar nicht rührt, auf die Idee kommen, sich die Waschbecken und die Toiletten von einem anderen Anbieter zu besorgen. Wenn die Sachen bei einem anderen Anbieter teurer sind, dann kann diese Differenz von der Firma Bummelmann als Schadensersatz statt der Leistung gefordert werden. Die Firma Bummelmann kann dann die Abnahme und Zahlung der Waschbecken und der Toiletten nicht mehr verlangen, weil sich Schnurpseldingen nun woanders eingedeckt hat.

Wenn der Gläubiger Schadensersatz statt der Leistung fordert, ist das für den Schuldner natürlich sehr einschneidend: Er bleibt auf seiner Leistung sitzen und muss eventuell tief in die Tasche greifen, um dem Gläubiger alle seine Schäden zu ersetzen. Daher muss gegenüber dem Verzögerungsschaden eine weitere Voraussetzung erfüllt sein: Der Gläubiger muss dem Schuldner eine Frist setzen, innerhalb derer der Schuldner die Leistung doch noch erbringen kann. Erst wenn diese Frist abgelaufen ist, kann der Gläubiger Schadensersatz statt der Leistung verlangen.
Auch die Voraussetzungen des Anspruches auf Schadensersatz statt der Leistung müssen Sie wieder aus verschiedenen Paragrafen zusammensuchen: In § 286 BGB steht zu diesem Thema leider gar nichts. Die Anspruchsgrundlage für Schadensersatz ist wie üblich: § 280 Abs. 1. BGB. Und § 280 Abs. 3 BGB schickt Sie dann für diesen besonderen Schadensersatzanspruch – Schadensersatz statt der Leistung – zu § 281 BGB. In § 281 BGB ist geregelt, dass Schadensersatz statt der Leistung nur verlangt werden kann, wenn der Gläubiger dem Schuldner erfolglos eine Frist zur Leistung bestimmt hat. Sie müssen also § 281 Abs. 1 und § 280 Abs. 1 BGB zusammenmixen, um die Voraussetzungen des Schadensersatzanspruches zu bekommen.
Zu den Voraussetzungen des Schadensersatzanspruches im Einzelnen:

1. Bestehen eines Schuldverhältnisses
Wie beim Verzögerungsschaden ist die erste Voraussetzung das Vorliegen eines Schuldverhältnisses. Das liegt immer dann vor, wenn ein Vertrag zwischen den Parteien besteht.

2. Vorliegen einer Pflichtverletzung: Nichtleistung bei Fälligkeit
Die gemäß § 280 Abs. 1 BGB erforderliche Pflichtverletzung besteht in den Fällen des Schadensersatzes statt der Leistung darin, dass der Schuldner zum Fälligkeitszeitpunkt gemäß § 271 I BGB nicht leistet.

Achtung: Auf die Voraussetzungen des Verzuges ist bei einem Anspruch auf Schadensersatz statt der Leistung nicht einzugehen.

3. Nichtleistung ist vom Schuldner zu vertreten
Zuletzt muss auch hier wieder der Schuldner etwas dafür können, dass er nicht leistet, § 280 Abs. 1 S. 2 BGB. Das Verschulden wird wie immer vermutet.

4. Fristsetzung oder Entbehrlichkeit der Fristsetzung gemäß § 281 Abs. 2 BGB

a) Fristsetzung und erfolgloser Fristablauf

Wenn der Gläubiger Schadensersatz statt der Leistung fordert, verweist § 280 Abs. 3 auf § 281 BGB: Wenn der Gläubiger Schadensersatz statt der Leistung haben will, dann muss er dafür mehr tun als den Schuldner nur zu mahnen: Er muss ihm eine angemessene Frist setzen, innerhalb der der Schuldner die Leistung doch noch erbringen kann. Wenn diese Frist abgelaufen ist, ohne dass der Schuldner geleistet hat, kann der Gläubiger Schadensersatz statt der Leistung verlangen. Die Fristsetzung soll dem Schuldner noch einmal die Gelegenheit geben, den Vertrag ordnungsgemäß zu erfüllen. Mahnung und Fristsetzung haben gemeinsam, dass beide eine eindeutige Leistungsaufforderung an den Schuldner enthalten. Eine Fristsetzung ist aber mehr als eine Mahnung: Der Gläubiger sagt bei der Mahnung nur: »Lieber Schuldner, erbring jetzt bitte deine Leistung.« Bei der Fristsetzung sagt der Gläubiger zusätzlich noch, bis zu welchem Zeitpunkt er die Leistung des Schuldners spätestens haben will: »Bitte leiste bis zum 31.03.!« **Jede Fristsetzung enthält also gleichzeitig eine Mahnung, geht aber über eine Mahnung hinaus**. Das hat zur Folge, dass der Gläubiger, der dem Schuldner eine Frist gesetzt hat, immer auch den Verzögerungsschaden geltend machen kann: Alle Voraussetzungen für einen Anspruch auf Ersatz des Verzögerungsschadens liegen dann vor. Er kann aber, wenn er nur gemahnt hat, nie Schadensersatz statt der Leistung verlangen. Was macht also der schlaue Gläubiger? Er setzt in seiner Mahnung immer dem Schuldner auch eine Frist, damit er gleich nach Ablauf der Frist die Wahl hat, ob er nur den Verzögerungsschaden oder gleich Schadensersatz statt der Leistung verlangen will. Er muss dann nicht mehr weiter abwarten und dem Schuldner extra noch einmal eine Frist setzen.

Die nächste Frage ist: Was ist eine **angemessene** Frist? Man kann nicht pauschal für jede Leistung sagen: »vier Wochen«. Es kommt vielmehr auf die jeweilige Leistung an. Der Schuldner soll die Möglichkeit bekommen, die Leistung doch noch erbringen zu können. Wenn eine Leistung länger dauert, dann muss auch die Frist länger bemessen werden. Andererseits kann bei einer sehr dringenden Leistung, die vom Schuldner schnell erbracht werden kann, auch eine Frist von zwei Tagen angemessen sein. Das ist natürlich sehr schwammig, und der Gläubiger steht vor dem Problem, dass er vielleicht selbst gar nicht sagen kann, ob seine Frist nun angemessen ist oder nicht. Dafür gibt es aber eine Lösung: Wenn der Gläubiger eine Frist gesetzt hat, die zu kurz war, dann hat er damit gleichzeitig eine angemessene Frist in Gang gesetzt. Der Schuldner kann sich also bei einer zu kurzen Frist nicht darauf berufen, dass gar keine Frist in Gang gesetzt wurde und deshalb auch nicht Schadensersatz statt der Leistung gefordert werden kann. Wenn der Schuldner innerhalb der Frist nicht leistete, die in seinem Fall angemessen gewesen wäre, dann kann der Gläubiger Schadensersatz statt der Leistung verlangen, auch wenn er eigentlich eine zu kurze Frist gesetzt hatte.

Erst nach erfolglosem Fristablauf kann der Gläubiger Schadensersatz statt der Leistung verlangen. Wenn der Schuldner also die Leistung noch erbringt, ist alles wieder in Ordnung, und der Gläubiger kann nur den entstandenen Verzögerungsschaden vom Schuldner fordern. Übrigens muss der Schuldner innerhalb der Frist **nur die Leistungshandlung** vornehmen. Wenn der **Leistungserfolg erst nach Fristablauf** eintritt, ist das egal. Es reicht also z.B. bei Geldschulden aus, wenn der Schuldner den Überweisungsauftrag innerhalb der Frist erteilt. Auch wenn das Geld erst nach Fristablauf dem Konto des Gläubigers gutgeschrieben wird, hat der Schuldner innerhalb der Frist geleistet. Oder: Wenn eine Sache vereinbarungsgemäß an den Gläubiger verschickt werden soll, gilt: Es ist ausreichend, dass der Schuldner die Sache innerhalb der Frist losschickt. Wenn die

Sache erst nach Fristablauf beim Gläubiger eintrifft, kann dieser trotzdem nicht Schadensersatz statt der Leistung verlangen, sondern nur einen Verzögerungsschaden.

b) Entbehrlichkeit der Fristsetzung gemäß § 281 Abs. 2 BGB

Wie bei der Mahnung gibt es auch hier Fälle, in denen eine Fristsetzung entbehrlich ist, weil sie nichts mehr bringt. Sie treffen hier auf zwei alte Bekannte aus § 286 Abs. 2 BGB: Aus dem gleichen Grund, aus dem eine Mahnung entbehrlich ist, ist auch eine Fristsetzung überflüssig.

aa) Die Fristsetzung ist entbehrlich, wenn der Schuldner die Leistung ernsthaft und endgültig verweigert.

Wenn der Schuldner von vornherein sagt: »Ich leiste nicht«, dann kann sich der Gläubiger die Fristsetzung sparen und gleich Schadensersatz statt der Leistung verlangen. Es wäre – genauso wie bei der Mahnung, § 286 Abs. 2 Nr. 3 BGB – zu viel verlangt, wenn der Gläubiger dann noch weiter hinter dem Schuldner herrennen und ihn zur Leistung auffordern müsste.

bb) Entbehrlichkeit der Fristsetzung wegen besonderer Umstände

Dieser Teil von § 281 Abs. 2 BGB stimmt mit § 286 Abs. 2 Nr. 4 BGB überein. Es gilt auch hier das Gleiche, was zu § 286 Abs. 2 Nr. 4 BGB gesagt wurde: Wenn kein normaler Mensch noch eine Frist setzen würde, dann kann der Gläubiger auch gleich Schadensersatz statt der Leistung verlangen.

5. Rechtsfolgen: Schadensersatz statt der Leistung

Wenn der Gläubiger dem Schuldner eine Frist gesetzt hat und der Schuldner innerhalb der Frist nicht geleistet hat, dann passiert vorerst gar nichts! Der Gläubiger hat nach dem Ablauf der Frist (oder wenn eine Fristsetzung entbehrlich war) erst einmal die Wahl, was er tun möchte: Er kann nach wie vor Erfüllung verlangen und daneben den entstandenen Verzögerungsschaden nach § 280 Abs. 1, 2; § 286 BGB. Erst wenn der Gläubiger sich hinstellt und sagt: »Ich verlange jetzt Schadensersatz statt der Leistung«, passiert etwas: Gemäß § 281 Abs. 4 BGB erlischt in diesem Augenblick der Anspruch auf die Leistung. Der Gläubiger kann dann nicht mehr die Erfüllung seines Anspruches verlangen. Das führt natürlich auch dazu, dass der Schuldner die Gegenleistung nicht mehr verlangen kann, wäre ja auch noch schöner! Der Gläubiger kann jetzt nur noch einen finanziellen Ausgleich dafür verlangen, dass der Schuldner nicht ordnungsgemäß geleistet hat: Er ist so zu stellen, als hätte der Schuldner rechtzeitig geleistet. Zur Berechnung s.o. III.

Noch einmal am Rande: Natürlich ist es blöd, dass man sich die Voraussetzungen der einzelnen Schadensersatzansprüche immer mühsam zusammensuchen muss, auf der anderen Seite ist es eigentlich immer ganz einfach, weil es nur um § 280 Abs. 1 BGB geht.
Es sind also immer dieselben Voraussetzungen:
1. Vorliegen einer Pflicht aus einem Schuldverhältnis.
2. Verletzung dieser Pflicht.
3. Verschulden wird vermutet.
4. Schaden.
Zu diesen Voraussetzungen treten dann je nach Schadensersatzanspruch weitere Voraussetzungen hinzu:
- *beim Verzögerungsschaden die Mahnung, § 286 Abs. 1 BGB.*
- *beim Schadensersatz statt der Leistung die Fristsetzung und der erfolglose Fristablauf, § 281 Abs. 1 BGB.*

VII. Sonderfall: Während des Verzuges wird die Leistung unmöglich

Fall: A leiht sich in der Stadtbücherei ein Buch aus. Er soll das Buch am 03.12. zurückgeben. Das tut er aber nicht. Am 04.12. brennt die Wohnung des A vollständig ab, weil ein anderer Mieter seinen Adventskranz versehentlich hatte brennen lassen. Das Buch ist zerstört. Kann die Stadtbücherei von A Schadensersatz statt der Leistung verlangen?

Es kann passieren, dass während des Verzuges die Leistung unmöglich wird. Zum Beispiel kann die Sache, die geschuldet wird, zerstört werden. Dann rutscht man vom Verzug in die Regeln über die Unmöglichkeit. Die Unmöglichkeit beendet den Verzug. Für einen Schadensersatzanspruch statt der Leistung sind nun die § 280 Abs. 1, 3; § 283 die richtige Anspruchsgrundlage. Aber eine Besonderheit muss man nun beachten, wenn man das Verschulden prüft: Der Schuldner haftet nämlich jetzt sogar, wenn die Sache ohne sein Verschulden untergeht, § 287 BGB.

In unserem Fall muss A also auch dann Schadensersatz leisten, wenn ihn an dem Verlust des Buches keine Schuld trifft. Das ist nur korrekt: Wenn er das Buch rechtzeitig zurückgegeben hätte, dann wäre es nicht verbrannt.

VIII. Rücktritt. § 323 BGB

Wenn der Schuldner nicht leistet, kann der Gläubiger gemäß § 323 BGB vom Vertrag zurücktreten. Die Voraussetzungen des Rücktrittsrechts müssen Sie sich jetzt ausnahmsweise mal nicht aus mehreren Paragrafen zusammensuchen. Alles was Sie brauchen, steht in § 323 Abs. 1 BGB. Die Voraussetzungen des Rücktritts stimmen mit den Voraussetzungen für den Schadensersatz statt der Leistung überein. Es gibt nur eine Ausnahme: Der Gläubiger kann auch dann zurücktreten, wenn der Schuldner die Nichtleistung nicht zu vertreten hat. Auch wenn der Schuldner gar nichts dafür kann, dass er nicht leistet, darf der Gläubiger zurücktreten.

Die Voraussetzungen des Rücktritts auf einen Blick sind:

1. Es besteht ein gegenseitiger Vertrag.
2. Fälliger durchsetzbarer Anspruch → wie beim Verzögerungsschaden und Schadensersatz statt der Leistung.
3. Nichtleistung → wie beim Verzögerungsschaden und Schadensersatz statt der Leistung.
4. Fristsetzung oder Entbehrlichkeit der Fristsetzung gemäß § 323 Abs. 2 BGB.
   → § 323 Abs. 2 BGB entspricht § 281 Abs. 2 BGB. Das Einzige, was anders ist, ist § 323 Abs. 2 Nr. 2 BGB. In dieser Vorschrift geht es um die Fälle, bei denen die Parteien vereinbart haben, dass die rechtzeitige Leistung so wichtig ist, dass eine nachträgliche Erfüllung nicht mehr als ordnungsgemäße Erfüllung anzusehen ist. Das Geschäft soll mit der Einhaltung der Leistungszeit »stehen und fallen«. Man spricht dann von einem **relativen Fixgeschäft.**

Anders als beim absoluten Fixgeschäft, wo durch die Verspätung die Leistung unmöglich wird, bleibt die Leistung beim relativen Fixgeschäft weiterhin möglich. Sie ist aber für den Gläubiger nicht mehr von Interesse.

Beispiel: Wenn der Inhaber eines Süßwarenladens rechtzeitig vor Ostern Schokoladenosterhasen und Schokoladeneier bestellt, dann ist klar, dass diese Sachen vor Ostern geliefert werden müssen. Der Süßwarenverkäufer muss dem Lieferanten nicht zusätzlich eine Frist setzen, damit er rechtzeitig liefert. Wenn er verspätet leistet, kann der Gläubiger gleich vom Vertrag zurücktreten.

Außer diesem Beispiel kann man immer dann an ein relatives Fixgeschäft denken, wenn die Parteien Klauseln wie z.B. »fix«, »genau«, »präzise«, »spätestens« oder »prompt« verwendet haben.

5. Erfolgloser Fristablauf → wie Schadensersatz statt der Leistung.
Wenn der Gläubiger vom Vertrag zurücktritt, erlöschen die gegenseitigen Leistungsansprüche. Die bereits empfangenen Leistungen sind zurückzugewähren, § 346 Abs. 1 BGB.

Zusammenfassende Übersicht zu den Rechten des Gläubigers beim Schuldnerverzug:

Voraussetzungen:
1. Der Schuldner leistet trotz Fälligkeit nicht.
2. Mahnung oder Entbehrlichkeit der Mahnung gemäß § 286 Abs. 2 und 3 BGB.
Am besten verbindet man die Mahnung mit einer Fristsetzung, damit man gleich Schadensersatz statt der Leistung oder Rücktritt verlangen kann.
3. Der Schuldner hat den Verzug zu vertreten, § 286 Abs. 4 BGB.
Rechte des Gläubigers:

1. Der Erfüllungsanspruch besteht fort.

2. Bei Geldschulden: Zinsanspruch gemäß § 288 BGB.
3. Verzögerungsschaden, §§ 280 I, II; 286 BGB: Der Schaden, der auch noch dann besteht, wenn jetzt noch ordnungsgemäß geleistet wird.
Der Anspruch besteht neben dem Erfüllungsanspruch.

4. Schadensersatz statt der Leistung, §§ 280 Abs. 1, 3; 281 Abs. 1 S. 1 BGB:
Zusätzliche Voraussetzung: **Fristsetzung oder Entbehrlichkeit der Fristsetzung gemäß § 281 Abs. 2 BGB.**
Sobald der Anspruch auf Schadensersatz statt der Leistung geltend gemacht wird, erlischt der Erfüllungsanspruch, § 281 Abs. 4 BGB.
Beachte: Während des Verzuges haftet der Schuldner für jede Fahrlässigkeit und sogar für Zufall, § 287 BGB.

5. Rücktritt, § 323 BGB
Zusätzliche Voraussetzung wieder: **Fristsetzung oder Entbehrlichkeit der Fristsetzung gemäß § 323 Abs. 2 BGB.**
Beachte: Anders als beim Schadensersatzanspruch ist **kein Verschulden** erforderlich.

C. Nebenpflichtverletzung

Fall: Der Installateur, der mehrere verstopfte Toiletten der Grundschule in der Verbandsgemeinde Schnurpseldingen in Ordnung bringen soll, erscheint betrunken in der Schule. Zunächst stützt er sich auf ein Waschbecken, sodass dieses abbricht. Als er zwischendurch zum Auto geht, stößt er schwungvoll eine Glastür auf, die beschädigt wird. Bei der anschließenden Auseinandersetzung beleidigt er den Hausmeister der Schule schwer. Er verlässt die Schule mit dem Hinweis, sich die anderen beiden Toiletten (5 hat er schon in Ordnung gebracht) im Laufe der Woche vorzunehmen.
Welche Rechte stehen der Verbandsgemeinde Schnurpseldingen zu?

Zuletzt soll es um die Fälle gehen, bei denen der Schuldner die Leistung rechtzeitig erbringt und die Leistung selbst auch in Ordnung ist, aber der Schuldner bei der Leistung bestimmte Pflichten verletzt, die ihm gegenüber dem Gläubiger obliegen. Wenn zwei Parteien miteinander einen Vertrag schließen, sind sie nämlich nicht nur verpflichtet, die vereinbarten Leistungen zu erbringen. Sie übernehmen noch andere Verpflichtungen gegenüber ihrem zukünftigen Vertragspartner. Mit der reinen Erfüllung der Hauptleistungspflicht ist es oft nicht getan. Wenn z.B. jemand einen Kronleuchter kauft und dieser vom Verkäufer nach Hause geliefert werden soll, dann muss der Verkäufer ihn für den Transport sicher verpacken. Es wird nicht ausreichen, den Leuchter in Zeitungspapier einzuwickeln und dann zur Post zu geben. Der Leuchter würde dann nur noch als riesiges Knäuel beim Käufer ankommen. Um also sicherzugehen, dass der Leistungserfolg – Übereignung eines heilen Leuchters – auch eintreten kann, muss der Verkäufer außer der Hauptleistungspflicht noch eine weitere Pflicht erfüllen: Er muss dafür sorgen, dass der Leuchter sicher verpackt ist. Diese Pflicht ergänzt die Hauptleistungspflicht und dient dazu, die Hauptleistungspflicht sicher zu erfüllen. Bei den Pflichten, die der Vorbereitung, Durchführung und Sicherung der Hauptleistungspflicht dienen, spricht man von **Nebenleistungspflichten**. Hierher gehören die Pflicht zur ordnungsgemäßen Verpackung der verkauften Ware, aber auch z.B. Aufklärungs- und Beratungspflichten. So muss der Betreiber eines Sonnenstudios einen Besucher, der zum ersten Mal auf die Sonnenbank geht, über die maximale Bräunungsdauer beraten. Er darf nicht zulassen, dass der Bräunungshungrige sich gleich eine halbe Stunde »gönnt« und hinterher als Grillhähnchen wieder zum Vorschein kommt.

Bei den Nebenleistungspflichten geht es immer darum, dass die ordnungsgemäße Erbringung der Hauptleistung allein den Gläubiger nicht glücklich macht, sondern der Schuldner auch noch etwas dafür tun muss, damit der Gläubiger die Leistung auch optimal nutzen kann.
Außer diesen Pflichten, die etwas mit der Leistung zu tun haben, sind die Parteien aber auch ganz allgemein verpflichtet, aufeinander Rücksicht zu nehmen. Geregelt ist diese Pflicht in § 241 Abs. 2 BGB: »Das Schuldverhältnis kann nach seinem Inhalt jeden Teil zur Rücksicht auf die Rechte, Rechtsgüter und Interessen des anderen Teils verpflichten.« Aus dieser allgemeinen Pflicht zur Rücksichtnahme folgen unterschiedliche Verhaltenspflichten, die man auch **Nebenpflichten** nennt:

I. Aufklärungspflicht

Jeder Vertragspartner muss den jeweils anderen unaufgefordert über die für das Zustandekommen und die Abwicklung erforderlichen Umstände aufklären. Der andere muss alle Informationen bekommen, die für ihn wichtig sind. Er muss zudem vor allen Gefahren gewarnt werden, die der Vertrag mit sich bringt.

An dieser Stelle ist häufig auch Gewährleistungsrecht anwendbar. Dieses ist stets die vorrangige Regelung. Immer dann, wenn z.B. ein Verkäufer falsche Angaben über die Beschaffenheit einer Kaufsache macht, greifen die spezielleren Gewährleistungsvorschriften ein. Nur wenn die Angaben des Verkäufers **keinen** Sachmangel begründen, kann man über die Verletzung der Aufklärungspflicht einen Schadensersatzanspruch begründen. Wenn wegen der Verletzung einer Aufklärungspflicht auch ein Anfechtungsrecht gemäß § 123 BGB infrage kommt, schließt das allerdings den Schadensersatzanspruch gemäß § 280 Abs. 1 BGB nicht aus.

Beispiel: Jemand verkauft ein vermietetes Grundstück, ohne darauf hinzuweisen, dass der Mieter schon seit Monaten die Miete nicht gezahlt hat. Die Zahlungsunfähigkeit des Mieters begründet keinen Mangel des Grundstückes: Sie steht in keiner Beziehung zum Grundstück und stellt kein Beschaffenheitsmerkmal des Grundstückes dar. Weil Gewährleistungsrecht nicht anwendbar ist, besteht gemäß § 280 Abs. 1 i.V.m. § 241 Abs. 2 BGB ein Schadensersatzanspruch. Dieser wird nicht dadurch ausgeschlossen, dass der Vertrag außerdem noch gemäß § 123 BGB wegen arglistiger Täuschung angefochten werden kann. Anders wäre es im vorliegenden Fall, wenn der Verkäufer mit dem Käufer z.B. vereinbart hätte, dass das Nachbargrundstück nicht bebaut werden wird. Wenn das Nachbargrundstück jetzt doch bebaut wird, ist das verkaufte Grundstück gemäß § 434 Abs. 1 S. 1 BGB mangelhaft. Es findet ausschließlich Gewährleistungsrecht Anwendung, nicht § 280 Abs. 1 BGB.

II. Mitwirkungspflichten

Oft müssen beide Vertragsparteien zusammenwirken, um den Vertrag überhaupt durchführen zu können. Besonders deutlich wird dies im Rahmen eines Kaufvertrages oder Werkvertrages, wo der Käufer bzw. der Besteller verpflichtet ist, die Sache bzw. das Werk abzunehmen. Tut der Käufer dies nicht, so kommt er in Verzug und macht sich gemäß § 280 Abs. 1 und 286 BGB schadensersatzpflichtig. Aber es gibt auch andere Mitwirkungspflichten, z.B. die Einholung einer behördlichen Genehmigung.

III. Leistungstreuepflicht

Die Vertragspartner sind verpflichtet, alles zu unterlassen, was den Vertragszweck oder den Leistungserfolg gefährden könnte. Man darf also den anderen Teil nicht daran hindern, die von ihm mit dem Vertrag erstrebten Vorteile zu bekommen. Es gibt die unterschiedlichsten Möglichkeiten, die Leistungstreuepflicht zu verletzen: Der Schuldner weigert sich, den Vertrag zu erfüllen. Oder ein Vertrag wird in unberechtigter Weise gekündigt, z.B. darf der Vermieter einer Wohnung dem Mieter nicht wegen eines in Wahrheit nicht bestehenden Eigenbedarfs kündigen. Oder es werden Mängel gerügt, die tatsächlich nicht vorliegen. Oder es wird dem Vertragspartner Konkurrenz gemacht. Wer z.B. eine Arztpraxis verkauft, darf sich dann nicht zwei Straßen weiter mit einer neuen Praxis niederlassen: Es ist klar, dass seine Patienten dann weiter zu ihm kommen und der Käufer der Praxis nichts zu tun hat.
Hierher gehört einfach alles, was sich nicht gehört und wodurch der andere einen Nachteil erleidet.

IV.Schutzpflicht

Jede der Vertragsparteien hat sich bei der Abwicklung des Schuldverhältnisses so zu verhalten, dass Körper, Leben, Eigentum oder andere Rechtsgüter des anderen Teils nicht verletzt werden. Viele Verträge bringen es mit sich, dass die Vertragsparteien enger mit den Sachen der jeweils anderen Partei in Berührung kommen. Dann muss die Partei, der die Sache gehört, darauf achten,

dass die andere Partei durch die Sache nicht zu Schaden kommt. Und die andere Partei muss im Gegenzug darauf achten, dass sie mit der Sache sorgfältig umgeht und sie nicht beschädigt.
Daraus folgt z.B., dass ein Kaufhausbetreiber dafür sorgen muss, dass innerhalb des Kaufhauses der Boden rutschfest ist und außerdem die Waren so sicher aufgestellt werden, dass niemand zu Schaden kommen kann.
Der Malermeister, der die Wohnung neu anstreichen soll, kommt zwangsläufig in besonderen Kontakt mit den Möbeln des Auftraggebers. Also muss er aufpassen, dass er sie nicht beschädigt.
Ein Vermieter muss dafür sorgen, dass auf Flächen, auf denen die Kinder der Mieter spielen, keine giftigen Unkrautvernichtungsmittel verwendet werden. Im Gegenzug muss der Mieter darauf achten, dass das Eigentum des Vermieters nicht beschädigt wird. Zum Beispiel darf er nicht in Spanien überwintern und die Heizung ausschalten, sodass sie einfriert.

Immer wenn eine Partei nicht entsprechend Rücksicht nimmt und dadurch die andere Partei zu Schaden kommt, entsteht eine Schadensersatzpflicht aus § 280 Abs. 1 i.V.m. 241 Abs. 2 BGB und möglicherweise sogar ein Rücktrittsrecht.

V. Anspruch auf Schadensersatz wegen Nebenpflichtverletzung gemäß § 280 Abs. 1 BGB

Die Verletzung einer Nebenpflicht kann zu einem Schadensersatzanspruch gemäß § 280 Abs. 1 BGB führen: Verletzt der Schuldner eine Pflicht aus dem Schuldverhältnis, so kann der Gläubiger Ersatz des hierdurch entstehenden Schadens verlangen.

1. Bestehen eines Schuldverhältnisses

Grundvoraussetzung für das Bestehen eines Schadensersatzanspruches ist – wie immer – das Vorliegen eines Schuldverhältnisses zwischen den Parteien. Es muss also ein Vertrag geschlossen worden sein.

Die eben dargestellten Nebenpflichten können aber auch bereits vor dem Abschluss eines Vertrages bestehen, wie sich aus § 311 Abs. 2 BGB ergibt. Man spricht in diesem Zusammenhang von einem vorvertraglichen Schuldverhältnis. Danach entsteht ein Schuldverhältnis mit Pflichten nach § 241 Abs. 2 BGB auch durch

1. die Aufnahme von Vertragsverhandlungen.
2. die Anbahnung eines Vertrags, bei welcher der eine Teil im Hinblick auf eine etwaige rechtsgeschäftliche Beziehung dem anderen Teil die Möglichkeit zur Einwirkung auf seine Rechte, Rechtsgüter und Interessen gewährt oder ihm diese anvertraut.

In unserem Fall war der Werkvertrag bereits geschlossen worden. Aber auch, wenn der Installateur nur zur Erstellung eines Kostenvoranschlages in die Schule gerufen worden wäre und dabei die Schäden angerichtet hätte, würde ein Schuldverhältnis gemäß § 311 Abs. 2 BGB bestehen.

2. Nebenpflichtverletzung

An dieser Stelle muss man prüfen, ob irgendeine der oben aufgeführten Nebenpflichten verletzt worden ist.

In unserem Fall hat der Installateur darauf zu achten, dass das Eigentum der Verbandsgemeinde durch die Reparaturarbeiten nicht beschädigt wird. Wenn er so sorglos mit dem Waschbecken und der Glastür umgeht, verletzt er die Schutzpflicht aus § 241 Abs. 2 BGB.

3. Verschulden

Die Verletzung der Nebenpflicht führt nur dann zu einem Schadensersatzanspruch, wenn der Schuldner schuldhaft gehandelt hat. Er muss also gemäß § 276 BGB die Nebenpflicht vorsätzlich oder fahrlässig verletzt haben. Sie wissen es bereits: Dieses Verschulden wird gemäß § 280 Abs. 1 S. 2 BGB vermutet. Der Schuldner muss sich entlasten und beweisen, dass er für die Pflichtverletzung nichts kann.

In unserem Fall wird das Verschulden des Installateurs also vermutet. Er hat auch keine Möglichkeit, sich zu entlasten.

4. Rechtsfolge: Schadensersatz

Der Gläubiger kann verlangen, dass ihm der Schuldner alle Schäden ersetzt, die ihm durch die Pflichtverletzung entstanden sind. Er muss so gestellt werden, wie er ohne die Pflichtverletzung gestanden hätte.

In unserem Fall kann die Verbandsgemeinde also die Reparatur des Waschbeckens und der Glastür vom Installateur verlangen bzw. ihm die Reparatur in Rechnung stellen.

VI. Schadensersatz statt der Leistung gemäß § 280 Abs. 1, 3; § 282 BGB

Wenn der Schuldner eine Nebenpflicht verletzt, kann der Gläubiger trotzdem noch die vertraglich vereinbarte Leistung verlangen. Der eben dargestellte Schadensersatzanspruch tritt neben den eigentlichen Leistungsanspruch, nicht an seine Stelle. Im Einzelfall kann aber die Verletzung der Nebenpflicht so schwerwiegend sein, dass der Gläubiger berechtigt ist, Schadensersatz statt der Leistung zu verlangen. Dieser Anspruch tritt dann an die Stelle der Leistung. Gemäß § 282 BGB kann der Gläubiger Schadensersatz statt der Leistung dann verlangen, wenn ihm infolge der Nebenpflichtverletzung die Leistung durch den Schuldner nicht mehr zuzumuten ist. Das geht natürlich nicht bei jeder Kleinigkeit, die dem Gläubiger nicht in den Kram passt. Es muss schon um eine schwerere Beeinträchtigung gehen, z.B. eine schwere Beleidigung, schwere Beschädigungen des Eigentums oder ein Verhalten, durch das die Vertrauensbasis zwischen den Parteien nachhaltig gestört wird.

In unserem Fall liegt eine schwere Nebenpflichtverletzung vor: Der Installateur ist betrunken in eine Schule gegangen, hat einen großen Schaden angerichtet und ist außerdem noch ausfallend geworden. Unter diesen Umständen ist der Verbandsgemeinde eine weitere Leistungserbringung durch den Installateur nicht zuzumuten. Daher kann die Verbandsgemeinde Schadensersatz statt der Leistung verlangen.

Der Umfang des Schadensersatzanspruches statt der Leistung ist der gleiche wie immer. Der Gläubiger ist so zu stellen, wie er bei ordnungsgemäßer Erfüllung gestanden hätte. Er kann außerdem wie immer gemäß § 284 BGB auch Ersatz seiner vergeblichen Aufwendungen verlangen.

VII. Rücktritt gemäß § 324 BGB

Der Gläubiger kann bei einer Verletzung von Nebenpflichten auch vom Vertrag zurücktreten, wenn ihm ein Festhalten am Vertrag nicht mehr zuzumuten ist. Die Voraussetzungen des Rücktrittsrechts sind die gleichen wie beim Schadensersatz statt der Leistung: Es geht nur bei einer schwerwiegenderen Nebenpflichtverletzung, wenn der Gläubiger mit Recht sagen kann: »Mit dir will ich nicht mehr.«

Zusammenfassende Übersicht: Schadensersatz gemäß § 280 BGB

Art des Schadensersatzes:	Schadensersatz statt der Leistung wegen Unmöglichkeit: Der Schuldner leistet nicht, weil er nicht leisten kann.	Schadensersatz bei Verzug des Schuldners: Der Schuldner leistet nicht rechtzeitig.	Schadensersatz wegen einer mangelhaften Leistung bei Kauf- oder Werkvertrag.	Nebenpflichtverletzung: Der Schuldner leistet zwar, und die Leistung selbst ist auch in Ordnung, aber er verletzt eine Nebenpflicht/Nebenleistungspflicht.
Anspruchsgrundlage:	§ 280 Abs. 1, 3; § 283 BGB	Für den **Verzögerungsschaden**: §§ 280 Abs. 1, 2; § 286 BGB. Für **Schadensersatz statt der Leistung**: §§ 280 Abs. 1, 3; § 281 BGB.	Für **Schadensersatz statt der Leistung**, wenn die Nacherfüllung **möglich** ist: §§ 437 Nr. 3 (beim Werkvertrag: § 634 Nr. 4 BGB), § 280 Abs. 1, 3; § 281 BGB **(Fristsetzung erforderlich!).** Für **Schadensersatz statt der Leistung**, wenn die Nacherfüllung **nach** Vertragsschluss **unmöglich** wird: §§ 437 Nr. 3 (§ 634 Nr. 4); § 280 Abs. 1, 3; § 283 BGB. Für Schadensersatz wegen **Schäden an anderen Rechtsgütern** durch die mangelhafte Sache: §§ 437 Nr. 3 (§ 634 Nr. 4); § 280 Abs. 1 BGB.	Für den Ersatz des entstandenen Schadens: § 280 Abs. 1 BGB. Für **Schadensersatz statt der Leistung**: §§ 280 Abs. 1, 3; § 282 BGB.
Voraussetzungen des Schadensersatzanspruches	**1.** Schuldverhältnis: Vertrag **2.** Pflichtverletzung: Der Schuldner leistet nicht. **3.** Der Schuldner hat die Nichtleistung/Unmöglichkeit zu vertreten (§ 276 Abs. 1 BGB). **4.** Schaden § 280 gilt nicht bei anfänglicher Unmöglichkeit. Dann ist § 311 a Abs. 2 BGB die speziellere **Anspruchsgrundlage.**	**1.** Schuldverhältnis: Vertrag **2.** Pflichtverletzung = Verzug: – fälliger, durchsetzbarer Anspruch – Nichtleistung – Mahnung **3.** bei **Schadensersatz statt der Leistung**: Fristsetzung und erfolgloser Fristablauf. **4.** Der Schuldner hat die Verzögerung zu vertreten, § 286 Abs. 4 BGB. **5.** Rechtsfolge: Ersatz des durch den Verzug entstandenen Schadens/Schadensersatz statt der Leistung.	**1.** Schuldverhältnis: Kauf-/Werkvertrag **2.** Pflichtverletzung: Die Sache/das Werk ist bei Gefahrübergang mangelhaft. **3.** Wenn die Nacherfüllung **möglich** ist: Fristsetzung und erfolgloser Fristablauf. **4.** Der Verkäufer/Unternehmer hat den Mangel zu vertreten. **5.** Rechtsfolge: Schadensersatz statt der Leistung oder Ersatz des an den anderen Rechtsgütern entstandenen Schadens. Wenn die Nacherfüllung von vornherein unmöglich ist, ist § 311 a Abs. 2 BGB die speziellere Anspruchsgrundlage.	**1.** Schuldverhältnis: Vertrag 2. Verletzung einer Nebenpflicht/Nebenleistungspflicht. 3. Bei **Schadensersatz statt der Leistung**: Unzumutbarkeit der Leistung für den Gläubiger. 4. Der Schuldner hat die Pflichtverletzung zu vertreten. 5. Rechtsfolge: Ersatz des durch die Pflichtverletzung entstandenen Schadens/Schadensersatz statt der Leistung.

4. Kapitel:
Gewährleistungsrechte beim Kauf-, Werk- und Mietvertrag

Wenn der Schuldner die Leistung rechtzeitig erbringt, heißt das nicht automatisch, dass die Welt in Ordnung ist. Das verkaufte Auto kann einen Motorschaden haben. In der vermieteten Wohnung kann das Dach undicht sein. Die Dauerwelle beim Friseur hat zur Folge, dass die Haare auf einmal grün sind. Das BGB spricht dann von einer **mangelhaften Leistung**. Beim Gewährleistungsrecht geht es um die Frage, welche Rechte dem Gläubiger zustehen, wenn der Schuldner seine vertragliche Verpflichtung schlecht erfüllt. Leider ist nicht für alle Verträge einheitlich geregelt, welche Rechte der Gläubiger im Falle einer schlechten Leistung hat. So gibt es für einige Verträge ein eigenes Gewährleistungsrecht, wie z.B. beim Kaufvertrag, Werkvertrag oder Mietvertrag. Da steht genau drin, welche Rechte der Gläubiger geltend machen kann. Bei anderen Verträgen gibt es kein eigenes Gewährleistungsrecht. Die Rechte des Gläubigers richten sich dann nach den Regelungen im allgemeinen Schuldrecht über Rücktritt und Schadensersatz.

A. Die Gewährleistungsrechte des Käufers

Hier soll es um die Gewährleistungsrechte beim Kaufvertrag gehen. Welche Rechte hat der Käufer, wenn die gekaufte Sache einen Mangel aufweist?

I. Wann ist eine Sache mangelhaft?

Fall: Oberamtsrat Alfred Baumann kauft sich beim Elektrofachhändler Stromschlag eine neue Kaffeemaschine für den privaten Kaffeekonsum am Arbeitsplatz. Bereits kurz nach dem Kauf muss er feststellen, dass die Maschine das Wasser nicht richtig erhitzt. Der Kaffee wird immer nur eine lauwarme Plörre. Er möchte die kaputte Kaffeemaschine gerne gegen eine heile umtauschen. Herr Stromschlag lehnt das ab. Beim Kauf der Maschine sei diese heile gewesen. Er könne doch nichts dafür, dass Herr Baumann sie durch falsche Bedienung kaputt gemacht habe. Er wäre allenfalls bereit, kulanter Weise die kaputte Maschine zu reparieren. Baumann ist damit nicht einverstanden. Kann er den Umtausch der Kaffeemaschine verlangen?

Auch wenn es eigentlich logisch ist, noch einmal ganz deutlich: Bevor man sich Gedanken darüber macht, welche Gewährleistungsrechte dem Käufer zustehen, muss man sich zunächst immer mit der Frage befassen, ob zwischen dem Käufer und dem Verkäufer überhaupt ein wirksamer Kaufvertrag geschlossen worden ist. Wenn schon kein wirksamer Kaufvertrag besteht, stehen dem Käufer auch keine Gewährleistungsrechte zu! Erst, wenn man zu dem Ergebnis gekommen ist, dass ein wirksamer Kaufvertrag geschlossen wurde, kann man sich der nächsten Frage zuwenden: Wann stehen dem Käufer denn Gewährleistungsrechte zu?

Einem Käufer stehen nur dann Gewährleistungsrechte zu, wenn die Sache, die er gekauft hat, mangelhaft ist.
Bei den Mängeln, die einer Sache anhaften können, muss man zunächst grob unterscheiden: Zum einen liegt ein Mangel dann vor, wenn mit der Sache selbst etwas nicht in Ordnung ist. Dann spricht man von einem Sachmangel.
Es kann aber auch sein, dass die Sache selbst in Ordnung ist, aber Dritte gegenüber dem Käufer irgendwelche Rechte geltend machen können. Man spricht dann von einem Rechtsmangel. Der Rechtsmangel ist in § 435 BGB geregelt: Die Sache ist frei von Rechtsmängeln, wenn Dritte in Bezug auf die Sache keine oder nur die im Kaufvertrag übernommenen Rechte gegen den Käufer geltend machen können. Wenn z.B. jemand ein Haus kauft, ohne zu wissen, dass es vermietet ist, dann kann sich der Mieter gemäß § 566 BGB gegenüber dem Käufer auf den bestehenden Mietvertrag berufen und in dem Haus wohnen bleiben. Der Käufer kann nichts dagegen tun, er darf den Mieter nicht vor die Tür setzen. Der Mietvertrag stellt aber einen Rechtsmangel dar. Die Rechte, die dem Käufer bei einem Rechtsmangel zustehen, sind die gleichen wie bei einem Sachmangel.

Nun aber ausführlich zum Sachmangel:

Wann eine Sache mangelhaft ist, ist in § 434 BGB geregelt. Demnach ist die Sache frei von Sachmängeln, wenn sie bei Gefahrübergang den subjektiven Anforderungen, den objektiven Anforderungen und den Montageanforderungen des § 434 BGB entspricht.
Es steht dort also gerade nicht, wann die Sache mangelhaft ist, sondern lediglich, wann die Sache mangelfrei ist. Zum besseren Verständnis kann man die Regelung des § 434 Abs. 1 BGB auch »umdrehen«:
Nach § 434 Abs. 1 BGB ist die Sache also mangelhaft, wenn sie
1. Nicht den subjektiven Anforderungen (§ 434 Abs. 2 BGB)
oder
2. Nicht den objektiven Anforderungen (§ 434 Abs. 3 BGB)
oder
3. Nicht den Montageanforderungen (§ 434 Abs. 4 BGB)
genügt.

1. Subjektive Anforderungen nach § 434 Abs. 2 BGB

Nach § 434 Abs. 2 BGB entspricht die Sache den subjektiven Anforderungen, wenn sie

– die vereinbarte Beschaffenheit hat (§ 434 Abs. 2 Nr. 1 BGB):

Wenn der Käufer mit dem Verkäufer vereinbart hat, dass die Sache eine bestimmte Beschaffenheit aufweisen soll, dann ist die Sache mangelhaft, wenn diese vereinbarten Merkmale fehlen.
Unter »Beschaffenheit« sind erst einmal alle physischen Eigenschaften zu verstehen, die der Sache unmittelbar anhaften: Größe, Gewicht, Alter, Herstellungsmaterial, Energieverbrauch, Höchstgeschwindigkeit ... Also alles, was die Sache selbst ausmacht und woraus sie besteht. Aber das ist noch nicht alles. Zur Beschaffenheit einer Sache gehören nämlich alle gegenwärtigen, rechtlichen, sozialen und wirtschaftlichen Beziehungen der Sache zur Umwelt von gewisser Dauer. Eben alles, was nicht der Sache selbst anhaftet, aber eben doch mit der Sache zusammenhängt und nach der Verkehrsanschauung von Bedeutung für die Sache ist.

Beispiel: Jemand kauft ein Haus, weil ihm der Verkäufer versichert hat, dass das Nachbargrundstück nie bebaut werden wird, die freie Aussicht über die grüne Landschaft also stets erhalten bleibt. Drei Tage nach dem Einzug erscheinen auf dem Nachbargrundstück die ersten Planierraupen und ein Jahr später steht nebenan ein Einkaufszentrum.
Die Frage, ob das Nachbargrundstück bebaut werden darf oder nicht, ist nichts, was dem gekauften Grundstück selbst unmittelbar anhaftet. Egal, wie das Nachbargrundstück aussieht, das gekaufte Grundstück bleibt immer gleich. Die Bebaubarkeit des Nachbargrundstückes stellt aber eine Umweltbeziehung des gekauften Grundstückes dar und gehört damit auch zum Begriff »Beschaffenheit«.

Weiteres Beispiel: Jemand zahlt einen horrenden Preis für ein Auto, das einmal der Papst benutzt haben soll. Hinterher stellt sich heraus, dass der Papst nie mit diesem Wagen gefahren ist. Die Frage, wem ein Auto früher gehört hat, ist nichts, was dem Auto selbst anhaftet. Aber die Frage, wem das Auto vorher gehört hat, stellt eine Beziehung der Sache zur Umwelt dar, gehört also auch zur Beschaffenheit der Sache.

Wenn feststeht, dass ein bestimmtes Merkmal zur Beschaffenheit der Sache gehört, begründet das Fehlen dieses Merkmales nur dann einen Mangel, wenn diese Beschaffenheit der Sache von den Parteien auch tatsächlich vereinbart wurde. Das bedeutet, dass die Parteien wirklich eine Vereinbarung darüber getroffen haben müssen, dass die Sache eine bestimmte Beschaffenheit aufweist. Das muss nicht immer eine ausdrückliche Vereinbarung sein. Grundsätzlich können sich die Parteien auch stillschweigend einigen. Dazu ist ausreichend, dass der Zustand der Sache beschrieben wurde und diese Beschreibung in den Vertrag mit aufgenommen wurde. Aber an dieser Stelle wird es gemein: Man darf nämlich den Parteien nicht unterstellen, dass sie automatisch immer eine stillschweigende Vereinbarung darüber getroffen haben, dass die Sache die normale und übliche Beschaffenheit aufweist. Sonst wäre der objektive Mangelbegriff in § 434 Abs. 3 Nr. 2 BGB überflüssig. Die im Rahmen des subjektiven Mangelbegriffs auftretende »vereinbarte Beschaffenheit« ist nur für die Fälle gedacht, in denen die Parteien sich über eine bestimmte Beschaffenheit geeinigt haben oder mehr als die übliche Beschaffenheit vereinbart haben. Daher auch die Bezeichnung »subjektive Anforderungen«.

– sich für die nach dem Vertrag vorausgesetzte Verwendung eignet (§ 434 Abs. 2 Nr. 2 BGB):

Es kann auch sein, dass die Parteien sich zwar nicht auf eine Beschaffenheit der Sache geeinigt haben, stattdessen jedoch bei Abschluss des Vertrages davon ausgingen, dass die Sache für einen bestimmten Verwendungszweck geeignet sein soll. Hierdurch wird der Tatsache Rechnung getragen, dass der Käufer oftmals nicht weiß, welche Beschaffenheit eine Sache aufweisen muss, um für einen bestimmten Verwendungszweck geeignet zu sein. Der Käufer weiß aber, wofür er die Sache verwenden möchte. Der Verkäufer wird im Gegenzug in der Regel das notwendige Spezialwissen haben, um zu sagen, ob sich diese Sache für den vom Käufer vorgegebenen Verwendungszweck eignet – oder eben nicht.

Beispiel: Der Käufer kauft ein Grundstück, um ein Haus darauf zu bauen. Wenn er dies dem Verkäufer mitteilt, dann ist der vorausgesetzte Verwendungszweck des Grundstückes, dass es bebaut wird. Wenn sich später herausstellt, dass das Grundstück nicht bebaut werden darf, dann ist das Grundstück mangelhaft.

Immer dann, wenn der Käufer bei Vertragsschluss sagt: »Ich habe mit der Sache das und das vor« und der Verkäufer dann nicht sagt: »das geht aber nicht«, dann ist das, was der Käufer mit der Sache vorhat, der vertraglich vorausgesetzte Verwendungszweck. Wichtig ist nur, dass der Käufer dem Verkäufer mitteilen muss, was er mit der Sache vorhat. Einseitige Vorstellungen des Käufers reichen nicht aus, wenn der Verkäufer davon nichts erfährt.

<u>– mit dem vereinbarten Zubehör und den vereinbarten Anleitungen, einschließlich Montage- und Installationsanleitungen, übergeben wird:</u>

Diese Regelung ist entsprechend des Wortlautes »vereinbar« für Fallgestaltungen gedacht, in denen explizit zwischen den Parteien die Übergabe von Zubehör oder Anleitungen vereinbart wurde.

2. Objektive Anforderungen nach § 434 Abs. 3 BGB

Zunächst statuiert § 434 Abs. 3 BGB einen Vorrang subjektiver Abreden (»soweit nicht wirksam etwas anderes vereinbart wurde«). Soll heißen: Wenn zwischen Käufer und Verkäufer eine subjektive Abrede nach § 434 Abs. 2 BGB zustande gekommen ist, dann kommt es auf die objektiven Anforderungen nicht mehr an.

Nach § 434 Abs. 3 BGB entspricht die Sache den objektiven Anforderungen, wenn sie

<u>– sich für die gewöhnliche Verwendung eignet (§ 434 Abs. 3 Nr. 1 BGB):</u>

Die Sache ist mangelhaft, wenn sie sich nicht für die gewöhnliche Verwendung eignet. Was sich hier sehr unverständlich anhört, bedeutet übersetzt und in Kurzform: Eine Sache ist mangelhaft, wenn sie nicht das tut, was sie normalerweise tun soll, also kaputt ist.

Hier kommt jetzt endlich Baumann zum Zuge: Eine Kaffeemaschine soll normalerweise heißen Kaffee kochen. Dies darf der Käufer auch erwarten. Tut sie das nicht, ist sie für die gewöhnliche Verwendung objektiv nicht geeignet.

<u>– eine Beschaffenheit aufweist, die bei Sachen derselben Art üblich ist und die der Käufer erwarten kann [...] (§ 434 Abs. 3 Nr. 2 BGB):</u>

Hier geht es jetzt um die Fälle, in denen die Parteien keine bestimmte Beschaffenheit vereinbart haben. Ohne eine besondere Vereinbarung muss die Sache jedenfalls die übliche Beschaffenheit aufweisen. Problem nur: Was ist »üblich«? Hierbei sind nach § 434 Abs. 3 Nr. 2 Buchstaben a und b die Art der Sache und öffentliche Äußerungen des Verkäufers zu berücksichtigen. Man muss also vergleichen, welches die übliche Beschaffenheit bei Sachen der gleichen Art ist. Was darf man normalerweise als Käufer in so einem Fall erwarten? Wenn man einen Gebrauchtwagen für 1.000,– € kauft, muss man unter Umständen in Kauf nehmen, dass er Roststellen hat. Wenn man einen Neuwagen für einen entsprechend hohen Preis erwirbt, muss man Rostflecken natürlich nicht hinnehmen.

Hinsichtlich der Aussagen des Verkäufers muss es sich um nachprüfbare Tatsachen handeln. Reißerische Anpreisungen reichen hier nicht aus. Wenn aber z.B. der Fahrzeughersteller damit wirbt, dass ein Fahrzeug einen sehr geringen Benzinverbrauch hat, dann ist das Fahrzeug mangelhaft, wenn es einen höheren Verbrauch hat.

– der Beschaffenheit einer Probe oder eines Musters entspricht, die oder das der Verkäufer dem Käufer vor Vertragsschluss zur Verfügung gestellt hat (§ 434 Abs. 3 Nr. 3 BGB):

Hintergrund dieser Regelung ist, dass dem Käufer vor Abschluss einiger Kaufverträge eine Probe ausgehändigt wird. So wird man beispielsweise häufig den Fußbodenbelag erst kaufen, wenn man ein Probestück des Laminats daraufhin abgleichen konnte, ob es zu den Möbeln passt. Entspricht die später gelieferte Ware nicht diesem Probestück, ist sie mangelhaft im Sinne des § 434 Abs. 3 Nr. 3 BGB.

– mit dem Zubehör einschließlich der Verpackung, der Montage- oder Installationsanleitung sowie anderen Anleitungen übergeben wird, deren Erhalt der Käufer erwarten kann. (§ 434 Abs. 3 Nr. 4 BGB):

Im Grunde ist hier nur festgelegt, dass ein Möbelstück zum Selbstaufbau auch eine Anleitung enthalten muss. Wann eine Anleitung einen Mangel begründet, regelt § 434 Abs. 4 BGB.

3. Montageanforderungen nach § 434 Abs. 4 BGB

Die Vorgängernorm des § 434 Abs. 4 (§ 434 Abs. 2 S. 2 BGB alte Fassung) nannte man auch IKEA-Klausel.
Aber auch nach der Neureglung ist eigentlich klar, worum es geht: Eine eigentlich heile Sache ist mangelhaft, wenn sie mit einer Montageanleitung geliefert wird, die nichts taugt. Eine Montageanleitung muss immer so beschaffen sein, dass ein durchschnittlicher Käufer die Sache nach der Anleitung auch zusammenbauen kann. Wenn das nicht gegeben ist, liegt ein Sachmangel vor.
Das Gesetz macht eine Ausnahme: Wenn es dem Käufer gelingt, die Sache trotz der schlechten Montageanleitung richtig zusammenzubauen, dann ist die Sache nicht mangelhaft. Denn dann hat der Käufer eine richtige Montageanleitung offensichtlich nichtgebraucht.

4. Sache mangelhaft, wenn andere Sache geliefert wird, § 434 Abs. 5 BGB

Wenn eine Sache gekauft worden ist, aber eine andere Sache geliefert wird, dann ist die falsche Sache zwar nicht mangelhaft, die Lieferung einer anderen Sache wird aber so behandelt, als würde ein Sachmangel vorliegen. Das führt dann zu folgendem interessanten Ergebnis: Wenn statt der bestellten roten Jacke eine grüne geliefert wird, dann ist die grüne Jacke eine mangelhafte rote Jacke. Oder wenn statt des bestellten Sommerweizens Winterweizen geliefert wird: Der gelieferte Winterweizen, der als Winterweizen ganz in Ordnung ist, ist mangelhafter Sommerweizen. Der Käufer kann die richtige Sache fordern. Die falsch gelieferte Sache muss er herausgeben.

II. Vorliegen des Mangels bei Gefahrübergang

Wenn man festgestellt hat, dass eine Sache mangelhaft ist, bedeutet das noch nicht automatisch, dass dem Käufer nun Gewährleistungsrechte zustehen. Der Sachmangel muss nach dem Wortlaut von § 434 Abs. 1 BGB nämlich **bei Gefahrübergang** vorgelegen haben. Wann die Gefahr übergeht, ist in den §§ 446; 447 BGB geregelt: Die Gefahr geht mit der Übergabe der verkauften Sache auf den Käufer über.

Beim Versendungskauf, also wenn die Sache auf Verlangen des Käufers an einen anderen Ort als den Erfüllungsort verschickt wird, geht die Gefahr mit der Übergabe an die Transportperson auf den Käufer über.
Der Sachmangel muss also in dem Augenblick vorliegen, in dem der Käufer die Sache vom Verkäufer erhält oder im Falle des Versendungskaufes in dem Augenblick, wo die Sache der Transportperson übergeben wird. Das führt zu einem Problem für den Käufer: Er muss nämlich beweisen, dass der Mangel bereits bei Gefahrübergang vorhanden war. Das ist schwierig, wenn der Mangel sich erst später gezeigt hat. Der Verkäufer kann sich dann immer auf den Standpunkt stellen, dass der Mangel erst vom Käufer verursacht worden ist, z.B. durch eine falsche Bedienung.

In unserem Beispiel konnte Baumann der Kaffeemaschine nicht ansehen, dass sie nicht funktioniert. Er konnte sie im Geschäft schließlich nicht ausprobieren. Also wird es schwer für ihn, zu beweisen, dass die Maschine bereits beim Kauf defekt war.

Von dem Grundsatz, dass der Käufer das Vorliegen des Mangels bei Gefahrübergang beweisen muss, macht das BGB eine Ausnahme, wenn es sich um einen **Verbrauchsgüterkauf** handelt. Was ein Verbrauchsgüterkauf ist, steht in § 474 Abs. 1 BGB: Wenn ein Verbraucher von einem Unternehmer eine Ware kauft. Eine Ware ist nach § 241a Abs. 1 BGB eine bewegliche Sache, die nicht auf Grund von Zwangsvollstreckungsmaßnahmen oder anderen gerichtlichen Maßnahmen verkauft wird.
Und was ist ein Verbraucher? Und ein Unternehmer? Wenn Sie das nicht wissen, tun Sie das, was Sie immer tun, wenn Ihnen im BGB ein unverständlicher Begriff über den Weg läuft: Sie schauen in den allgemeinen Teil. Dort steht in § 13, was ein Verbraucher ist und in § 14 was ein Unternehmer ist. Übertragen auf § 474 Abs. 1 BGB liegt also ein Verbrauchsgüterkauf vor, wenn jemand für private Zwecke etwas kauft von jemandem, der dabei in Ausübung seiner gewerblichen oder selbständigen beruflichen Tätigkeit handelt. Oder noch einfacher: Wenn Otto-Normalverbraucher in den Laden geht und sich etwas kauft.
Für den Verbrauchsgüterkauf gelten verschiedene Sonderregeln. Hier ist § 477 BGB interessant: Wenn sich der Sachmangel innerhalb von einem Jahr seit Gefahrübergang zeigt, so wird vermutet, dass die Sache bereits bei Gefahrübergang mangelhaft war. Das bedeutet: Zugunsten des Käufers wird vermutet, dass die Sache bereits bei der Übergabe mangelhaft war.

Es muss nun der Verkäufer beweisen, dass die Sache bei der Übergabe mangelfrei war, der Mangel also erst später durch den Käufer verursacht wurde. Und damit steht der Verkäufer vor dem gleichen Problem wie der Käufer, der sonst das Vorliegen des Mangels bei Gefahrübergang beweisen müsste: Es ist nämlich sehr schwierig, zu beweisen, dass die Sache mangelfrei war.

Der Kauf der Kaffeemaschine stellt einen Verbrauchsgüterkauf dar: Baumann kauft die Maschine für private Zwecke von Herrn Stromschlag, der dabei in Ausübung seiner gewerblichen Tätigkeit handelt. Daher kann sich Herr Stromschlag nicht darauf zurückziehen, dass der Defekt an der Maschine erst später aufgetreten ist und von Baumann verursacht worden ist. Das müsste Stromschlag schon beweisen können. Wenn ihm dieser Beweis nicht gelingt, dann wird vermutet, dass die Maschine schon beim Kauf kaputt war.

III. Rechte des Käufers bei Vorliegen eines Mangels

Wenn man mit Hilfe von § 434 BGB festgestellt hat, dass eine Sache bei Gefahrübergang mangelhaft war, wird es erst interessant: Welche Rechte stehen dem Käufer jetzt zu? Das ist in § 437 BGB geregelt:
Der Käufer kann
1. Nacherfüllung gem. § 439 BGB verlangen.
2. den Kaufpreis mindern oder vom Vertrag zurücktreten.
3. Schadensersatz verlangen.

Das klingt so, als würden dem Käufer sofort viele verschiedene Rechte zustehen: Nacherfüllung, Minderung, Rücktritt und Schadensersatz. Das stimmt aber nicht. Der Käufer hat zunächst nur ein einziges Recht: Er kann nach § 439 BGB Nacherfüllung verlangen. Mehr erst einmal nicht. Wenn es um Rücktritt und Schadensersatz geht, verweist § 437 BGB nämlich auf die Vorschriften im allgemeinen Schuldrecht: Für den Rücktritt auf § 323 und für Schadensersatz unter anderem auf §§ 280; 281 BGB. Diese Vorschriften haben aber beide, wie Sie gerade beim Schuldnerverzug gesehen haben, weitere Voraussetzungen: Dem Schuldner muss eine Frist gesetzt werden. Das bedeutet, übertragen auf das Gewährleistungsrecht: Der Käufer kann zunächst nur Nacherfüllung gemäß § 439 BGB verlangen. Er kann dann dem Verkäufer eine Frist setzen, innerhalb der die Nacherfüllung durchgeführt werden muss. Erst wenn diese Frist abgelaufen ist, ohne dass der Verkäufer die geforderte Nacherfüllung geleistet hat, hat der Käufer die Wahl zwischen weiteren Gewährleistungsrechten: Er kann vom Kaufvertrag zurücktreten, den Kaufpreis mindern oder Schadensersatz verlangen. Er kann aber natürlich auch nach dem Fristablauf noch weiterhin Nacherfüllung verlangen.

1. Nacherfüllung gemäß § 437 Nr. 1 i.V.m. § 439 Abs. 1 BGB

Wenn eine Sache bei Gefahrübergang mangelhaft ist, kann der Käufer zunächst Nacherfüllung gemäß § 439 BGB verlangen. In § 439 Abs. 1 BGB heißt es: Der Käufer kann nach seiner Wahl die Beseitigung des Mangels oder die Lieferung einer mangelfreien Sache verlangen. Der Käufer hat also zwei Möglichkeiten: Er kann verlangen, dass
- der Verkäufer die verkaufte Sache repariert oder
- die mangelhafte Sache gegen eine heile Sache austauscht.

Zwischen diesen beiden Möglichkeiten kann der Käufer grundsätzlich erst einmal frei wählen. Der Verkäufer darf ihm da keine Vorschriften machen.

In unserem Fall kann Alfred Baumann sich also aussuchen, ob er seine Kaffeemaschine von Herrn Stromschlag reparieren lassen will oder ob er lieber eine ganz neue Kaffeemaschine haben will. Wenn er eine neue Maschine haben will, muss Stromschlag sie ihm geben. Er darf Baumann nicht auf die Reparatur der kaputten Maschine verweisen.

Nur in einigen Ausnahmefällen darf der Verkäufer gemäß § 439 Abs. 4 BGB die gewählte Art der Nacherfüllung verweigern: Wenn die vom Käufer gewünschte Art der Nacherfüllung mit **unverhältnismäßigen Kosten** verbunden ist, einen **unzumutbaren Aufwand bedeutet, § 275 Abs. 2 BGB,** oder dem Verkäufer aus **persönlichen Gründen nicht zugemutet werden kann, § 275 Abs. 3 BGB** (Für § 275 Abs. 2 und 3 BGB s.o. A. Unmöglichkeit). In diesen Fällen muss der Verkäufer dann nur die andere Art der Nacherfüllung durchführen.

Beispiel: Rudi Raser kauft sich einen Neuwagen. Nach einigen Wochen stellt er fest, dass die Karosserie durch einen Produktionsfehler verzogen ist. Er möchte den Wagen repariert bekommen. Der Verkäufer will den Wagen aber nicht reparieren, weil es für ihn günstiger ist, wenn er Raser einen neuen Wagen gibt. Raser will aber kein neues Fahrzeug, weil er den Wagen schon so schön eingefahren hat und außerdem auch schon den Innenraum seinen Bedürfnissen entsprechend dekoriert hat. Gleichwohl muss der Verkäufer das Auto nicht reparieren. Er kann sich auf § 439 Abs. 4 BGB berufen:
Die andere Art der Nacherfüllung (= neues Fahrzeug) bedeutet für Rudi Raser nur einen geringen Nachteil im Gegensatz zu der wirtschaftlichen Belastung für den Verkäufer, wenn er das Auto reparieren muss.

Und auch in einem weiteren Fall kann das Wahlrecht des Käufers eingeschränkt sein, nämlich dann, wenn die gewählte Art der Nacherfüllung **unmöglich** ist. Der Verkäufer muss dann nur die Art der Nacherfüllung leisten, die ihm noch möglich ist. Wenn jemand z.B. ein bestimmtes Einzelstück gekauft hat, dann kann er immer nur die Reparatur der Sache verlangen, nicht die Lieferung einer neuen Sache.

Beispiel: Jemand kauft einen Oldtimer, dessen Vergaser defekt ist. Wenn der Verkäufer nicht gerade zufälligerweise von diesem Oldtimer noch drei andere auf Lager hat, die im genau gleichen Zustand sind, dann wird der Käufer nur die Reparatur des Wagens verlangen können. Die Lieferung eines mangelfreien Autos ist unmöglich und gemäß § 275 Abs. 1 BGB ausgeschlossen.

Wenn **beide** Arten der Nacherfüllung durch Unmöglichkeit ausgeschlossen sind, dann steht dem Käufer natürlich kein Nacherfüllungsanspruch mehr zu. Er kann dann ohne Fristsetzung vom Vertrag zurücktreten, mindern oder Schadensersatz verlangen. So ist es z.B., wenn jemand einen Gebrauchtwagen als unfallfrei kauft. Wenn sich später herausstellt, dass der Wagen doch einen Unfall hatte, sind beide Möglichkeiten der Nacherfüllung wegen Unmöglichkeit ausgeschlossen: Eine Ersatzlieferung scheidet aus, wenn der Verkäufer nicht gerade zufälligerweise einen gleichartigen Gebrauchtwagen auftreiben kann. Und eine Reparatur ist auch nicht möglich: Die Tatsache, dass der Wagen einen Unfall hatte, kann man nicht wegreparieren. In diesem Fall ist also die Nacherfüllung insgesamt ausgeschlossen. Der Käufer kann daher nur die anderen Rechte aus § 437 BGB geltend machen.

2. Rücktritt gemäß § 437 Nr. 2; § 440; § 323 und 326 Abs. 5 BGB

Fall: Die Stadt Schnurpseldingen kauft beim Gartengroßhandel Grünlich einen Rasentrecker. Nach der Beschreibung des Herstellers hat das gekaufte Modell einen Benzinverbrauch von 16 Litern auf 100 Kilometer. Nach einiger Zeit stellt sich heraus, dass der Wagen tatsächlich 17 Liter auf 100 Kilometern verbraucht. Der zuständige Sachbearbeiter Peter Pingelig möchte am liebsten den Trecker zurückgeben und den Kaufpreis zurück, weil die Stadt sparen muss. Kann die Stadt vom Kaufvertrag zurücktreten?

Erst wenn der Verkäufer nicht innerhalb der ihm gesetzten Frist der Forderung des Käufers nach Nacherfüllung nachgekommen ist oder die Nacherfüllung fehlgeschlagen ist oder feststeht, dass eine Nacherfüllung nicht möglich ist, kann der Käufer auf die weiteren Rechte in § 437 Nr. 2 und 3 BGB zurückgreifen.

In unserem Beispiel kann die Stadt, vertreten durch Pingelig, also ohnehin nicht gleich vom Vertrag zurücktreten und das Geld zurückverlangen. Es muss erst Nacherfüllung verlangt werden: Entweder die Reparatur des Fahrzeugs oder die Lieferung eines neuen Treckers, der genau den vereinbarten Benzinverbrauch hat.

Wenn der Käufer vom Vertrag zurücktritt, muss ihm der Verkäufer gemäß § 346 BGB den gezahlten Kaufpreis zurückgeben. Der Käufer muss seinerseits die mangelhafte Sache zurückgeben. § 437 BGB verweist für den Rücktritt auf die Vorschriften im allgemeinen Schuldrecht. Der Rücktritt richtet sich nach § 323 BGB. Das hat den Vorteil, dass Sie hier auf bekannte Dinge stoßen. Sie müssen nur die Voraussetzungen des Rücktritts auf das Gewährleistungsrecht übertragen. Die Voraussetzungen des Rücktritts sind dann zunächst die gleichen wie für den Nacherfüllungsanspruch:

1. Es muss ein gegenseitiger Vertrag vorliegen. Das heißt Sie müssen prüfen, ob ein **wirksamer Kaufvertrag** zustande gekommen ist.
2. Laut § 323 Abs. 1 BGB ist Voraussetzung für ein Rücktrittsrecht, dass der Schuldner eine fällige Leistung nicht vertragsgemäß erbracht hat. Gemäß § 433 Abs. 1 S. 2 BGB ist der Verkäufer verpflichtet, die Sache mangelfrei zu verschaffen. Nicht vertragsgemäß geleistet hat der Verkäufer also, wenn die **Sache bei Gefahrübergang mangelhaft ist**.

Im Fall liegen diese beiden Voraussetzungen vor: Die Parteien haben einen Kaufvertrag geschlossen, und es liegt ein Mangel gemäß § 434 BGB vor.

Nun kommt eine zusätzliche Voraussetzung für den Rücktritt: Gemäß § 323 Abs. 1 BGB muss der Käufer dem Verkäufer eine Frist setzen, innerhalb der der Verkäufer die Nacherfüllung zu erbringen hat. Der Verkäufer soll noch einmal die Möglichkeit bekommen, den Vertrag doch noch ordnungsgemäß zu erfüllen. Erst wenn diese Frist erfolglos abgelaufen ist, kann der Käufer vom Kaufvertrag zurücktreten.

In unserem Fall muss Pingelig also zunächst Grünlich aufgefordert haben, den Trecker zu reparieren oder auszutauschen und ihm hierfür eine Frist gesetzt haben. Erst wenn diese Frist erfolglos abgelaufen ist, könnte man sich fragen, ob er zurücktreten darf.

Unter den Voraussetzungen von § 323 Abs. 2 BGB kann diese Fristsetzung entbehrlich sein:

1. Wenn der Verkäufer die Nacherfüllung verweigert, § 323 Abs. 2 Nr. 1 BGB.
2. Wenn der Verkäufer die Nacherfüllung zu einem im Vertrag bestimmten Termin oder innerhalb einer bestimmten Frist nicht bewirkt und der Käufer den Fortbestand seines Leistungsinteresses an die Rechtzeitigkeit der Leistung gebunden hat, § 323 Abs. 2 Nr. 2 BGB.
3. Wenn besondere Umstände vorliegen, die unter Abwägung der beiderseitigen Interessen den sofortigen Rücktritt rechtfertigen.

In diesen Fällen gilt das Gleiche, was bereits oben beim Schuldnerverzug zum Rücktritt gesagt wurde. Zusätzlich zu diesen Fällen ist aber im Gewährleistungsrecht noch in einigen anderen Fällen die Fristsetzung entbehrlich:

4. Beide Möglichkeiten der Nacherfüllung sind unmöglich, § 275 Abs. 1 BGB, s.o. In diesen Fällen gilt § 326 Abs. 5 BGB: Wenn der Schuldner nicht leisten kann, muss keine Frist mehr gesetzt werden. Das wäre ja auch unnütz: Warum sollte man für eine Leistung eine Frist setzen, die man ohnehin nicht erbringen kann?

5. Auch wenn der Verkäufer beide Arten der Nacherfüllung gemäß § 439 Abs. 4 BGB verweigern kann, muss keine Frist mehr gesetzt werden, § 440 S. 1 1. Alt. BGB.
6. Außerdem ist eine Fristsetzung entbehrlich, wenn die Nacherfüllung fehlgeschlagen ist, § 440 S. 1 2. Alt. BGB. Das ist spätestens nach dem zweiten erfolglosen Nachbesserungsversuch der Fall, § 440 S. 2 BGB.
7. Und eine Fristsetzung ist auch dann entbehrlich, wenn eine Nacherfüllung für den Käufer unzumutbar ist. Das ist dann der Fall, wenn die Nacherfüllung mit besonderen Unannehmlichkeiten für den Käufer verbunden ist oder wenn das Vertrauen zum Verkäufer nachhaltig gestört worden ist.

In unserem Fall ist keiner dieser Gründe erkennbar. Daher muss Pingelig erst eine Frist setzen.

Auch wenn die Voraussetzungen des Rücktritts vorliegen, ist ein Rücktritt gemäß § 323 Abs. 5 S. 2 BGB ausgeschlossen, wenn die Pflichtverletzung des Schuldners unerheblich ist. Das bedeutet: wenn nur ein klitzekleiner Mangel vorliegt, dann kann der Käufer nicht vom Vertrag zurücktreten. Immer wenn man also das Gefühl hat: »Na, jetzt stellt sich der Käufer aber an«, sollte man an § 323 Abs. 5 BGB denken. **Wichtig aber: Ihm bleiben die andere Gewährleistungsrechte**: Der Nacherfüllungsanspruch, die Minderung und auch der Schadensersatzanspruch. Zu den Einschränkungen auch hier s.u.

In unserem Beispiel wird man bei dem geringfügigen Mehrverbrauch das Rücktrittsrecht der Stadt über § 323 Abs. 5 S. 2 BGB ausschließen. Pingelig kann nur auf die anderen Gewährleistungsrechte zurückgreifen.

3. Minderung, § 437 Nr. 2; § 441 BGB

Wenn der Käufer nicht zurücktreten will, kann er stattdessen den Kaufpreis mindern. Er muss dann weniger zahlen. Dabei sind die Voraussetzungen für die Minderung genau die gleichen wie für den Rücktritt: In § 441 BGB heißt es: »Statt zurückzutreten ...« Damit verweist § 441 in vollem Umfang auf die Voraussetzungen des Rücktritts. Es gelten also die gleichen Voraussetzungen: Kaufvertrag, Vorliegen eines Sachmangels bei Gefahrübergang und Fristsetzung sowie erfolgloser Fristablauf. Es läuft alles wie beim Rücktritt. Einzige Ausnahme: Wie bereits eben beim Rücktritt gesagt, findet § 323 Abs. 5 S. 2 BGB keine Anwendung. Auch bei einem geringfügigen Mangel kann also der Kaufpreis gemindert werden.
Es stellt sich nur die Frage, wie genau der Kaufpreis gemindert wird? Zunächst vermindert sich der Kaufpreis nicht von selbst, sondern der Käufer muss erst erklären, dass er den Kaufpreis mindern will. Auch insoweit stimmen Minderung und Rücktritt überein: Der Rücktritt muss ja ebenfalls erklärt werden.
In welchem Umfang der Kaufpreis gemindert wird, steht in § 441 Abs. 3 BGB: Der Kaufpreis ist in dem Verhältnis herabzusetzen, in dem zur Zeit des Vertragsschlusses der Wert der Sache in mangelfreiem Zustand zu dem wirklichen Wert gestanden haben würde. Das, was da so unverständlich steht, kann man in folgende Formel übertragen:

$$\text{Minderungsbetrag} = \frac{\text{Wert der kaputten Sache x vereinbarter Kaufpreis}}{\text{Wert der Sache ohne Mangel}}$$

Mit dieser Formel können Sie dann einfach ausrechnen, um welchen Betrag der Kaufpreis herabgesetzt werden muss.

4. Schadensersatz, § 437 Nr. 3; § 440; § 280; § 281; § 283 und 311 a Abs. 2 BGB

Fall: Die Stadt Schnurpseldingen renoviert den Ratssaal und erneuert das Mobiliar. Die Stühle werden von der Firma Knacks geliefert.
Bei der ersten Ratssitzung im renovierten Ratssaal brechen mehrere Stühle unter der Last der Ratsmitglieder zusammen, unter anderem auch der Stuhl des Bürgermeisters Brummelig. Brummelig kippt nach hinten und macht einen großen hässlichen Kratzer in die frisch gestrichene Wand. Es wird festgestellt, dass die Stühle alle nicht ordnungsgemäß verleimt worden sind. Was kann die Stadt verlangen?

Außer Rücktritt und Minderung kann der Käufer einer mangelhaften Sache Schadensersatz verlangen. Auch hier verweist § 437 Nr. 3 BGB einfach nur auf das allgemeine Schuldrecht. Sie bekommen es also unter anderem wieder mit der bekannten Anspruchsgrundlage § 280 Abs. 1 BGB zu tun. Bevor Sie sich aber aus den Vorschriften, auf die § 437 Nr. 3 verweist, die richtige heraussuchen, müssen Sie gucken, **wofür der Käufer überhaupt Schadensersatz verlangt**: Möchte er Schadensersatz dafür, dass die Sache selbst mangelhaft ist (sog. **Mangelschaden**)? Dann geht es um **Schadensersatz statt der Leistung**. Oder möchte der Käufer Ersatz dafür, dass durch den Mangel ein Schaden an anderen Sachen verursacht worden ist? Anders: Geht es um einen Schaden, der auch dann bestehen bleibt, wenn jetzt noch ordnungsgemäß erfüllt wird? Dann spricht man vom sog. **Mangelfolgeschaden** bzw. **Schadensersatz neben der Leistung**. Oder will der Käufer einfach nur Ersatz für den Schaden, der ihm dadurch entstanden ist, dass die Nacherfüllung vom Verkäufer zu spät geleistet wurde? Dann kann er den **Verzögerungsschaden** nach Verzugsregeln geltend machen. Dazu s.o. B. Verzug.

a) Schadensersatz statt der Leistung

Beim Schadensersatz statt der Leistung will der Käufer einen Ersatz dafür haben, dass er durch die Lieferung einer mangelhaften Sache schlechter gestellt wird als durch die Lieferung einer mangelfreien Sache. Er will Ersatz für den **Mangelschaden** haben.
Nun muss man zunächst gucken, ob der Mangel, den die Sache hat, grundsätzlich noch durch Nacherfüllung behoben werden könnte oder nicht. Je nachdem, ob der Mangel behebbar ist oder nicht, kommen nämlich unterschiedliche Anspruchsgrundlagen zur Anwendung. Im Prinzip geht es darum, ob Unmöglichkeitsrecht Anwendung findet oder nicht.

aa) Schadensersatz statt der Leistung, wenn die Nacherfüllung *nach* Vertragsschluss unmöglich wird, § 437 Nr. 3; § 280 Abs. 1, 3; § 283 BGB

Wenn der Mangel nicht behebbar ist, also durch Nacherfüllung nicht beseitigt werden kann, richtet sich der Schadensersatzanspruch nach Unmöglichkeitsrecht. Wenn die Nacherfüllung **bereits bei Vertragsschluss** unmöglich ist, findet über § 437 Nr. 3 § 311 a Abs. 2 BGB Anwendung. Wenn die Nacherfüllung **erst nach Vertragsschluss** unmöglich wird, richtet sich der Schadensersatzanspruch nach § 280 Abs. 1, 3; § 283 BGB. Man muss sich Folgendes überlegen: Der Verkäufer ist gemäß § 433 Abs. 1 S. 2 BGB verpflichtet, dem Käufer die Sache frei von Sach- und Rechtsmängeln zu verschaffen. Wenn die Sache aber einen Mangel hat, der nicht beseitigt werden kann, dann ist dem Verkäufer nicht möglich, dem Käufer diese Sache mangelfrei zu verschaffen. Wenn ihm die Leistung unmöglich ist, findet § 275 Abs. 1 BGB Anwendung: Der Verkäufer wird von seiner Leistungspflicht befreit. Und in diesen Fällen schuldet der Verkäufer gemäß § 280 Abs. 1, 3; § 283 BGB oder § 311 a Abs. 2 BGB Schadensersatz statt der Leistung, s.o. A. Unmöglichkeit.

In unserem Fall ist die Nacherfüllung noch möglich: Die Firma Kracks kann die Stühle austauschen oder reparieren. Da es sich also um einen behebbaren Mangel handelt, findet nicht Unmöglichkeitsrecht Anwendung, sondern §§ 280 Abs. 1, 3; 281 BGB. Dazu unten.

Nun müssen Sie sich wieder an das Prüfungsschema für § 280 Abs. 1 BGB erinnern. Übertragen auf die Gewährleistungsfälle sieht es so aus:

1. Vorliegen einer Pflicht aus einem Schuldverhältnis: Durch einen **wirksamen Kaufvertrag** ist der Verkäufer zur Lieferung einer mangelfreien Sache verpflichtet, § 433 Abs. 1 S. 2 BGB.
2. Verletzung dieser Pflicht: Die Sache ist bei Gefahrübergang mit einem **Sach- oder Rechtsmangel** behaftet. Dieser Mangel ist nicht behebbar, d.h. die Nacherfüllung ist gemäß § 275 Abs. 1 BGB ausgeschlossen. Wichtig: Die Behebung des Mangels wird erst **nach** Abschluss des Kaufvertrages unmöglich. Sonst greift § 311 a Abs. 2 BGB ein, s.u.
3. Der Verkäufer hat die Pflichtverletzung zu vertreten: Er hat **vorsätzlich oder fahrlässig** eine mangelhafte Sache geliefert. Das Verschulden des Verkäufers wird vermutet, § 280 Abs. 1 S. 2 BGB. Das heißt: Er muss darlegen, dass er für den Mangel nichts kann. (An dieser Stelle unterscheidet sich der Schadensersatz vom Rücktritt und der Minderung: Rücktritt und Minderung sind ohne Verschulden des Verkäufers möglich.)

Wenn diese Voraussetzungen vorliegen, kann der Käufer Schadensersatz statt der Leistung verlangen. Dabei hat er zwei Möglichkeiten, wie er vorgehen kann:

1. Er kann die Sache behalten und vom Verkäufer verlangen, dass er ihm den Wertunterschied zwischen mangelfreier und mangelhafter Sache ersetzt. Man spricht dann vom **kleinen Schadensersatzanspruch**.
2. Er kann dem Verkäufer die mangelhafte Sache zurückgeben und Schadensersatz statt der Leistung für die Nichterfüllung des ganzen Vertrages verlangen, sogenannter **großer Schadensersatzanspruch**. Er kann dann vom Verkäufer verlangen, dass er so gestellt wird, als wäre ordnungsgemäß erfüllt worden. Alles, was er dann mehr auf dem Konto gehabt hätte, muss ihm der Verkäufer ersetzen. Der große Schadensersatzanspruch hat ähnliche Rechtsfolgen wie der Rücktritt: Die Sache wird zurückgegeben und der Käufer bekommt Geld. Aus diesem Grund ordnet § 281 Abs. 1 S. 3 BGB an, dass der große Schadensersatzanspruch – ebenso wie der Rücktritt – ausgeschlossen ist, wenn es nur um einen unerheblichen Mangel geht. Anderenfalls könnte der Käufer ja durch sein Schadensersatzverlangen das Gleiche erreichen wie durch einen Rücktritt. Er kann bei einem unerheblichen Mangel nur den kleinen Schadensersatzanspruch geltend machen.

Sobald der Käufer Schadensersatz statt der Leistung verlangt, kann er keinen Nacherfüllungsanspruch mehr geltend machen. Der Leistungsanspruch ist dann gemäß § 281 Abs. 4 BGB ausgeschlossen.

bb) Schadensersatz statt der Leistung, wenn die Leistung bereits bei Vertragschluss unmöglich ist, § 437 Nr. 3; § 311 a Abs. 2 BGB

Wenn die Leistung einer mangelfreien Sache bereits bei Vertragsschluss unmöglich ist, richtet sich der Schadensersatzanspruch nach § 311 a Abs. 2 BGB. Ein Beispiel für einen nicht behebbaren Mangel ist der Gebrauchtwagen, der einen Unfall hatte. Beide Möglichkeiten der Nacherfüllung sind ausgeschlossen: Eine Reparatur geht nicht und auch eine Ersatzlieferung wird nur im Ausnahmefall möglich sein. Wenn der Wagen den Unfall schon bei Vertragsschluss hatte, ist die Nacherfüllung schon bei Vertragsschluss ausgeschlossen.

Der Verkäufer schuldet jetzt Schadensersatz statt der Leistung, wenn er den Mangel bei Vertragsschluss kannte oder hätte erkennen können, § 311 a Abs. 2 S. 2 BGB. Diese Kenntnis oder fahrlässige Unkenntnis wird vermutet.

cc) Schadensersatz statt der Leistung wenn die Nacherfüllung *noch möglich* ist, § 437 Nr. 3; § 440; § 280 Abs. 1, 3; § 281 BGB

Wenn der Mangel noch behoben werden kann, also eine Nacherfüllung möglich ist, ist die richtige Anspruchsgrundlage für den Schadensersatz statt der Leistung § 437 Nr. 3; § 280 Abs. 1, 3; § 281 BGB. Es geht also wieder einmal um § 280 Abs. 1 BGB. Die Voraussetzungen dieser Anspruchsgrundlage übertragen auf das Gewährleistungsrecht sind:

1. Vorliegen einer Pflicht aus einem Schuldverhältnis: Pflicht zur Verschaffung einer mangelfreien Sache aufgrund eines **wirksamen Kaufvertrages**.
2. Verletzung dieser Pflicht: Die Sache ist bei Gefahrübergang mit einem **Sach- oder Rechtsmangel** behaftet. Der Mangel kann durch Nacherfüllung behoben werden.
3. Der Verkäufer hat die Pflichtverletzung zu vertreten: Er hat **vorsätzlich oder fahrlässig** eine mangelhafte Sache geliefert. Das Verschulden des Verkäufers wird vermutet, § 280 Abs. 1 S. 2 BGB.

Und jetzt kommt wieder die zusätzliche Voraussetzung aus § 281 Abs. 1 BGB:

4. Der Käufer muss dem Verkäufer eine **angemessene Frist** zur Nacherfüllung gesetzt haben, § 281 Abs. 1 BGB oder die Fristsetzung ist gemäß § 281 Abs. 2; § 440 BGB entbehrlich. Zu Entbehrlichkeit der Fristsetzung gemäß § 281 Abs. 2 BGB s.o. beim Schuldnerverzug. Zur Entbehrlichkeit der Fristsetzung gemäß § 440 BGB gilt das oben beim Rücktritt Gesagte.
5. Die Frist ist erfolglos abgelaufen.

Im Übrigen richtet sich der Schadensersatzanspruch nach den gleichen Regeln wie der Schadensersatz bei Unmöglichkeit der Nacherfüllung: Der Käufer kann zwischen großem und kleinem Schadensersatzanspruch wählen. Sobald er Schadensersatz statt der Leistung fordert, ist der Leistungsanspruch ausgeschlossen. Nacherfüllung kann dann nicht mehr verlangt werden.

In unserem Fall könnte die Stadt zunächst nur nach ihrer Wahl die Reparatur der Stühle oder die Lieferung neuer Stühle verlangen. Es müsste der Firma Kracks eine Frist gesetzt werden, innerhalb der diese die Nacherfüllung zu leisten hat. Erst wenn diese Frist abgelaufen ist, ohne dass Kracks etwas getan hat, könnte die Stadt Schnurpseldingen Schadensersatz statt der Leistung für die kaputten Stühle verlangen. Zusätzlich müsste Kracks auch ein Verschulden treffen, was allerdings vermutet wird. Nach Fristablauf könnte Schnurpseldingen wählen: Sie kann die Stühle oder das was davon übrig ist behalten und die Wertdifferenz zu heilen Stühlen von Kracks verlangen. Weil die Trümmer aber für die Stadt wertlos sein dürften, wird sie sich eher für den großen Schadensersatz entscheiden: Sie wird die Stühle zurückgeben und sich den Wert der mangelfreien Stühle von Kracks auszahlen lassen. Das wird praktisch auf eine Rückzahlung des Kaufpreises hinauslaufen.

dd) Schadensersatz neben der Leistung, § 437 Nr. 3; § 280 Abs. 1 BGB

Manchmal können durch die Lieferung einer mangelhaften Sache weitere Schäden verursacht werden. Es können andere Sachen des Käufers beschädigt werden oder auch seine Gesundheit. Man spricht dann von einem **Mangelfolgeschaden**. In diesen Fällen ist eine Nacherfüllung von vornherein nicht möglich, weil es ja gar nicht um die mangelhafte Sache selbst geht. Wenn jemand z.B. ein Auto mit kaputten Bremsen kauft, damit gegen einen Baum fährt und sich einige Knochenbrüche holt, ist ihm mit einer Nacherfüllung, also z.B. einem neuen Auto, allein nicht gedient. Er will dann natürlich mehr, nämlich den Ersatz der Arztkosten und seinen Verdienstausfall. Er will also nicht nur Ersatz für die mangelhafte Leistung, sondern Ersatz für den Schaden, der auch durch eine Nacherfüllung nicht beseitigt werden kann. Hierfür ist die richtige Anspruchsgrundlage § 280 Abs. 1 BGB. Die Voraussetzungen können Sie jetzt wahrscheinlich nicht mehr hören, trotzdem:

1. Vorliegen einer Pflicht aus einem Schuldverhältnis: Leistungspflicht aufgrund eines **wirksamen Kaufvertrages**.
2. Verletzung dieser Pflicht: Vorliegen eines **Sachmangels bei Gefahrübergang.**
3. Der Verkäufer hat vorsätzlich oder fahrlässig eine mangelhafte Sache geliefert. Das Verschulden wird vermutet, § 280 Abs. 1 S. 2 BGB.

Wenn diese Voraussetzungen vorliegen, kann der Käufer den Ersatz aller Schäden verlangen, die durch den Mangel entstanden sind.

In unserem Fall könnte Schnupseldingen also verlangen, dass die Wand im Ratssaal auf Kosten der Firma Kracks neu gestrichen wird. Für diesen Schadensersatzanspruch ist auch keine Fristsetzung erforderlich!

Übersicht: Schadensersatz beim Kauf einer mangelhaften Sache:

5. Aufwendungsersatz gemäß § 437 Nr. 3; § 440; § 284 BGB

Zuletzt nur der Vollständigkeit halber: Der Käufer kann wie immer bei einem Schadensersatzanspruch statt der Leistung anstelle des Schadensersatzes auch Ersatz seiner vergeblichen Aufwendungen verlangen. Zu § 284 BGB im Einzelnen s.o. bei der Unmöglichkeit.

IV. Der Ausschluss der Gewährleistung

Fall: Rolf Rocker benötigt dringend eine neue Lederjacke zum Motorradfahren. Er geht in den Laden »Zum Feuerstuhl« und findet auch schnell, was er sucht: Eine schwarze Lederjacke mit einem großen Totenkopf auf dem Rücken. Rocker ist begeistert. Allerdings ist die Jacke nicht ganz astrein: An den Ärmeln sind an einigen Stellen die Nähte aufgegangen. Rocker findet das nicht weiter schlimm, er will die Jacke trotzdem haben. Er geht zur Kasse und kauft das gute Stück. Der Verkäufer weist ihn dabei noch auf ein großes Schild hin, auf dem steht: »Die Gewährleistungsrechte des Käufers sind ausgeschlossen.« Zu Hause angekommen, kriegt Rocker allerdings Probleme: Seine Mutter, bei der er trotz seiner 36 Jahre noch wohnt, duldet nicht, dass ihr Sohn in dieser Montur herumläuft. Rocker schafft es gerade noch, den Totenkopf durchzusetzen. Wegen der kaputten Ärmel soll Rocker aber noch einmal zurückgehen und eine heile Jacke holen. Der Verkäufer im Feuerstuhl weigert sich allerdings mit Hinweis auf den vereinbarten Gewährleistungsausschluss, die Jacke zurückzunehmen. Außerdem habe Rocker die kaputten Ärmel doch genau gesehen. Da könne er jetzt keine Rechte mehr geltend machen. Hat der Verkäufer recht?

Die oben dargestellten Gewährleistungsansprüche hat der Käufer nur, wenn die Gewährleistung nicht ausgeschlossen ist. Die Gewährleistungsrechte können **durch vertragliche Vereinbarung** zwischen Käufer und Verkäufer ausgeschlossen werden oder aber **kraft Gesetzes**, also durch das BGB.

1. Gewährleistungsausschluss durch vertragliche Vereinbarung

Die Parteien können miteinander vereinbaren, dass dem Käufer keine Gewährleistungsrechte zustehen sollen. Solche Vereinbarungen können zwischen dem Verkäufer und dem Käufer persönlich erfolgen. Der Verkäufer kann aber einen Haftungsausschluss auch in seinen allgemeinen Geschäftsbedingungen (AGB, dazu s.o. Kapitel Vertragsfreiheit und ihre Grenzen) verwenden und so zum Inhalt des Kaufvertrages machen.

In unserem Beispiel ist das Schild mit dem Hinweis »Gewährleistungsrechte sind ausgeschlossen« eine allgemeine Geschäftsbedingung.

Grundsätzlich sind solche Vereinbarungen erlaubt. Schließlich gilt der Grundsatz der Vertragsfreiheit! Aber wie Sie oben im Kapitel Vertragsfreiheit gesehen haben, gibt es dafür auch Grenzen. Der Haftungsausschluss kann aus verschiedenen Gründen unwirksam sein.

a) Unwirksamkeit gemäß § 444 BGB

Der Verkäufer kann sich dann nicht auf eine Vereinbarung berufen, durch die die Gewährleistungsrechte des Käufers ausgeschlossen werden, wenn er den Mangel arglistig verschwiegen hat oder eine Garantie übernommen hat, § 444 BGB. Der Grund für diese Regelung ist klar: Es wäre ja noch schöner, wenn der Verkäufer dem Käufer eine mangelhafte Sache unterjubeln könnte und auf der anderen Seite dann sagen könnte: »Aber Gewährleistungsrechte stehen dir nicht zu.« Dann könnte der Verkäufer täuschen was das Zeug hält, ohne dass der Käufer sich dagegen wehren könnte.

Wenn der Verkäufer eine Garantie übernommen hat, ist es ähnlich. Bei einer Garantie verspricht der Verkäufer, dass die Sache für einen bestimmten Zeitraum eine bestimmte Beschaffenheit aufweist.
Wenn der Verkäufer aber eine bestimmte Beschaffenheit der Sache garantiert, kann er nicht auf der anderen Seite sich durch einen Gewährleistungsausschluss aus der Affäre ziehen, wenn die Sache dann diese Beschaffenheit nicht hat. Zu seinem Wort muss er schon stehen.

In unserem Beispiel greift § 444 BGB allerdings nicht ein. Der Verkäufer hat keine Garantie übernommen. Auch dafür, dass er die kaputten Ärmel verschwiegen hat, gibt es keine Anhaltspunkte. Rocker hatte die Ärmel schon selbst bemerkt, sodass eine arglistige Täuschung von vornherein ausscheidet. (Siehe oben Kapitel Anfechtung.)

b) Unwirksamkeit gemäß § 476 BGB
Wenn es sich bei dem Kaufvertrag um einen Verbrauchsgüterkauf handelt, ist ein vollständiger Gewährleistungsausschluss ebenfalls nicht möglich. Wann ein Verbrauchsgüterkauf vorliegt, richtet sich nach § 474 BGB. Zu den Einzelheiten s.o. II. Wenn man also für private Zwecke etwas von einem Unternehmer erwirbt, dann sind alle Vereinbarungen, durch die die gesetzlichen Gewährleistungsrechte ausgeschlossen oder beschränkt werden, unwirksam, § 476 Abs. 1 S. 1 BGB. Die einzige Ausnahme ist: Der Anspruch auf Schadensersatz. Dieser kann durch Vereinbarung ausgeschlossen oder beschränkt werden, sodass dem Käufer nur die übrigen Gewährleistungsrechte bleiben. Aber alle anderen Gewährleistungsrechte dürfen dem Käufer nicht genommen werden.

In unserem Beispiel handelt es sich um einen Verbrauchsgüterkauf mit der Folge, dass der Verkäufer sich nicht auf den Gewährleistungsausschluss berufen kann: Das Schild »Die Gewährleistungsrechte des Käufers sind ausgeschlossen«, nützt ihm also gar nichts.

2. Gewährleistungsausschluss durch das Gesetz: § 442 BGB
Auch wenn die Parteien keinen Gewährleistungsausschluss vereinbart haben, können die Gewährleistungsrechte des Käufers ausgeschlossen sein und zwar dann, wenn der Käufer bei Vertragsschluss wusste, dass die Sache mangelhaft ist oder nur aufgrund grober Fahrlässigkeit nicht gemerkt hat, dass die Sache mangelhaft ist. Der Grund für diese Regelung ist, dass es einfach nicht die feine Art ist, wenn der Käufer, statt von vornherein auf den Kauf zu verzichten oder den von ihm erkannten Mangel zur Sprache zu bringen, nachträglich Gewährleistung verlangt. Der Käufer soll gleich den Mund aufmachen und nicht hinterher angerannt kommen. Wenn also der Käufer weiß, dass die Sache nicht in Ordnung ist, stehen ihm keine Gewährleistungsrechte zu. Wenn der Käufer nicht weiß, dass die Sache einen Fehler hat, es aber hätte wissen können, wenn er besser hingesehen hätte, dann stehen ihm ebenfalls keine Gewährleistungsrechte zu, es sei denn, der Verkäufer hat den Käufer arglistig getäuscht oder eine Garantie übernommen. Dann muss der Verkäufer auch bei grob fahrlässiger Unkenntnis des Käufers für die Gewährleistungsrechte geradestehen.

In unserem Fall konnte sich der Verkäufer zwar nicht auf den vertraglich vereinbarten Gewährleistungsausschluss berufen, aber die Gewährleistungsrechte von Rocker sind dennoch ausgeschlossen, weil er beim Kauf wusste, dass die Jacke nicht in Ordnung ist. Seine Gewährleistungsrechte sind also durch § 442 BGB ausgeschlossen.

Zusammenfassende Übersicht über die Rechte des Käufers beim Vorliegen eines Mangels:

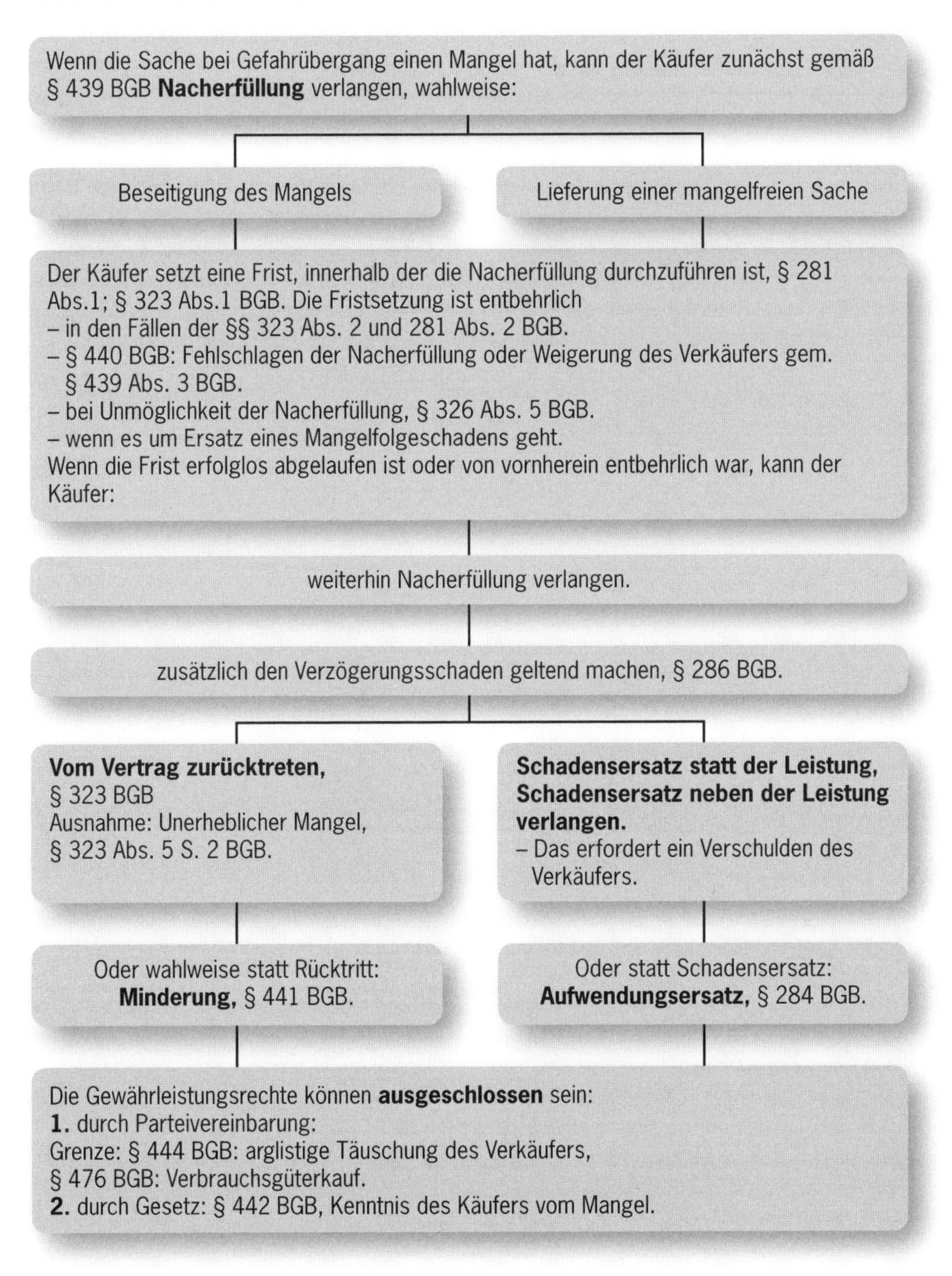

B. Überblick über die Gewährleistungsrechte beim Werkvertrag

Fall: Bei der Renovierung des Ratssaales der Stadt Schnurpseldingen wurde das Parkett neu verlegt und versiegelt. Die Parkettversiegelung, die der Parkettlegemeister Holzwurm aufbringt, ist jedoch minderwertig und platzt nach kurzer Zeit an vielen Stellen ab. Das hat weitreichende Folgen: Sobald ein Ratsmitglied mit nassen Schuhen den Ratssaal betritt, zieht die Feuchtigkeit sofort in das unversiegelte Holz ein. Um das zu verhindern, müssen bei Regenwetter alle Ratsmitglieder bei Betreten des Ratssaales die Schuhe ausziehen. Welche Rechte kann die Stadt Schnurpseldingen gegen Herrn Holzwurm geltend machen?

Die Gewährleistungsrechte im Rahmen eines Werkvertrages sollen hier nur überblicksmäßig dargestellt werden. Praktischerweise gibt es viele Übereinstimmungen mit den Gewährleistungsrechten beim Kaufvertrag, sodass man vieles einfach auf den Werkvertrag übertragen kann.

I. Wann ist das Werk mangelhaft?

Wie beim Kaufvertrag, stehen dem Besteller natürlich nur dann Gewährleistungsrechte zu, wenn das Werk, was der Unternehmer hergestellt hat, mangelhaft ist. Wann ein Werk mangelhaft ist, steht in § 633 Abs. 2, 3 BGB. Diese Vorschrift deckt sich im Grundsatz mit § 434 BGB:
Das Werk ist mangelhaft, wenn

1. es nicht die vereinbarte Beschaffenheit hat, § 633 Abs. 2 S. 1 BGB. Hier muss man prüfen, ob Besteller und Unternehmer eine bestimmte Beschaffenheit vereinbart haben.

In unserem Fall ist keine bestimmte Beschaffenheit vereinbart. Denken Sie an das zu § 434 BGB Gesagte: Man darf den Parteien nicht unterstellen, dass sie automatisch immer eine Vereinbarung dahingehend treffen, dass die normale Beschaffenheit vereinbart sein soll. Es muss eine darüber hinausgehende bestimmte Vereinbarung geben.

2. es sich nicht für die nach dem Vertrag vorausgesetzte Verwendung eignet, § 633 Abs. 2 S. 2 Nr. 1 BGB.

Auch eine besondere Verwendung war in unserem Fall nicht vorausgesetzt. Denken Sie wieder an das oben zum Kaufvertrag Gesagte.

3. es sich nicht für die gewöhnliche Verwendung eignet und eine Beschaffenheit aufweist, die bei Werken der gleichen Art üblich ist und die der Besteller nach der Art des Werkes erwarten kann, § 633 Abs. 2 S. 2 Nr. 2 BGB.

Das hilft der Stadt Schnurpseldingen endlich weiter: Die gewöhnliche Verwendung eines Parkettfußbodens besteht darin, darauf mit Schuhen zu gehen. Dazu gehört, dass versiegelter Parkettboden problemlos zu reinigen ist und Feuchtigkeit abweist. Wenn die Versiegelung die Feuchtigkeit eindringen lässt, ist der Parkettboden also für die gewöhnliche Verwendung nicht geeignet. Außerdem kann man von einer Versiegelung erwarten, dass sie »dichthält«. Das von Holzwurm bearbeitete Parkett ist also mangelhaft gemäß § 633 Abs. 2 S. 2 Nr. 2 BGB.

4. ein anderes Werk oder das Werk in zu geringer Menge hergestellt wird, § 633 Abs. 2 S. 3 BGB. Das entspricht § 434 Abs. 3 BGB.

II. Vorliegen des Mangels bei Gefahrübergang

Auch wenn es in § 633 BGB nicht ausdrücklich steht: Der Mangel muss zum Zeitpunkt des Gefahrüberganges vorliegen. Der Zeitpunkt des Gefahrüberganges ist in § 644 BGB geregelt: Die Gefahr geht in dem Moment über, in dem der Besteller das Werk abnimmt. Abnahme bedeutet, dass der Besteller das Werk entgegennimmt und billigt.

III. Rechte des Bestellers bei einem Mangel

Die Rechte, die dem Besteller bei einem Mangel des Werkes zustehen, sind in § 634 BGB geregelt:
Der Besteller kann:
Nacherfüllung nach § 635 BGB verlangen. Dabei gibt es –wie beim Kaufvertrag – zwei Möglichkeiten:

- der Unternehmer kann den Mangel beseitigen, das ursprünglich hergestellte Werk also reparieren.
- oder der Unternehmer fängt noch einmal von vorne an und stellt ein neues Werk her.

Der wichtige Unterschied zum Kaufrecht ist: Beim Werkvertrag kann **nicht der Besteller** wählen, was passieren soll. Es ist der **Unternehmer**, der ein Wahlrecht hat.

Die Stadt kann also nur allgemein Nacherfüllung verlangen. Herr Holzwurm kann sich dann aussuchen, ob er das Parkett neu versiegelt oder noch einmal komplett neu verlegt.

Alle weiteren Rechte, die dem Besteller jetzt zustehen, hängen wieder davon ab, dass der Besteller dem Unternehmer eine angemessene Frist setzt, innerhalb der der Unternehmer die Nacherfüllung durchführen muss. Erst wenn diese Frist abgelaufen ist, ohne dass der Unternehmer sich gerührt hat oder wenn die Fristsetzung ausnahmsweise entbehrlich war, hat der Besteller weitere Rechte:

1. Der Besteller kann nach § 637 BGB den Mangel selbst beseitigen und den Ersatz der dafür erforderlichen Aufwendungen verlangen.

Wenn Herr Holzwurm dem Nacherfüllungsverlangen der Stadt nicht nachkommt, kann die Stadt also einen anderen Parkettlegemeister beauftragen und die Kosten dafür Herrn Holzwurm in Rechnung stellen.

Die weiteren Rechte des Bestellers sind die gleichen wie auch beim Kaufvertrag. Es gilt jeweils dass zum Kaufvertrag Gesagte:

2. Der Besteller kann nach § 636; § 323 und 326 Abs. 2 BGB vom Vertrag zurücktreten oder er kann nach § 638 BGB die vereinbarte Vergütung mindern. Wenn es um den Rücktritt geht, wird man also –wie beim Kaufvertrag – einfach nur ins allgemeine Schuldrecht verwiesen.

3. Der Besteller kann nach den § 636; § 280; § 281; § 283 und 311 a BGB Schadensersatz oder nach § 284 Aufwendungsersatz verlangen. Auch hier landen Sie wieder im allgemeinen Schuldrecht, insbesondere bei der vertrauten Anspruchsgrundlage für Schadensersatz: § 280 Abs. 1 BGB.

Insgesamt können Sie es sich beim Gewährleistungsrecht im Rahmen eines Werkvertrages wirklich leichtmachen, weil, abgesehen von einigen wenigen Ausnahmen, alles so läuft wie beim Kaufvertrag.

Zusammenfassende Übersicht: Rechte des Bestellers bei einem Mangel, § 634 BGB:

Wenn das Werk bei Gefahrübergang (Abnahme, § 644 BGB) mangelhaft (§ 633 BGB) ist, kann der Besteller zunächst gemäß § 635 BGB Nacherfüllung verlangen.
Der **Unternehmer** kann wählen:

Beseitigung des Mangels	Neuherstellung des Werkes

Der Besteller setzt eine Frist, innerhalb der die Nacherfüllung durchzuführen ist, § 637 Abs. 1; § 323 Abs. 1; § 281 Abs. 1. BGB
Die Fristsetzung ist entbehrlich:
- in den Fällen der § 323 Abs. 2; § 281 Abs. 2 BGB.
- § 636; § 637 Abs. 2 BGB: Nacherfüllung ist fehlgeschlagen oder dem Besteller unzumutbar.
- § 635 Abs. 3 BGB: Bei Weigerung des Unternehmers wegen unverhältnismäßiger Kosten
- bei Unmöglichkeit der Nacherfüllung, § 275; § 283; § 326 Abs. 5. BGB
- wenn es um den Ersatz des Mangelfolgeschadens geht.

Wenn die Frist erfolglos abgelaufen ist oder von vornherein entbehrlich war, kann der Besteller:
1. weiterhin Nacherfüllung verlangen.
2. zusätzlich den Verzögerungsschaden verlangen, § 280; § 286 BGB
3. den Mangel selbst beseitigen und Ersatz der dafür erforderlichen Aufwendungen verlangen, § 637 BGB = Selbstvornahme
4. zurücktreten, § 323 BGB
5. mindern, § 638; § 323 BGB
6. Schadensersatz oder Aufwendungsersatz nach §§ 280, 281, 283 und 311a BGB verlangen. Erfordert Verschulden des Werkunternehmers.

C. Gewährleistungsrechte beim Mietvertrag

Fall: Die Stadt Schnurpseldingen mietet für ihren Kindergarten eine große Wohnung im Erdgeschoss eines Mehrfamilienhauses an. Im darauffolgenden Winter gibt die Zentralheizung – die Außentemperatur beträgt gerade durchschnittlich -5° C – ihren Geist auf. Die Stadt und die anderen Mieter wenden sich hilfesuchend an den Vermieter Kaltschnauz, der wie immer in Spanien überwintert. Herr Kaltschnauz tut erst einmal gar nichts, was für die zähneklappernden Mieter im kalten Deutschland sehr unangenehm ist. Der Kindergarten muss vorübergehend geschlossen werden. Außerdem friert das Aquarium des Kindergartens ein und die Fische sterben. Welche Rechte haben die Mieter gegen Herrn Kaltschnauz?

Durch den Mietvertrag wird der Vermieter verpflichtet, dem Mieter den Gebrauch der Mietsache während der Mietzeit zu gewähren, § 535 Abs. 1 S. 1 BGB. Die Gebrauchsüberlassung ist aber noch nicht alles. Der Vermieter muss die Mietsache außerdem in einem zum vertragsgemäßen Gebrauch geeigneten Zustand überlassen und sie während der Mietzeit in diesem Zustand erhalten, § 535 Abs. 1 S. 2 BGB. Immer dann, wenn sich die gemietete Sache nicht in dem vertragsgemäßen Zustand befindet, kann der Mieter Gewährleistungsrechte geltend machen.

I. Mangel der Mietsache

Ebenso wie beim Kauf- oder Mietvertrag stehen dem Mieter die Gewährleistungsrechte nur dann zu, wenn die gemietete Sache einen Mangel aufweist. Der Begriff des Sachmangels unterscheidet sich allerdings von dem im Kauf- und Werkvertrag. Wann ein Sachmangel vorliegt, ist im Rahmen des Mietrechts in § 536 Abs. 1 BGB geregelt. Danach liegt ein Mangel dann vor, wenn der tatsächliche Zustand der Mietsache vom vertraglich vorausgesetzten Zustand nachteilig abweicht und dadurch die Tauglichkeit der Mietsache zum vertraglich vorausgesetzten Gebrauch aufgehoben oder erheblich gemindert wird.

Das, was in § 536 Abs. 1 BGB zur Beschreibung des Mangels steht, ist natürlich wieder sehr schwammig. Um festzustellen, ob ein Mangel vorliegt, kann man der Einfachheit halber in drei Schritten vorgehen:

1. Man muss erst einmal gucken, was der »zum vertragsgemäßen Gebrauch geeignete Zustand« ist. Um den vertragsgemäßen Zustand festzustellen, muss man sehen, wofür die Sache gemietet worden ist. Wofür braucht der Mieter die Sache? Das ergibt sich aus den vertraglichen Vereinbarungen der Parteien. Und wenn es keine besondere Vereinbarung gibt? Dann muss man eben gucken, wofür die gemietete Sache normalerweise gebraucht wird.

Eine Wohnung wird dazu benutzt, um darin zu wohnen. Das kann man natürlich auch in einer ungeheizten Wohnung. Allerdings ist der Vermieter bei der Vermietung von Wohnräumen dazu verpflichtet, diese auch zu beheizen. Anderenfalls ist ein normales Wohnen, ohne gesundheitlichen Schaden zu erleiden, gar nicht möglich. Daher ist eine Wohnung nur dann in einem zum vertragsgemäßen Gebrauch geeigneten Zustand, wenn sie beheizbar ist.

2. Als Nächstes muss man prüfen, ob die Sache so ist, dass der Mieter sie in vollem Umfang und ohne Beeinträchtigungen für seine Zwecke nutzen kann.
3. Wenn man zu dem Ergebnis kommt, dass der Mieter in irgendeiner Weise beeinträchtigt ist, liegt eine nachteilige Abweichung vom vertraglich vorausgesetzten Zustand vor. Dann muss man zuletzt nur noch prüfen, ob diese Abweichung vielleicht unerheblich ist. Wenn ja, liegt nämlich kein Sachmangel vor, § 536 Abs. 1 S. 3 BGB. Wenn die Abweichung nicht unerheblich ist, dann liegt ein Mangel vor und dem Mieter stehen Gewährleistungsrechte zu.

Das ist die umständlichere Möglichkeit, um zu einem Mangel zu kommen. Leichter ist es, wenn der Vermieter dem Mieter eine bestimmte Eigenschaft der Mietsache zugesichert hat und diese Eigenschaft fehlt, § 536 Abs. 2 BGB. Dann muss man nicht mehr lange über den vertragsgemäßen Zustand nachdenken, es liegt auf jeden Fall ein Mangel vor.

Anders als beim Kauf- oder Werkvertrag muss der Mangel nicht bereits zum Zeitpunkt des Gefahrüberganges vorliegen. Auch wenn erst später ein Mangel auftritt, stehen dem Mieter die Gewährleistungsrechte zu.

II. Rechte des Mieters bei einem Mangel der Mietsache

Nun kommt die eigentlich spannende Frage, nämlich: Was kann der Mieter verlangen, wenn die gemietete Sache mangelhaft ist?

a) Beseitigung des Mangels

Zunächst einmal kann der Mieter verlangen, dass der Vermieter den Mangel beseitigt. Dieser Anspruch ergibt sich aus § 535 Abs. 1 S. 2 BGB. Der Vermieter ist verpflichtet, die vermietete Sache im vertragsgemäßen Zustand zu erhalten. Er muss daher alle Schäden beseitigen, die im Lauf der Zeit entstehen.

In unserem Fall ist Herr Kaltschnauz verpflichtet, die gemietete Wohnung in einem zum vertragsgemäßen Gebrauch geeigneten Zustand zu erhalten. Also muss er dafür sorgen, dass die Heizung wieder funktioniert. Er muss die Heizung reparieren lassen.

Sehr häufig wird die Erhaltungspflicht des Vermieters im Mietvertrag auf den Mieter übertragen. Dann muss der Mieter sich selbst darum kümmern, dass die Mietsache immer in Ordnung ist. Insbesondere wenn es um die Durchführung der sogenannten Schönheitsreparaturen, also das Beseitigen von Gebrauchsspuren durch Tapezieren und Anstreichen von Wänden und Fußböden geht, wird meist vereinbart, dass dies Sache des Mieters ist.
Wenn die Parteien dies vertraglich aushandeln, ist es grundsätzlich zulässig. Schwierig wird es, wenn der Vermieter die Erhaltungspflicht durch AGB auf den Mieter übertragen will: Bei Wohnräumen ist eine **vollständige** Überwälzung der Erhaltungspflicht auf den Mieter in einem Formularvertrag eine unangemessene Benachteiligung i.S.v. § 307 BGB. Es muss also bei den Schönheitsreparaturen und kleineren Reparaturen bleiben.

Natürlich muss der Vermieter nur die Schäden beseitigen, die der Mieter nicht selbst verursacht hat. Wenn der Mieter die Mietsache beschädigt hat, dann muss er die Sache auch wieder reparieren. Er ist in diesem Fall nämlich dem Vermieter gegenüber zum Schadensersatz wegen Vertragspflichtverletzung verpflichtet. Und der Schadensersatz sieht gemäß § 249 Abs. 1 BGB so aus, dass der Mieter den vorherigen Zustand der Mietsache wiederherstellen muss.

b) Mietminderung

In der Zeit, in der die gemietete Sache nicht oder nicht in vollem Umfang vom Mieter benutzt werden kann, muss er gemäß § 536 BGB auch nicht die volle Miete zahlen. Es ist nur eine geminderte Miete geschuldet. Wenn die Sache gar nicht genutzt werden kann, muss er überhaupt keine Miete zahlen, § 536 Abs. 1 S. 1 BGB. Wenn die Sache zumindest teilweise noch genutzt werden kann, dann muss nur ein Teil der Miete gezahlt werden, § 536 Abs. 1 S. 2 BGB. Dabei ist natürlich die Frage, wie diese Minderung zu berechnen ist. Das Gesetz sagt nur, dass die Miete angemessen herabzusetzen ist. Es kommt auf den jeweiligen Einzelfall an. Letztlich muss im Falle eines Prozesses das Gericht schätzen, wie viel eine Tauglichkeitsminderung »wert« ist.

In unserem Fall können die Mieter, allen voran die Stadt, die Miete für den Zeitraum mindern, in dem die Wohnungen nicht ordentlich beheizt werden können. Insbesondere die Stadt braucht gar keine Nebenkosten zu zahlen, da der Kindergarten derzeit nicht genutzt werden kann. Auf keinen Fall müssen die Mieter die Nebenkosten bezahlen, die für die Heizkosten berechnet werden.

Das Praktische an der Mietminderung ist, dass der Mieter sich nicht ausdrücklich darauf berufen muss. Vielmehr tritt die Minderung automatisch in dem Moment ein, in dem die Mietsache mangelhaft ist. Es gilt dann die geminderte Miete als vereinbart. Hier unterscheidet sich der Mietvertrag vom Kauf- oder Werkvertrag: Dort ist die Minderung ein Gestaltungsrecht und muss vom Käufer bzw. Besteller geltend gemacht werden. Andererseits muss aber sofort wieder der ursprünglich vereinbarte Mietzins gezahlt werden, sobald der Mangel behoben ist.

c) Schadensersatz

Die Mietminderung gemäß § 536 BGB dient nur dazu, den Mieter davor zu schützen, die volle Miete zahlen zu müssen, obwohl er die gemietete Sache nicht in vollem Umfang benutzen kann. Es kann aber auch sein, dass dem Mieter durch die mangelhafte Mietsache weitere Nachteile entstehen.

In unserem Fall ist der Stadt ein weiterer Nachteil entstanden: Die Fische sind tot. Dieser Nachteil kann nicht allein dadurch beseitigt werden, dass die Miete herabgesetzt wird. Die Mietminderung kann nur die eingeschränkte Gebrauchsmöglichkeit ausgleichen, nicht aber die weiteren Schäden.

Für alle weiteren Nachteile kann der Mieter evtl. Schadensersatz verlangen gemäß § 536 a BGB. § 536 a ist neben § 280 I eine weitere Anspruchsgrundlage für Schadensersatz im vertraglichen Bereich.
Nach § 536 a Abs. 1 BGB kann der Mieter in drei Fällen Schadensersatz verlangen:

1. Gemäß § 536 a Abs. 1, erster Fall: Wenn der Mangel bereits bei Vertragsschluss vorlag, muss der Vermieter Schadensersatz leisten, auch wenn er nichts für den Mangel kann. Es handelt sich um eine sogenannte Garantiehaftung: Auf ein Verschulden i.S.v. § 276 Abs. 1 BGB, das sonst immer für einen Schadensersatzanspruch erforderlich ist, kommt es nicht an.

Auf diese Variante von § 536 a Abs. 1 BGB kann sich die Stadt von vornherein nicht berufen, weil der Mangel bei Vertragsschluss noch nicht vorlag: Als der Kindergarten in die Wohnung einzog, funktionierte die Heizung noch. Der Mangel trat erst später auf.

2. § 536 a Abs. 1, zweiter Fall: Wenn ein Mangel erst später, also nach Vertragsschluss, entsteht, dann muss der Vermieter nur dann Schadensersatz leisten, wenn er den Mangel zu vertreten hat, also wenn er den Mangel gemäß § 276 Abs. 1 BGB vorsätzlich oder fahrlässig herbeigeführt hat.

In unserem Fall kann Herr Kaltschnauz nichts dafür, dass die Heizung kaputt gegangen ist: Schließlich hat er sie nicht selbst kaputt gemacht. Etwas anderes würde nur dann gelten, wenn er die Heizung nicht ordnungsgemäß gewartet hätte. Dafür gibt es hier aber keine Anhaltspunkte. Also greift § 536 a Abs. 1 2. Fall hier ebenfalls nicht ein.

3. § 536 a Abs. 1, dritter Fall: Zuletzt muss der Vermieter dann Schadensersatz leisten, wenn er mit der Beseitigung des Mangels in Verzug kommt. Der Vermieter muss aufgrund seiner Erhaltungspflicht gemäß § 535 Abs. 1 S. 2 BGB jeden Mangel unverzüglich beheben. Wenn er mit der Beseitigung des Mangels in Verzug kommt, dann wird so getan, als hätte er den Mangel zu vertreten. Wann der Vermieter in Verzug kommt, richtet sich nach § 286 BGB: Der Vermieter muss also gemahnt worden sein (oder die Mahnung ist gemäß § 286 Abs. 2 BGB entbehrlich) und er muss die Verzögerung zu vertreten haben.

In unserem Fall kann die Stadt Schadensersatz gemäß § 536 a Abs. 1 BGB, dritte Alternative verlangen: Herr Kaltschnauz ist mit der Beseitigung des Mangels im Verzug. Problematisch ist allenfalls, dass die Mieter Herrn Kaltschnauz nicht gemahnt haben: Die Mängelanzeige, dass die Heizung nicht funktioniert, ist allein nicht ausreichend. Aber die Mahnung ist hier gemäß § 286 Abs. 2 Nr. 4 BGB entbehrlich. Die Außentemperaturen unter Null stellen besondere Gründe dar, die dazu führen, dass auch ohne Mahnung sofort der Verzug eintritt.

Herr Kaltschnauz hat die Verzögerung auch zu vertreten. Aus dem Sachverhalt gehen keine Anhaltspunkte hervor, dass sich Kaltschnauz auf irgendeine Weise entlasten könnte.
Also wird er so behandelt, als hätte er den Ausfall der Heizung zu vertreten.

d) Aufwendungsersatzanspruch

Der Mieter ist nicht immer darauf angewiesen, dass der Vermieter in die Strümpfe kommt und den Mangel beseitigt. Gemäß § 536 a Abs. 2 BGB kann der Mieter den Mangel auch selbst beseitigen und dem Vermieter dafür die Rechnung schicken. Diese Möglichkeit hat der Mieter hauptsächlich dann, wenn der Vermieter mit der Beseitigung des Mangels in Verzug ist, § 536 a Abs. 2 Nr. 1 BGB.

Herr Kaltschnauz ist mit der Beseitigung des Mangels im Verzug, wie gerade eben festgestellt. Also müssen die Mieter nicht länger in Wolldecken gehüllt und zähneklappernd durch ihre Wohnungen schleichen, sondern sie dürfen selbst einen Heizungsmonteur beauftragen und die Reparaturkosten dann Herrn Kaltschnauz in Rechnung stellen.

Außerdem darf der Mieter selbst tätig werden, wenn die umgehende Beseitigung des Mangels zur Erhaltung der Mietsache notwendig ist. Dabei geht es aber nur um solche Mängel, die den Bestand der Mietsache gefährden und die wirklich notwendig sind, damit die Sache nicht weiter beschädigt wird. Wenn nur die Brauchbarkeit der Sache beeinträchtigt ist, aber kein weiterer Schaden droht, dann darf der Mieter nicht selbst tätig werden. Er muss abwarten, bis der Vermieter den Mangel beseitigt oder in Verzug kommt, damit § 536 a Abs. 2 Nr.1 BGB eingreift.

Theoretisch würde in unserem Fall auch § 536 a Abs. 2 Nr. 2 BGB eingreifen: Durch die ausgefallene Heizung wird der Bestand der gemieteten Wohnungen weiter gefährdet. Die Wasserrohre könnten einfrieren und einen weitergehenden Schaden verursachen. Also können die Mieter auch über § 536 a Abs. 2 Nr. 2 BGB selbst tätig werden.

e) Außerordentliche Kündigung gemäß § 543 Abs. 2 S. 1 Nr. 1 BGB

Wenn ein Mangel vorliegt, kann der Mieter im Extremfall sogar zu einer außerordentlichen Kündigung berechtigt sein. Schließlich führt ein Mangel der Mietsache dazu, dass dem Mieter der vertragsgemäße Gebrauch der Mietsache ganz oder zum Teil entzogen wird. Dies stellt unter Umständen einen wichtigen Grund i.S.v. § 543 Abs. 2 Nr. 1 BGB dar. Allerdings muss der Mieter zunächst gemäß § 543 Abs. 3 S. 1 BGB dem Vermieter eine angemessene Frist setzen, innerhalb derer der Vermieter den Mangel zu beseitigen hat.

Erst wenn diese Frist erfolglos abgelaufen ist, kann der Mieter die Kündigung aussprechen. Aber natürlich gibt es auch hier wieder Umstände, die dazu führen, dass eine Fristsetzung entbehrlich ist: § 543 Abs. 3 S. 2. BGB.

III. Ausschluss der Gewährleistungsrechte

Die Gewährleistungsrechte des Mieters können **kraft Gesetzes** oder durch **vertragliche Vereinbarungen** ausgeschlossen sein.

a) Ausschluss der Gewährleistung kraft Gesetzes gemäß § 536 b BGB

In § 536 b BGB ist geregelt, dass der Mieter die Gewährleistungsrechte aus den §§ 536 und 536 a BGB nicht geltend machen kann, wenn er bei Vertragsschluss den Mangel kannte oder infolge grober Fahrlässigkeit nicht erkannte. Wenn also der Mieter weiß, dass die Sache nicht in Ordnung ist, stehen ihm keine Gewährleistungsrechte zu. Wenn der Mieter nicht weiß, dass die Sache einen Fehler hat, es aber hätte wissen können, wenn er besser hingesehen hätte, dann stehen ihm ebenfalls keine Gewährleistungsrechte zu, es sei denn, der Vermieter hat den Mieter arglistig getäuscht. Dann muss der Vermieter auch bei grob fahrlässiger Unkenntnis des Mieters für die Gewährleistungsrechte geradestehen.
Der Grund für diese Regelung ist der gleiche wie beim Kaufvertrag: Der Mieter darf sich nicht widersprüchlich verhalten. Wer trotz eines offensichtlichen Mangels vorbehaltlos eine Sache anmietet, gibt damit zu erkennen, dass er die Sache so, wie sie ist, in Ordnung findet. Der Mieter soll gleich den Mund aufmachen und nicht hinterher angerannt kommen und Gewährleistungsrechte geltend machen.
§ 536 b BGB geht aber in einem Punkt noch etwas weiter als § 442 BGB: § 442 BGB nimmt dem Käufer seine Gewährleistungsrechte nur dann, wenn er den Mangel **bei Vertragsschluss** kannte. Wenn der Käufer den Mangel erst in dem Augenblick erkennt, in dem er die Sache geliefert bekommt, ist das egal. Ihm stehen dann die Gewährleistungsrechte zu.
§ 536 b BGB ist da strenger. Wenn der Mieter die Sache annimmt, obwohl er den Mangel erkennt, dann muss er sich seine Rechte wegen des Mangels vorbehalten, sonst verliert er sie, § 536 b S. 3 BGB.

b) Ausschluss der Gewährleistung kraft Gesetzes gemäß § 536 c

§ 536 b BGB ist nur für die Mängel interessant, die bereits zu Beginn des Mietvertrages vorhanden sind. Für später auftretende Mängel ist § 536 c von großer Bedeutung: Immer dann, wenn ein Mangel auftritt, muss der Mieter diesen beim Vermieter anzeigen. Tut er das nicht, so verliert er seine Rechte aus § 536 und § 536 a BGB. Er kann dann also nicht die Miete mindern oder Schadensersatz und Aufwendungsersatz verlangen.

c) Ausschluss der Gewährleistung durch vertragliche Vereinbarung

Zuletzt können die Gewährleistungsrechte des Mieters natürlich auch durch eine entsprechende vertragliche Vereinbarung der Parteien ausgeschlossen werden. Wenn das durch allgemeine Geschäftsbedingungen in einem Formularmietvertrag geschieht, müssen natürlich die Grenzen der §§ 307 ff. BGB beachtet werden. Siehe dazu auch 6. Kapitel allgemeine Geschäftsbedingungen.
Außerdem kann sich der Vermieter nicht auf einen Gewährleistungsausschluss berufen, wenn er den Mangel arglistig verschwiegen hat, § 536 d BGB.

Zusammenfassende Übersicht: Gewährleistungsrechte beim Mietvertrag:

Die gemietete Sache ist mangelhaft,
1. wenn der tatsächliche Zustand der Mietsache vom vertraglich vorausgesetzten Zustand nachteilig abweicht und dadurch die Tauglichkeit der Mietsache zum vertraglich vorausgesetzten Gebrauch aufgehoben oder erheblich gemindert wird, § 536 Abs. 1 BGB.
2. wenn eine zugesicherte Eigenschaft fehlt, § 536 Abs. 2. BGB

Der Mieter kann die Herstellung des vertragsgemäßen Zustandes = Beseitigung des Mangels verlangen, § 535 Abs. 1 S. 2 BGB.

Für die weiteren Rechte muss der Mieter den Mangel anzeigen, sonst verliert er seine Rechte, § 536c BGB.

Der Mietzins mindert sich kraft Gesetzes gemäß § 536 BGB.

Der Mieter kann unter den Voraussetzungen des § 536a Abs. 1 BGB Schadensersatz verlangen.

Der Mieter kann gemäß § 536a Abs. 2 BGB Aufwendungsersatz verlangen.

Nach Fristsetzung zur Mangelbeseitigung und erfolglosem Ablauf der Frist kann der Mieter fristlos kündigen gemäß § 543 BGB.

Die Gewährleistungsrechte aus §§ 536 und 536a BGB sind ausgeschlossen,
– wenn der Mieter den Mangel bei Abschluss des Mietvertrages kannte oder die Sache vorbehaltlos annimmt, § 536b BGB.
– wenn es vertraglich vereinbart ist, Grenze: § 536d BGB

5. Kapitel: Beendigung des Schuldverhältnisses durch Rücktritt, Widerruf und Kündigung

Grundsätzlich müssen Verträge, die einmal wirksam zustande gekommen sind, auch eingehalten werden. Es ist nicht ohne Weiteres möglich, einen geschlossenen Vertrag wieder über den Haufen zu werfen. Im Regelfall bleibt man an einen Vertrag gebunden. Das BGB erlaubt nur unter bestimmten Voraussetzungen, dass man sich von einem Vertrag wieder löst. Eine Möglichkeit ist die Anfechtung des Vertrages.
Weitere Möglichkeiten sind der **Rücktritt**, der **Widerruf** und die **Kündigung** des Vertrages. Diese haben alle gemeinsam, dass es sich um sogenannte **Gestaltungsrechte** handelt. Unter einem Gestaltungsrecht wird das einer bestimmten Person zustehende Recht verstanden, durch eine empfangsbedürftige Willenserklärung ein Rechtsverhältnis entweder zustande zu bringen, umzugestalten oder aufzuheben.

Als Erstes soll es um den Rücktritt gehen. Dem Rücktritt sind Sie im Rahmen des Gewährleitungsrechtes bereits begegnet. Jetzt noch einmal ganz ausführlich:

A. Der Rücktritt

Fall: Die Gemeinde Schnurpseldingen kauft vom Landmaschinenhändler Schrottich einen gebrauchten Rasentrecker zum Preis von 10.000,– €.
5.000,– € zahlt die Gemeinde sofort, die restlichen 5.000,– € sollen in monatlichen Raten à 1.000,– € beglichen werden. Außerdem wird vereinbart, dass die Gemeinde innerhalb eines Zeitraums von vier Wochen ohne Angabe von Gründen den Trecker zurückgeben kann. Eine Woche nach Vertragsschluss lässt die Gemeinde dann aber schon eine aufwendige Nachrüstung an dem Trecker für den Gemeindemitarbeiter vornehmen, der aufgrund einer Behinderung das Gaspedal nicht mit den Füßen bedienen kann. Das verursacht Kosten i.H.v. 2.500,– €. Zwei Wochen später fährt der Gemeindearbeiter versehentlich gegen einen Poller und verursacht eine Beule. Nach vier Wochen tritt die Gemeinde vom Kaufvertrag zurück, weil der Gemeindearbeiter trotz der vorgenommenen Nachrüstung mit dem Trecker nicht zurechtkommt.
Schrottich verlangt nun Schadensersatz für die Beule. Die Reparatur kostet 1.500,– €. Außerdem fordert er Ersatz für die 100 Betriebsstunden, die der Trecker bei der Gemeinde *gelaufen ist. Die Gemeinde weist auf ihre Kosten für die Nachrüstung hin und fordert außerdem Zinsen, die Schrottich für den Kaufpreis i.H.v. 5.000,– € erhalten hat. Schrottich meint dagegen nur, dass ihm die Nachrüstung gar nichts nütze: Er könne den Trecker trotzdem nicht für einen höheren Preis anbieten, weil die*

Nachrüstung von den anderen Kunden gar nicht nachgefragt werde. Zinsen habe er ebenfalls nicht erwirtschaften können, da er den Betrag bis zum Anlauf der Rücktrittsfrist nicht habe anlegen wollen. Welche Ansprüche haben die Parteien gegeneinander?

Ein Rücktrittsrecht gibt einer Vertragspartei die Möglichkeit, den Vertrag rückgängig zu machen. Durch den Rücktritt erlöschen die bereits entstandenen Leistungspflichten. Das, was die Parteien vom jeweils anderen Vertragspartner erhalten haben, müssen sie zurückgeben.
Für einen wirksamen Rücktritt sind zwei Voraussetzungen erforderlich:
1. Es muss ein **Rücktrittsgrund** vorliegen.
2. Der Rücktritt muss **erklärt** werden.

I. Das Vorliegen eines Rücktrittsgrundes

Wie oben schon gesagt, muss es einen bestimmten Grund für den Rücktritt geben. Sonst bleibt es bei dem geschlossenen Vertrag. Hier gibt es zwei Möglichkeiten, zu einem Rücktrittsgrund zu kommen:

a) Die Parteien können vertraglich vereinbaren, dass eine oder beide Vertragsparteien vom Vertrag zurücktreten darf. Man spricht dann von einem **vertraglichen Rücktrittsrecht**.
Ein solches Rücktrittsrecht kann sich ausdrücklich aus dem Vertrag ergeben. Es kann aber auch in bestimmten Formulierungen »versteckt« sein. So zum Beispiel, wenn dem Käufer einer Sache ein Rückgaberecht eingeräumt wird. Auch die Klausel »freibleibend« bedeutet, wenn sie Vertragsinhalt geworden ist, die Vereinbarung eines Rücktrittsrechtes.Wichtig ist, dass die Parteien das Rücktrittsrecht wirklich vereinbaren müssen. Wenn nur eine Partei sich den Rücktritt vorbehält und die andere Partei sich damit nicht einverstanden erklärt, dann liegt keine vertragliche Vereinbarung vor. Aufpassen muss man auch, wenn ein Rücktrittsvorbehalt in allgemeinen Geschäftsbedingungen vereinbart worden ist: Gemäß § 308 Nr. 3 BGB ist die Vereinbarung eines Rücktrittsrechtes **für den Verwender** unwirksam, wenn es keinen sachlichen Grund dafür gibt.

In unserem Fall ergibt sich aus dem Sachverhalt eindeutig, dass die Parteien vertraglich ein Rücktrittsrecht vereinbart haben. Da muss nichts aus einer geheimnisvollen Klausel herausgelesen werden.

b) Wenn die Parteien kein Rücktrittsrecht vereinbart haben, kann einer der Vertragspartner möglicherweise aufgrund eines **gesetzlichen Rücktrittsgrundes** zurücktreten. Sie haben bereits verschiedene gesetzliche Rücktrittsgründe kennengelernt: Zum Beispiel den Rücktritt wegen Unmöglichkeit der Leistung, § 326 Abs. 5 BGB. Oder den Rücktritt wegen nicht oder nicht vertragsgemäß erbrachter Leistung gemäß § 323 BGB. Oder den Rücktritt bei verspäteter Leistung. Wenn sich eine Partei auf ein gesetzliches Rücktrittsrecht beruft, müssen natürlich die Voraussetzungen vorliegen, wie z.B. bei einem Rücktritt gemäß § 323 Abs. 1 BGB: – gegenseitiger Vertrag – nicht vertragsgemäße Leistung – Setzung einer angemessenen Frist – erfolgloser Ablauf dieser Frist–.

II. Die Rücktrittserklärung, § 349 BGB

Der Rücktritt ist, wie oben beschrieben, ein Gestaltungsrecht, d.h. es liegt in der Hand der berechtigten Person, ob sie dieses Recht ausüben und damit die Rechtslage umgestalten will. Tut sie nichts, bleibt alles beim Alten. Erst eine entsprechende Rücktrittserklärung (= empfangsbedürftige Willenserklärung) führt dazu, dass die Wirkungen des Rücktritts eintreten. Wenn diese Erklärung dem Empfänger zugeht, erlöschen die Leistungspflichten. Eine besondere Form muss bei der Rücktrittserklärung nicht eingehalten werden, es sei denn, es ist zwischen den Parteien etwas anderes vertraglich vereinbart worden.

III. Rechtsfolgen des Rücktritts, §§ 346 ff. BGB

Durch den Rücktritt wird der Vertrag umgestaltet in ein sogenanntes Rückgewährschuldverhältnis. Was genau passiert, ist in § 346 BGB geregelt. Das bedeutet im Einzelnen:

- **Die ursprünglichen Leistungspflichten erlöschen.** Wenn also z.B. der Käufer bisher noch nicht den Kaufpreis bezahlt hat, dann muss er das auch jetzt nicht mehr tun.

Die Gemeinde muss also die noch ausstehenden Raten nicht mehr begleichen, weil der Anspruch von Schrottich aus § 433 Abs. 2 BGB erloschen ist.

- **Die Leistungen, die jede Vertragspartei von der anderen erhalten hat, müssen zurückgegeben werden.** Der Käufer muss also die gekaufte Sache zurückgeben. Dafür muss der Verkäufer den gezahlten Kaufpreis zurückerstatten.

Die Gemeinde muss also den Trecker zurückgeben. Schrottich muss den erhaltenen Kaufpreis zurückzahlen.

- Außerdem müssen die **gezogenen Nutzungen** (§ 100 BGB, Früchte und Gebrauchsvorteile) herausgegeben werden. Wenn Nutzungen nicht gezogen wurden, obwohl es bei einer ordnungsmäßigen Wirtschaft möglich gewesen wäre, so ist der Schuldner insoweit zum Wertersatz verpflichtet, § 347 Abs. 1 BGB.

In unserem Fall möchte die Gemeinde von Schrottich gerne die Zinsen bekommen, die dieser hätte erzielen können, wenn er den gezahlten Kaufpreis i.H.v. 5.000,– € bei einer Bank zinsbringend angelegt hätte. Schrottich hat das Geld nicht angelegt. Gemäß § 347 Abs. 1 BGB wäre er zum Wertersatz dieser nicht gezogenen Zinsen nur dann verpflichtet, wenn er die Zinsen nach den Regeln einer ordnungsgemäßen Wirtschaft hätte ziehen können. Ein Verstoß gegen die ordnungsgemäße Wirtschaft ist aber hier nicht erkennbar, weshalb eine Pflicht zur Zinszahlung nicht besteht.

- Wenn die Herausgabe der erhaltenen Leistungen oder der gezogenen Nutzungen **nicht möglich ist**, z.B. weil die gekaufte Sache zerstört wurde oder weil es von vornherein gar nicht geht, dann muss **Wertersatz** geleistet werden, § 346 Abs. 2 S. 1 Nr. 1 BGB.

Die Gemeinde muss die Gebrauchsvorteile, die sie durch die Nutzung des Treckers hatte, herausgeben. Weil man die Betriebsstunden in natura schlecht herausgeben kann, muss die Gemeinde Wertersatz in Geld leisten. Die Höhe des Wertersatzes wird ermittelt, indem der Kaufpreis durch die voraussichtliche Restnutzungsdauer geteilt wird und so der »Tagessatz« ermittelt wird.

- Außerdem muss **Wertersatz** geleistet werden, wenn die Sache **beschädigt** worden ist, § 346 Abs. 2 S. 1 Nr. 3 BGB. Eine solche Pflicht zum Wertersatz kann aber unter den Voraussetzungen von § 346 Abs. 3 BGB ausgeschlossen sein.

Für den beschädigten Trecker muss die Gemeinde also ebenfalls zahlen: Sie wird die Reparaturkosten i.H.v. 1.500,– € ersetzen müssen.

- Der Rückgewährschuldner muss ferner gemäß § 346 Abs. 4 BGB Schadensersatz leisten, wenn er eine Pflicht aus § 346 Abs. 1 BGB verletzt. Die besondere Bedeutung dieses Schadensersatzanspruches besteht darin, dass er anders als der Wertersatzanspruch nach § 346 Abs. 2 S. 1 Nr. 3 BGB auch über die Beschädigung hinausgehende Folgeschäden erfasst.

Weitere Folgeschäden sind in unserem Fall nicht erkennbar. Also spielt dieser Schadensersatzanspruch hier keine Rolle. Anders wäre es, wenn man den Schaden am Trecker nicht vollständig beseitigen könnte und Schrottich den Trecker deshalb nur billiger weiterverkaufen könnte. Dann bestünde ein weiterer Schaden, der nach § 346 Abs. 4 i.V.m. § 280 BGB zu ersetzen wäre.

- Wenn **notwendige Verwendungen** für eine Sache gemacht wurden, die jetzt zurückgegeben werden muss, dann müssen diese erstattet werden. Notwendige Verwendungen sind aber nur die Aufwendungen, die auf die Sache gemacht wurden, weil sie zur Erhaltung oder Bewirtschaftung der Sache erforderlich waren, § 347 Abs. 2 S. 1 BGB. Alle anderen Aufwendungen, die nur gemacht wurden, weil der Rückgewährschuldner sie persönlich haben wollte, werden nur erstattet, wenn derjenige, der die Sache zurückbekommt, dadurch bereichert ist, § 347 Abs. 2 S. 2 BGB.

Die Umrüstung für den körperbehinderten Gemeindearbeiter war nicht erforderlich, um den Trecker zu erhalten. Der Trecker konnte trotzdem genutzt werden! Etwas anderes wäre es, wenn die Gemeinde z.B. eine dringend erforderliche Reparatur durchgeführt hätte. So handelt es sich aber bei der Nachrüstung nur um eine »andere Aufwendung« i.S.v. § 347 Abs. 2 S. 2 BGB: Diese sind nur zu ersetzen, wenn der Gläubiger, also Schrottich, dadurch bereichert wäre. Schrottich hat von der Nachrüstung keinen Vorteil. Also muss er auch nichts ersetzen.

Zusammenfassende Übersicht zum Rücktritt:

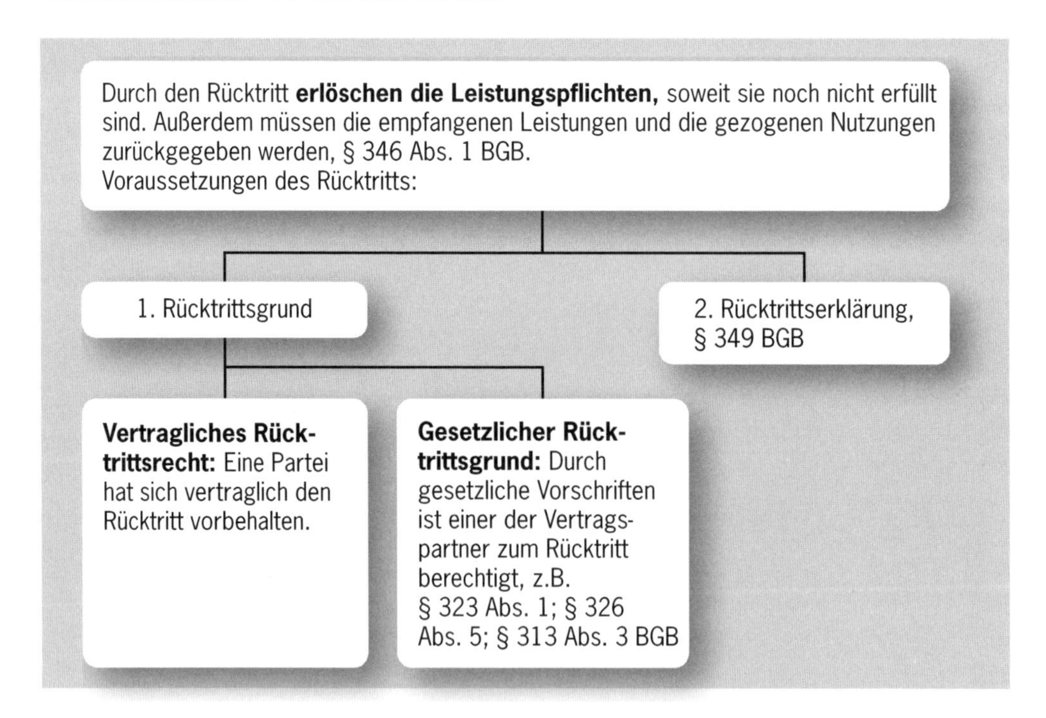

Weitere Rechtsfolgen des Rücktritts:
1. Wertersatz, wenn die Rückgewähr ausgeschlossen ist, § 346 Abs. 2 BGB.
   Ausnahme: § 346 Abs. 3 BGB.
2. Wertersatz für die entgegen der ordnungsgemäßen Wirtschaft nicht gezogenen Nutzungen.
3. Der Schuldner bekommt die notwendigen Verwendungen ersetzt, die er auf die Sache gemacht hat, § 347 Abs. 2 BGB.
4. Wenn die Rückgewährpflicht verletzt wird, ist Schadensersatz zu leisten, § 346 Abs. 4 BGB.

B. Der Widerruf bei Verbraucherverträgen

Fall: An der Haustür der 75-jährigen Ursula Unbedarft (U) klingelt eines Tages ein freundlicher junger Mann. Er stellt sich als Vertreter der Firma Kerngesund (K) vor und verwickelt U in ein angeregtes Gespräch über ihren Gesundheitszustand. Nachdem er U über die in ihrem Wohngebiet stark verbreiteten Erdstrahlen und deren gesundheitsschädlichen Folgen aufgeklärt hat, ist U sofort bereit, ein schützendes Magnetarmband für 100,– € zu erwerben. Später hat sie die Schwurbelei dahinter erkannt und bereut den Kauf. Sie vergisst das Ganze allerdings erst einmal. Nach sieben Monaten fällt ihr das Armband wieder in die Hände und sie beschließt, es zurückzuschicken und ihr Geld zurückzuverlangen. Die Firma K weigert sich jedoch, den Kaufpreis zurückzuzahlen mit dem Hinweis, dass sich U das schon früher hätte überlegen müssen. Kann U ihr Geld zurückverlangen?

Unter Widerruf wird allgemein die Rückgängigmachung einer Willenserklärung verstanden. Durch einen Widerruf kann eine noch nicht endgültig wirksame Willenserklärung von Anfang an beseitigt werden. Ein Beispiel, das Sie bereits kennengelernt haben, ist § 130 Abs. 1 S. 2 BGB. Im Folgenden soll es aber um eine andere Art von Widerruf gehen: Manchmal neigen Verbraucher dazu, unüberlegt und übereilt einen Vertrag abzuschließen. Oder einen Vertrag abzuschließen, der so kompliziert ist, dass ihnen erst im Nachhinein die Tragweite bewusst wird. Das BGB hält daher unter bestimmten Umständen für Verbraucher ein Widerrufsrecht bereit, damit diese sich von der vertraglichen Bindung wieder lösen können. Bei bestimmten Arten von Verträgen oder wenn ein Vertrag unter bestimmten Bedingungen zustande gekommen ist, räumt das BGB dem Verbraucher ein Widerrufsrecht ein und verweist auf §§ 355 ff. BGB, in dem die Rechtsfolgen des Widerrufs einheitlich geregelt werden. Der Vertrag ist zwar erst einmal wirksam, kann aber wieder beseitigt werden, wenn der Verbraucher eine entsprechende Widerrufserklärung abgibt. Wichtig ist, dass dieses Widerrufsrecht **nur beiden Verträgen** besteht, die **zwischen einem Verbraucher** (§ 13 BGB) **und einem Unternehmer** (§ 14 BGB) abgeschlossen werden. Alle anderen müssen selbst auf sich aufpassen.

Die wichtigsten Vorschriften, die zu einem Widerrufsrecht führen, sind:

I. Außerhalb von Geschäftsräumen abgeschlossene Verträge (so. Haustürverträge), § 312b BGB

Hier will das BGB dagegen vorgehen, dass der Verbraucher »überrumpelt« wird und zu einem unüberlegten Vertragsschluss überredet wird.
Ob ein solches Überrumpeln vorliegt, wird an äußeren Umständen festgemacht.

Laut § 312b Abs. 1 Nr. 1 BGB liegt ein außerhalb von Geschäftsräumen geschlossener Vertrag unter anderem immer dann vor, wenn er »bei gleichzeitiger körperlicher Anwesenheit des Verbrauchers und des Unternehmers an einem Ort geschlossen werden, der kein Geschäftsraum des Unternehmers ist«.
Hierher gehören die Besuche des Staubsaugervertreters etc. in der eigenen Wohnung.
Aber auch das Gespräch mit Vertretern einer Zeitung im örtlichen Supermarkt fällt hierunter.

In einem solchen Fall steht dem Verbraucher gemäß § 312g Abs. 1 ein Widerrufsrecht nach § 355 BGB zu.

Wenn jemand an der Wohnungstür klingelt und einem etwas aufschwatzt, dann handelt es sich um ein ganz klassisches sog. Haustürgeschäft: Also fällt der Vertrag, den Frau Unbedarft abgeschlossen hat, unter § 312b Abs. 1 Nr. 1 BGB. Ihr steht daher über § 312g Abs. 1 BGB ein Widerrufsrecht gemäß § 355 BGB zu.

II. Fernabsatzverträge, § 312c BGB

Auch hier geht es wieder darum, dass ein Vertrag unter bestimmten Umständen zustande gekommen ist: Nämlich **ohne gleichzeitige körperliche Anwesenheit der Vertragsparteien** nur mittels sogenannter Fernkommunikationsmittel. Was alles »Fernkommunikationsmittel« sind, steht in § 312c Abs. 2 BGB: Briefe, Kataloge, Telefonanrufe, per Fax, E-Mails sowie Rundfunk und Fernsehen und natürlich das Internet. Der Grund, weshalb der Verbraucher hier besonders geschützt werden soll, liegt darin, dass er dem Vertragspartner nicht von Angesicht zu Angesicht gegenübersteht und auch z.B. das gekaufte Produkt nicht ansehen, anfassen und prüfen kann. Daher steht den Verbrauchern auch bei Fernabsatzverträgen über § 312g Abs. 1 ein Widerrufsrecht nach § 355 BGB zu.

III. Verbraucherdarlehensverträge, § 491 BGB

Der letzte wichtige Bereich, der dem Verbraucher ein Widerrufsrecht eingeräumt wird, sind die Vorschriften über den Verbraucherkredit in den §§ 491 ff. BGB. Ziel ist es, den Verbraucher, der ein Darlehen aufnimmt, umfassend zu informieren und vor der übereilten Aufnahme eines Kredites zu schützen.

IV. Frist und Form des Widerrufes

Wenn ein Vertrag unter eine der oben aufgeführten Vorschriften fällt, greift § 355 BGB ein, der nähere Regelungen darüber enthält, wann und wie der Widerruf zu erfolgen hat. Grundsätzlich muss der Widerruf innerhalb von zwei Wochen erfolgen. Diese Frist beginnt bei außerhalb von Geschäftsräumen geschlossenen Verträgen und Fernabsatzverträgen nach § 356 Abs. 3 BGB allerdings erst, wenn der Verbraucher darüber unterrichtet worden ist, dass ihm ein Widerrufsrecht zusteht. Allerdings erlischt das Widerrufsrecht nach § 356 Abs. 3 S. 2 BGB spätestens zwölf Monate und 14 Tage nach dem in § 355 Absatz 2 Satz 2 genannten Zeitpunkt. Also im Ergebnis erlischt es spätestens 12 Monate und 14 Tage nach Vertragsschluss.

So ist es auch in unserem Fall: Da Frau Unbedarft nicht belehrt wurde, hat sie ihr Widerrufsrecht auch nach sieben Monaten noch.

V. Rechtsfolgen des Widerrufs, §§ 355 ff. BGB

Wenn der Verbraucher seine Willenserklärung widerrufen hat, passiert im Grunde das Gleiche wie bei einem Rücktritt. Nach § 357 Abs. 1 BGB sind die empfangenen Leistungen zurückzugewähren.

C. Die Kündigung von Dauerschuldverhältnissen

Fall: Die Sportamtsmitarbeiterin Pauline Plump nimmt gemeinsam mit ihrem Lebensgefährten Siegfried Schaaf Tanzunterricht bei der Tanzschule Wechselschritt. Für einen monatlichen Beitrag i.H.v.50,– € trifft man sich einmal wöchentlich. Der Vertrag mit der Tanzschule ist befristet für ein halbes Jahr geschlossen. Pauline Plump kann dem Unterricht jedoch nur mit Mühe folgen. Während ihr Tanzpartner Siegfried Schaf ihre Bemühungen mit großer Gelassenheit und zunehmend platten Füßen erträgt, reißt dem Tanzlehrer Hoppsler irgendwann der Geduldsfaden. Nachdem sie beim Tango wieder einmal mit dem falschen Fuß angefangen und ihren Tanzpartner fasst zu Boden geworfen hat, wendet Herr Hoppsler sich an Pauline und sagt: »Ein Nilpferd verfügt über mehr Talent und Grazie als Sie. Sie sollten es besser mit einer Sportart wie Gewichtheben versuchen.« Pauline verlässt in Tränen aufgelöst den Tanzsaal. Sie will die Tanzschule nie wieder betreten. Zu Hause fragt sie sich, wie sie so schnell wie möglich aus dem Vertrag mit der Tanzschule herauskommt?

Während z.B. bei einem Kaufvertrag nur einmal Leistungen ausgetauscht werden, gibt es auch Verträge, die über einen längeren Zeitraum laufen, wie z.B. Mietverträge, Dienstverträge oder Darlehen. Auch bei diesen Verträgen kann irgendwann der Zeitpunkt kommen, wo der Vertrag nicht fortgesetzt werden soll. Die Verträge können gekündigt werden. Anders als beim Rücktritt und Widerruf wird bei einer Kündigung das Schuldverhältnis nur mit Wirkung für die Zukunft beendet. Die bereits erbrachten Leistungen sind nicht zurückzugewähren wie beim Rücktritt gemäß § 346 Abs. 1 BGB. Es geht bei einer Kündigung eben nicht darum, den Vertrag vollständig aus der Welt zu schaffen. Er soll nur in der Zukunft nicht mehr gelten.
Die Regelungen über die Kündigung finden sich im Zusammenhang mit den jeweiligen Vertragstypen:

- für den Mietvertrag: §§ 542 ff., §§ 568 ff., 573 ff.
- für den Leihvertrag: § 605 BGB
- für das Darlehen: § 488 Abs. 3; §§ 489 ff. BGB
- für den Dienstvertrag: §§ 620 ff. BGB

In unserem Fall müssen wir uns als Erstes fragen, um was für einen Vertrag es sich eigentlich handelt. Erst dann können wir feststellen, ob eine der oben aufgezählten Regelungen Anwendung findet. Wenn die Tanzschule den Erfolg schulden würde, dass die Teilnehmer eines Tanzkurses hinterher tanzen können, dann wäre es ein Werkvertrag. Allerdings kann das keiner mit ruhigem Gewissen versprechen, wie man an dem Beispiel von Pauline Plump erkennen kann. Es wird also nur die Bemühung des Tanzlehrers geschuldet, den Leuten die Tanzschritte beizubringen. Dabei handelt es sich um einen Dienstvertrag gemäß §§ 611 ff. BGB. Also muss auf die Kündigungsregelungen in den §§ 620 ff. BGB zurückgegriffen werden.

In den gesetzlich geregelten Fällen kann man häufig zwei Arten von Kündigungen unterscheiden: **ordentliche** und **außerordentliche** Kündigungen.

I. Die ordentliche Kündigung

Von einer ordentlichen Kündigung spricht man, wenn die Kündigung nur unter Einhaltung einer bestimmten **Kündigungsfrist** möglich ist. Das Vertragsverhältnis endet erst eine bestimmte Zeit nach der Abgabe der Kündigungserklärung. So kann z.B. der Mieter einer Wohnung unter

Einhaltung einer Kündigungsfrist von drei Monaten kündigen, § 573 c BGB. (Das gilt allerdings nur für unbefristete Mietverträge. In den Fällen, in denen das Mietverhältnis für einen bestimmten Zeitraum eingegangen worden ist, kann nur außerordentlich gekündigt werden, § 542 Abs. 2 BGB.) Ein Darlehensvertrag kann ebenfalls mit einer Frist von drei Monaten gekündigt werden, § 488 Abs. 3 S. 2 BGB. Das bedeutet, dass nach Abgabe der Kündigungserklärung der Vertrag noch drei weitere Monate gültig bleibt und erst dann endet.
Wenn die gesetzliche Kündigungsfrist eingehalten wird, dann braucht derjenige, der die Kündigung ausspricht, normalerweise **keinen besonderen Grund** dafür anzugeben, weshalb er das Vertragsverhältnis kündigen möchte. Das ist allein seine Sache.
Von dieser Regel gibt es allerdings – wie immer – auch Ausnahmen: In § 573 BGB ist z.B. bestimmt, dass eine ordentliche Kündigung des **Vermieters** nur dann möglich ist, wenn der Vermieter ein berechtigtes Interesse an der Beendigung des Mietverhältnisses hat. Und bei Arbeitsverhältnissen legt § 1 KSchG fest, dass die Kündigung sozial gerechtfertigt sein muss.

In § 620 Abs. 1 BGB ist bestimmt, dass das Dienstverhältnis mit dem Ablauf der Zeit endet, für die es eingegangen ist. In unserem Fall ist der Vertrag mit der Tanzschule für ein halbes Jahr befristet. Daneben ist ein ordentliches Kündigungsrecht nicht mehr vorgesehen. Die Kündigungsfristen aus §§ 621 und 622 BGB gelten nur in den Fällen, in denen das Dienstverhältnis für eine unbestimmte Zeit eingegangen worden ist. Also kommt eine ordentliche Kündigung für Pauline Plump von vornherein nicht in Betracht. Aber das will sie ja auch gar nicht: Sie will sofort aus dem Vertrag heraus und sich nicht um irgendwelche Fristen scheren.

II. Die außerordentliche Kündigung

Bei einer außerordentlichen Kündigung muss der Kündigende **keine besondere Kündigungsfrist** einhalten. Sofort mit dem Ausspruch der Kündigung endet das Vertragsverhältnis. Dafür ist bei einer außerordentlichen Kündigung **immer ein besonderer Kündigungsgrund** erforderlich. Und es muss schon etwas Wichtiges sein, was den Kündigenden zur Kündigung veranlasst. Beim Miet- und beim Dienstvertrag ist in § 543 bzw. § 626 BGB übereinstimmend davon die Rede, dass ein wichtiger Grund dann gegeben ist, wenn dem Kündigenden die Fortsetzung des Vertragsverhältnisses bis zum Ablauf der Kündigungsfrist oder bis zur vereinbarten Beendigung nicht zugemutet werden kann. Für den Mietvertrag werden in § 543 Abs. 2 BGB einige wichtige Gründe aufgezählt. Beim Darlehensvertrag sind konkrete Gründe für eine außerordentliche Kündigung in § 490 BGB geregelt: Es muss eine Verschlechterung der Vermögensverhältnisse des Darlehensschuldners eintreten. Und auch beim Leihvertrag zählt § 605 BGB konkrete Gründe auf, die den Verleiher zu einer außerordentlichen Kündigung berechtigen.

Neben diesen besonderen gesetzlichen Regelungen gibt es noch eine Auffangvorschrift: § 314 BGB. Danach kann jeder Vertragsteil ein Dauerschuldverhältnis aus wichtigem Grund ohne Einhaltung einer Kündigungsfrist kündigen. § 314 BGB greift einerseits in den Fällen ein, in denen ein außerordentliches Kündigungsrecht nicht ausdrücklich geregelt ist. Neben Miete, Leihe, Darlehen und Dienstvertrag gibt es nämlich noch eine Reihe von anderen Dauerschuldverhältnissen, die keine besonderen gesetzlichen Kündigungsvorschriften haben. Für alle diese Dauerschuldverhältnisse gibt es das außerordentliche Kündigungsrecht aus § 314 BGB. Außerdem greift § 314 BGB auch in den Fällen ein, in denen zwar ein außerordentliches Kündigungsrecht ausdrücklich geregelt worden ist, aber eben keiner der im Gesetz genannten besonderen Gründe vorliegt.

Wie oben festgestellt, handelt es sich bei dem Vertrag mit der Tanzschule um einen Dienstvertrag. Also findet das außerordentliche Kündigungsrecht aus § 626 BGB Anwendung. Dafür müssten Tatsachen vorliegen, aufgrund derer Pauline unter Berücksichtigung aller Umstände des Einzelfalles und unter Abwägung der Interessen beider Vertragsteile die Fortsetzung des Dienstverhältnisses bis zur vereinbarten Beendigung des Vertrages nicht zugemutet werden kann.
Pauline ist vom Tanzlehrer zutiefst beleidigt und dadurch in ihrem Persönlichkeitsrecht verletzt worden. Dies stellt eine Tatsache dar, die zu einer außerordentlichen Kündigung berechtigt. Das Interesse der Tanzschule an der Fortsetzung des Vertrages tritt demgegenüber zurück. Pauline wäre gemäß § 626 Abs. 1 BGB zu einer außerordentlichen Kündigung berechtigt.

Eine außerordentliche Kündigung kommt meist dann in Betracht, wenn einer der Vertragspartner seine Vertragspflichten verletzt hat: Eine der Vertragsparteien hat sich nicht so verhalten, wie sie soll. Beim Mietvertrag und bei der außerordentlichen Kündigung nach § 314 geht das BGB allerdings davon aus, dass der Schuldner eine letzte Chance erhalten soll, sich wieder vertragsgemäß zu verhalten. Daher sieht das BGB in diesen Fällen vor, dass dem Schuldner eine **Frist gesetzt werden soll bzw. der Schuldner abgemahnt werden soll**, damit er sich wieder vertragsgemäß verhält. Erst wenn das nicht hilft, kann die außerordentliche Kündigung ausgesprochen werden. Allerdings gibt es Fälle, in denen man sich eine Abmahnung oder Fristsetzung sparen kann. In § 543 Abs. 3 S. 2 BGB sind derartige Fälle ausdrücklich geregelt. Allgemein ist eine Abmahnung bzw. Fristsetzung in den Fällen entbehrlich, wenn der Schuldner keine Möglichkeit hat, sich vertragsgemäß zu verhalten. Oder wenn durch die Vertragsverletzung das Vertrauensverhältnis so schwerwiegend gestört ist, dass es nicht wiederhergestellt werden kann.

An dieser Stelle wird es in unserem Fall gemein: In § 626 BGB ist von einer Abmahnung keine Rede. Trotzdem ist auch bei einem Dienstvertrag eine Abmahnung erforderlich. Der Gesetzgeber hat hier einfach vergessen, die erforderliche Abmahnung in § 626 BGB mit hineinzuschreiben. § 314 Abs. 2 BGB wird deshalb einfach entsprechend angewendet. Also müsste Pauline eigentlich erst die Tanzschule abmahnen, d.h. darauf hinweisen, dass sie sofort kündigen wird, wenn sich so ein Verhalten des Tanzlehrers wiederholt. Allerdings stellt die Beleidigung durch den Tanzlehrer eine sehr schwerwiegende Pflichtverletzung dar. Man kann Pauline nicht zumuten, dass sie sich noch einmal der Gefahr aussetzt, so schwerwiegend und noch dazu in Gegenwart der übrigen Tanzschüler beleidigt zu werden. Also ist eine Abmahnung hier entbehrlich. Pauline kann sofort außerordentlich kündigen.

Zuletzt muss derjenige, der eine außerordentliche Kündigung aussprechen will, noch beachten, dass er sich nicht ewig Zeit lassen kann, bis er eine außerordentliche Kündigung ausspricht. Er muss vielmehr schon kurz nachdem er von dem Kündigungsgrund Kenntnis erlangt hat, auch die Kündigung aussprechen. Wenn er zu lange wartet, erlischt sein Kündigungsrecht. In § 626 Abs. 2 S. 1 BGB ist eine Frist von zwei Wochen festgelegt, innerhalb der gekündigt werden muss. § 314 Abs. 3 BGB spricht allgemein von einer angemessenen Frist. Im Mietrecht ist dazu nichts geregelt, aber auch hier muss innerhalb einer angemessenen Frist nach Kenntnis vom Kündigungsgrund gekündigt werden.

In unserem Fall findet § 626 Abs. 2 S. 1 BGB Anwendung: Pauline muss innerhalb von zwei Wochen nach der verhängnisvollen Tanzstunde eine Kündigung aussprechen, sonst verfällt ihr Kündigungsrecht.

III. Form der Kündigungserklärung

Die Kündigung ist eine einseitige empfangsbedürftige Willenserklärung. In vielen Fällen muss die Kündigung schriftlich erfolgen. So beim Mietvertrag gemäß § 568 Abs. 1 BGB oder beim Dienstvertrag gemäß § 623 BGB.

Zusammenfassende Übersicht: Die Beendigung eines Vertrages durch eine Kündigung:

Die Kündigung **beendet** das Schuldverhältnis **mit Wirkung für die Zukunft.** Bei den **Voraussetzungen** muss man unterscheiden:

Ordentliche Kündigung: Es muss eine bestimmte Kündigungsfrist eingehalten werden. Die Kündigungsfristen sind für die jeweiligen Verträge gesondert geregelt, z.B.:
- beim Mietvertrag: § 573 c BGB
- beim Dienstvertrag: §§ 621 ff. BGB

Ein besonderer Kündigungsgrund ist normalerweise nicht erforderlich. Ausnahmen sind aber möglich, z.B. § 573 BGB!

Außerordentliche Kündigung:
1. Es ist ein Kündigungsgrund erforderlich, die Kündigung ist dann aber fristlos möglich. Beispiel: § 543, § 626 BGB

Wenn es keine spezielle Regelung gibt, können alle Dauerschuldverhältnisse gemäß § 314 BGB außerordentlich gekündigt werden.

2. In der Regel ist vorher eine Abmahnung erforderlich, z.B. § 314 Abs. 2; § 543 Abs. 3 BGB
3. Gegebenenfalls muss die Kündigung innerhalb einer bestimmten Frist erfolgen, z.B. § 314 Abs. 3; § 626 Abs. 2 S. 1 BGB.

Die Kündigung muss erklärt werden. Die **Kündigungserklärung** ist eine einseitige empfangsbedürftige Willenserklärung. In einigen Fällen bedarf die Kündigung der schriftlichen Form, z.B.: § 568; § 623 BGB.

6. Kapitel: Allgemeine Geschäftsbedingungen

Das BGB geht aus vom Grundsatz der **Vertragsfreiheit**: Nach dem BGB hat jeder die Freiheit, seine privaten Lebensverhältnisse durch Verträge und andere Rechtsgeschäfte zu gestalten. Die Vertragsfreiheit besteht aus der **Abschlussfreiheit** und der **Gestaltungsfreiheit.**
Abschlussfreiheit ist die Freiheit zu entscheiden, **ob und mit wem** man einen Vertrag schließen möchte.
Gestaltungsfreiheit ist die Freiheit der Vertragparteien, den **Inhalt des Vertrages selbst zu bestimmen.**
Grundsätzlich können sich die Parteien zu jeder überhaupt nur möglichen Leistung verpflichten. Sie können sogar Vertragsarten erfinden, die das BGB nicht kennt. Zum Leasingvertrag z.B. werden Sie im BGB keine Regelung finden. Dieser Vertragstyp ist eine neuere Erfindung.
Aber auch bei den Verträgen, die im BGB geregelt sind, können sich die Parteien zusätzliche Vereinbarungen ausdenken. Die Parteien eines Kaufvertrages können z.B. vereinbaren, dass der Käufer den Kaufpreis in Raten zahlen darf. Sie können vereinbaren, dass der Käufer innerhalb von zwei Wochen nach dem Kauf vom Vertrag zurücktreten darf. Das BGB hält eben nicht für alles, was den Parteien im konkreten Fall vielleicht wichtig ist, auch eine gesetzliche Regelung bereit. Dann dürfen die Parteien selbst entscheiden, was in ihrem Fall gelten soll.

Andererseits wird nicht alles, was im BGB steht, automatisch auch Bestandteil des Vertrages.
An vielen Stellen hält das BGB nur Vorschläge bereit, die gelten sollen, wenn die Parteien keine Vereinbarung getroffen haben. Wenn z.B. jemand in einem Elektrogeschäft einen neuen Rasierapparat kauft, passiert meist nichts weiter, als dass das Geld bezahlt und der Rasierer mitgenommen wird. Welche Rechte der Käufer haben soll, wenn der Rasierer schon nach zwei Wochen den Geist aufgibt, darüber haben die Parteien des Kaufvertrages normalerweise gar nicht gesprochen. Dann kommt ihnen das BGB zu Hilfe mit den gesetzlichen Gewährleistungsrechten des Käufers, § 437 BGB.
In bestimmten Grenzen können die Parteien aber auch vereinbaren, dass die Vorschläge, die das BGB anbietet, wenn die Parteien keine genaue Vereinbarung getroffen haben, gerade **nicht** gelten sollen. So kann z.B. der Verkäufer einer Sache mit dem Käufer vereinbaren, dass die gesetzlich vorgesehenen Gewährleistungsrechte nicht gelten sollen, sondern ausgeschlossen sind bzw. nicht in vollem Umfang eingreifen. Daran hat der Verkäufer natürlich immer ein Interesse!

Die Vorschriften des BGB, die von den Parteien ausgeschlossen werden können, heißen auch **nachgiebiges Recht**. Damit aber nicht eine der Parteien benachteiligt wird, zieht das BGB der Gestaltungsfreiheit Grenzen durch **zwingendes Recht**. Das sind Vorschriften, die von den Parteien nicht ausgeschlossen werden können, sondern immer gelten.

Dass das BGB so viele Regelungen bereithält, die man ausschließen kann, hat dazu geführt, dass viele Unternehmen sich eigene Vertragsbedingungen gebastelt haben. Und damit sie diese Arbeit nur einmal haben, haben sie diese vertraglichen Regelungen für alle Verträge, die sie in Zukunft abschließen wollen, vorformuliert und verwenden sie immer wieder. Solche vorformulierten Vertragsbedingungen heißen **Allgemeine Geschäftsbedingungen (AGB)** oder im Volksmund auch »das Kleingedruckte«.

Was für den jeweiligen Unternehmer praktisch ist, hat für seinen Vertragpartner meist ziemliche Nachteile: Er muss akzeptieren, dass der Unternehmer sich alle Rosinen herausgepickt hat. Und das Unternehmen, das die AGB verwendet, wird nicht ernsthaft über seine AGB verhandeln wollen. Oftmals handelt es sich bei der anderen Vertragspartei auch um einen privaten Verbraucher, der vielleicht auf die Leistung des Unternehmens angewiesen ist und der die Tragweite der einzelnen Vertragsbedingungen gar nicht nachvollziehen kann.

Die AGB können also dazu führen, dass die andere Vertragpartei in hohem Maße benachteiligt wird. Aus diesem Grund setzt das BGB der Gestaltungsfreiheit des AGB-Verwenders Grenzen. Ziel ist es, den Vertragspartner davor zu schützen, dass er vom Verwender der AGB über den Tisch gezogen wird. Es gibt genaue Regelungen, welche Vertragsbedingungen erlaubt sind und welche nicht. Diese Regelungen befinden sich in den §§ 305 ff. BGB. Wenn man also Zweifel hat, ob eine Vertragsbedingung wirksam ist und der andere sich darauf berufen kann, muss man die Vertragsbedingung anhand der §§ 305 ff. BGB durchprüfen. Das geschieht auf folgende Weise:

I. Begriff der allgemeinen Geschäftsbedingung, § 305 BGB

Die Schutzvorschriften der §§ 305 ff. BGB gelten natürlich nur dann, wenn die Vertragsbedingung, über deren Wirksamkeit die Parteien streiten, tatsächlich eine allgemeine Geschäftsbedingung i.S.v. § 305 BGB ist. Für andere vertragliche Vereinbarungen, die keine allgemeine Geschäftsbedingung sind, gelten die §§ 305 ff. BGB nicht. Was allgemeine Geschäftsbedingungen sind, steht in § 305 Abs. 1 BGB: Alle für eine Vielzahl von Verträgen vorformulierte Vertragsbedingungen, die eine Partei (Verwender) der anderen Partei bei Abschluss eines Vertrages stellt. Es geht also zunächst einmal um Regelungen, die die vertraglichen Beziehungen zwischen zwei Personen näher regeln sollen. Diese Vertragbedingungen werden dann von einer Partei gestellt, wenn diese Partei die Einbeziehung der AGB in den Vertrag verlangt. Bei Verträgen zwischen einem Verbraucher und einem Unternehmer gelten die AGB immer als vom Unternehmer gestellt, wenn nicht der Einbeziehungsvorschlag allein vom Verbraucher kam, § 310 Abs. 3 Nr. 1 BGB.

Was die Vertragsbedingung zu einer AGB macht, ist aber erst, dass sie für eine **mehrfache** Verwendung vorgesehen ist. Wenn die Bedingung nur für einen bestimmten Vertrag gelten soll, ist es keine **allgemeine** Geschäftsbedingung.
Eine wichtige Ausnahme hierzu steht in § 310 Abs. 3 Nr. 2 BGB für Verträge zwischen einem Unternehmer und einem Verbraucher: Auch bei einer nur einmaligen Verwendung finden die wichtigsten Vorschriften der §§ 305 ff. BGB Anwendung.

Weiterhin ist entscheidend, dass die Vertragsbedingung der einen Partei von der anderen Partei einseitig auferlegt wird. Die Vertragsbedingung muss der einen Partei also quasi aufgezwungen werden, ohne dass sie sich dagegen wirklich wehren kann. Wenn die Vertragsbedingung aber im Einzelnen zwischen den Parteien ausgehandelt wird, dann liegen keine AGB vor, § 305 Abs. 1

S. 3 BGB. In diesen Fällen konnte die benachteiligte Partei ja auf den Inhalt Einfluss nehmen, daher muss sie auch nicht extra geschützt werden.

II. Einbeziehung der AGB in den Vertrag

In § 305 Abs. 2 BGB ist geregelt, wie die AGB überhaupt Vertragsbestandteil werden:

- Der Verwender muss **bei Vertragsschluss** ausdrücklich auf die AGB **hingewiesen** haben oder es muss ein **deutlich sichtbarer Hinweis** am Ort des Vertragsschlusses ausgehängt sein. Wenn die AGB einfach nur auf der Rückseite des Vertragsformulars abgedruckt werden, ist das nicht ausreichend. Der Hinweis muss schon deutlich sichtbar erfolgen.
- Die andere Vertragspartei muss die Möglichkeit haben, von den AGB Kenntnis zu nehmen.
- Die andere Vertragspartei muss mit der Geltung der AGB einverstanden sein.

Wenn eine dieser Voraussetzungen nicht eingehalten wird, dann werden die AGB **nicht** Vertragsbestandteil. Allerdings findet sich in § 305 a BGB eine Ausnahme für bestimmte Verträge: Danach muss § 305 Abs. 2 Nr. 1 und 2 BGB nicht eingehalten werden bei AGB der Eisenbahnen und verschiedener anderer öffentlicher Verkehrsmittel. Eine weitere Ausnahme gilt für bestimmte Anbieter von Post- und Telekommunikationsdienstleitungen.

Unter bestimmten Umständen wird aber eine Klausel nicht in den Vertrag einbezogen, obwohl die Voraussetzungen von § 305 Abs. 2 BGB gewahrt wurden:
Eine AGB wird nicht Vertragsbestandteil, wenn die Parteien zu einem Punkt etwas anderes vereinbart haben: **Individuelle Vertragsabreden haben Vorrang vor AGB, § 305 b BGB.**

Außerdem werden Klauseln dann nicht wirksam in den Vertrag einbezogen, wenn sie so **ungewöhnlich sind, dass der Vertragspartner nicht mit ihnen rechnen konnte, § 305 c Abs. 1 BGB.** Es soll verhindert werden, dass der Verwender irgendwelche überraschenden Klauseln in seinen AGB versteckt. Der Vertragspartner soll darauf vertrauen dürfen, dass die AGB sich im Rahmen dessen halten, was bei einem solchen Vertrag normalerweise zu erwarten ist. Bedingungen, die sehr weit von dem abweichen, was bei dem konkreten Vertrag normalerweise üblich ist, werden daher nicht Vertragsbestandteil. Als überraschend anzusehen ist z.B. eine Klausel, die den Käufer einer Kaffeemaschine dazu verpflichtet, dauerhaft einen bestimmten Kaffee zu beziehen. Oder eine Klausel, durch die der Käufer einer Maschine gleichzeitig einen Wartungsvertrag für die Maschine abschließt. Oder eine Klausel, die den Mieter nach Ablauf der Mietzeit zum Kauf der vermieteten Sache verpflichtet.

III. Auslegung

Fall: Der Amtstierarzt des Landkreises Hurzeldingen, Ferdinand Pferdefuß, hält sich als Hobby zwei Pferde. Die Tiere werden teils als Reitpferde genutzt, gelegentlich aber auch vor die Kutsche gespannt. An einem schönen Sonntagmorgen hat Herr Pferdefuß die Pferde wieder einmal eingespannt und zuckelt die Dorfstraße hinunter. Ihnen kommt Rolf Röhr auf seinem Motorrad entgegen. Die beiden Tiere erschrecken und gehen durch. Sie galoppieren direkt in den Vorgarten von Berta Blume und richten dort erheblichen Schaden an: Mehrere große Blumenkübel gehen zu Bruch. Herr Pferdefuß meldet den Schaden der Pferdehaftpflichtversicherung. Diese verweist auf eine Klausel in den AGB »Kutschpferde sind nicht versichert«. Muss die Versicherung jetzt nicht zahlen?

Wenn man festgestellt hat, dass die AGB des Verwenders wirksam in den Vertrag mit einbezogen wurden, muss man zunächst den genauen Inhalt der einzelnen Regelungen bestimmen. Was sagt die Klausel eigentlich aus? Das muss durch Auslegung ermittelt werden. Die Auslegung richtet sich nach § 133; § 157 BGB: Die AGB sind danach ausgehend von den Verständnismöglichkeiten eines rechtlich nicht vorgebildeten Durchschnittskunden so auszulegen, wie sie von redlichen Vertragsparteien unter Abwägung der Interessen der an Geschäften dieser Art beteiligten Kreise verstanden werden. Das bedeutet übersetzt: Es muss geprüft werden, welche Kunden normalerweise diese Art von Verträgen abschließen und wie ein solcher »Normalkunde« die verwendeten AGB verstehen kann. Die verwendeten Ausdrücke haben danach diejenige Bedeutung, die ihnen im allgemeinen Sprachgebrauch auch zukommt. Wenn juristische Fachbegriffe verwendet werden, die im allgemeinen Sprachgebrauch nicht vorkommen, dann haben sie die Bedeutung wie in der juristischen Fachsprache.
Manchmal kann man den Inhalt einer Klausel aber nicht eindeutig bestimmen, weil es mehrere Auslegungsmöglichkeiten gibt.

In unserem Fall gibt es für die Klausel zwei Deutungsmöglichkeiten: Es kann sein, dass nur die Pferde vom Versicherungsschutz ausgenommen sind, die ausschließlich als Kutschpferde verwendet werden. Dann wären die Pferde von Herrn Pferdefuß nicht betroffen. Es kann aber auch gemeint sein, dass jedes Pferd gemeint ist, sobald es vor eine Kutsche gespannt wird – also auch die Pferde, die sowohl geritten als auch gefahren werden. Dann wären die Pferde nicht versichert, weil sie, als der Schaden sich ereignete, als Kutschpferde unterwegs waren.

In diesen Fällen greift § 305 c Abs. 2 BGB ein: Zweifel bei der Auslegung Allgemeiner Geschäftsbedingungen gehen zulasten des Verwenders. Es ist die Aufgabe des Verwenders, sich deutlich und verständlich auszudrücken. Tut er dies nicht, dann wird diejenige Auslegungsmöglichkeit gewählt, die für den Kunden am günstigsten und für den Verwender am ungünstigsten ist.

Die für den Kunden günstigste Auslegungsmöglichkeit ist in unserem Fall die, dass nur Pferde, die ausschließlich als Kutschpferde eingesetzt werden, nicht versichert sind. Bei dieser Auslegungsmöglichkeit hat Herr Pferdefuß für den Kutschunfall Versicherungsschutz, weil seine Pferde auch geritten werden. Da die Klausel beide Deutungsmöglichkeiten zulässt, ist gemäß § 305 c Abs. 2 BGB die für Herrn Pferdefuß günstige Variante zu wählen. Dann kann sich die Versicherung nicht auf die Klausel berufen.

IV. Inhaltskontrolle gemäß §§ 307 bis 309 BGB

Und dann kommt die eigentliche Arbeit: Es muss geprüft werden, ob die streitige Klausel in den AGB mit den Regelungen in den §§ 307 bis 309 BGB in Einklang steht. Diese Prüfung heißt **Inhaltskontrolle**. Bei der Inhaltskontrolle geht es darum, festzustellen, ob der Vertragspartner des Verwenders durch eine Klausel »entgegen den Geboten von Treu und Glauben unangemessen benachteiligt wird«. So steht es in § 307 Abs. 1 BGB. Wenn das der Fall ist, dann ist die Klausel unwirksam. Aber wann ist der Vertragspartner unangemessen benachteiligt? § 307 Abs. 1 BGB ist sehr schwammig. In § 307 Abs. 2; §§ 308 und 309 BGB wird konkreter dargelegt, wann eine Klausel unwirksam ist.
Am deutlichsten ist § 309 BGB: Hier sind Klauseln aufgezählt, die ohne Wertungsmöglichkeit unwirksam sind. Wenn eine der dort aufgezählten Klauseln sich in den AGB des Verwenders findet, muss man sich also keine weiteren Gedanken machen: Diese Klausel ist unwirksam, und damit hat es sich.

Etwas mühsamer ist es, wenn man die streitige Klausel nicht in § 309 BGB findet, sondern in § 308: Hier sind Klauselverbote mit Wertungsmöglichkeiten aufgelistet. Anders als in § 309 BGB sind die hier aufgeführten Klauseln nicht von vorne herein unwirksam, sondern es muss zunächst eine Wertung durchgeführt werden: Die in § 308 BGB aufgeführten Klauselverbote enthalten unbestimmte Rechtsbegriffe, wie z. B: »unangemessen lange« oder »nicht hinreichend bestimmt«. Was »unangemessen« ist, muss dann erst im Einzelfall durch eine (richterliche) Wertung festgestellt werden. Gemäß § 308 Nr. 1 BGB ist z.B. eine Bestimmung unwirksam, durch die sich der Verwender eine unangemessen lange Frist zur Annahme eines Angebotes vorbehält. Was für eine Frist angemessen ist, muss dann nach der Verkehrsanschauung ermittelt werden, je nachdem, um was für einen Vertrag es geht: Für Alltagsgeschäfte hält die Rechtsprechung eine Annahmefrist von 14 Tagen für angemessen. Bei einem Neuwagenkauf sind dagegen vier Wochen angemessen, ebenso beim Kauf einer Eigentumswohnung oder beim Kauf hochwertiger technischer Geräte. Aber das sind eben Fristen, die nicht im BGB stehen, sondern erst im Einzelfall durch ein Gericht im Prozess so festgelegt wurden.

Wenn man bei der Prüfung einer Klausel weder in § 309 noch in § 308 BGB fündig wird, bleibt nur noch § 307. In § 307 Abs. 1 BGB steht die oben beschriebene Generalklausel: Eine Bestimmung ist unwirksam, wenn sie den Vertragspartner unangemessen benachteiligt. In § 307 Abs. 2 BGB ist dann etwas näher geregelt, wann eine unangemessene Benachteiligung vorliegt: Wenn eine Regelung mit wesentlichen Grundgedanken der gesetzlichen Regelung nicht zu vereinbaren ist (§ 307 Abs. 2 Nr. 1 BGB) oder wenn wesentliche Rechte und Pflichten so eingeschränkt werden, dass die Erreichung des Vertragszweckes gefährdet ist (§ 307 Abs. 2 Nr. 1 BGB).

Die wesentlichen Grundgedanken der gesetzlichen Regelung ergeben sich in erster Linie aus dem BGB. Man muss also feststellen, welche Rechte das BGB im fraglichen Fall für den Vertragspartner des Verwenders bereithält. Dann muss man gucken, ob durch die Klausel in diese Rechte sehr stark eingegriffen wurde oder nur ein bisschen. Wann das der Fall ist, ist allerdings schwer festzustellen. Hier gibt es eine Fülle von Urteilen. Eine Faustregel, wann eine solche erhebliche Abweichung vorliegt, kann nicht aufgestellt werden. Eine erhebliche Abweichung haben die Gerichte z.B. festgestellt,

- wenn bei einem Maklervertrag eine erfolgsunabhängige Maklerprovision oder eine Unkostenpauschale vereinbart wird (erhebliche Abweichung von § 652 BGB).
- wenn vereinbart wird, dass eine gegenüber einem Mieter erklärte Kündigung auch Wirkung gegenüber den Mitmietern entfaltet.
- wenn dem Mieter einer Wohnung pauschal und ohne eine Höchstgrenze auferlegt wird, die Kosten für Kleinreparaturen zu tragen (erhebliche Abweichung von § 535 Abs. 1 S. 2 BGB).
- wenn bei einem Reisevertrag bei einem kurzfristigen Rücktritt der Reisepreis gezahlt werden muss.
- wenn vereinbart wird, dass alle zusätzlich zu den AGB getroffenen Vereinbarungen nur dann gültig sind, wenn sie schriftlich niedergelegt werden (erhebliche Abweichung von § 305 b BGB).

§ 307 Abs. 2 Nr. 2 BGB geht in die gleiche Richtung wie § 307 Abs. 2 Nr. 1 BGB. In der Tat ist der Unterschied zu § 307 Abs. 2 Nr. 1 BGB nur sehr gering: Eine Einschränkung wesentlicher Rechte und Pflichten, wie sie Nr. 2 verlangt, wird wohl immer auch gemäß Nr. 1 mit den wesentlichen Grundgedanken der gesetzlichen Regelung unvereinbar sein. Die wesentlichen Rechte und Pflichten sind in erster Linie die Hauptleistungspflichten, aber auch Nebenpflichten, wie die Schutz-, Obhuts- und Sorgfaltspflichten. Immer dann, wenn der Verwender durch AGB seine Haftung für die Nichterfüllung dieser Pflichten ausschließen will und dem Vertragspartner durch die

Pflichtverletzung ein erheblicher Schaden droht, sind die jeweiligen Klauseln gemäß § 307 Abs. 2 Nr. 2 BGB unwirksam.

So muss z.B. der Heizöllieferant vorher prüfen, ob das bestellte Öl auch in den Tank des Käufers passt, und er muss es sorgfältig einfüllen. Tut er das nicht und entsteht dem Käufer deshalb ein Schaden, dann kann der Verkäufer nicht durch AGB seine Haftung ausschließen.
Der Betreiber einer Autowaschanlage darf nicht die Haftung für Lackschäden ausschließen, auch wenn diese leicht fahrlässig verursacht wurden.
Ein Unternehmen, das Geldtransporte übernimmt, darf nicht die Pflicht, diese Geldtransporte schadensfrei durchzuführen, beschränken.

Wenn man es mit einer Klausel zu tun hat, die nicht schon gemäß § 309; § 308; § 307 Abs. 2 BGB unwirksam ist, dann bleibt nur noch die Generalklausel gemäß § 307 Abs. 1 BGB.
Dabei enthält § 307 Abs. 1 S. 2 BGB auch eine nähere Bestimmung, wann eine unangemessene Benachteiligung vorliegt: Wenn eine Bestimmung nicht klar und verständlich ist. Die Vorschrift in § 307 Abs. 1 S. 2 BGB enthält das sogenannte **Transparenzgebot**. Dabei geht es nicht nur darum, dass die AGB verständlich sein müssen. Der Verwender muss auch deutlich machen, welche nachteiligen Auswirkungen die Klausel für den Vertragspartner hat. Es darf also kein Nachteil durch die Formulierung versteckt werden. Ein Verstoß gegen das Transparenzgebot liegt z.B. vor, wenn in den AGB ein Haftungsausschluss »soweit gesetzlich zulässig« enthalten ist. Eine solche Klausel ist unverständlich. Oder wenn einer Versicherung in ihren AGB das Recht eingeräumt wird, Prämien, Tarife oder andere Bedingungen des Versicherungsvertrages abzuändern. Eine solche Klausel ist zu unbestimmt.

Nachdem man alle diese Sonderfälle durchgeprüft hat und keinen Verstoß feststellen konnte, muss man wohl oder übel die Generalklausel zu Hilfe nehmen. Eigentlich kann man die Generalklausel aber wirklich nur als Notnagel benutzen, weil sie so allgemein gehalten ist. Um festzustellen, ob eine unangemessene Benachteiligung vorliegt, muss man die Interessen des Vertragspartners und des Verwenders einander gegenüberstellen: Es muss geprüft werden, welches Interesse der Verwender an der Aufrechterhaltung der Klausel hat und welches Interesse der Vertragspartner an dem Wegfall der Klausel hat. Dabei muss man auch berücksichtigen, inwieweit sich jede Partei gegen die Folgen einer Verwirklichung des in der Klausel behandelten Risikos selbst schützen kann. Zuletzt muss man dann prüfen, welche Partei mehr benachteiligt wird: Der Verwender, wenn die Klausel wegfällt, oder der Vertragspartner, wenn die Klausel bestehen bleibt. Je nachdem ist die Klausel dann wirksam oder nicht. Aber alles in allem ist diese Prüfung so schwammig, dass man nur hoffen kann, die Klausel schon über §§ 309; 308; 307 Abs. 2, Abs. 1 S. 2 BGB unwirksam machen zu können ...

Es kann natürlich auch sein, dass keine Unwirksamkeit der Klausel nach den §§ 307 ff. BGB festzustellen ist. Dann ist die Klausel wirksam. Der Verwender hat in zulässiger Weise von der ihm zustehenden Gestaltungsfreiheit Gebrauch gemacht.

V. Rechtsfolgen der Unwirksamkeit einer Vertragsbestimmung

Wenn man aufgrund der eben dargestellten Inhaltskontrolle gemäß §§ 307–309 BGB zu dem Ergebnis kommt, dass eine Klausel unwirksam ist oder schon gar nicht wirksam Vertragsbestandteil geworden ist, dann stellt sich die Frage, was mit dem Vertrag passiert. Die Antwort findet

sich in § 306 BGB: Der Vertrag bleibt im Übrigen wirksam. Soweit durch die unwirksame Klausel Lücken entstehen, werden diese durch die Vorschriften des BGB geschlossen, die eigentlich vom Verwender durch die AGB ausgeschlossen werden sollten.
Nur wenn das Festhalten am Vertrag für eine Partei eine unzumutbare Härte darstellen würde, ist der Vertrag gemäß § 306 Abs. 3 BGB unwirksam.

VI. Einschränkungen für den Anwendungsbereich der §§ 305 ff.: § 310 BGB

Die eben dargestellte Inhaltskontrolle ist ziemlich mühsam. Bevor man sich Gedanken darüber macht, ob eine Vertragsbedingung gemäß §§ 305 ff. BGB wirksam ist oder nicht, sollte man zuerst prüfen, ob die §§ 305 ff. BGB überhaupt in vollem Umfang Anwendung finden. Der Anwendungsbereich der §§ 305 ff. BGB ergibt sich aus § 310 BGB.
Die §§ 305 ff. BGB sind in erster Linie dazu da, Verbraucher zu schützen, d.h. Privatpersonen, die im geschäftlichen Bereich vielleicht nicht so erfahren sind. Daher gelten gemäß § 310 Abs. 1 BGB die §§ 305 ff. BGB **nur eingeschränkt**, wenn AGB gegenüber einem **Unternehmer** oder einer **juristischen Person des öffentlichen Rechts** verwendet werden.
Von diesen Personen wird erwartet, dass sie sich durch entsprechende Vertragsverhandlungen selbst schützen. Daher können die AGB leichter in den Vertrag einbezogen werden. Es ist auch eine Einbeziehung durch schlüssiges Verhalten möglich: Der Verwender muss nur erkennbar auf seine AGB verweisen, und der Vertragspartner darf nicht widersprechen. Aber auch hier muss der Vertragspartner die Möglichkeit haben, vom Inhalt der AGB Kenntnis zu erlangen.
Bei einer Inhaltskontrolle findet außerdem nur § 307 BGB Anwendung, wobei allerdings die Klauselverbote in den §§ 308; 309 BGB Indizwirkung haben. Das bedeutet: Die Rechtsprechung wird meist, wenn gegen ein Klauselverbot aus den §§ 308 und 309 BGB verstoßen wird, eine unangemessene Benachteiligung gemäß § 307 BGB feststellen.

Außerdem gelten die §§ 308 und 309 BGB nicht für Verträge von Elektrizitäts-, Gas-, Fernwärme-, und Wasserversorgungsunternehmen.

Eine weitere wichtige Einschränkung findet sich zuletzt in § 310 Abs. 4 BGB: Danach finden die einschränkenden Regelungen über AGB keine Anwendung bei Verträgen auf dem Gebiet des Erb-, Familien- und Gesellschaftsrechtes sowie auf Tarifverträge, Betriebs- und Dienstvereinbarungen. Bei Arbeitsverträgen sollen die geltenden Besonderheiten angemessen berücksichtigt werden.

Zusammenfassende Übersicht: Prüfungsreihenfolge für AGB:

1. **Anwendbarkeit** der §§ 305 ff. gemäß § 310 BGB
2. **Handelt es sich überhaupt um AGB?** Begriffsbestimmung: § 305 Abs. 1 S. 1 BGB
3. **Sind die AGB überhaupt Vertragsbestandteil geworden?** Die AGB müssen, wie in § 305 Abs. 2 BGB vorgeschrieben, in den Vertrag einbezogen werden. Individualvereinbarungen gehen vor, § 305 b BGB. Überraschende Klauseln werden nicht Vertragsbestandteil, § 305 c BGB. Unklarheiten gehen zulasten des Verwenders, § 305 c Abs. 2 BGB.
4. **Ist die Klausel wirksam?** Das ist nicht der Fall, wenn die Klausel
   - gemäß § 309 BGB unwirksam ist.
   - gemäß § 308 BGB nach einer Wertung unwirksam ist.
   - gemäß § 307 BGB (Auffangtatbestand) unwirksam ist, weil gemäß § 307 Abs. 2 Nr. 1 BGB von wesentlichen Grundgedanken der gesetzlichen Regelung abgewichen wird oder gemäß § 307 Abs. 2 Nr. 2 BGB Rechte so eingeschränkt werden, dass der Vertragszweck gefährdet ist, oder weil gemäß § 307 Abs. 1 S. 2 BGB die Bestimmung unverständlich ist oder zuletzt weil allgemein gemäß § 307 Abs. 1 BGB eine unangemessene Benachteiligung des Vertragspartners vorliegt.

Rechtsfolge der Unwirksamkeit/Nichteinbeziehung: § 306 BGB, der Vertrag ist im Übrigen wirksam. Es gelten die Vorschriften des BGB.

7. Kapitel: Unerlaubte Handlung

In den vorangegangenen Kapiteln ging es hauptsächlich um Ansprüche aus Verträgen. Aber Ansprüche kann man nicht nur aus Verträgen herleiten. Auch Personen, die keinen Vertrag miteinander geschlossen haben, können Ansprüche gegeneinander haben, und zwar wenn sie sich gegenseitig Schaden zufügen. Darum geht es beim Recht der unerlaubten Handlung oder kurz: Deliktsrecht. Zweck des Deliktsrechtes ist, einen wirtschaftlichen Ausgleich für einen widerrechtlich erlittenen Schaden herbeizuführen.

I. § 823 Abs. 1 BGB

Die wichtigste Anspruchsgrundlage im Deliktsrecht ist § 823 Abs. 1 BGB: »Wer vorsätzlich oder fahrlässig das Leben, den Körper, die Gesundheit, die Freiheit, das Eigentum oder ein sonstiges Recht eines anderen widerrechtlich verletzt, ist dem anderen zum Ersatz des daraus entstehenden Schadens verpflichtet.« Durch § 823 Abs. 1 BGB sollen bestimmte Rechtsgüter vor widerrechtlichen Eingriffen geschützt werden.

Die Prüfung eines Anspruches aus § 823 Abs. 1 BGB erfolgt in drei Schritten:

a) Im Rahmen des **Tatbestandes** wird der äußere Geschehensablauf geprüft, also das, was ein Unbeteiligter beobachten konnte. In diesem Rahmen muss festgestellt werden, dass
   - die Verletzung eines der in § 823 Abs. 1 BGB genannten Rechtsgüter vorliegt.
   - eine Verletzungshandlung erfolgt ist: Tun oder Unterlassen.
   - zwischen der Verletzungshandlung und der Rechtsgutsverletzung ein Kausalzusammenhang besteht.

b) Bei der Rechtswidrigkeit wird eine erste Bewertung vorgenommen: Warum hat der Schädiger einem anderen einen Schaden zugefügt: Hatte er vielleicht einen guten Grund? Wollte er vielleicht dadurch einen Schaden von sich oder einem anderen abwenden? Es wird geprüft, ob Rechtfertigungsgründe vorliegen.

c) Zuletzt wird das Verschulden geprüft, also ob der Schuldner vorsätzlich oder fahrlässig gehandelt hat.

1. Verletzung eines der in § 823 Abs. 1 BGB genannten Rechtsgüter

Fall: Bürgermeister Brummelig ist stolzer Eigentümer eines nagelneuen Cabrios, das er auf dem öffentlichen Parkstreifen vor seinem Haus abstellt. Seine Nachbarn, das Ehepaar Feisling, denken sich einen Steich aus: Sie parken Brummelig mit ihren beiden Fahrzeugen vorn und hinten so ein, dass er nicht aus der Lücke kommt. Dann fahren sie für zwei Wochen in die Karibik. Als sie wieder da sind, fordert Brummelig Schadensersatz, weil er sein Auto in der Zeit nicht benutzen konnte. Zu recht?

Schadensersatz kann man nur dann verlangen, wenn bestimmte Rechtsgüter beeinträchtigt werden. Einige Rechtsgüter sind ausdrücklich aufgezählt: Leben, Körper, Gesundheit, Freiheit und Eigentum. Wann liegt eine Verletzung dieser Rechtsgüter vor?

a) Leben: Die einzige Möglichkeit, das Leben zu »verletzen« ist durch die Tötung.

Körperverletzung und Gesundheitsverletzung gehen ineinander über. Genau abgrenzen kann man diese Begriffe nicht

b) Körperverletzung ist jeder Eingriff in die körperliche Unversehrtheit. Hierher gehört übrigens auch jeder ärztliche Eingriff, selbst wenn er notwendig ist und richtig durchgeführt wird. Aber aufgrund der Einwilligung des Patienten handelt der Arzt nicht rechtswidrig.
c) Gesundheitsverletzung bedeutet das Hervorrufen einer Störung der körperlichen oder seelischen Lebensvorgänge. Kurz: Alles, was sich nicht gut anfühlt.
d) Das Rechtsgut der Freiheit wird durch den Entzug der körperlichen Bewegungsfreiheit verletzt: Also Einsperren und Fesseln etc.
e) Eigentum kann man dadurch verletzen, dass man die Sache beschädigt, aber auch dadurch, dass man dem Eigentümer die Sache wegnimmt. Etwas schwieriger wird es, wenn die Sache dem Eigentümer nicht weggenommen wird, sondern er nur für einige Zeit am bestimmungsgemäßen Gebrauch der Sache gehindert wird: Wenn es nur um eine kurzfristige Beeinträchtigung geht, liegt keine Eigentumsverletzung vor. Und auch bei einer längeren Beeinträchtigung liegt nur dann eine Eigentumsverletzung vor, wenn die Sache komplett nicht zu gebrauchen ist, nicht schon dann, wenn nur die Nutzungsmöglichkeiten eingeschränkt sind.

In unserem Fall liegt eine Eigentumsverletzung vor: Brummelig kann das Auto für zwei Wochen nicht benutzen. Es handelt sich nicht nur um eine bloße Einschränkung der Nutzungsmöglichkeit. Ein Auto ist schließlich zum Fahren da und nicht nur zum Waschen. Da das Ehepaar Fiesling rechtswidrig und schuldhaft gehandelt hat, muss es Brummelig die Kosten für die Busfahrkarte ersetzen.

Außer diesen ausdrücklich genannten Rechtsgütern spricht § 823 Abs. 1 BGB von »sonstigen Rechten«. Gemeint sind damit Rechte, die von allen anderen zu respektieren sind. Rechte, die eine Person nur gegenüber einer anderen Person hat, wie z.B. eine Forderung, gehören nicht hierher. Auch das Vermögen als solches wird nicht von § 823 Abs. 1 BGB geschützt, sondern von § 823 Abs. 2 BGB. Beispiele für sonstige Rechte sind:

- der Besitz (= tatsächliche Sachherrschaft i.S.v. § 854 Abs. 1 BGB).
- dingliche Rechte: z.B. Grundpfandrechte.
- Mitgliedschaftsrechte, z.B. in einem Verein.
- im Familienrecht: die elterliche Sorge und – man höre und staune –: das Recht zur ehelichen Lebensgemeinschaft. Allerdings lehnt die Rechtsprechung Schadensersatzansprüche gegen den untreuen Ehemann und seine Geliebte ab.
- das allgemeine Persönlichkeitsrecht: das Recht des Einzelnen auf Achtung seiner Menschenwürde und auf Entfaltung seiner individuellen Persönlichkeit. Das allgemeine Persönlichkeitsrecht schützt verschiedene Bereiche: Die persönliche Ehre, das Recht am eigenen Bild, Schutz des eigenen Namens, Schutz schriftlicher Äußerungen oder des nicht öffentlich gesprochenen

Wortes. Beim allgemeinen Persönlichkeitsrecht gilt eine Besonderheit: Das allgemeine Persönlichkeitsrecht ist nicht schon bei jeder Beeinträchtigung verletzt. Sonst hätte man schon bei jeder Kleinigkeit einen Schadensersatzanspruch. Daher muss die Rechtswidrigkeit der Beeinträchtigung auf besondere Weise festgestellt werden. Es findet eine **Interessenabwägung** statt. Die Interessen des Schädigers und des Geschädigten werden gegeneinander abgewogen: Wie schwer wiegt auf der einen Seite der Eingriff beim Geschädigten und welche berechtigten Gründe hat der Schädiger für den Eingriff? Nur wenn diese Abwägung zugunsten des Geschädigten ausgeht, kommt man zu einer rechtswidrigen Beeinträchtigung des allgemeinen Persönlichkeitsrechtes.
- Das Recht am eingerichteten und ausgeübten Gewerbebetrieb: Schutz des Betriebsinhabers eines Gewerbebetriebes gegen Beeinträchtigungen. Dieses Recht kommt nur zum Zuge, wenn die Beeinträchtigung nicht schon eine Eigentumsverletzung darstellt. Außerdem besteht auch hier die Gefahr, dass schon bei jeder Kleinigkeit ein Eingriff in den eingerichteten und ausgeübten Gewerbetrieb vorliegt. Daher wird eine Einschränkung gemacht: Es muss sich um einen **betriebsbezogenen Eingriff** handeln, d.h. der Eingriff muss sich gegen den Betrieb als solchen wenden, nicht nur gegen einzelne Rechte. Beispiel: Bei Bauarbeiten durchtrennt der Bagger versehentlich ein Stromkabel. Die an das Kabel angeschlossene Fabrik muss deshalb für die Dauer der Reparatur den Betrieb einstellen. Hier liegt kein betriebsbezogener Eingriff in das Recht am eingerichteten und ausgeübten Gewerbebetrieb vor, weil das Recht auf Stromlieferung nur einen Teil des Gewerbebetriebes ausmacht. Außerdem richtet sich der Eingriff nicht speziell gegen den Gewerbebetrieb als solchen. Das wäre nur dann der Fall, wenn mit dem Eingriff gezielt der Betrieb sabotiert werden soll. In diesem Fall könnte man allerdings überlegen, ob nicht eine Eigentumsverletzung vorliegt, weil die Maschinen nicht benutzt werden können. Das wäre dann der Fall, wenn die Reparaturen einen längeren Zeitraum in Anspruch nehmen würden. Ein Eingriff in das Recht am eingerichteten und ausgeübten Gewerbebetrieb liegt z.B. vor bei Boykottaufrufen oder abwertenden Äußerungen über einen Betrieb. Auch hier muss wieder die Rechtswidrigkeit der Beeinträchtigung mit der oben geschilderten Interessenabwägung ausdrücklich festgestellt werden.

2. Verletzungshandlung: Tun oder Unterlassen

Als Verletzungshandlung kommt ein Tun oder ein Unterlassen des Schädigers in Betracht. Wenn der Schädiger etwas tut und dadurch ein Rechtsgut verletzt, kann man meist leicht feststellen, dass ein Verletzen i.S.v. § 823 Abs. 1 BGB vorliegt. Wenn jemand einem anderen auf die Nase haut, ist klar, dass der Schlag eine Verletzungshandlung i.S.v. § 823 Abs. 1 BGB ist. Schwieriger wird es, wenn jemand nichts getan hat, sondern etwas unterlassen hat und dadurch ein Schaden eingetreten ist.

Beispiel: Hauseigentümer Faultier hat keine Lust, den vereisten Gehweg vor seinem Haus zu streuen. Der Spaziergänger Plumps rutscht aus und bricht sich den Arm.

In diesen Fällen liegt eine Verletzungshandlung i.S.v. § 823 Abs. 1 BGB vor, wenn der Schädiger dazu verpflichtet war, die unterlassene Handlung vorzunehmen. Eine solche Pflicht kann sich aus den unterschiedlichsten Gründen ergeben, z.B.:
- aus dem Gesetz, z.B. § 1353 oder 1626 BGB
- aufgrund eines Vertrages.

- aufgrund einer Schutzpflicht für nahe Angehörige, aber auch bei Partnern einer nichtehelichen Lebensgemeinschaft: Wenn die Ehefrau beim Segeln über Bord geht, darf der Ehemann nicht einfach ohne sie weitersegeln.
- für Mitglieder einer Gefahrgemeinschaft, z.B. Bergsteiger oder Safariteilnehmer. Man darf also beim Bergwandern den Freund nicht an der Steilwand hängen lassen und derweil zum Chillen in einer Berghütte einkehren.
- aufgrund von Verkehrssicherungspflichten: Wer in seinem Verantwortungsbereich Gefahren schafft, muss die notwendigen Vorkehrungen dafür treffen, dass niemand zu Schaden kommt. Zum Beispiel: Sicherheitsvorkehrungen bei öffentlichen Veranstaltungen, Sicherheitsvorkehrungen bei Gebäuden: Treppenhausbeleuchtung, rutschfreier Boden etc.
- aus vorangegangenem gefährdendem Tun, sogenannter Ingerenz: Wer etwas Gefährliches tut, muss dafür sorgen, dass dadurch kein Schaden entsteht. Zum Beispiel darf man keine Bierflasche mit Natronlauge herumstehen lassen, wenn gerade Handwerker im Hause sind.

Auch unser Beispiel gehört hierher: Als Hauseigentümer traf Faultier eine Streupflicht. Die Streupflicht gehört zu den Verkehrssicherungspflichten. Wenn er trotz dieser Pflicht nicht streut, dann stellt sein Unterlassen eine Verletzungshandlung i.S.v. § 823 Abs. 1 BGB dar.

Die **Abgrenzung zwischen Tun und Unterlassen** kann auch anhand folgender »Merksätze« vollzogen werden:
- Wer sich einem fremden Rechtsgut gefährlich nähert, handelt.
- Wer, ohne die Gefahr durch sein Tun zu erhöhen, die Gefahr nicht abwendet, unterlässt.

3. Kausalität zwischen Verletzungshandlung und Rechtsgutsverletzung

Eine Schadensersatzpflicht gemäß § 823 Abs. 1 BGB besteht nur dann, wenn die Verletzungshandlung auch ursächlich für die eingetretene Rechtsgutsverletzung geworden ist. Das ist bei einem Tun dann der Fall, wenn die Handlung nicht hinweggedacht werden kann, ohne dass die Rechtsgutsverletzung entfällt.

Beispiel: Wenn man den Schlag auf die Nase wegdenkt, dann entfällt die Rechtsgutsverletzung Nasenbeinbruch. Also ist der Schlag ursächlich für das kaputte Nasenbein.

Ein Unterlassen ist dann ursächlich für eine Rechtsgutsverletzung geworden, wenn das pflichtgemäße Handeln nicht hinzugedacht werden kann, ohne dass die Rechtsgutsverletzung entfällt.

Beispiel: Im Streupflicht-Beispiel wäre Plumps nicht gestürzt, wenn Faultier die Straße vor seinem Haus gestreut hätte. Also ist das Nichtstreuen ursächlich für den gebrochenen Arm.

4. Rechtswidrigkeit

Die Verletzungshandlung muss rechtswidrig sein. § 823 Abs. 1 BGB spricht von »widerrechtlich«. **Grundsätzlich ist jedes Verhalten, durch das ein Rechtsgut verletzt wird, auch rechtswidrig.** Die Rechtswidrigkeit entfällt nur ausnahmsweise, wenn ein Rechtfertigungsgrund vorliegt. Es gibt verschiedene Rechtfertigungsgründe:

a) Notwehr, § 227 BGB

Gemäß § 227 Abs. 2 BGB ist Notwehr diejenige Verteidigung, welche erforderlich ist, um einen gegenwärtigen rechtswidrigen Angriff von sich oder einem anderen abzuwenden. »Angriff« meint dabei die **von einem Menschen** drohende Verletzung rechtlich geschützter Interessen.

Beispiel: Wer von einem Räuber mit einem Messer bedroht wird, darf diesen mit einem Faustschlag niederstrecken. Sein Verhalten ist durch Notwehr gerechtfertigt. Wer von einem Hund angegriffen wird und diesen verletzt, kann sich nicht auf Notwehr berufen, da es sich nicht um ein menschliches Verhalten handelt. Hier kommt aber Notstand gemäß § 228 BGB in Betracht.

Eine Handlung ist nur dann durch Notwehr gerechtfertigt, wenn sie erforderlich ist, um den Angriff abzuwehren. Was erforderlich ist, richtet sich nach der Art des Angriffs. Dabei muss stets das mildeste Mittel eingesetzt werden. Der Kleingartenbesitzer darf also nicht den Birnendieb mit der Schrotflinte abknallen, um seine Birnen zu retten. Eine derartige Notwehrhandlung wäre nicht mehr gerechtfertigt, weil der Angriff nicht so schwerwiegend ist und es andere Möglichkeiten gibt, sich zu wehren.

b) Notstand, § 228 BGB

Gemäß § 228 BGB handelt derjenige nicht rechtswidrig, der eine Sache beschädigt oder zerstört, um eine von ihr ausgehende Gefahr abzuwenden. Anders als bei der Notwehr geht es hier nicht um menschliches Verhalten, sondern um die Abwehr einer Gefahr, die von einer Sache droht.

Hierher gehört auch das Hundebeispiel von eben: Der Hund ist zwar keine Sache, aber gemäß § 90 a BGB werden die für Sachen geltenden Vorschriften entsprechend angewendet. Wenn der Angegriffene sich gegen den Hund wehrt und diesen dabei verletzt, dann verletzt er dabei das Eigentum des Hundebesitzers. Er ist aber wegen Notstand gerechtfertigt.

In § 228 BGB ist nur die Rede davon, dass die Sache, von der die Gefahr droht, zerstört wird. Das ist der sogenannte **defensive Notstand**.

Was passiert in unserem Hunde-Beispiel, wenn der Angegriffene zur Verteidigung eine Zaunlatte abbricht und damit Nachbars Gartenzaun beschädigt?

Wenn zur Abwehr einer Gefahr eine fremde Sache beschädigt wird, von der gar keine Gefahr droht, spricht man vom **aggressiven Notstand.** Dieser ist in § 904 BGB geregelt (niemand weiß, warum das nicht auch ganz bequem in § 228 BGB stehen kann): Der Eigentümer einer Sache darf die Einwirkungen eines anderen auf die Sache nicht verbieten, wenn die Einwirkung zur Abwendung einer gegenwärtigen Gefahr notwendig ist.

Also ist auch die Beschädigung des Gartenzaunes gerechtfertigt, wenn man sich Lumpi nicht anders vom Hals halten kann.

Beim Notstand gilt: Der durch die Handlung angerichtete Schaden muss in einem angemessenen Verhältnis zur abgewendeten Gefahr stehen. Auch hier muss das mildeste Mittel gewählt werden.

c) Selbsthilfe, § 229 ff. BGB

Fall: Herr Sparschwein hat Herrn Lustig 10.000,– € geliehen. Herr Lustig kann Herrn Sparschwein das Geld nicht zurückzahlen. Er beschließt deshalb, ein neues Leben im sonnigen Süden zu beginnen. Höflicherweise will er sich aber zuvor noch von Herrn Sparschwein verabschieden. Dieser ist nicht erbaut von Herrn Lustigs Auswanderungsplänen. Als Herr Lustig ihm die Hand zum Abschied reicht, stellt Sparschwein fest, dass Lustig eine teure Armbanduhr (Wert: 5.000,– €) trägt. Kurz entschlossen reißt er Lustig die Uhr vom Arm. Dieser ist empört und bezichtigt Sparschwein des Diebstahls. Durfte Sparschwein die Uhr wegnehmen?

Unter Selbsthilfe versteht man die vorläufige Durchsetzung oder Sicherung eines privatrechtlichen Anspruchs mittels privater Gewalt. Wenn jemand gegen einen anderen einen Anspruch hat, dann darf er zur Durchsetzung dieses Anspruches dem anderen eine Sache wegnehmen oder den Schuldner gewaltsam festhalten, wenn obrigkeitliche Hilfe nicht rechtzeitig zu erlangen ist und der Anspruch ohne ein sofortiges Eingreifen nicht mehr durchgesetzt werden kann. Bevor sich ein Schuldner also auf Nimmerwiedersehen aus dem Staub macht, darf der Gläubiger ihn festhalten und ihm eine Sache wegnehmen, um dadurch seinen Anspruch zu sichern.

In unserem Fall war die Wegnahme der Uhr also durch Selbsthilfe gerechtfertigt. Ohne das sofortige Eingreifen hätte Sparschwein keine Möglichkeit gehabt, noch irgendwie an sein Geld zu kommen.

d) Einwilligung des Verletzten

Eine Verletzungshandlung ist immer dann gerechtfertigt, wenn der Verletzte in die Verletzung eingewilligt hat. Erst durch eine wirksame Einwilligung entfällt z.B. die Rechtswidrigkeit für einen ärztlichen Eingriff.

5. Verschulden

Die Verletzungshandlung muss schuldhaft erfolgen, nämlich vorsätzlich oder fahrlässig. Bei diesen Begriffen geht es wieder um das Gleiche wie in § 276 BGB:

Vorsatz ist das Wissen und Wollen des rechtswidrigen Erfolges. Das heißt, dass der Schädiger dann vorsätzlich handelt, wenn er den Geschädigten absichtlich verletzt und dabei weiß, dass sein Verhalten verboten ist.

Fahrlässigkeit liegt gemäß § 276 Abs. 2 BGB vor, wenn die im Verkehr erforderliche Sorgfalt außer Acht gelassen wird. Immer wenn man sich nicht so verhält, wie ein sorgfältiger Mensch sich in der gleichen Situation verhalten hätte, hat man fahrlässig gehandelt.

6. Ersatz des durch die Rechtsgutsverletzung entstandenen Schadens

Wenn die Voraussetzungen 1–5 vorliegen, dann muss der Schädiger dem Verletzten den durch die Rechtsgutsverletzung entstandenen Schaden ersetzen. Der Verletzte ist so zu stellen, wie er ohne das schädigende Ereignis stehen würde. Wenn es um die Frage geht, ob ein Schaden auf die Rechtsgutsverletzung zurückzuführen ist, gelten die gleichen Grundsätze wie oben bei der Frage, ob ein Verhalten die Rechtsgutsverletzung verursacht hat. Die Rechtsgutsverletzung ist also immer dann ursächlich für den Schaden, wenn sie nicht hinweggedacht werden kann, ohne dass der Schaden entfällt. Nur im Ausnahmefall wird der Schaden nicht auf die Rechtsgutsverletzung zurückgeführt, nämlich dann, wenn der Eintritt des Schadens außerhalb aller Wahrscheinlichkeit lag und mit ihm vernünftigerweise nicht zu rechnen war.

Beispiel: Horst Holzer verletzt Anton Autsch grob fahrlässig beim Fussballspielen am Knie. Im Krankenhaus gerät Autsch an die psychopathische Krankenschwester Gundula Gnadenschuss, die ihn ermordet. Wenn man die Rechtsgutsverletzung von Holzer wegdenkt, wäre Autsch zwar noch am Leben, sodass die Rechtsgutsverletzung ursächlich für den Schaden ist. Es lag aber außerhalb aller Wahrscheinlichkeit, dass Autsch im Krankenhaus so etwas passieren würde.
Der Schadensersatzanspruch richtet sich im Übrigen – wie jeder andere Schadensersatzanspruch auch – nach §§ 249 ff. BGB.

Aufbauschema für § 823 Abs. 1 BGB

I. Tatbestand

1. **Verletzung eines der in § 823 Abs. 1 genannten Rechtsgüter**
   Sonstige Rechte = absolute Rechte: von jedem zu beachten. Beispiele: allgemeines Persönlichkeitsrecht, Recht am eingerichteten und ausgeübten Gewerbebetrieb. **Nicht das Vermögen!**
2. **Verhalten des Anspruchsgegners: Tun** oder **Unterlassen**

Beachte: Ein **Unterlassen** ist nur dann relevant, wenn eine **Rechtspflicht** zum Handeln besteht, z.B. durch Gesetz (§ 323 c StGB), aufgrund familiärer Verbundenheit, vertragliche Verpflichtung, Gefahrgemeinschaft, Verkehrssicherungspflicht.

3. **Das Verhalten ist ursächlich für die Verletzung.**
   (haftungsbegründende Kausalität)
   Ein **Tun** ist dann ursächlich, wenn es nicht weggedacht werden kann, ohne dass der Erfolg entfällt.
   Ein **Unterlassen** ist dann ursächlich, wenn das pflichtgemäße Handeln nicht dazu gedacht werden kann, ohne dass der Erfolg entfällt.

II. Rechtswidrigkeit

Das Verhalten ist dann rechtswidrig, wenn Rechtfertigungsgründe fehlen.
»Die Tatbestandsmäßigkeit indiziert die Rechtswidrigkeit.«

Rechtfertigungsgründe: z.B. Notwehr (§ 227 BGB), Notstand (§ 228 BGB), Einwilligung des Verletzten.

III. Verschulden

1. **Vorsatz oder Fahrlässigkeit**
2. **Deliktsfähigkeit, §§ 827 ff. BGB (Nur prüfen, wenn es dafür Anhaltspunkte im Sachverhalt gibt, dass der Täter nicht deliktsfähig war.)**

IV. Rechtsfolge

Ersatz des **durch** die Rechtsgutsverletzung entstandenen Schadens **(haftungsausfüllende Kausalität, Prüfung wie haftungsbegründende Kausalität)** evtl. Mitverschulden gemäß § 254 BGB berücksichtigen (nur bei Anhaltspunkten im Sachverhalt).

II. § 823 Abs. 2 BGB

Die nächste wichtige Anspruchsgrundlage im Deliktsrecht ist § 823 Abs. 2 BGB. Gemäß § 823 Abs. 2 BGB ist derjenige zum Schadensersatz verpflichtet, der gegen ein den Schutz eines anderen bezweckendes Gesetz verstößt. Für § 823 Abs. 2 BGB braucht man keine Verletzung eines bestimmten Rechtsgutes, sondern den Verstoß gegen ein Schutzgesetz. Dadurch unterscheidet sich § 823 Abs. 2 BGB auch von § 823 Abs. 1 BGB: § 823 Abs. 1 BGB schützt das Vermögen als solches nicht. Es werden nur die Vermögensschäden ersetzt, die auf die Verletzung eines von § 823 Abs. 1 BGB geschützten Rechtsgutes zurückgehen. Wenn ein Verhalten ausschließlich das Vermögen als solches schädigt, ist § 823 Abs. 1 BGB nicht anwendbar. § 823 Abs. 2 BGB hingegen kann als Anspruchsgrundlage herangezogen werden, wenn durch ein bestimmtes Verhalten nur das Vermögen geschädigt worden ist.

Ein Schutzgesetz muss man sich erst einmal suchen. Man muss irgendwo – nicht nur im BGB – eine Rechtsnorm finden, die

1. ein bestimmtes Verhalten verbietet und
2. den Schutz eines anderen bezweckt. Das ist dann der Fall, wenn die Norm zumindest auch dazu dienen soll, denjenigen, der den Anspruch geltend macht, vor der Verletzung eines bestimmten Rechtsguts zu schützen.

Unter den Begriff »Rechtsnorm« fallen Gesetze, Rechtsverordnungen oder ordnungspolizeiliche Vorschriften. Die Liste der Schutzgesetze i.S.v. § 823 Abs. 2 BGB ist endlos.

Ein Beispiel für ein Schutzgesetz ist § 263 StGB: Betrug. § 263 StGB verbietet ein bestimmtes Verhalten (andere zu betrügen) und dient dabei auch dem Schutz des Einzelnen vor den durch Betrug verursachten Vermögensschäden.

Wenn man ein solches Schutzgesetz gefunden hat, muss man prüfen, ob gegen dieses Schutzgesetz verstoßen worden ist. Der Verstoß muss, wie die Rechtsgutsverletzung in § 823 Abs. 1 BGB, rechtswidrig und schuldhaft erfolgt sein. Auch wenn das Schutzgesetz selbst kein Verschulden vorsieht, greift § 823 Abs. 2 BGB nur ein, wenn der Schädiger schuldhaft i.S.v. § 276 BGB gehandelt hat.

Wenn z.B. ein Gebrauchtwagenhändler vortäuscht, dass ein Wagen unfallfrei ist und außerdem viel weniger Kilometer gefahren ist, als es tatsächlich der Fall ist, erhält er vom Käufer einen höheren Kaufpreis, als er tatsächlich hätte fordern dürfen. Damit hat sich der Gebrauchtwagenhändler wegen Betruges strafbar gemacht. Wenn feststeht, dass alle Voraussetzungen von § 263 StGB erfüllt sind, kann der Käufer aus § 823 Abs. 2 i.V.m. § 263 StGB Schadensersatz für alle Schäden verlangen, die ihm durch den Betrug entstanden sind.

Wenn die Voraussetzungen von § 823 Abs. 2 BGB vorliegen, kann der Geschädigte den Ersatz des durch die Schutzgesetzverletzung entstandenen Schadens verlangen. Im Übrigen gelten auch hier wieder die §§ 249 ff. BGB.

III. § 831 Abs. 1 BGB

Fall: Der Angestellte der Firma Blubb, Bert Bengel, ist auf dem Weg zur Grundschule der Verbandsgemeinde Schnurpseldingen, um dort eine verstopfte Toilette zu reinigen. Er fährt die alte Frau Unbedarft an und verletzt sie. Schuld daran war die unvorsichtige Fahrweise von Bengel. Frau Unbedarft möchte jetzt den entstandenen Schaden nicht von Bengel selbst ersetzt bekommen, sondern von Blubb, weil der mehr Geld auf dem Konto hat. Blubb lehnt das ab, weil er meint, dass er Frau Unbedarft gar nichts getan habe. Er wisse zwar, dass Bengel einen wilden Fahrstil habe, aber das sei letztlich nicht sein Problem. Ist Blubb wirklich aus dem Schneider?

§ 831 BGB ist eine Anspruchsgrundlage für den Ersatz des Schadens, den der Gehilfe einer Person anrichtet: »Wer einen anderen zu einer Verrichtung bestellt, ist zum Ersatze des Schadens verpflichtet, den der andere in Ausführung der Verrichtung einem Dritten widerrechtlich zufügt.« Das erinnert an die Haftung eines Vertragspartners für seinen Erfüllungsgehilfen, § 278 BGB. Zwischen § 831 Abs. 1 BGB und § 278 BGB bestehen allerdings erhebliche Unterschiede:

1. § 831 Abs. 1 BGB ist eine Anspruchsgrundlage. Der Geschäftsherr haftet für **eigenes** Verschulden, und zwar dafür, dass er seinen Gehilfen nicht sorgfältig ausgewählt und überwacht hat. § 278 BGB hat dagegen die Funktion, innerhalb einer anderen Anspruchsgrundlage (z.B. § 280 I) dem Geschäftsherrn ein **fremdes** Verschulden zuzurechnen.
2. Wenn der Geschäftsherr nachweisen kann, dass er seinen Gehilfen sorgfältig ausgewählt und überwacht hat, dann muss er keinen Schadensersatz leisten, § 831 Abs. 1 S. 2 BGB. Im Rahmen von § 831 Abs. 1 BGB hat der Geschäftsherr also die Möglichkeit, den Hals wieder aus der Schlinge zu ziehen. Das geht bei § 278 BGB nicht.
3. § 278 BGB setzt ein bestehendes Schuldverhältnis voraus. Nur innerhalb eines bestehenden Schuldverhältnisses kann das Verschulden über § 278 BGB zugerechnet werden. § 831 Abs. 1 BGB begründet auch dann eine Schadensersatzpflicht, wenn zwischen den beteiligten Personen kein Schuldverhältnis besteht.

In unserem Beispiel kann Frau Unbedarft also aus § 831 Abs. 1 BGB gegen Herrn Blubb vorgehen, auch wenn sie sich vorher nie gesehen haben. Eine Zurechnung des Verschuldens von Bengel über § 278 BGB käme nur dann in Betracht, wenn zwischen Blubb und Unbedarft bereits vor dem Unfall ein Schuldverhältnis, z.B. ein Vertrag, bestanden hätte.

Vergleichende Übersicht: §§ 831 Abs. 1 und 278 BGB:

§ 831 Abs. 1 BGB Verrichtungsgehilfe	§ 278 BGB Erfüllungsgehilfe
Selbständige Anspruchsgrundlage.	Dient der Zurechnung von fremdem Verschulden innerhalb einer anderen Anspruchsgrundlage.
Haftung für eigenes Verschulden (nicht ordentlich auf den Gehilfen aufgepasst).	Haftung für fremdes Verschulden.
Unabhängig von dem Bestehen eines Schuldverhältnisses.	Nur innerhalb eines bestehenden Schuldverhältnisses anwendbar.
Der Geschäftsherr kann seine Unschuld beweisen, indem er darlegt, dass er den Verrichtungsgehilfen sorgfältig ausgewählt und überwacht hat.	Der Geschäftsherr haftet immer, egal wie sorgfältig er den Erfüllungsgehilfen ausgewählt und überwacht hat.

Für einen Schadensersatzanspruch aus § 831 Abs. 1 BGB braucht man:

1. Einen **Geschäftsherrn**: Jemanden, der einen anderen zu einer Verrichtung bestellt.

In unserem Fall ist Blubb der Geschäftsherr, weil er Bengel damit beauftragt, zur Schule zu fahren.

2. Einen **Verrichtungsgehilfen**: Jemanden, der mit Wissen und Wollen des Geschäftsherrn in dessen Interesse tätig wird und dabei an dessen Weisungen gebunden ist. Auf Deutsch: Jemanden, der für einen anderen eine Aufgabe erledigen soll und dabei genau das tun muss, was der andere sagt. Anders als der Erfüllungsgehilfe ist der Verrichtungsgehilfe also **weisungsabhängig**.

Bengel ist ein Verrichtungsgehilfe, weil ihm eine Aufgabe übertragen worden ist, die in den Herrschaftsbereich von Herrn Blubb gehört. Dabei kann ihm Blubb jederzeit sagen, was er zu tun hat und was nicht.

3. **Tatbestandsmäßige, rechtswidrige unerlaubte Handlung des Verrichtungsgehilfen**: Der Verrichtungsgehilfe muss eine unerlaubte Handlung i.S.d. § 823 ff. BGB begangen haben. Auf sein Verschulden (Vorsatz/Fahrlässigkeit) kommt es nicht an. Wenn der Verrichtungsgehilfe schuldhaft gehandelt hat, haftet er aber auch selbst neben dem Geschäftsherrn.

Bengel hat eine unerlaubte Handlung gemäß § 823 Abs. 1 BGB begangen: Er hat rechtswidrig und schuldhaft (fahrlässig) den Körper und die Gesundheit von Frau Unbedarft verletzt. Er haftet daher auch selbst auf Schadensersatz.

4. **Der Verrichtungsgehilfe muss in Ausführung der Verrichtung gehandelt haben, nicht nur bei Gelegenheit.** Hierbei geht es um die gleiche Frage wie beim Erfüllungsgehilfen. Es muss ein unmittelbarer Zusammenhang zwischen der Verrichtung und der schädigenden Handlung bestehen.

Wenn Bengel auf dem Weg zur Schule kurz anhalten und eine Bank überfallen würde, wäre diese unerlaubte Handlung nur bei Gelegenheit und nicht im Zusammenhang mit der Verrichtung begangen worden. Die Straftat hat mit der Ausführung der Verrichtung nichts zu tun. Die Verletzung von Frau Unbedarft ereignet sich hingegen gerade bei der Ausführung der Verrichtung (= Fahrt).

5. **Verschulden des Geschäftsherrn**: An dieser Stelle muss man aufpassen, dass man nicht das Verschulden des Geschäftsherrn und des Verrichtungsgehilfen durcheinanderwirft. Das Verschulden des Geschäftsherrn besteht nicht darin, dass er vorsätzlich oder fahrlässig irgendetwas getan hat, sondern darin, dass er den Verrichtungsgehilfen nicht sorgfältig genug ausgewählt und überwacht hat. Dieses Verschulden wird vermutet, wie sich aus der Gesetzesformulierung ergibt (»Die Ersatzpflicht tritt nicht ein, wenn …«). Es ist also Sache des Geschäftsherrn, zu beweisen, dass er immer gut auf seinen Verrichtungsgehilfen aufgepasst hat. Wenn er das nicht beweisen kann, dann haftet er.

In unserem Fall kann Blubb nicht beweisen, dass er Bengel sorgfältig überwacht hat. Im Gegenteil: Er wusste, dass Bengel fährt wie der Henker. Wer einen anderen für sich fahren lässt, muss den Fahrstil gelegentlich kontrollieren.
Wenn die Voraussetzungen von § 831 Abs. 1 BGB vorliegen, ist der Geschäftsherr zum Ersatz des Schadens verpflichtet, den der Verrichtungsgehilfe angerichtet hat.

IV. Haftung wegen Aufsichtspflichtverletzung gemäß § 832 BGB

Eine für Eltern wichtige Norm ist § 832 BGB. Hier wird u.a. geregelt, unter welchen Voraussetzungen Eltern dafür geradestehen müssen, wenn ihre Kinder dummes Zeug machen, weil die Eltern nicht gut genug aufgepasst haben. Aber auch andere Personen, die zur Aufsicht über Minderjährige oder Kranke verpflichtet sind, können wegen einer Aufsichtspflichtverletzung zur Verantwortung gezogen werden. Die Voraussetzungen für einen Schadensersatzanspruch wegen einer Aufsichtspflichtverletzung sind:

I. Tatbestandsmäßigkeit
1. **Aufsichtsbedürftiger**: Minderjähriger oder Volljähriger, der wegen seines geistigen oder körperlichen Zustandes der Beaufsichtigung bedarf.
2. **Aufsichtspflichtiger**: bei **Minderjährigen**: Die Eltern
   Bei **Volljährigen**: häufig: **vertragliche** Aufsichtspflicht.
   Wichtig: Der Betreuer ist nicht automatisch auch aufsichtspflichtig!
   Er ist es nur dann, wenn ihm auch die Personensorge übertragen worden ist.
3. **Widerrechtliche Schadenszufügung durch den Aufsichtspflichtigen** (→§ 823 BGB)
4. **Verletzung der Aufsichtspflicht**: Dazu sagt der BGH: »Das Maß der gebotenen Aufsicht bestimmt sich nach Alter, Eigenart und Charakter des Kindes, wobei sich die Grenzen der erforderlichen und zumutbaren Maßnahmen danach richten, was verständige Eltern nach vernünftigen Anforderungen in der konkreten Situation tun müssen, um Schädigungen Dritter durch ihr Kind zu verhindern.«
5. **Kein Ausschluss gemäß § 832 Abs. 1 S. 2 BGB**
   Der Aufsichtspflichtige haftet nicht, wenn er beweisen kann, dass er seiner Aufsichtspflicht nachgekommen ist oder der Schaden auch so eingetreten wäre.

V. §§ 836–838 BGB

In den §§ 836 ff. BGB geht es um die Haftung eines Grundstücks- oder Gebäudebesitzers für die Schäden, die durch den Einsturz des Gebäudes oder die Ablösung von Teilen des Gebäudes (z.B. Dachziegel) bei anderen entstehen können.

Hierzu nur im Überblick:

§ 836 BGB: Haftung des **Grundstücksbesitzers**	§ 837 BGB: Haftung des **Gebäudebesitzers**	§ 838 BGB: Haftung des **Gebäudeunterhaltspflichtigen**
Voraussetzungen: **1.** Anspruchsgegner = Eigenbesitzer des **Grundstücks,** Abs. 1 oder früherer Besitzer, Abs. 2.	**Voraussetzungen:** **1.** Anspruchsgegner = der Eigenbesitzer des **Gebäudes.**	**Voraussetzungen:** **1.** Anspruchsgegner = Gebäudeunterhaltspflichtiger.
2. Personen- oder Sachschaden durch Einsturz oder Ablösung eines Gebäudeteils als Folge der fehlerhaften Errichtung oder Unterhaltung. **3.** Verschulden: wird vermutet. Der Besitzer muss beweisen, dass er zum Zwecke der Abwendung der Gefahr die im Verkehr erforderliche Sorgfalt beobachtet hat.		
Rechtsfolge: Ersatz des daraus entstandenen Schadens.	Haftung **anstelle** des Eigenbesitzers des **Grundstücks.**	Haftung **neben** dem **Eigenbesitzer des Grundstücks oder dem Eigenbesitzer des Gebäudes.**

VI. Prüfungsschema für die Haftung bei Amtspflichtverletzung, § 839 i.V.m. Art. 34 GG

1. **Handeln eines Amtsträgers**
   Amtsträger ist jeder, dem die Ausübung eines öffentlichen Amtes anvertraut ist.
2. **In Ausübung eines öffentlichen Amtes:** nur die hoheitliche Tätigkeit der Verwaltung wird erfasst. Im privatrechtlichen Bereich greifen §§ 823 ff BGB.
3. **Verletzung einer Amtspflicht, die dem Geschädigten gegenüber bestand und dessen Schutz bezweckt. Amtspflicht ist jede persönliche Verhaltenspflicht, des Amtsträgers im Bezug auf seine Amtsführung, z.B.:**

- Amtspflicht zum rechtmäßigen Verwaltungshandeln,
- Amtspflicht zum zuständigkeitsgemäßen Handeln,
- Amtspflicht zur fehlerfreien Ermessensausübung,
- Amtspflicht zur Schonung unbeteiligter Dritter,
- Amtspflicht zum verhältnismäßigen Handeln,
- Amtspflicht zur raschen Sachentscheidung,

- Amtspflicht zur sachgerechten Auskunftserteilung, d.h. richtig, vollständig und unmissverständlich.

4. **Verschulden**
5. **Schaden**
6. **Haftungsbeschränkung:**
- **§ 839 Abs. 1 S. 2 BGB:** Bei bloß fahrlässiger Amtspflichtverletzung haftet der Staat nur, wenn es keine anderweitige Ersatzmöglichkeit gibt.
- **§ 839 Abs. 2 S. 1 BGB:** Bei Urteilen besteht ein Anspruch nur dann, wenn das Urteil einen Straftatbestand darstellt, z.B. Rechtsbeugung.
- **§ 839 Abs. 3 BGB:** Der Geschädigte muss versuchen, den Schaden durch die Einlegung eines Rechtsmittels abzuwenden.

7. **Rechtsfolge: Ersatz des verursachten Schadens**

Anspruchsgegner ist die Körperschaft, in deren Diensten der pflichtwidrig handelnde Amtsträger steht.

VII. Deliktsfähigkeit

Fall: Der fünfjährige Sohn des Fußballstars David Backgammon schafft es in einem unbeobachteten Moment – seine Kinderfrau ist nur kurz auf die Toilette gegangen – das Auto des Nachbarn mit Lackfarbe völlig neu zu gestalten. Der Nachbar fordert wutentbrannt den Ersatz der Kosten für die Reinigung seines Wagens. David Backgammon, zwar stinkreich, aber geizig, lehnt das ab: Sein kleiner Liebling könne doch für sein Tun noch gar nicht verantwortlich gemacht werden. Der Nachbar ist nicht damit einverstanden, dass Söhnchen sich so einfach aus der Affäre ziehen kann, zumal er selbst arm wie eine Kirchenmaus ist. Hat Backgammon nun recht oder muss sein Sohn den angerichteten Schaden von seinem üppigen Sparbuch, das Papi für ihn angelegt hat, bezahlen?

Einen Vertrag kann man nur dann abschließen, wenn man geschäftsfähig ist, also selbst überblicken kann, worauf man sich einlässt. Für eine unerlaubte Handlung kann man ebenfalls nur dann zur Verantwortung gezogen werden, wenn man in der Lage ist, einzusehen, dass man Unrecht tut. Dabei geht es um die Frage der Deliktsfähigkeit. **Deliktsfähigkeit ist die Fähigkeit einer Person für ein eigenes schuldhaftes Handeln verantwortlich zu sein.** Nur wer deliktsfähig ist, kann für einen von ihm verursachten Schaden zur Verantwortung gezogen werden. Ähnlich wie bei der Geschäftsfähigkeit unterscheidet das BGB zwischen deliktsunfähigen, bedingt deliktsfähigen und voll deliktsfähigen Personen.

1. Deliktsunfähig sind
a) Kinder unter sieben Jahren, § 828 Abs. 1 BGB.

Hierher gehört auch der fünfjährige Sohn von David Backgammon. Er kann also für den verursachten Schaden grundsätzlich nicht zur Verantwortung gezogen werden. Das ist allerdings ein bisschen unfair, weil er sehr viel Geld hat und der arme Nachbar nicht so viel.

b) Kinder zwischen sieben und zehn Jahren für einen Unfall mit einem Kraftfahrzeug, einer Schienenbahn oder Schwebebahn, wenn sie den Unfall nur fahrlässig herbeigeführt haben, § 828 Abs. 2 BGB.
c) Jeder, der im Zustand der Bewusstlosigkeit oder in einem, die freie Willensbestimmung ausschließenden Zustand krankhafter Störung der Geistestätigkeit einem anderen Schaden zufügt, § 827 BGB. Diese Vorschrift stimmt mit § 105 Abs. 2 überein. Wer keine Willenserklärung abgeben kann, ist auch für einen von ihm angerichteten Schaden nicht verantwortlich. Anders als bei § 105 Abs. 2 BGB gibt es aber eine Ausnahme: Wenn man sich durch »geistige Getränke« in einen vorübergehenden Zustand der Geistestätigkeit versetzt hat, dann ist man für den Schaden verantwortlich, als habe man fahrlässig gehandelt, § 827 S. 2 BGB. Bedeutet übersetzt: Wer sich betrinkt oder auf andere Weise berauscht, haftet so, als hätte er den Schaden fahrlässig verursacht. Zweck dieser Vorschrift ist, dass man den Leuten nicht die Verantwortung für ihr Verhalten abnehmen will. Wer sich betrinkt, weiß dabei auch, dass er dann leichter einen Schaden anrichtet als im nüchternen Zustand. Deshalb auch hier wieder eine Ausnahme: Wer ohne Schuld in einen Rauschzustand geraten ist, bei dem bleibt es dabei, dass er für sein Verhalten nicht verantwortlich ist. Wem also in der Diskothek ohne sein Wissen etwas in den Drink gekippt wurde, der kann für den Unfall, den er auf dem Heimweg verursacht, nicht zur Verantwortung gezogen werden.

Wenn man festgestellt hat, dass eine Person deliktsunfähig ist, dann kann ein Schadensersatzanspruch gegen sie nicht geltend gemacht werden. Es gibt allerdings eine Ausnahme: § 829 BGB. § 829 BGB greift immer dann ein, wenn der Schädiger selbst deliktsunfähig ist und auch kein anderer wegen einer Verletzung seiner Aufsichtspflicht gemäß § 832 BGB zur Verantwortung gezogen werden kann. Gemäß § 829 BGB kann auch eine deliktsunfähige Person insoweit zur Verantwortung gezogen werden, »als die Billigkeit nach den Umständen, insbesondere nach den Verhältnissen der Beteiligten eine Schadloshaltung erfordert«. Dahinter verbergen sich die Fälle, in denen der Schädiger viel mehr Geld hat als der Geschädigte. Dann wäre es »unbillig«, wenn sich der Schädiger auf seine Deliktsunfähigkeit berufen könnte.

In unserem Fall ist der Sohn von David Backgammon deliktsunfähig gemäß § 828 Abs. 1 BGB. Die Kinderfrau als aufsichtspflichtige Person kann nicht zur Verantwortung gezogen werden, da sie ihre Aufsichtspflicht nicht verletzt hat: Einen Fünfjährigen darf man für einige Minuten aus den Augen lassen, wenn man zur Toilette muss.
Daher kann der Nachbar auf § 829 BGB zurückgreifen: Das Söhnchen steht wirtschaftlich viel besser da als der geplagte Nachbar. Daher muss er die Reinigungskosten gemäß § 829 BGB ersetzen.

2. **Bedingt deliktsfähig** sind Kinder zwischen dem siebten und dem 18. Lebensjahr. Sie sind für einen Schaden nur dann verantwortlich, wenn sie bei der Begehung der schädigenden Handlung die zu Erkenntnis der Verantwortlichkeit erforderliche Einsicht hatten. Das heißt: Der Minderjährige kann nur dann zur Verantwortung gezogen werden, wenn er erkennen konnte, dass sein Verhalten gefährlich ist und dass er für die Folgen seines Tuns selbst einstehen muss. Das BGB geht davon aus, dass der Minderjährige grundsätzlich diese Einsichtsfähigkeit hat. Im Einzelfall ist es Sache des Minderjährigen zu beweisen, dass er die Folgen seines Handelns nicht absehen konnte.

3. **Voll deliktsfähig** sind alle Personen, die über 18 Jahre sind. Ausnahme: § 827 BGB: Der Volljährige, der bewusstlos ist oder sich in einem die freie Willensbestimmung ausschließenden Zustand krankhafter Störung der Geistestätigkeit befindet.

Zusammenfassende Übersicht zur Deliktsfähigkeit:

Deliktsfähigkeit ist die Fähigkeit einer Person, für eigenes schuldhaftes Handeln verantwortlich zu sein. Nur deliktsfähige Personen können für einen von ihnen verursachten Schaden zur Verantwortung gezogen werden. Es wird unterschieden:

Deliktsunfähigkeit	**Bedingte Deliktsfähigkeit**	**Deliktsfähigkeit**
– Kinder unter 7Jahren, § 828 Abs. 1 BGB. – Kinder zwischen 7 und 10 Jahren für einen Unfall mit Kraftfahrzeug/ Schienenbahn, § 828 Abs. 2 BGB. – Personen über 18 Jahren, die bewusstlos sind oder sich in einem, die freie Willensbestimmung ausschließenden Zustand krankhafter Störung der Geistestätigkeit befinden, § 827 BGB. Ersatzpflicht nur ausnahmsweise gemäß § 829 BGB.	– Kinder zwischen 7 und 18 Jahren, wenn sie bei der Begehung der schädigenden Handlung die zur Erkenntnis der Verantwortlichkeit erforderliche Einsicht haben, § 828 Abs. 3 BGB. Wenn diese Einsicht fehlt: keine Ersatzpflicht.	– Personen über 18 Jahre. Ausnahme: § 827 BGB. **Deliktsfähige Personen sind in vollem Umfang schadensersatzpflichtig für den von ihnen angerichteten Schaden.**

8. Kapitel: Familienrecht

Das Familienrecht im vierten Buch des BGB regelt im Wesentlichen die Beziehungen zwischen Personen, die durch die Ehe oder Verwandtschaft miteinander verbunden sind. Hierher gehören aber auch Regelungen über die Vormundschaft für Minderjährige, über Betreuung und Pflegschaft.

I. Die Ehe

a) Die Eheschließung

Fall: Romeo und Julia im gleichnamigen Drama von William Shakespeare werden vor ihrem tragischen Tod noch von einem Priester getraut. Wären sie damit nach deutschem Recht gültig verheiratet?

Eine Ehe kommt zustande, indem die Eheschließenden vor dem Standesbeamten erklären, die Ehe miteinander eingehen zu wollen, § 1310 BGB. Es gilt das System der **obligatorischen Zivilehe**. Das bedeutet, dass eine Ehe mit Wirkung für den staatlichen Rechtsbereich nur geschlossen ist, wenn das Eheversprechen vor dem Standesbeamten erklärt worden ist. Eine kirchliche Eheschließung hat zivilrechtlich gesehen keine Auswirkungen. Sie löst nicht die Wirkungen aus, die das BGB für Eheleute vorsieht. Wer sowohl im Angesicht der Kirche als auch nach dem BGB verheiratet sein will, muss also doppelt heiraten: Vor dem Standesamt und vor dem Pastor.

Romeo und Julias Eheschließung würde demnach keine Wirkung nach dem BGB hervorrufen. Sie müssten, um verheiratet zu sein, noch schnell einen Standesbeamten aufsuchen. So haben sie nur eine sogenannte Nichtehe geschlossen.

Ebenso wie die Eheschließung ohne Standesbeamten ist eine Nichtehe ohne irgendwelche Rechtswirkungen zustande gekommen, wenn nur eine der beiden Personen die Ehewillenserklärung abgegeben hat.

In den übrigen Fällen liegt eine Ehe vor, die nur durch Ehescheidung oder Aufhebung wieder gelöst werden kann. In beiden Fällen ist dazu ein Urteil des Amtsgerichts – Familiengericht – erforderlich. Eine Aufhebung der Ehe kommt nur infrage, wenn ein Aufhebungsgrund gemäß § 1314 BGB vorliegt. Zur Ehescheidung s.u.

b) Die Wirkungen der Ehe

Wenn Romeo und Julia nicht das tragische Ende genommen hätten, das Shakespeare für sie vorgesehen hatte, dann wäre ihr Leben möglicherweise wie folgt weiterverlaufen: Sie hätten wirksam vor dem Standesbeamten geheiratet und zwei reizende Kinder bekommen, Romeo jun. und Julia jun. Dann hätte Romeo eines Tages, weil er sich von Julia und den Blagen beim Fernsehen gestört fühlt, die übrige Familie aus dem Wohnzimmer verbannt. Und Julia wäre zum Rechtsanwalt gegangen, um zu fragen, ob Romeo sie dauerhaft aus dem Wohnzimmer ausschließen darf.

Wenn Eheleute die Ehe geschlossen haben, hat das folgende Auswirkungen für sie:

- Sie sind gemäß § 1353 BGB **zur ehelichen Lebensgemeinschaft** verpflichtet. Das bedeutet im Einzelnen: Sie sind zur Wahrung der ehelichen Treue verpflichtet. Sie sind verpflichtet, einander Beistand zu leisten, auch in persönlichen Angelegenheiten.
  Sie müssen aufeinander Rücksicht nehmen. Sie müssen die finanziellen Belastungen des jeweils anderen so gering wie möglich halten. Sie müssen zusammen leben und sich gegenseitig die Benutzung der Ehewohnung gestatten.

Romeo darf also Julia nicht aus dem Wohnzimmer vertreiben. Er hat ihr aufgrund seiner Verpflichtung zur ehelichen Lebensgemeinschaft die Mitbenutzung des Wohnzimmers zu gestatten.

Wenn ein Ehegatte gegen die Pflicht zur ehelichen Lebensgemeinschaft verstößt, z.B. indem er fremdgeht, kann der andere Ehegatte eine Klage auf Herstellung der ehelichen Lebensgemeinschaft erheben. Er bekommt dann vielleicht auch ein entsprechendes Urteil. Problem nur: Er kann aus diesem Urteil nicht die Zwangsvollstreckung betreiben, § 888 Abs. 3 ZPO.

- Die Ehegatten sind einander verpflichtet, durch ihre Arbeit und mit ihrem Vermögen die Familie angemessen zu **unterhalten**, § 1360 BGB. Dabei ist auch die Führung des Haushalts als Arbeit zum Familienunterhalt anzusehen, § 1360 S. 2 BGB.
- Jeder der Ehegatten kann Geschäfte zur angemessenen Deckung des Lebensbedarfes der Familie mit Wirkung auch für den anderen Ehegatten besorgen, sogenannte **Schlüsselgewalt** gemäß § 1357 BGB. Wenn ein Ehegatte also einen Vertrag abschließt, welcher der Deckung des Lebensbedarfes dient, wird der andere Ehegatte aus diesem Vertrag mitverpflichtet, auch wenn der vertragsschließende Ehegatte ihn vorher nicht gefragt hat.

Julia kann also beim Gemüsehändler anschreiben lassen, und Romeo ist gemäß § 433 Abs. 2 BGB zur Zahlung verpflichtet. Er ist gemäß § 1357 mitverpflichtet. Wenn sich Julia hingegen einen Nerzmantel kauft, greift § 1357 BGB nicht ein, da es kein Geschäft zur angemessenen Deckung des Lebensbedarfes ist. Dann wird Julia allein Vertragspartnerin und muss den Kaufpreis bezahlen.

- Bei all den oben aufgeführten Verpflichtungen gilt zwischen den Ehegatten ein besonderer Haftungsmaßstab: Gemäß § 1359 BGB haben die Ehegatten bei der Erfüllung der sich aus dem ehelichen Verhältnis ergebenden Verpflichtungen einander nur für diejenige Sorgfalt einzustehen, welche sie in eigenen Angelegenheiten anzuwenden pflegen. Wenn ein Ehegatte also eine Pflicht verletzt, dann haftet er dem anderen Ehegatten nur, wenn er die Angelegenheiten seines Ehegatten dabei sorgloser behandelt hat als seine eigenen.

Wenn Julia beim Frühjahrsputz leicht fahrlässig die Whisky-Sammlung von Romeo zerdeppert, dann kann er keinen Schadensersatzanspruch gegen sie geltend machen. Etwas anderes würde nur dann gelten, wenn sie mit der Whiskey-Sammlung sehr viel unsorgfältiger verfährt als mit ihrer eigenen Sammlung von Meissner-Porzellan-Figuren. Sie muss mit der Whisky-Sammlung genauso verfahren wie mit ihren eigenen Sachen. Tut sie das nicht, dann kann Romeo Schadensersatz verlangen.

- Zuletzt noch eine Auswirkung der Ehe, die für die Gläubiger des einen Ehepartners interessant ist: § 1362 BGB. Danach wird zugunsten des jeweiligen Gläubigers vermutet, dass die im Besitz der Ehegatten befindlichen Sachen jeweils dem Schuldner gehören. Diese Norm entfaltet ihre Bedeutung im Rahmen einer Zwangsvollstreckung in Verbindung mit § 739 ZPO: Normalerweise darf ein Gläubiger nur in die Sachen vollstrecken, die der Schuldner allein im Gewahrsam hat. Bei Ehegatten besteht aber in vielen Fällen an den Sachen in der Ehewohnung Mitgewahrsam. Daher könnte der Ehegatte gemäß § 809 ZPO die Pfändung verhindern.
  Gemäß § 1362 BGB i.V.m. § 739 ZPO gilt jedoch der Ehegatte als alleiniger Gewahrsamsinhaber. Der Gläubiger kann also vollstrecken, ohne sich für die Eigentums- und Gewahrsamsverhältnisse kümmern zu müssen.

c) Die Ehescheidung

Romeo und Julia haben sich über das Wohnzimmer und die zerstörte Whisky-Sammlung so zerstritten, dass Julia beschließt, mit den Kindern auszuziehen und sich scheiden zu lassen. Wie läuft die Scheidung ab und welche Wirkungen hat eine Ehescheidung?

aa) Voraussetzungen der Ehescheidung

Die Ehescheidung erfolgt auf Antrag eines oder beider Ehegatten durch gerichtliches Urteil. Ein entsprechender Antrag ist beim Amtsgericht – Familiengericht – zu stellen. Mit Rechtskraft des Urteils ist die Ehe aufgelöst. Die oben aufgezählten Wirkungen der Ehe entfallen.

Das BGB kennt nur einen Grund für die Scheidung einer Ehe: Eine Ehe kann geschieden werden, wenn sie gescheitert ist, § 1565 Abs. 1 S. 2 BGB. Die Ehe ist gescheitert, wenn die Lebensgemeinschaft der Ehegatten nicht mehr besteht und nicht erwartet werden kann, dass die Ehegatten sie wiederherstellen. Damit der Richter nun nicht so viel »schmutzige Wäsche waschen« muss, um herauszufinden, ob die Ehe gescheitert ist oder nicht, wird das Scheitern der Ehe aus leicht feststellbaren Umständen gefolgert:

- Gemäß § 1566 Abs. 1 BGB wird das Scheitern der Ehe unwiderlegbar vermutet, wenn die Ehegatten seit einem Jahr getrennt leben und beide Ehegatten die Scheidung beantragen oder der Antragsgegner der Scheidung zustimmt.
- Wenn nur einer der Ehegatten die Scheidung beantragt und der andere nicht zustimmt, dann gilt die Ehe dann gescheitert, wenn die Ehegatten seit drei Jahren getrennt leben, § 1566 Abs. 2 BGB.

Vor Ablauf eines Jahres ist die Scheidung nur im Ausnahmefall möglich, § 1565 Abs. 2 BGB.

Wenn Romeo und Julia sich scheiden lassen wollen, dann müssen sie also in jedem Fall erst einmal mindestens ein Jahr getrennt leben. Wenn dann beide die Scheidung wollen, können sie nach einem Jahr geschieden werden. Wenn einer von beiden dagegen ist (z.B. Romeo, der zuletzt mit Hilfe von »Nur die Liebe zählt« versucht, Julia zurückzubekommen), dann muss der andere noch zwei weitere Jahre warten, bis er seine Freiheit wiederhat. Es sei denn, der Ehegatte, der die Scheidung wünscht, kann auch schon vor Ablauf von drei Jahren den Scheidungsrichter davon überzeugen, dass die Ehe gescheitert ist.

bb) Unterhaltsanspruch während des Getrenntlebens gemäß § 1361 BGB

Während des Getrenntlebens besteht zwischen den Ehegatten weiterhin eine Unterhaltpflicht, § 1361 BGB. Voraussetzung für diese Unterhaltspflicht ist, dass der Ehegatte, der den Unterhalt fordert, **bedürftig** ist. Bedürftig ist er dann, wenn er nicht in der Lage ist, sich aus seinen Einkünften oder seinem Vermögen selbst zu unterhalten. Die Höhe des Unterhaltes umfasst den gesamten Lebensbedarf und ist nach den ehelichen Lebensverhältnissen zu bemessen. Der Ehegatte, der Unterhalt fordert, kann also verlangen, dass ihm der gleiche Lebensstandard erhalten bleibt, den er in der Ehe hatte, immer vorausgesetzt, dass der andere Ehegatte das bezahlen kann.
Dieser muss nur dann Unterhalt zahlen, wenn er **leistungsfähig** ist, d.h. den Unterhaltsbedarf bezahlen kann. Ein bestimmter Betrag seines Einkommens muss ihm für den eigenen Lebensbedarf verbleiben.

Wenn Julia mit den Kindern ausgezogen ist, kann sie also zunächst verlangen, dass Romeo ihr Unterhalt zahlt, wenn sie selbst wegen der Kinder vorübergehend nicht erwerbstätig ist. Romeo muss dann Auskunft über die Höhe seines Einkommens erteilen, § 1605 BGB. Mit Hilfe dieser Auskunft kann Julia dann die Höhe des ihr zustehenden Unterhaltsanspruches berechnen.

Wenn die Ehe rechtskräftig geschieden worden ist, erlischt dieser Unterhaltsanspruch. Unterhalt kann dann nur unter den Voraussetzungen der §§ 1570 ff. BGB gefordert werden.

cc) Der Unterhaltsanspruch nach der Scheidung

Nach der Scheidung soll grundsätzlich jeder Ehegatte wieder für sich selbst sorgen. Nur ausnahmsweise kann ein Ehegatte vom anderen Ehegatten nach der Scheidung weiterhin Unterhalt verlangen, wenn einer der in § 1570 ff. BGB aufgezählten Tatbestände vorliegt:

- Ein Ehegatte kann Unterhalt verlangen, solange und soweit von ihm wegen der **Pflege oder Erziehung eines gemeinschaftlichen Kindes** eine Erwerbstätigkeit nicht erwartet werden kann, § 1570 BGB. Dieser Unterhaltsanspruch besteht für die ersten drei Jahre nach der Geburt des Kindes. Danach kann sich der Unterhaltsanspruch verlängern, dabei sind jedoch die bestehenden Möglichkeiten der Kinderbetreuung zu berücksichtigen. Grundsätzlich ist der betreuende Ehegatte gehalten, das Kind anderweitig betreuen zu lassen und wieder eine Erwerbstätigkeit aufzunehmen.

Wenn Julia wegen der Kinder nicht arbeiten kann, kann sie also gemäß § 1570 BGB von Romeo auch nach der Scheidung noch Unterhalt verlangen, allerdings grundsätzlich nur in den ersten drei Lebensjahren der Kinder. Bei zwei Kindern wird sich die Dauer des Unterhaltsanspruches entsprechend verlängern. Sobald aber das jüngere Kind das dritte Lebensjahr vollendet hat, wird von Julia grundsätzlich wieder eine Erwerbstätigkeit erwartet.

- Ein Unterhaltsanspruch besteht auch, wenn von dem Ehegatten wegen seines **Alters** eine Erwerbstätigkeit nicht mehr erwartet werden kann, § 1571 BGB.
- Unterhaltsberechtigt ist ein geschiedener Ehegatte, der wegen Krankheit, Gebrechen oder Schwäche nicht in der Lage ist, eine Erwerbstätigkeit aufzunehmen, § 1572 BGB.
- Wenn keiner der Tatbestände der §§ 1570–1572 BGB vorliegt, kann ein Ehegatte gemäß § 1573 BGB Unterhalt verlangen, wenn er aufgrund der Lage des Arbeitsmarktes keine Erwerbstätigkeit finden kann. Er muss aber nachweisen, dass er sich wirklich um Arbeit bemüht.

- Ein Ehegatte kann gemäß § 1575 BGB vom anderen Ehegatten die Finanzierung einer Ausbildung, Fortbildung oder Umschulung verlangen, um ehebedingte Nachteile auszugleichen.
- Zuletzt kann ein Ehegatte gemäß § 1576 BGB vom anderen Ehegatten Unterhalt verlangen, wenn von ihm aus schwerwiegenden Gründen eine Erwerbstätigkeit nicht erwartet werden kann. § 1576 BGB ist ein Auffangtatbestand, um unbillige Härten zu vermeiden.

Auch der nacheheliche Unterhaltsanspruch richtet sich wieder nach den ehelichen Lebensverhältnissen und muss nur geleistet werden, wenn der Ehegatte, der Unterhalt fordert, bedürftig und der andere Ehegatte leistungsfähig ist. Ein bestehender Unterhaltsanspruch geht staatlicher Hilfe vor.

dd) der Zugewinnausgleich

Wenn die Eheleute bei der Eheschließung keinen Ehevertrag geschlossen haben, der Gütertrennung oder Gütergemeinschaft vorsieht, leben sie im Güterstand der **Zugewinngemeinschaft**. Das bedeutet, dass jeder Ehegatte Inhaber des Vermögens bleibt, das er mit in die Ehe gebracht hat. Auch das, was er während der Ehe erwirbt, gehört zu seinem Vermögen. Wenn die Ehe scheitert, wird dann der Zugewinnausgleich durchgeführt: Es wird aufgelistet, was die Ehegatten jeweils zu Beginn der Ehe hatten. Dann wird aufgelistet, was die Ehegatten jeweils bei Rechtshängigkeit des Scheidungsantrages haben. Aus dieser Auflistung kann man dann errechnen, wie viel Vermögen die Ehegatten während der Ehe jeweils hinzu erworben haben. Wenn einer von beiden während der Ehe mehr zu seinem Vermögen hinzugewonnen hat als der andere, dann muss er die Häfte des Betrages, um den sein Zugewinn den Zugewinn des Ehegatten übersteigt, an diesen auszahlen.

ee) Versorgungsausgleich

Bei einer Ehescheidung werden zuletzt noch die Rentenanwartschaften ausgeglichen, die die Eheleute während der Ehe erworben haben. Ähnlich wie beim Zugewinnausgleich werden von dem Ehegatten, der während der Ehe höhere Anwartschaften erworben hat, die Hälfte der mehr erworbenen Anwartschaften auf den anderen Ehegatten übertragen.

Zusammenfassende Übersicht zur Ehescheidung:

Ehescheidung = Auflösung der Ehe durch rechtsgestaltendes Urteil

Voraussetzungen: §§ 1565 ff. BGB

1. Scheitern der Ehe wird unwiderlegbar vermutet bei einem Jahr Getrenntleben und Zustimmung beider Parteien **oder** bei dreijährigem Getrenntleben auch ohne Zustimmung.
   Bei Getrenntleben unter einem Jahr: Wenn die Ehe für den Antragsteller eine unzumutbare Härte darstellen würde.
2. Die Härteklausel des § 1568 BGB darf nicht eingreifen (selten).

Außerordentliche Kündigung:
Rechtswirkungen:

- Versorgungsausgleich, §§ 1587 ff. BGB
- jeder behält seinen Ehenamen.
- es bleibt bei der gemeinsamen elterlichen Sorge.
- Hausrat und Ehewohnung werden verteilt, Hausrats-VO
- Unterhalt: grds. Eigenverantwortung, sonst: §§ 1570 ff.
- Zugewinnausgleich

II. Die Verwandtschaft

Verwandtschaft zwischen zwei Personen entsteht in erster Linie natürlich dadurch, dass zwei Personen blutsverwandt sind, das heißt voneinander abstammen oder gemeinsam von einer dritten Person abstammen. Verwandtschaft kann aber auch durch Annahme an Kindes statt (Adoption) hervorgebracht werden.
Das BGB unterscheidet:

- Personen, deren eine von der anderen abstammt, sind in gerader Linie verwandt, § 1589 S. 1 BGB. Beispiel: Großeltern, Eltern und Kinder sind in gerade Linie miteinander verwandt.
- Personen, die nicht in gerade Linie verwandt sind, aber von derselben Person abstammen, sind in der Seitenlinie miteinander verwandt, § 1589 S. 2 BGB. Beispiel: Geschwister.

Der Grad der Verwandtschaft bestimmt sich nach der Zahl der sie vermittelnden Geburten. Eltern und Kinder sind Verwandte ersten Grades: Das Verwandtschaftsverhältnis wird durch eine Geburt (die des Kindes) begründet. Geschwister sind im zweiten Grad (Seitenlinie) miteinander verwandt: Zwischen ihnen liegen zwei Geburten, nämlich die jeweils eigene.

Von Bedeutung ist die Frage des Verwandtschaftsverhältnisses zum einen beim Erbrecht, aber auch wenn es um Unterhalt geht: Gemäß § 1601 BGB sind Verwandte in gerader Linie verpflichtet, einander Unterhalt zu gewähren. Auch dieser Unterhaltsanspruch richtet sich nach der Bedürftigkeit desjenigen, der Unterhalt fordert, und der Leistungsfähigkeit des Unterhaltsschuldners.

III. Das Kindschaftsrecht

Ein besonders enges und daher auch rechtlich bedeutsames Verwandtschaftsverhältnis ist das Verhältnis zwischen Eltern und Kindern.
Wie aber wird das Eltern-Kind-Verhältnis begründet? Wie wird man Mutter oder Vater eines Kindes? Hier soll nicht die praktische Seite erläutert werden, sondern natürlich nur die juristische Seite.

Wenn es um die Frage geht, wer die **Mutter** eines Kindes ist, dann wird das vom BGB ganz einfach gelöst:
Mutter ist die Frau, die das Kind geboren hat, § 1591 BGB. Auf die genetische Abstammung kommt es nicht an. Die Mutterschaft kann auch nicht angefochten werden. Nur durch eine Adoption könnte die Mutter sich von dem Verwandtschaftsverhältnis zu ihrem Kind lösen.

Bei der **Vaterschaft** sieht das Ganze schon sehr viel komplizierter aus. Dazu die folgende Übersicht:

Wie wird man(n) Vater eines Kindes?:

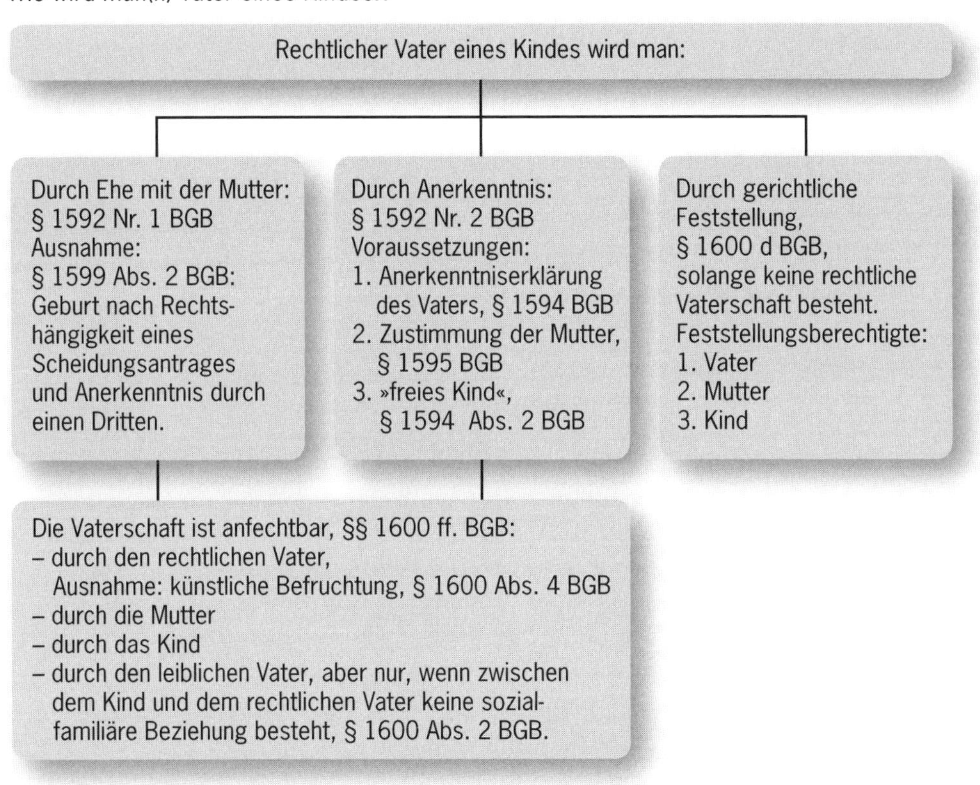

Die Eltern tragen gegenüber ihren Kindern eine besondere Verantwortung und haben ihm gegenüber verschiedene Pflichten:

a) Die elterliche Sorge

Die Eltern tragen für ihr Kind die elterliche Sorge. Die elterliche Sorge umfasst die Personensorge und die Vermögenssorge; § 1626 Abs. 1 S. 2 BGB. Zur Vermögenssorge gehört, dass die Eltern die Vermögensinteressen des Kindes wahrnehmen und sein Vermögen im Kindesinteresse verwalten. Zur Personensorge gehört die Pflege und Erziehung des Kindes, § 1631 Abs. 1 BGB. Die elterliche Sorge umfasst aber auch die Vertretung des Kindes, § 1629 BGB. Die Eltern haben also eine gesetzliche Vertretungsmacht für ihr Kind. Die elterliche Sorge steht bei ehelichen Kindern beiden Eltern zu. Sie haben die elterliche Sorge in eigener Verantwortung und in gegenseitigem Einvernehmen zum Wohl des Kindes auszuüben, § 1627 S. 1 BGB. Auch im Falle der Scheidung der Eltern bleibt es bei dem gemeinsamen Sorgerecht der Eltern, wenn keiner der beiden Eltern etwas anderes beantragt.

Das Sorgerecht für Romeo jun. und Julia jun. steht also auch nach der Scheidung noch den Eltern gemeinsam zu.

b) Der Unterhaltsanspruch des Kindes

Das Kind hat gegen seine Eltern einen Unterhaltsanspruch, § 1601 BGB. Dieser besteht unabhängig davon, ob es sich um ein eheliches oder ein nichteheliches Kind handelt. Der Unterhalt wird dem Kind normalerweise durch Naturalunterhalt gewährt, also durch die tatsächliche Versorgung des Kindes mit Nahrung, Kleidung und Unterkunft. Nach der Scheidung, oder wenn das Kind von vornherein nur bei einem Elternteil lebt, wird der Kindesunterhalt zwischen den Eltern aufgeteilt: Derjenige, bei dem das Kind lebt, kommt seiner Unterhaltspflicht durch die Betreuung des Kindes nach. Der andere hat dann Barunterhalt zu leisten, also Geld zu bezahlen. Die Höhe des zu leistenden Barunterhaltes richtet sich nach dem Einkommen des Unterhaltspflichtigen und wird mit Hilfe der »Düsseldorfer Tabelle« ermittelt: Dort kann man entnehmen, welcher Unterhalt je nach Alter des Kindes und Einkommen des Pflichtigen zu zahlen ist. Dabei wird das Kindergeld, welches der betreuende Elternteil erhält, hälftig auf den zu zahlenden Unterhalt angerechnet.

In unserem Fall muss Julia, nachdem sie mit den Kindern ausgezogen ist, außer dem eigenen Unterhaltsanspruch auch den Unterhaltsanspruch der Kinder gegen Romeo geltend machen. Sie selbst kommt ihrer Unterhaltspflicht gegenüber den Kindern dadurch nach, dass sie die Kinder weiterhin betreut und versorgt. Das dafür erforderliche Geld muss Romeo je nach Höhe seines Einkommens bezahlen.

Allgemeine Übersicht zur Feststellung eines Unterhaltsanspruches (Ehegatten- und Kindesunterhalt)

I. Unterhaltsgrund/Unterhaltstatbestand
- § 1601 BGB: Verwandte in gerader Linie
- § 1361 BGB: Unterhalt bei getrennt lebenden Ehegatten
- § 12 LPartG: Unterhalt bei getrennt lebenden Lebenspartnern
- §§ 1570 ff. BGB: nachehelicher Unterhalt

II. Bedürftigkeit des Berechtigten

Nur, wenn der Berechtigte außerstande ist, sich selbst zu unterhalten, § 1602 BGB.

III. Leistungsfähigkeit des Unterhaltsverpflichteten

Der Unterhaltsverpflichtete muss nur dann Unterhalt leisten, wenn er dadurch nicht seinen eigenen Unterhalt gefährdet.

IV. Kein Ausschluss der Unterhaltspflicht
- § 1579 BGB
- § 16 LPartG
- § 1611 BGB

c) Umgangsrecht

Wenn die Eltern nicht zusammenleben, haben die Kinder ein Recht auf Umgang mit dem Elternteil, bei dem sie nicht leben. Der betreffende Elternteil ist zum Umgang mit dem Kind berechtigt, aber auch verpflichtet.

Die eben aufgezählten Verpflichtungen der Eltern bestehen auch dann, wenn ein Kind von den Eltern adoptiert worden ist.

9. Kapitel: Erbrecht

Fall: Die 90-jährige Witwe Rita Reich verstirbt und hinterlässt ein Testament, in dem sie ihr gesamtes Vermögen der Stadt Schnurpseldingen vermacht. Die Stadt nimmt das Vermögen von Frau Reich gerne entgegen, ist allerdings erstaunt darüber, dass ein Herr Pelzig von ihr noch 10.000,- € verlangt. Frau Reich hatte sich bei ihm kurz vor ihrem Tod noch einen Nerzmantel gekauft.
Die Stadt möchte das eigentlich nicht bezahlen. Muss sie trotzdem?

Erbrecht regelt die vermögensrechtlichen Folgen des Todes eines Menschen. Es geht um die Frage, was mit dem Vermögen eines Menschen passiert, wenn er stirbt und welche Rechte und Pflichten seine Erben übernehmen.

Gemäß § 1922 BGB geht mit dem Tode einer Person (Erbfall) deren Vermögen (Erbschaft) als Ganzes auf eine oder mehrere andere Personen (Erben) über. Dieser Vorgang heißt **Gesamtrechtsnachfolge** oder auch **Universalsukzession**. Die Erben übernehmen aber nicht nur das Vermögen des Verstorbenen, sondern sie treten komplett an seine Stelle. Gemäß § 1967 BGB haften sie auch für die Schulden, die der Erblasser (= der Verstorbene) gemacht hat. Ferner müssen sie die Pflichtteilsansprüche und Vermächtnisse erfüllen. Und außerdem müssen sie noch gemäß § 1968 BGB die Beerdigungskosten bezahlen.

Für diese Verbindlichkeiten haften die Erben sowohl mit dem eigenen Vermögen als auch mit dem ererbten Vermögen. Allerdings haben sie die Möglichkeit, eine Nachlassverwaltung oder ein Nachlassinsolvenzverfahren zu beantragen und dadurch ihre Haftung auf den Nachlass zu beschränken, § 1975; § 1990; § 1992.

In unserem Fall muss die Stadt also auch die Nachteile der Erbschaft in Kauf nehmen: Sie muss Pelzigs Rechnung bezahlen. Nur wenn der Nachlass dazu nicht ausreicht, kann die Stadt durch Nachlassverwaltung oder Nachlassinsolvenz erreichen, dass sie nur mit dem Nachlassvermögen haftet. Oder die Erbschaft kann von vornherein ausgeschlagen werden.

Wer wird nun aber Erbe des Verstorbenen? Es gibt nur zwei Möglichkeiten, Erbe zu werden:

1. Der Verstorbene hinterlässt ein Testament, in dem er festgelegt hat, wer sein Erbe sein soll. Der oder die im Testament genannten Personen werden dann Erben. Das ist die **gewillkürte Erbfolge.**
2. Wenn der Erblasser kein Testament hinterlassen hat oder das Testament ungültig ist, tritt die **gesetzliche Erbfolge** ein. Die gewillkürte Erbfolge hat immer Vorrang vor der gesetzlichen Erbfolge.

I. Die gewillkürte Erbfolge

a) Was kann der Erblasser alles anordnen?

Der Erblasser kann jede beliebige Person ohne Angabe von Gründen als Erbe einsetzen. Man spricht von **Testierfreiheit**. Niemand kann dem Erblasser vorschreiben, wen er einsetzen soll. Wer im Testament genannt wird, wird Erbe, selbst wenn er mit dem Erblasser nicht verwandt ist. Der Erblasser ist auch frei darin, sein Testament jederzeit zu widerrufen und ein neues Testament zu errichten.

In unserem Beispiel wird die Stadt daher Erbin. Dagegen können auch die Verwandten von Frau Reich nichts tun. Diese war darin frei, wen sie als Erben einsetzt. Die Verwandten hätten auch nicht die Möglichkeit, dass Testament gemäß §§ 2078 ff. BGB anzufechten. Es gibt keine Anhaltspunkte dafür, dass sich Frau Reich bei der Errichtung des Testaments geirrt hat oder bedroht wurde.

Der Erblasser kann in seinem Testament zum einen bestimmen, wer sein Erbe werden soll, also sein gesamtes Vermögen erhalten soll. Er hat aber auch die Möglichkeit, nur ein sogenanntes **Vermächtnis** zugunsten einer anderen Person anzuordnen. Mit einem Vermächtnis wird nur ein einzelner Vermögensgegenstand einer anderen Person zugewendet. Das Vermögen geht im Übrigen komplett auf die Erben über. Der durch das Vermächtnis Bedachte kann von den Erben die Herausgabe des zugewendeten Gegenstandes verlangen, § 2174 BGB.

Wenn in unserem Fall im Testament von Frau Reich außerdem angeordnet worden ist, dass die Haushälterin von Frau Reich den besagten Nerzmantel bekommen soll, handelt es sich um ein Vermächtnis. Dann muss die Stadt als Erbin den Mantel an die Haushälterin herausgeben, auch wenn sie den Mantel noch bezahlen musste.

Der Erblasser kann in seinem Testament aber nicht nur bestimmen, wer etwas bekommen soll. Er kann gleichzeitig gemäß § 1940 BGB auch bestimmen, dass der Erbe oder der Empfänger eines Vermächtnisses etwas tun soll: Er kann eine sogenannte Auflage anordnen. Dann wird der im Testament Begünstigte zu einer Leistung verpflichtet, z.B. zur Grabpflege.
Zuletzt hat der Erblasser auch die Möglichkeit, sein Vermögen nacheinander an mehrere Personen zu vererben: Er kann anordnen, dass zunächst eine Person Erbe wird **(Vorerbe)** und nach einem bestimmten Ereignis (oft nach dem Tod des Vorerben) eine anderen Person der **Nacherbe** wird.
Der Vorerbe wird zwar zunächst Erbe, er unterliegt aber bestimmten Beschränkungen, §§ 2113 bis 2115 BGB. So kann er z.B. nicht ein zum Nachlass gehörendes Grundstück veräußern, § 2113 BGB.

b) Arten von letztwilligen Verfügungen

Der Begriff »letztwillige Verfügung« ist eine Sammelbezeichnung für Testamente und Erbverträge. Es gibt:

aa) Das eigenhändige Testament

Es ist die einseitige Verfügung einer Person. Das Testament wird durch eigenhändig geschriebene und unterschriebene Erklärung errichtet, § 2247 Abs. 1 BGB. Wichtig ist, dass das Testament von vorne bis hinten mit der Hand geschrieben ist. Es darf z.B. nicht mit der Schreibmaschine getippt werden und dann nur unterschrieben werden. Dann ist das Testament ungültig.

Der Erblasser kann dieses Testament in besondere amtliche Verwahrung geben, d.h. beim Amtsgericht hinterlegen. Dadurch wird das eigenhändige Testament vor Verfälschung oder Verlust geschützt.

bb) Das öffentliche Testament

Der Erblasser kann das Testament auch bei einem Notar errichten: Er kann seinen Letzten Willen gegenüber dem Notar erklären oder dem Notar eine schriftliche Erklärung übergeben, § 2232 BGB. Der Notar errichtet sodann das Testament und hinterlegt es beim Amtsgericht.

cc) Das gemeinschaftliche Testament

Eheleute haben die Möglichkeit, gemeinsam ein Testament zu errichten, § 2265 BGB. Wenn sie sich gegenseitig als Erben einsetzen und einen Dritten, z.B. die Kinder als Erben des Überlebenden einsetzen, spricht man von einem »Berliner Testament«, § 2269 BGB. Sobald einer der Ehegatten stirbt, ist der andere Ehegatte an die Verfügungen im gemeinschaftlichen Testament gebunden, § 2271 II 1 BGB. Er kann dann kein neues Testament mehr errichten. Ein gemeinschaftliches Testament kann sowohl als eigenhändiges als auch als öffentliches Testament errichtet werden.

dd) Der Erbvertrag

Der Erblasser kann mit einer anderen Person einen Erbvertrag schließen, §§ 2274 ff. BGB. In einem Erbvertrag trifft der Erblasser oder beide Teile eine letztwillige Verfügung. Im Unterschied zu einem normalen Testament, welches jederzeit widerrufen werden kann, bindet sich der Erblasser an die in dem Vertrag getroffene letztwillige Verfügung, z.B. weil der andere Teil ihm dafür eine bestimmte Gegenleistung wie lebenslange Versorgung verspricht. Durch den Abschluss eines Erbvertrages wird die Testierfreiheit des Erblassers eingeschränkt. Dieser kann nach dem Abschluss des Vertrages keine neue letztwillige Verfügung mehr errichten. Ein Erbvertrag kann wegen der besonderen Bindung, die er auslöst, nur vor einem Notar geschlossen werden, § 2276 BGB.

Zusammenfassende Übersicht: Testament, Erbvertrag, gemeinschaftliches Testament:

	Testament	Erbvertrag	Gemeinschaftliches Testament
Inhalt	Erbeinsetzung, Anordnung von Vor- und Nacherbschaft, Vermächtnis, Auflage, Testamentsvollstreckung	Vertragsmäßige Verfügung: Erbeinsetzung, Vermächtnis Auflage, § 2278 BGB	Wechselbezügliche Verfügungen: Erbe, Vermächtnis, Auflage
Wirksamkeitsvoraussetzungen	Testierfähigkeit: 16 Jahre, § 2229 BGB höchstpersönlich § 134; § 138 BGB	Geschäftsfähigkeit, § 2275 Abs. 1 BGB	Beim eigenhändigen Testament müssen beide volljährig sein, anderenfalls nur öffentliches Testament.
Form	Eigenhändig: § 2247 Abs. 1 BGB oder öffentlich: § 2232 BGB, zur Niederschrift eines Notars Minderjährige: § 2233 BGB, not. Beurkundung	Notarielle Beurkundung, § 2276 BGB	§ 2267 BGB, eigenhändige Mitunterzeichnung genügt.
Widerruf	Frei widerruflich, §§ 2253 ff. BGB	Bindung gemäß § 2289 BGB Entfallen der Bindung nur bei: – Änderungsvorbehalt – Einvernehmlicher Aufhebung – Gegenstandslosigkeit – Rücktritt, §§ 2293 ff. BGB Einseitige Verfügungen sind frei widerruflich, § 2299 BGB.	Bindung nur bei wechselbezüglichen Verfügungen **ab dem Tod des Erstversterbenden,** § 2271 Abs. 2 S. 1 BGB Entfallen der Bindung bei: – Widerrufsvorbehalt oder Abänderungsbefugnis – § 2271 Abs. 2 BGB Nicht wechselbezügliche Verfügungen sind frei widerruflich.
Anfechtung	Anfechtungsgründe: §§ 2078; 2079 BGB Anfechtungsberechtigung: § 2080 BGB Anfechtungserklärung: § 2081 BGB: ggü. dem Nachlassgericht Anfechtungsfrist: § 2082 BGB	Anfechtungsgründe: §§ 2078; 2079 BGB Anfechtungsberechtigung: auch durch den Erblasser selbst, § 2281 BGB, das Anfechtungsrecht Dritter ist gem. § 2285 BGB eingeschränkt. Anfechtungserklärung: ggü. dem Vertragspartner, nach seinem Tod ggü. dem Nachlassgericht, § 2281 BGB Die Erklärung muss notariell beurkundet werden. Anfechtungsfrist: § 2283 BGB	Nach dem Tod des erstversterbenden Ehegatten gelten §§ 2281 ff. BGB analog.
Verfügungsbefugnis unter Lebenden	Der Erblasser kann über sein Vermögen zu Lebzeiten frei verfügen	Grds. freie Verfügungsbefugnis, § 2286 BGB, Schutz: Schenkung bei Beeinträchtigungsabsicht, § 2287 BGB	Grds. freie Verfügungsbefugnis, Schutz: § 2287 BGB analog ab dem Tod des Erstversterbenden.

II. Die gesetzliche Erbfolge

Immer, wenn der Erblasser kein Testament errichtet hat, tritt die gesetzliche Erbfolge ein: Das bedeutet: Das Vermögen geht an die Verwandtschaft. In welcher Reihenfolge das geschieht, ist in den §§ 1924 ff. BGB geregelt. Die Verwandten des Erblassers werden dabei in unterschiedliche **Ordnungen** aufgeteilt. Die Ordnungen erben dann der Reihe nach: Zuerst die erste Ordnung, dann die zweite Ordnung usw. Verwandte einer vorhergehenden Ordnung schließen Verwandte einer nachfolgenden Ordnung aus, § 1930 BGB. Solange also ein Erbe der ersten Ordnung vorhanden ist, bekommen die Erben der zweiten Ordnung nichts. Erst wenn es in der ersten Ordnung keine Erben gibt, sind die Erben der zweiten Ordnung an der Reihe. Die Zugehörigkeit zu den einzelnen Ordnungen bestimmt sich wie folgt:

- § 1924 BGB: gesetzliche Erben der ersten Ordnung sind: die Abkömmlinge des Erblassers, also Kinder, Enkel, Urenkel. Innerhalb der ersten Ordnung schließt ein Abkömmling die von ihm abstammenden Personen von der Erbfolge aus, § 1924 Abs. 2 BGB. Das bedeutet, dass zuerst die Kinder des Erblassers erben. Nur wenn sie vor dem Erblasser versterben, treten ihre Kinder an ihre Stelle. Die Kinder erben zu gleichen Teilen, § 1924 Abs. 4 BGB.
- § 1925 BGB: **gesetzliche Erben der zweiten Ordnung sind**: die Eltern des Erblassers und deren Abkömmlinge, also die Geschwister des Erblassers und seine Neffen und Nichten. Auch hier erben zunächst die Eltern und schließen ihre anderen Abkömmlinge (Geschwister, Nichten und Neffen) von der Erbfolge aus, § 1925 Abs. 2 BGB. Nur wenn die Eltern verstorben sind, erben die Geschwister. Und wenn auch sie verstorben sind, sind die Neffen und Nichten an der Reihe.
- § 1926 BGB: **gesetzliche Erben der dritten Ordnung sind:** die Großeltern des Erblassers und deren Abkömmlinge, also die Onkel und Tanten des Erblassers und deren Kinder: Cousins und Cousinen. Die Großeltern erben wieder an erster Stelle, § 1926 Abs. 2 BGB. Nur wenn sie vorverstorben sind, erben ihre Abkömmlinge, wobei ihre Kinder wiederum die Enkelkinder von der Erbfolge ausschließen.

Neben den Verwandten steht auch dem Ehegatten des Erblassers ein Erbrecht zu. Der Umfang richtet sich nach § 1931 BGB. Danach erbt der überlebende Ehegatte neben den Kindern des Erblassers ein Viertel, neben den Verwandten der zweiten Ordnung und den Großeltern die Hälfte. Wenn weder Verwandte der ersten noch der zweiten Ordnung vorhanden sind, bekommt der Ehegatte alles.

Wenn die Ehegatten im gesetzlichen Güterstand der Zugewinngemeinschaft gelebt haben, erhöht sich der Erbteil des überlebenden Ehegatten um ein weiteres Viertel, § 1371 Abs. 1 BGB. Bei einer Ehe im gesetzlichen Güterstand mit Kindern bekommt der überlebende Ehegatte also die Hälfte des Nachlasses (¼ gemäß § 1931 Abs. 1 und ¼ gemäß § 1371 Abs. 1 BGB)

Beispiel: Der Erblasser war verheiratet und hinterlässt seine Ehefrau und einen lebenden Sohn. Seine Tochter ist vorverstorben und hinterlässt einen Sohn.

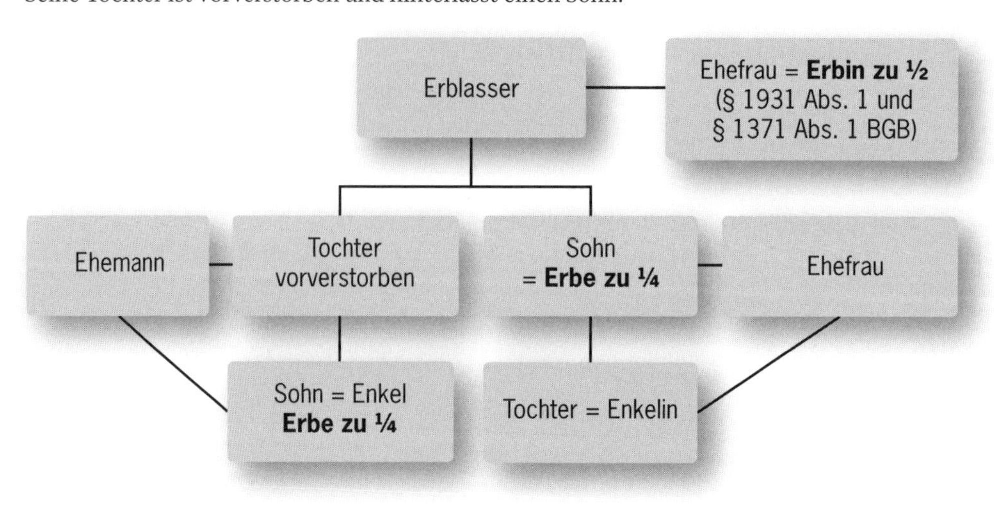

Zusammenfassende Übersicht: Wer wird Erbe?

III. Das Erbrecht des Staates

Wenn ein Erblasser weder gesetzliche noch testamentarische Erben hinterlässt, dann erbt der Fiskus des jeweiligen Bundesstaates, in dem der Erblasser zum Zeitpunkt seines Todes gelebt hat, § 1936 BGB. Dass der Fiskus Erbe geworden ist, wird vom Nachlassgericht durch Beschluss festgestellt gemäß § 1964 BGB. **Diesem Beschluss müssen Ermittlungen nach anderen Erben**

vorausgehen. Diese Ermittlungen sind vom Nachlassgericht zu führen. Die Ermittlungen können ggf. auch einem Nachlasspfleger übertragen werden. Wenn dann nach einer angemessenen Frist keine weiteren Erben ermittelt werden konnten, stellt das Nachlassgericht durch Beschluss fest, dass ein anderer Erbe als der Fiskus nicht vorhanden ist.
Erbberechtigt ist das Bundesland, in dem der Erblasser zum Zeitpunkt seines Todes seine Niederlassung hatte. Der Staat kann die Erbschaft nicht ausschlagen, er haftet allerdings immer mit der Beschränkung auf den Nachlass.

IV. Annahme und Ausschlagung der Erbschaft

Der Nachlass der Verstorbenen geht mit dem Tod automatisch auf die Erben über. Wenn der Erbe den Nachlass aber gar nicht haben will, z.B. weil er nur aus Schulden besteht, hat er die Möglichkeit, die Erbschaft **auszuschlagen**, § 1942 Abs. 1 BGB.
Der Nachlass geht zunächst auf den Erben über. Dieser kann dann innerhalb von sechs Wochen gegenüber dem Nachlassgericht die Ausschlagung der Erbschaft erklären, § 1945 BGB. Wenn er das nicht tut, dann gilt die Erbschaft nach dem Ablauf von sechs Wochen als angenommen, § 1943 BGB. Wenn der Erbe die Erbschaft dann noch loswerden will, geht das nur, indem er die Annahme der Erbschaft gemäß §§ 1954 ff. BGB anficht. Es gelten die § 119; § 123 BGB.
Wenn der Erbe die Erbschaft ausgeschlagen hat, dann wird er so behandelt, als wäre er nie Erbe geworden. Der Nachlass fällt dann an denjenigen, der Erbe geworden wäre, wenn der Ausschlagende zum Zeitpunkt des Erbfalles nicht gelebt hätte.

V. Die Nachlasspflegschaft, § 1960 BGB

Wenn der Erbe nicht feststeht oder noch nicht sicher ist, ob er die Erbschaft annimmt oder wenn eine Gefahr für den Bestand des Nachlasses besteht, hat das Nachlassgericht für die Sicherung des Nachlasses zu sorgen. Es kann insbesondere einen Nachlasspfleger bestellen. Die Nachlasspflegschaft ist eine Sicherungsmaßnahme im Interesse der Erben und als solche auf die Ermittlung der noch unbekannten Erben und die Sicherung und Erhaltung des Nachlasses bis zur Annahme der Erbschaft gerichtet.
Eine solche Nachlasspflegschaft kann auch von einem Gläubiger beantragt werden, wenn dieser seinen Anspruch gegen den Nachlass vor der Annahme der Erbschaft geltend machen will, § 1961 BGB.

Die Nachlasspflegschaft ist eine Unterart der Pflegschaft. Eine Pflegschaft ist immer dann erforderlich, wenn eine Person aus bestimmten Gründen ihre Angelegenheiten nicht selbst regeln kann (Beispiel: Abwesenheitspflegschaft, § 1911 BGB, Pflegschaft für unbekannte Beteiligte, § 1913 BGB). Auf eine Pflegschaft finden die Regeln des Vormundschaftsrechts entsprechende Anwendung, § 1915 BGB.

Voraussetzung für die Anordnung ist, dass die Erben noch unbekannt sind oder noch unklar ist, ob sie die Erbschaft annehmen.
Außerdem muss ein Bedürfnis für die Anordnung bestehen. Ein Bedürfnis liegt immer dann vor, wenn die Gefahr besteht, dass der Bestand des Nachlasses ohne das Eingreifen des Nachlassgerichts gefährdet wäre. Bei einem Antrag des Gläubigers ist ein solches Bedürfnis nicht zu prüfen. Entscheidend ist nur, ob ein Rechtsschutzinteresse des Gläubigers vorliegt.

Die Hauptaufgabe des Pflegers ist die Sicherung und Erhaltung des Nachlasses, die Ermittlung und Benachrichtigung der Erben und die Vertretung der noch unbekannten Erben.

In verwaltungsverfahrensrechtlichen Vorschriften ist für den Fall, dass ein Vertreter nicht vorhanden ist, die Möglichkeit geregelt, dass das VormG auf Ersuchen der Behörde einen geeigneten Vertreter u.a. für einen Beteiligten, dessen Person unbekannt ist, zu bestellen hat (siehe z.B. § 16 Abs. 1 Nr. 1 VwVfG des Bundes; § 15 Abs. 1 Nr. 1 SGB X; § 81 Abs. 1 Nr. 1 AO).

VI. Der Nachweis der Erbenstellung

Für den Erben kann es erforderlich werden, sein Erbrecht im Rechtsverkehr nachzuweisen, z.B. wenn er eine Sache aus dem Nachlass verkaufen will oder eine Forderung des Erblassers geltend macht. In einem solchen Fall möchte der Geschäftspartner Sicherheit darüber haben, ob der Erbe auch wirklich der Erbe ist.
Dieser Nachweis kann durch den Erbschein geführt werden. Der Erbschein ist ein amtliches Zeugnis des Nachlassgerichts über das Erbrecht des Erben. Der Erbschein wird auf Antrag des Erben vom Nachlassgericht erteilt.
In einem Erbschein werden das Erbrecht bzw. bei mehreren Erben die Größe des Erbteils, eine Vor- und Nacherbschaft und die Anordnung einer Testamentsvollstreckung angegeben.

Das BGB unterscheidet zwischen:
1. Alleinerbschein: für den Alleinerben,
2. Teilerbschein: für den Erbteil eines Miterben,
3. gemeinschaftlicher Erbschein: für die einzelnen Erbteile aller Miterben,
4. gegenständlich beschränkter Erbschein.

Wichtig: Durch die Angaben im Erbschein wird ein Erbrecht des Erben nicht begründet. Ein falscher Erbschein führt also nicht dazu, dass der »Erbscheinserbe« auch tatsächlich ein Erbrecht erhält.

Gemäß § 2365 BGB wird durch den Erbschein nur die Vermutung begründet, dass demjenigen, der im Erbschein als Erbe bezeichnet ist, auch das im Erbschein angegebene Erbrecht zusteht und dass er nicht durch andere als die angegebenen Anordnungen beschränkt ist.

Der Erbschein stellt also eine bloße Vermutung auf. Dies kann Auswirkungen haben, wenn jemand von einem Erben einen Gegenstand aus der Erbschaft erwirbt: Gemäß § 2366 BGB darf jeder, der von einem Erben einen Erbschaftsgegenstand erwirbt, davon ausgehen, dass der sogenannte »Erbscheinserbe« auch tatsächlich Erbe ist. Das Gleiche gilt, wenn an den Erbscheinserben eine Leistung bewirkt wird, § 2367 BGB. Man spricht auch vom »öffentlichen Glauben« des Erbscheins. Nur wenn der Erwerber genau weiß, dass der Erbscheinserbe in Wirklichkeit gar nicht Erbe ist, dann greifen die §§ 2366 und 2367 BGB nicht ein.

Wenn ein Erbschein unrichtig ist, so hat das Nachlassgericht ihn einzuziehen, § 2361 BGB. Der Erbschein muss also wieder beim Nachlassgericht abgeliefert werden. Wenn eine Einziehung nicht sofort möglich ist, dann muss das Nachlassgericht den Erbschein für kraftlos erklären.

VII. Die Erbenhaftung

Gemäß § 1967 Abs. 1 BGB haftet der Erbe den Nachlassgläubigern für die Nachlassverbindlichkeiten unbeschränkt, d.h. mit dem Nachlass **und seinem Privatvermögen.**

Zu den Nachlassverbindlichkeiten gehören:
- **Erblasserschulden:** Alle Ansprüche, die schon vor dem Erbfall gegen den Erblasser bestanden. Dazu gehören auch **Kommunalabgaben**. Außerdem: Unterhaltsansprüche des geschiedenen Ehegatten bis zur Höhe eines Pflichtteilsanspruches, § 1586 b BGB.
- **Erbfallschulden:** Alle Ansprüche, die in der Person des Erben und frühestens mit dem Erbfall entstanden sind. Dazu gehören: Beerdigungskosten, § 1968 BGB, etwaige Pflichtteilsansprüche, Vermächtnisansprüche, Auflagen, etwaige Zugewinnausgleichsforderungen, Unterhaltsansprüche der werdenden Mutter, § 1963 BGB, Erbschaftsteuer, Miete für die Wohnung der Erblassers bis zum Ablauf der dreimonatigen Kündigungsfrist.
- **Nachlasskostenschulden/Erbschaftsverwaltungsschulden:** Alle Verbindlichkeiten, die erst nach dem Tod des Erblassers **durch die Nachlassabwicklung oder Geschäfte für den Nachlass** in der Person des Erben entstehen und für die letztlich der Nachlass haftet. Dazu gehören: Kosten für die Testamentseröffnung, Inventarerrichtung, gerichtliche Nachlasssicherung, Nachlasspflegschaft, Nachlassgläubigeraufgebot, Nachlassverwaltung, Nachlassinsolvenz, Verpflichtungen aus Geschäften des Nachlasspflegers, -verwalters, Insolvenzverwalters, Testamentsvollstreckers.
- **Nachlasserbenschulden:** Alle Verbindlichkeiten, die vom Erben als Eigenverbindlichkeiten im Hinblick auf den Nachlass begründet werden. Die Verbindlichkeiten treffen das Eigenvermögen des Erben und zugleich den Nachlass.

Für die Nachlassverbindlichkeiten haftet der Erbe grundsätzlich persönlich mit dem Nachlass und seinem Privatvermögen. Allerdings gibt es die Möglichkeit, die Begleichung von Nachlassverbindlichkeiten ganz oder gegenüber einzelnen Gläubigern zu verweigern:

a) Haftung vor der Annahme der Erbschaft, § 1958 BGB

Vor der Annahme der Erbschaft können Nachlassverbindlichkeiten gegen den Erben nicht **gerichtlich** geltend gemacht werden.
Wenn ein Gläubiger schon vor der Annahme der Erbschaft einen Anspruch gerichtlich geltend machen möchte, muss er gemäß § 1961 BGB die Nachlasspflegschaft beantragen. Etwas anderes ist es, wenn bereits vor dem Tod des Erblassers ein Vollstreckungstitel gegen den Erblasser erwirkt wurde. Dann kann auch schon vor der Annahme der Erbschaft **in den Nachlass** vollstreckt werden, § 778 ZPO.

b) Haftung nach der Annahme der Erbschaft: Dreimonatseinrede, § 2014 BGB

Nach der Annahme der Erbschaft soll der Erbe zunächst in aller Ruhe den Nachlass sichten dürfen. In den ersten drei Monaten nach der Annahme der Erbschaft darf er daher die Berichtigung von Nachlassverbindlichkeiten verweigern. Allerdings hindert die Einrede den Gläubiger nicht, gegen den Erben Klage zu erheben. Es kann dann aber nur ein Vorbehaltsurteil ergehen, es heißt also im Urteilstenor: »Dem Beklagten bleibt vorbehalten, die Beschränkung seiner Haftung auf den Nachlass geltend zu machen.«
Auch die Zwangsvollstreckung kann trotz der Einrede betrieben werden, allerdings darf die Vollstreckung nur zu einer Sicherung, nicht zu einer Befriedigung führen.

c) Durchführung eines Gläubigeraufgebotes gemäß § 1970 ff. BGB; § 946 ff.; § 989 ZPO

Der Erbe kann ein Aufgebotsverfahren beantragen, um festzustellen, welche Nachlassverbindlichkeiten bestehen und ob ggf. Nachlassverwaltung oder Nachlassinsolvenz beantragt werden sollen. Auf den Antrag des Erben hin erlässt das Nachlassgericht eine öffentliche Aufforderung, dass die

Gläubiger ihre Nachlassforderungen innerhalb einer bestimmten Frist beim Gericht anmelden müssen. Nach Ablauf der Frist ergeht ein Ausschlussurteil. Der Erbe darf jetzt davon ausgehen, dass nur die angemeldeten Forderungen vorhanden sind. Gläubiger, die ihre Forderungen nicht angemeldet haben, können nur dann etwas vom Erben verlangen, wenn nach der Erfüllung der angemeldeten Forderungen noch etwas übrig bleibt. Dieser Überschuss muss dann an die ausgeschlossenen Gläubiger herausgegeben werden, § 1973 BGB.
Wenn der Antrag auf Erlassung des Aufgebots innerhalb eines Jahres nach der Annahme der Erbschaft gestellt wird, dann kann der Erbe bis zur Beendigung des Aufgebotsverfahrens die Zahlung der Nachlassverbindlichkeit verweigern, sogenannte **Aufgebotseinrede**.

d) Die Möglichkeiten der Haftungsbeschränkung auf den Nachlass

Durch den Erbfall verschmelzen das Vermögen des Erben und des Erblassers miteinander. Das hat zur Folge, dass die Gläubiger des Erblassers nun in das gesamte Vermögen des Erben, also auch in sein sogenanntes Eigenvermögen vollstrecken können. Umgekehrt können jetzt auch die Gläubiger des Erben auf den Nachlass zugreifen. Aus diesem Grund muss es möglich sein, die Haftung des Erben auf den Nachlass zu beschränken: Der Erbe hat daran ein Interesse, wenn er vermögend ist und einen überschuldeten Nachlass geerbt hat. Dann möchte er sein Vermögen vor dem Zugriff der Nachlassgläubiger schützen. Wenn der Erbe jedoch überschuldet ist und einen vermögenden Nachlass erbt, dann haben die Nachlassgläubiger ein Interesse daran, den Nachlass vom übrigen Vermögen des Erben getrennt zu halten, damit nicht die Gläubiger des Erben den Nachlass für sich in Anspruch nehmen.
Eine Trennung von Eigenvermögen und Nachlass kann durch Anordnung der **Nachlassverwaltung oder ein Nachlassinsolvenzverfahren** herbeigeführt werden.

aa) Nachlassverwaltung, §§ 1981 ff. BGB

Die Nachlassverwaltung ist ein Sonderfall einer Nachlasspflegschaft zum Zwecke der Befriedigung der Nachlassgläubiger. Die Nachlassverwaltung ist für den Erben dann angezeigt, wenn der Nachlass unübersichtlich ist und er sich im Falle der Überschuldung des Nachlasses absichern möchte, dass er mit seinem Privatvermögen haftet. Für einen Nachlassgläubiger ist die Nachlassverwaltung dann das richtige Mittel, wenn der Erbe verschuldet ist und die Gefahr besteht, dass Gläubiger des Erben jetzt in den Nachlass vollstrecken.

Voraussetzung für die Nachlassverwaltung ist ein Antrag des Erben oder eines Nachlassgläubigers. Beim Antrag eines Nachlassgläubigers ist die Nachlassverwaltung nur anzuordnen, wenn Grund zu der Annahme besteht, dass die Befriedigung der Nachlassverbindlichkeiten durch den Erben gefährdet ist und die Annahme der Erbschaft nicht mehr als zwei Jahre zurückliegt.
Wenn die Voraussetzungen vorliegen, ordnet das Gericht die Nachlassverwaltung an. Dies führt dazu, dass sich die Haftung des Erben für die Nachlassverbindlichkeiten auf den Nachlass beschränken, § 1975 BGB. Es wird also eine rückwirkende Trennung der beiden Vermögensmassen Eigenvermögen des Erben und Nachlass herbeigeführt.
Zeitgleich mit der Anordnung wird ein Nachlassverwalter bestellt. Dieser nimmt den Nachlass in Besitz und verwaltet ihn. Hauptaufgabe ist die Berichtigung der Nachlassverbindlichkeiten, § 1985 BGB.

Während der Nachlassverwaltung sind Abgabenbescheide, die den Nachlass betreffen, an den Nachlassverwalter zu richten.

Der Erbe ist zu Verfügungen nicht mehr befugt.
Wenn alle Verbindlichkeiten bereinigt sind, muss der Nachlassverwalter den verbliebenen Nachlass an die Erben herausgeben. Melden sich danach noch Gläubiger, haftet der Erbe diesen nur mit dem herausgegebenen Nachlass.
Wenn sich während der Nachlassverwaltung herausstellt, dass der Nachlass überschuldet ist, muss der Nachlassverwalter die Nachlassinsolvenz beantragen.

bb) Nachlassinsolvenzverfahren

Bei Überschuldung des Nachlasses, Zahlungsunfähigkeit oder drohender Zahlungsunfähigkeit muss ein Nachlassinsolvenzverfahren durchgeführt werden. Dies dient zum einen der gleichmäßigen Verteilung des Nachlasses unter den Nachlassgläubigern, zum anderen dem Erben, eine Haftungsbeschränkung auf den Nachlass herbeizuführen. Sobald der Erbe oder der Nachlassverwalter Kenntnis davon erlangen, dass der Nachlass zahlungsunfähig oder überschuldet ist, **muss** ein Nachlassinsolvenzverfahren beantragt werden. Wenn dies unterbleibt, macht sich der Erbe/Nachlassverwalter u.U. sogar schadensersatzpflichtig, § 1980 Abs. 1 S. 2 BGB.

Die Durchführung des Nachlassinsolvenzverfahrens richtet sich nach den §§ 315–331 InsO:
- zuständig ist das Insolvenzgericht, in dem der Erblasser zum Zeitpunkt seines Todes seinen allgemeinen Gerichtsstand hatte, § 315 S. 1 InsO.
- antragsberechtigt sind: der Erbe oder jeder Miterbe, der Nachlassverwalter, Nachlasspfleger, Testamentsvollstrecker, jeder Nachlassgläubiger. Auch die Gemeinde könnte einen Antrag stellen. Die Arbeit, die damit verbunden ist, steht aber oft außer Verhältnis zu dem zu erwartenden Erfolg.
- Mit der Eröffnung des Nachlassinsolvenzverfahrens tritt eine Trennung des Nachlasses vom Eigenvermögen des Erben ein.
- der Insolvenzverwalter nimmt den Nachlass in Besitz. Er verwaltet und verwertet den Nachlass. Der Erbe ist nicht mehr zu Verfügungen über den Nachlass befugt.
- Zwangsvollstreckungsmaßnahmen in den Nachlass sind für die Dauer des Insolvenzverfahrens unzulässig.
- nach der Verwertung des Nachlasses, die nach den gleichen Regelungen abläuft wie ein normales Regelinsolvenzverfahren, wird der Erlös gleichmäßig an die Gläubiger verteilt. Danach wird das Insolenzverfahren aufgehoben und der Erbe erhält die Verfügungsbefugnis über den Nachlass zurück. Er haftet aber auf Dauer nur beschränkt mit dem Nachlass, § 1989 BGB.

e) Die Dürftigkeitseinrede, § 1990 BGB

Es kann sein, dass der Nachlass so klein ist, dass er nicht ausreicht, die Kosten einer Nachlassverwaltung oder eines Nachlassinsolvenzverfahrens zu decken. Wenn eine Nachlassverwaltung oder ein Nachlassinsolvenzverfahren nicht durchgeführt oder aufgehoben werden, dann kann der Erbe gemäß § 1990 BGB die Befriedigung der Nachlassgläubiger insoweit verweigern, als der Nachlass nicht ausreicht. Er muss den Nachlass allerdings an die Gläubiger herausgeben.

Alle genannten Möglichkeiten der Haftungsbeschränkung (Nachlassverwaltung, Nachlassinsolvenz, Aufgebotsverfahren, Dürftigkeitseinrede) gehen dem Erben verloren, wenn er in einem Rechtsstreit nicht beantragt, dass ihm die Beschränkung der Haftung auf den Nachlass vorbehalten bleibt, § 780 ZPO.

f) Inventar, §§ 1993 ff. BGB

Das Inventar ist eine Aufstellung des Nachlasses über die Aktiva und Passiva. Es soll über den gesamten Nachlassbestand und den Wert der Nachlassgegenstände Auskunft geben. Das Inventar dient dem Erben als Bestandsverzeichnis über den Nachlass und informiert die Nachlassgläubiger über den Umfang des Nachlasses. Das Inventar führt nicht zu einer Haftungsbeschränkung auf den Nachlass, es ist nur eine Entscheidungsgrundlage für Erben und Nachlassgläubiger, welche weiteren Maßnahmen jetzt ergriffen werden sollen. Auch die Kommune kann an der Errichtung eines Inventars interessiert sein, um sich einen Überblick über die Vollstreckungsmöglichkeiten in den Nachlass zu verschaffen.

Man unterscheidet zwischen der freiwilligen und der vom Gläubiger beantragten Inventarerrichtung:

- **Freiwillige Inventarerrichtung:**
  Der Erbe kann selbst unter Hinzuziehung einer zuständigen Behörde, eines zuständigen Beamten oder eines Notars ein Inventar errichten und beim Nachlassgericht einreichen, § 2002 BGB. Der Erbe kann aber auch beantragen, dass die Inventarerrichtung durch das Nachlassgericht erfolgt oder dass das Nachlassgericht auf eine zuständige Behörde, zuständigen Beamten oder Notar übertragen wird.
- **Beantragte Inventarerrichtung:**
  Auch ein Gläubiger kann beantragen, dass der Erbe ein Inventar errichtet. Er muss dazu seine Forderung glaubhaft machen. Dem Erben wird dann vom Nachlassgericht eine Frist gesetzt, § 1995 BGB, innerhalb der das Inventar errichtet werden muss. Wenn innerhalb dieser Frist kein Inventar erreichtet wurde, haftet der Erbe unbeschränkt für die Nachlassverbindlichkeiten.

Wenn ein Inventar errichtet wird, dann wird gemäß § 2009 BGB vermutet, dass im Nachlass nur die angegebenen Nachlassgegenstände vorhanden sind.
Wird das Inventar vom Erben absichtlich falsch errichtet, haftet er für die Nachlassverbindlichkeiten unbeschränkt, sogenannte Inventaruntreue gemäß § 2005 BGB.

Auf Verlangen eines Nachlassgläubigers hat der Erbe zu Protokoll des Nachlassgerichtes auf das Inventar eine eidesstattliche Versicherung abzugeben, § 2006 Abs. 1 BGB. Verweigert der Erbe dies, so haftet er gegenüber dem beantragenden Gläubiger unbeschränkt, § 2006 Abs. 3 BGB. Wegen einer falschen eidesstattlichen Versicherung macht sich der Erbe strafbar, § 156 StGB.

Zusammenfassende Übersicht: Haftung des Erben:

Grundsätzlich haftet der Erbe für Nachlassverbindlichkeiten sowohl mit seinem Nachlass als auch mit seinem Privatvermögen, § 1967 BGB. Jedoch hat der Erbe verschiedene Möglichkeiten, sich gegen eine Nachlassverbindlichkeit zur Wehr zu setzen:

Haftung vor der Annahme der Erbschaft, § 1958 BGB	Vor der Annahme der Erbschaft können Nachlassverbindlichkeiten gegen den Erben nicht **gerichtlich** geltend gemacht werden.
Dreimonatseinrede, § 2014 BGB	In den ersten drei Monaten nach der Annahme der Erbschaft darf der Erbe die Berichtigung von Nachlassverbindlichkeiten verweigern.
Gläubigeraufgebot gemäß § 1970 ff. BGB, 946 ff., 989 ZPO	Auf den Antrag des Erben hin erlässt das Nachlassgericht eine öffentliche Aufforderung, dass die Gläubiger ihre Nachlassforderungen innerhalb einer bestimmten Frist beim Gericht anmelden müssen. Gläubiger, die ihre Forderungen nicht angemeldet haben, können nur dann etwas vom Erben verlangen, wenn nach der Erfüllung der angemeldeten Forderungen noch etwas übrig bleibt.
Nachlassverwaltung, § 1981 ff. BGB	Bei einer Nachlassverwaltung übernimmt ein Nachlassverwalter die Verwaltung des Nachlasses und befriedigt die Nachlassverbindlichkeiten. Die Nachlassverwaltung führt zu einer Trennung von Nachlass und Eigenvermögen.
Nachlassinsolvenzverfahren, §§ 315 ff. InsO	Bei Überschuldung des Nachlasses, Zahlungsunfähigkeit oder drohender Zahlungsunfähigkeit des Erben muss ein Nachlassinsolvenzverfahren durchgeführt werden. Dies dient zum einen der gleichmäßigen Verteilung des Nachlasses unter den Nachlassgläubigern, zum anderen dem Erben, eine Haftungsbeschränkung auf den Nachlass herbeizuführen
Die Dürftigkeitseinrede, § 1990 BGB	Wenn eine Nachlassverwaltung oder ein Nachlassinsolvenzverfahren nicht durchgeführt oder aufgehoben werden, weil keine ausreichende Masse vorhanden ist, dann kann der Erbe gemäß § 1990 BGB die Befriedigung der Nachlassgläubiger insoweit verweigern, als der Nachlass nicht ausreicht.

g) Haftung von Miterben

Miterben haften gemäß § 2058 BGB für gemeinschaftliche Nachlassverbindlichkeiten als Gesamtschuldner. Jeder Miterbe hat die gleichen Möglichkeiten, eine der o.a. Haftungsbeschränkungen herbeizuführen. Nur die Nachlassverwaltung muss gemeinsam beantragt werden und ist nur bis zur Nachlassteilung möglich, § 2062 BGB.

Vor der Annahme der Erbschaft gilt für den Miterben das Gleiche wie für den Erben: Eine gerichtliche Geltendmachung von Nachlassverbindlichkeiten gegen den Miterben ist nicht möglich, § 1958 BGB.

Bis zur Nachlassteilung haften die Miterben als Gesamtschuldner nur mit dem Nachlass. Ein Nachlassgläubiger muss also die Miterben als Gesamtschuldner verklagen. Wenn er obsiegt, kann er in den ungeteilten Nachlass vollstrecken. Er kann nicht auf das Privatvermögen eines Miterben zugreifen.
Ein Nachlassgläubiger kann auch einen einzelnen Miterben in Anspruch nehmen, aber dieser kann dann seine Haftung auf den Nachlass beschränken, § 2059 Abs. 1 S. 1 BGB. Er haftet dann nicht mit seinem Privatvermögen. § 2059 Abs. 1 S. 1 BGB gewährt also jedem Miterben bis zur Teilung des Nachlasses eine zusätzliche Haftungsbeschränkung auf den Nachlass.
Wenn ein Miterbe jedoch seine Möglichkeiten zur Haftungsbeschränkung bereits verloren hat, haftet er in Höhe des seinem Erbteil entsprechenden Teils der Verbindlichkeit unbeschränkt, d.h. auch mit seinem Privatvermögen.

Nach der Nachlassteilung kann jeder Miterbe allein oder alle Miterben zusammen als Gesamtschuldner verklagt werden. Jeder Miterbe haftet grundsätzlich mit seinem gesamten Vermögen. Ausnahmsweise kann die Haftung auf einen der Erbteilsquote entsprechenden Teil der Nachlassverbindlichkeit beschränkt werden, wenn die Voraussetzungen der §§ 2060; 2061 BGB vorliegen.

h) Haftung von Vor- und Nacherben

Der Vorerbe muss wie ein endgültiger Erbe die Nachlassverbindlichkeiten erfüllen. Die Haftung des Vorerben endet mit dem Eintritt des Nacherbfalles. Ab diesem Zeitpunkt haftet der Nacherbe. Ausnahme: Es geht um Verbindlichkeiten, mit denen der Erblasser nur den Vorerben belastet hat oder wenn der Vorerbe vor Eintritt des Nacherbfalles nach den allgemeinen Vorschriften unbeschränkbar haftete, § 2145 Abs. 2 BGB. Die gesamtschuldnerische Haftung besteht auch für Verbindlichkeiten, die der Vorerbe im Verhältnis zum Nacherben zu tragen hat, wie z.B. **Grundsteuern eines im Nachlass befindlichen Grundstücks für die Zeit vor dem Nacherbfall.**
Bevor der Nacherbfall nicht eingetreten ist, haftet der Nacherbe nicht für Nachlassverbindlichkeiten. Hat der Vorerbe Maßnahmen zur Beschränkung der Haftung ergriffen, so wirken sie auch gegenüber dem Nacherben. Mit dem Eintritt des Nacherbfalles kann der Nacherbe dann selbst auch noch einmal die Haftung auf den Nachlass beschränken, § 2144 BGB.

VIII. Die Zwangsvollstreckung wegen einer Geldforderung in den Nachlass

Wie oben dargelegt, kann eine Nachlassverbindlichkeit gegen den Erben vor der Annahme der Erbschaft nicht gerichtlich geltend gemacht werden. Nach der Annahme der Erbschaft haftet der Erbe für Nachlassverbindlichkeiten mit dem Nachlass und seinem Privatvermögen. Wenn gegen den Erben auf Erfüllung einer Nachlassverbindlichkeit geklagt wird, muss er beantragen, dass eine Beschränkung seiner Haftung auf den Nachlass vorbehalten bleibt.

Wenn aber bereits ein Vollstreckungstitel gegen den verstorbenen Erblasser erwirkt wurde, muss unterschieden werden:

Wenn wegen einer **zivilrechtlichen Forderung** ein Titel erwirkt wurde und **bereits** die Vollstreckung gegen den Schuldner **begonnen** hat, dann kann nach seinem Tod die Vollstreckung in den Nachlass fortgesetzt werden, § 779 ZPO. Der Vollstreckungstitel gegen den Erblasser bleibt Grundlage für die Vollstreckung. Eine Umschreibung auf den Erben gemäß § 727 ZPO muss **nicht** erfolgen.

Bei einer Vollstreckung wegen einer öffentlich-rechtlichen Forderung ordnet § 17 Abs. 1 VwVG LSA das Gleiche an.

Wenn allerdings bei einer Vollstreckungshandlung der Schuldner hinzuzuziehen ist, so muss vor der Annahme der Erbschaft den Erben ein einstweiliger besonderer Vertreter bestellt werden. Dies geschieht bei einer öffentlich-rechtlichen Forderung durch die Vollstreckungsbehörde, § 17 Abs. 2 VwVG LSA . Bei einer zivilrechtlichen Forderung erfolgt die Bestellung durch das Vollstreckungsgericht auf Antrag des Gläubigers, § 779 Abs. 2 ZPO. Das ist nur dann nicht erforderlich, wenn ein Nachlasspfleger bestellt wurde oder ein Testamentsvollstrecker.

Wenn die Vollstreckung **noch nicht begonnen** hat, kann **vor der Annahme** der Erbschaft **nur** in den Nachlass vollstreckt werden, § 778 ZPO. Dies gilt sowohl für zivilrechtliche Forderungen als auch für öffentlich-rechtliche Forderungen, § 18 VwVG LSA i.V.m. § 778 Abs. 1 ZPO. Ein Zugriff auf das Privatvermögen des Erben ist also nicht möglich. Ebenso wenig kann wegen einer Verbindlichkeit gegen den Erben in den Nachlass vollstreckt werden, § 778 Abs. 2 ZPO. Dies ist erst nach der Annahme der Erbschaft zulässig.

Um in den Nachlass vollstrecken zu können, muss der Gläubiger einer zivilrechtlichen Forderung einen Nachlasspfleger bestellen gemäß § 1961 BGB. Sein Titel muss dann gemäß § 727 ZPO auf den Nachlasspfleger umgeschrieben werden.
Das gilt entsprechend auch für die Vollstreckung wegen einer öffentlich-rechtlichen Forderung gegen den Nachlass: Es muss auf Antrag der Vollstreckungsbehörde ein Nachlasspfleger bestellt werden und diesem das Leistungsgebot, aus dem vollstreckt werden soll, bekannt gegeben werden. Wenn ein Testamentsvollstrecker vorhanden ist, ist das Leistungsgebot ihm bekannt zu geben.

Nach der Annahme der Erbschaft kann in den Nachlass und in das Privatvermögen des Erben vollstreckt werden. Allerdings muss bei einer **zivilrechtlichen** Forderung eine Umschreibung des Titels auf den Erben gemäß § 727 ZPO erfolgen. Für die Umschreibung des Titels ist der Nachlassgläubiger berechtigt, eine Abschrift des bereits erteilten Erbscheins zu verlangen, § 85 FGG bzw. selbst die Erteilung eines Erbscheins zu beantragen, § 792 ZPO.

Bei einer öffentlich-rechtlichen Forderung muss gegen den Erben ein Leistungsgebot ergehen.

Wenn Vollstreckungsmaßnahmen durchgeführt wurden und nun eine Nachlassverwaltung oder ein Nachlassinsolvenzverfahren angeordnet wird, so kann der Erbe verlangen, dass die Vollstreckungsmaßnahmen aufgehoben werden, § 18 VwVG LSA i.V.m. § 784 ZPO.

Zusammenfassende Übersicht zur Vollstreckung in den Nachlass:

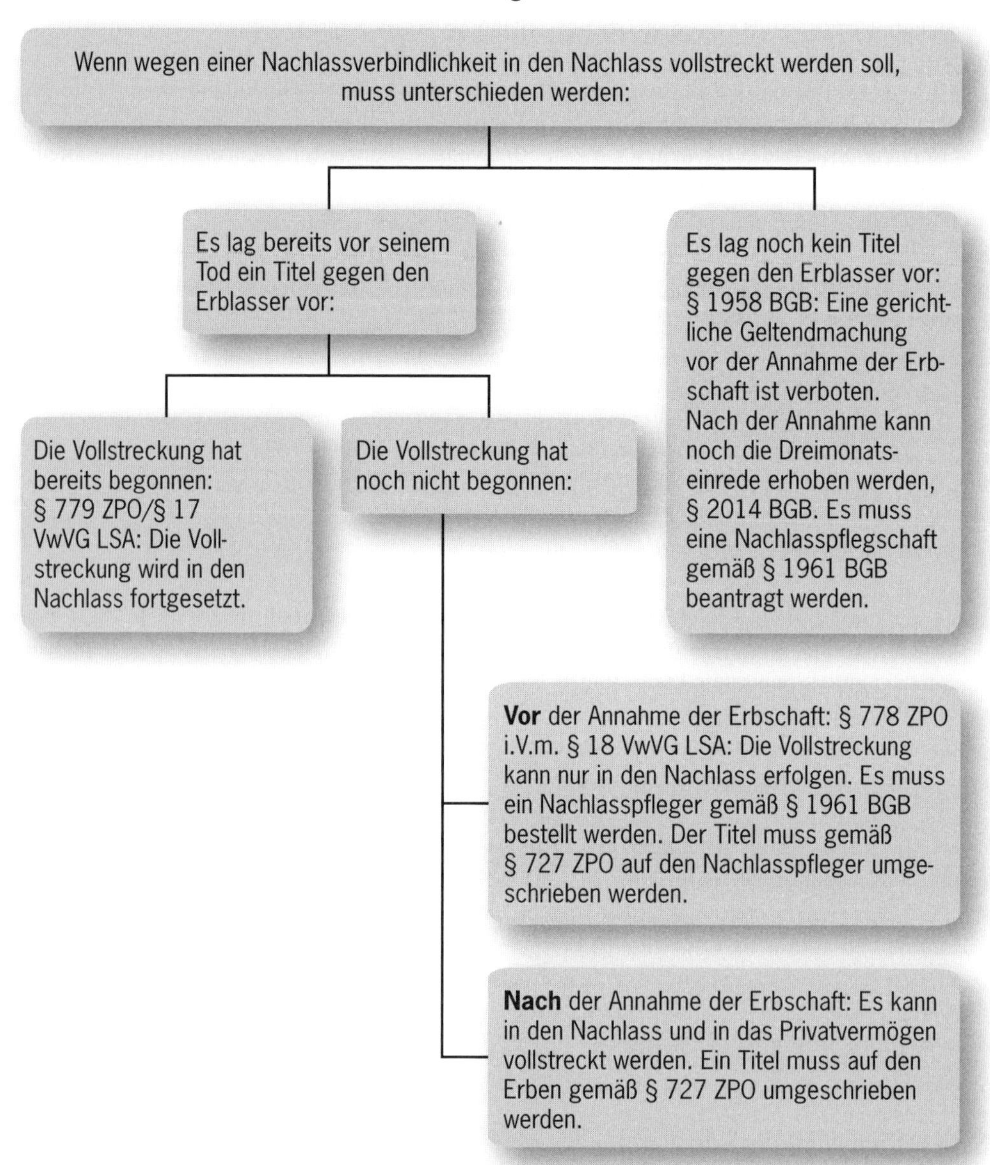

IX. Das Pflichtteilsrecht, § 2303 BGB

Fall: Frau Anna Arm, das einzige Kind von Frau Reich, ist über das Testament ihrer Mutter, in dem diese die Stadt Schnurpseldingen begünstigt, entsetzt. Sie hatte sich vor Jahren mit ihrer Mutter überworfen, weil sie, statt reich zu heiraten, lieber als Missionsschwester in den Kongo gegangen war. Inzwischen ist sie allerdings mit Herrn Arm verheiratet und hätte gegen etwas mehr Geld auf dem Sparkonto nichts einzuwenden. Sie fragt sich, ob die Stadt Schnurpseldingen wirklich Erbin werden konnte, obwohl sie gar nicht mit ihrer Mutter verwandt war?

Der Erblasser kann durch die Errichtung eines Testamentes seine Angehörigen von der Teilhabe an seinem Vermögen ausschließen. Der Gesetzgeber wollte aber verhindern, dass die nahen Angehörigen des Erblassers komplett leer ausgehen. Aus diesem Grund sieht das BGB für bestimmte Angehörige ein Pflichtteilsrecht vor. Das Pflichtteilsrecht gibt den Berechtigten einen Anspruch auf Zahlung eines Geldbetrages: Der oder die Erben müssen dem Pflichtteilsberechtigten die Hälfte des Wertes des gesetzlichen Erbteiles auszahlen, § 2303 Abs. 1 BGB. Pflichtteilsberechtigte sind gemäß § 2303 BGB **die Kinder, der Ehegatte und die Eltern des Erblassers.** Dem Pflichtteilsberechtigten steht gegen den Erben kein Anspruch auf Herausgabe eines bestimmten Nachlassgegenstandes zu. Es wird lediglich der Wert des gesamten Nachlasses nach Abzug aller Nachlassverbindlichkeiten (Schulden des Erblassers und Beerdigungskosten) ermittelt. Dann wird geguckt, welchen Anteil der Pflichtteilsberechtigte am Nachlass gehabt hätte, wenn gesetzliche Erbfolge eingetreten wäre. Die Hälfte dieser Erbquote muss dann vom Erben an den Pflichtteilsberechtigten ausgezahlt werden.

In unserem Fall steht Frau Arm also gegen die Stadt ein Pflichtteilsanspruch zu. Bei gesetzlicher Erbfolge wäre Frau Arm die Alleinerbin von Frau Reich geworden: Es gibt keine anderen Angehörigen der ersten Ordnung und auch keinen Ehemann mehr. Daher muss ihr die Stadt die Hälfte des Nachlasswertes auszahlen. Bei einem Nachlasswert von 100.000,- € wären das z.B. 50.000,- €.

Nun könnte der Erblasser auf die Idee kommen, sein Vermögen schon zu Lebzeiten auf andere als die Pflichtteilsberechtigten zu übertragen und so der Wert des gesetzlichen Erbteils zu mindern. Entsprechend geringer würde dann ein Pflichtteilsanspruch des Berechtigten ausfallen. Um das Pflichtteilsrecht nicht derartig auszuhöhlen, sieht das BGB den **Pflichtteilsergänzungsanspruch gemäß § 2325 BGB** vor: Wenn ein Erblasser einem Dritten eine Schenkung gemacht hat, dann wird der Wert des Geschenkes dem Nachlass hinzugerechnet. Soweit sich der Pflichtteilsanspruch dadurch erhöht, kann dieser Betrag als Pflichtteilsergänzung vom Erben verlangt werden. Erst wenn der Wert der Pflichtteilsergänzung den Nachlass übersteigt, kann der Erbe den Pflichtteilsberechtigten auf den Beschenkten verweisen.
Allerdings wird der Wert der Schenkung immer weniger berücksichtigt, je länger die Schenkung zurückliegt. Nur wenn die Schenkung innerhalb des Jahres vor dem Tod vorgenommen wurde, wird der volle Wert dem Nachlass hinzugerechnet. Für jedes weitere Jahr wird ein Zehntel des Wertes abgezogen. Wenn die Schenkung länger als zehn Jahre vor dem Tod erfolgte, bleibt sie unberücksichtigt, § 2325 Abs. 3 BGB.

Sogar, wenn der Pflichtteilsberechtigte gar nicht enterbt wurde, sondern Erbe eines – wenn auch nach den Schenkungen weitgehend wertlosen – Nachlasses bleibt, steht ihm ein solcher Pflichtteilsergänzungsanspruch zu, § 2326 BGB.

Der Pflichtteilsanspruch ist also ein sehr gut geschütztes Recht. Der Erblasser kann das Pflichtteilsrecht nur unter den Voraussetzungen des § 2333 BGB entziehen.

10. Kapitel: Zivilprozessrecht

Im BGB ist geregelt, wann einer Person ein Anspruch zusteht. Das BGB hilft aber nicht weiter, wenn es darum geht, einen Anspruch gegenüber dem Anspruchsgegner durchzusetzen. In vielen Fällen wird der Anspruchsgegner nämlich nicht fröhlich sagen: »Klar, ich gebe dir alles, was du haben willst.« Dann darf der Anspruchsteller nicht im Wege der Selbstjustiz seinen Anspruch auf eigene Faust durchsetzen, sondern er muss die Hilfe der Gerichte in Anspruch nehmen. Ein privatrechtlicher Anspruch muss in einem Zivilprozess geltend gemacht werden. Das Verfahren zur Feststellung und Durchsetzung privatrechtlicher Ansprüche ist in der Zivilprozessordnung – ZPO – geregelt. In der ZPO sind folgende Regelungen enthalten:

- Im ersten bis sechsten Buch finden sich Regelungen für das **Erkenntnisverfahren**. Im Erkenntnisverfahren entscheidet das Gericht durch ein Urteil über den zwischen den Parteien bestehenden Streit. Meist wird es dabei darum gehen, dass der Kläger vom Beklagten eine bestimmte Leistung fordert. Wenn das Gericht dem Kläger recht gibt, erlässt es ein **Leistungsurteil,** in dem es dem Beklagten die geforderte Leistung auferlegt, z.B. die Zahlung eines Geldbetrages oder die Herausgabe einer Sache. Der Kläger kann aber auch verlangen, dass das Gericht das Bestehen oder Nichtbestehen eines Rechtsverhältnisses feststellt. Das Gericht erlässt dann ein **Feststellungsurteil.** Zuletzt kann das Gericht durch Urteil die bestehende Rechtslage umgestalten. Es erlässt ein **Gestaltungsurteil**. Wichtigstes Beispiel hierfür ist das Scheidungsurteil.
- Im siebten Buch ist das **Mahnverfahren** geregelt: Durch das Mahnverfahren kann der Gläubiger sich schnell und einfach ohne ein Gerichtsverfahren einen Vollstreckungstitel verschaffen.
- Im achten Buch ist das **Zwangsvollstreckungsverfahren** geregelt. Es dient dazu, den im Urteil festgestellten Anspruch des Klägers zwangsweise durchzusetzen, wenn der Beklagte dem Urteil nicht freiwillig nachkommt.
- Am Ende des Achten Buches ist der **einstweilige Rechtsschutz** geregelt. Er dient der vorläufigen Sicherung oder Regelung von Rechten, wenn es einmal schnell gehen muss und für einen langwierigen Zivilprozess keine Zeit mehr bleibt.

I. Die Verfahrensgrundsätze

Das Zivilprozessverfahren wird von verschiedenen Grundsätzen geprägt, den sogenannten **Verfahrensgrundsätzen** oder auch **Prozessmaximen**.

a) Dispositionsgrundsatz

Der Dispositionsgrundsatz besagt, dass die Parteien durch ihre Anträge über den Beginn, Gegenstand und Ende des Verfahrens bestimmen. Der Umfang der richterlichen Prüfung richtet sich allein nach den Anträgen. Das Gericht darf nur tätig werden, wenn ein Klageantrag vorliegt. Es darf dem Kläger nicht mehr und auch nichts anderes zusprechen, als dieser beantragt hat.

Während eines Klageverfahrens können die Parteien den Rechtsstreit jederzeit beenden, ohne dass das Gericht darauf Einfluss hat.

b) Verhandlungsgrundsatz

Der Verhandlungsgrundsatz bedeutet, dass die Parteien die Tatsachen in den Prozess einführen, die die Grundlage der Entscheidung des Gerichts sein sollen. Das Gericht ermittelt die Tatsachen nicht von sich aus. Allein die Parteien tragen die Verantwortung für die Tatsachengrundlage des Prozesses. Wenn eine Tatsache zwischen den Parteien unstreitig ist, dann muss das Gericht diese Tatsache als gegeben hinnehmen und darf nicht selbst noch einmal nachprüfen, ob diese Tatsache wirklich stimmt. Allerdings unterliegen die Parteien der Wahrheitspflicht: Gemäß § 138 Abs. 1 ZPO müssen die Parteien ihre Erklärungen vollständig und wahrheitsgemäß angeben.

c) Grundsatz der Mündlichkeit, Öffentlichkeit, Unmittelbarkeit

Nach dem Mündlichkeitsgrundsatz müssen die Parteien ihre Anträge und ihren Tatsachenvortrag in einer mündlichen Verhandlung vorbringen. Es muss also in jedem Fall mindestens ein Verhandlungstermin stattfinden. Dieser Verhandlungstermin ist öffentlich. Das heißt: Jedermann hat Zutritt. Der Unmittelbarkeitsgrundsatz besagt, dass die mündliche Verhandlung und die Beweisaufnahme vor dem erkennenden Gericht stattfinden müssen, damit es sich selbst ein Bild von der Sache machen kann. Nur in Ausnahmefällen darf eine Beweisaufnahme vor einem anderen Gericht stattfinden, §§ 362 ff. ZPO.

d) Grundsatz des rechtlichen Gehörs

Wie überall gilt auch hier der Grundsatz des rechtlichen Gehörs, Art. 103 GG. Das Gericht ist verpflichtet, die Ausführungen der Beteiligten zur Kenntnis zu nehmen und in Erwägung zu ziehen.

e) Beschleunigungsgrundsatz

Der Beschleunigungsgrundsatz, auch Konzentrationsmaxime genannt, besagt, dass das Verfahren möglichst in einem entsprechend vorbereiteten Verhandlungstermin abgeschlossen werden soll. Das Gericht soll möglichst schnell einen Verhandlungstermin anberaumen und darauf hinwirken, dass die Parteien zügig alles vortragen, was für den Prozess von Bedeutung ist. Auch die Parteien trifft eine Prozessförderungspflicht. Sie müssen ihre Angriffs- und Verteidigungsmittel rechtzeitig vorbringen, § 282 ZPO. Verspätetes Vorbringen kann gemäß § 296 ZPO zurückgewiesen werden.

f) Bestreben nach gütlicher Streitbeilegung

Erst in jüngerer Zeit hinzugekommen ist der Grundsatz, dass Rechtsstreitigkeiten möglichst durch gütliche Regelungen beigelegt werden sollen. Diesem Ziel dient z.B. das vorprozessuale Schlichtungsverfahren gemäß § 15 a EG ZPO oder § 278 ZPO, der dem Gericht vorschreibt, dass es in jeder Lage des Verfahrens auf eine gütliche Beilegung des Rechtsstreits hinwirken soll.

II. Der Ablauf des Erkenntnisverfahrens

Das Erkenntnisverfahren wird in den meisten Fällen durch die Einreichung einer Klageschrift eingeleitet. Der Kläger führt in der Klageschrift aus, was er haben will. Der genaue Inhalt der Klageschrift richtet sich nach § 253 ZPO. Mit der Einreichung der Klage wird der Rechtsstreit bei Gericht **anhängig**. Bevor der Kläger eine Klage einreicht, muss er sich zunächst fragen, welches Gericht für den Rechtsstreit zuständig ist. Ein Zivilgericht ist immer nur dann zuständig, wenn es sich um eine privatrechtliche Streitigkeit handelt. Die örtliche Zuständig**keit** des Gerichts

richtet sich nach den §§ 12 ff. ZPO. Im Regelfall ist die Klage bei dem Gericht zu erheben, in dessen Gerichtsbezirk der Beklagte wohnt, §§ 12; 13 ZPO.
Die **sachliche Zuständigkeit** ist im **Gerichtsverfassungsgesetz** (GVG) geregelt. Grob gilt: Gemäß § 23 GVG ist für Rechtsstreitigkeiten mit einem Streitwert bis 5.000,– € das Amtsgericht zuständig, bei einem Streitwert über 5.000,– € das Landgericht.

Sachliche Zuständigkeit und Instanzenzug in Zivilsachen:

1. Instanz	**Amtsgericht,** § 23 GVG: – Streitwert unter 5.000,– € – mietrechtliche Streitigkeiten § 23 a, b GVG in Familiensachen als Familiengericht **Landgericht, § 71 GVG:** – Alle Streitigkeiten, die nicht den Amtsgerichten zugewiesen sind, z.B.: Streitwert über 5.000,– € – Klagen aus Amtspflichtverletzungen
2. Instanz: Berufungsgericht	**Landgericht, § 72 GVG,** für die Entscheidungen des Amtsgerichts **Oberlandesgericht,** § 119 Abs. 1 Nr. 2 GVG, für die Entscheidungen des Landgerichts § 119 Abs. 1 Nr. 1 a GVG der Familiensenat für die vom Amtsgericht – Familiengericht – entschiedenen Sachen
3. Instanz: Revisionsgericht	**BGH, § 133 GVG; § 542 ZPO**

Wenn die Klage bei Gericht eingereicht worden ist, wird dort geprüft, welcher Richter bzw. welche Kammer für das Verfahren zuständig ist. Es wird eine Akte mit einem entsprechenden Aktenzeichen angelegt. Dann wird die Akte dem zuständigen Richter bzw. dem vorsitzenden Richter der zuständigen Kammer vorgelegt. Dieser prüft dann, ob die sogenannten echten Prozessvoraussetzungen vorliegen:
- Handelt es sich um eine ordnungsgemäße Klageschrift?
- Fällt der Fall überhaupt in die deutsche Gerichtsbarkeit?

Wenn diese Voraussetzungen vorliegen, überlegt der Richter, wie das Verfahren weiterlaufen soll. Zunächst muss die Klage in jedem Fall dem Beklagten zugestellt werden, wenn der Kläger die erforderlichen Gerichtskosten eingezahlt hat. Mit der Zustellung der Klage an den Beklagten ist die Klage **rechtshängig**. Im Übrigen hat der Richter die Wahl:

- Er kann einen frühen ersten Termin zur Verhandlung bestimmen, § 275 ZPO, oder
- ein schriftliches Vorverfahren anordnen, § 276 ZPO.

Bei einem **frühen ersten Termin** wird sogleich ein Verhandlungstermin festgesetzt, und beide Parteien werden zum Termin geladen. Gleichzeitig wird der Beklagte aufgefordert, seine Verteidigungsmittel vorzubringen. In dem Verhandlungstermin wird dann versucht, den Rechtsstreit gleich zu einem Abschluss zu bringen. Wenn das nicht gelingt, wird ein neuer Verhandlungstermin erforderlich. Der frühe erste Termin dient dann nur der Vorbereitung dieses neuen (Haupt-) Termins.
Bei einem **schriftlichen Vorverfahren** wird dem Beklagten eine Frist gesetzt, innerhalb der er seine Verteidigungsbereitschaft anzeigen soll. Hinzu kommt eine weitere Frist, innerhalb der er auf die Klage erwidern muss.
Wenn der Beklagte auf die Klage erwidert hat, muss wiederum der Kläger zur Klageerwiderung Stellung nehmen. Das Gericht guckt sich an, was jeweils vorgetragen wird und erteilt ggf. Hinweise. Es kann auch einen Beweisbeschluss erlassen, damit im Verhandlungstermin eine Beweisaufnahme erfolgt. Wenn das Gericht meint, dass die Parteien alles vorgetragen haben, wird ein Haupttermin anberaumt, in dem der Rechtsstreit möglichst abgeschlossen wird. Wenn das nicht gelingt, muss auch hier ein neuer Termin angesetzt werden.

Nach einem Verhandlungstermin wird das Gericht, wenn der Rechtsstreit entscheidungsreif ist, ein Urteil verkünden. Das geschieht entweder noch gleich im Termin (sogenanntes Stuhlurteil – eher selten) oder in einem anzuberaumenden Verkündungstermin.

III. Die Entscheidung des Gerichts

Das Gericht wird ein Urteil zugunsten des Klägers fällen, wenn seine Klage zulässig und begründet ist.

a) Zulässigkeit der Klage

Bei der Prüfung der Zulässigkeit guckt das Gericht, ob der Kläger bei der Klageerhebung alle Verfahrensvorschriften beachtet hat. Im Einzelnen:
- Die Klageschrift muss den Anforderungen des § 253 ZPO genügen. Besonders schwerwiegende Mängel führen dazu, dass die Klage gar nicht erst zugestellt wird, s.o.
- Die Parteien müssen parteifähig sein. Parteifähig ist jeder, der rechtsfähig ist, § 50 Abs. 1 ZPO.
- Die Parteien müssen prozessfähig sein. Prozessfähig ist, wer geschäftsfähig ist, § 52 ZPO. Für Prozessunfähige handelt der gesetzliche Vertreter. Für juristische Personen handeln ihre Organe als gesetzliche Vertreter.
- Prozessführungsbefugnis: Die Parteien müssen das Recht haben, über das im Prozess streitige Recht einen Rechtsstreit im eigenen Namen zu führen. Die Prozessführungsbefugnis ist immer dann gegeben, wenn der Kläger behauptet, selbst Inhaber des geltend gemachten Anspruches zu sein. Wenn der Kläger ein fremdes Recht im eigenen Namen geltend macht, muss geprüft werden, ob diese sogenannte Prozessstandschaft zulässig ist. Es gibt verschiedene Fälle, in denen vom Gesetz eine Prozessstandschaft vorgesehen wird, z.B. für Insolvenzverwalter. Aber der Kläger kann auch vom Rechtsinhaber ermächtigt werden, das Recht im eigenen Namen geltend zu machen (sogenannte gewillkürte Prozessstandschaft). Bei einer Prozessstandschaft ist der Kläger Partei des Prozesses, nicht der Inhaber des Rechts. Die Wirkungen des Urteils treffen aber den Inhaber des Rechts, nicht den Kläger.

- Das Gericht muss sachlich, örtlich und funktionell zuständig sein. Dazu s.o.
- Der Rechtsstreit darf nicht vor einem anderen Gericht rechtshängig sein (entgegenstehende Rechtshängigkeit) oder von einem anderen Gericht schon entschieden worden sein (entgegenstehende Rechtskraft).

Wenn eine dieser Voraussetzungen fehlt, dann wird die Klage als unzulässig abgewiesen.

b) Begründetheit der Klage

Liegen die Zulässigkeitsvoraussetzungen der Klage vor, dann muss das Gericht feststellen, ob der Anspruch des Klägers begründet ist, er also mit seiner Forderung recht hat. Dazu wird das Gericht zunächst prüfen, ob der Tatsachenvortrag des Klägers ausreicht, um den geltend gemachten Anspruch nach den Vorschriften des BGB zu begründen. Wenn schon nach dem Vortrag des Klägers kein Anspruch besteht, kann die Klage gleich abgewiesen werden.

Wenn nach dem Vortrag des Klägers ein Anspruch besteht, guckt das Gericht als Nächstes, was der Beklagte dazu zu sagen hat. Wenn der Vortrag des Beklagten keine Tatsachen enthält, die den Anspruch des Klägers entfallen lassen, dann ist die Klage begründet. Es kann ein Urteil zugunsten des Klägers ergehen. Wenn der Beklagte allerdings Tatsachen vorträgt, die, als wahr unterstellt, den Anspruch des Klägers entfallen lassen, dann muss eine Beweisaufnahme stattfinden. Das Gericht muss durch die Vernehmung von Zeugen, die Einholung eines Sachverständigengutachtens, durch Urkunden, gerichtliche Augenscheinseinnahme oder eine Vernehmung der Parteien feststellen, ob die zwischen den Parteien streitige Tatsache vorliegt oder nicht. Eine Beweisaufnahme wird allerdings nur dann durchgeführt, wenn die Partei, die die Beweislast für die Tatsache trägt, auch einen entsprechenden Beweis angetreten hat. Für die Frage, wer die Beweislast für eine Tatsache trägt, gilt folgende Faustregel: **Jede Partei trägt die Beweislast für das Vorliegen der tatsächlichen Voraussetzungen der ihr günstigen Rechtsnorm.** Der Kläger trägt also die Beweislast für alle anspruchsbegründenden Tatsachen, der Beklagte die Beweislast für alle Untergangsgründe und Einreden. Im Ausnahmefall hat das BGB die Beweislast aber auch anders geregelt. So z.B. in § 280 Abs. 1 BGB, wo das Verschulden des Schuldners vermutet wird. Dieser muss also im Prozess beweisen, dass ihn kein Verschulden trifft.

Nach einer Beweisaufnahme kann das Gericht dann seine Entscheidung fällen: Entweder die beweisbelastete Partei hat die Tatsache bewiesen oder nicht. Entweder ergeht ein Urteil, in dem der Klage stattgegeben wird: Der Beklagte wird verurteilt, die vom Kläger geforderte Leistung zu erbringen. Mit diesem Urteil kann der Kläger dann auch zwangsweise seinen Anspruch durchsetzen. Dazu s.u. 7. Zwangsvollstreckung.

Zusammenfassende Übersicht: Die Begründetheit der Klage

Der Richter prüft:

I. Ist die Klage schlüssig?

Das ist dann der Fall, wenn die vom Kläger vorgetragenen Tatsachen – als wahr unterstellt – die Voraussetzungen der Anspruchsgrundlage des geltend gemachten Anspruchs erfüllen.
Wenn schon nach dem Vortrag des Klägers die Voraussetzungen der Anspruchsgrundlage nicht vorliegen, ist die Klage unbegründet. Wenn nach dem Vortrag des Klägers der geltend gemachte Anspruch besteht, prüft der Richter weiter:

II. Ist das Verteidigungsvorbringen des Beklagten erheblich?
Das ist dann der Fall, wenn die vom Beklagten vorgetragenen Tatsachen – als wahr unterstellt – den Anspruch des Klägers entfallen lassen. Der Beklagte kann vom Kläger vorgetragene anspruchsbegründende Tatsachen **bestreiten** oder **Einreden** vortragen.
Es gibt:
- rechtshindernde Einreden: z.B. § 105, § 138
- rechtsvernichtende Einreden: z.B. § 362, § 346 BGB, Anfechtung,
- rechtshemmende Einreden: § 214; § 273 BGB.

Wenn der Vortrag des Beklagten am geltend gemachten Anspruch nichts ändert, dann ist das Vorbringen **unerheblich** und die schlüssige Klage **begründet.** Wenn der Vortrag erheblich ist, muss der Richter:

III. Beweis erheben
Es muss in einer Beweisaufnahme festgestellt werden, welcher der von den beiden Parteien vorgetragenen Sachverhaltsschilderungen tatsächlich zutrifft.

Jede Partei trägt die Beweislast für die Voraussetzungen der für sie günstigen Rechtsnorm. Der Kläger hat also alle anspruchsbegründenden Tatsachen zu beweisen, der Beklagte die Tatsachen, die eine rechtshindernde, rechtsvernichtende oder rechtshemmende Einrede begründen.

Im Verfahren auf Erlass einer Sachentscheidung sind nur fünf Beweismittel zulässig (Strengbeweis):
- Sachverständigengutachten
- Augenscheinseinnahme
- Parteivernehmung
- Urkunden
- Zeugen: Der Beweispflichtige muss sich darauf berufen. Bei allen anderen Beweismitteln kann das Gericht von Amts wegen eine Beweisaufnahme durchführen.

Manchmal kann es allerdings auch passieren, dass ein Beklagter sich zur Klage überhaupt nicht äußert oder sogar der Kläger zum Verhandlungstermin nicht erscheint. Dann kann das Gericht ein sogenanntes **Versäumnisurteil** erlassen. Geregelt ist das in den §§ 330 ff. ZPO.
Wenn der Beklagte sich nicht äußert, dann wird der Klage stattgegeben, wenn sie allein aufgrund des Vorbringens des Klägers begründet ist. Wenn der Kläger zum Verhandlungstermin nicht erscheint, dann wird seine Klage abgewiesen.

Gegen ein solches Versäumnisurteil kann der jeweils Betroffene innerhalb von zwei Wochen Einspruch einlegen.

IV. Beendigung des Rechtsstreits auf andere Weise als durch ein Urteil
Nicht immer endet ein Rechtsstreit durch ein Urteil des Gerichts. Die Parteien haben verschiedene andere Möglichkeiten, den Rechtsstreit zu beenden:
- **Der Kläger kann die Klage zurücknehmen**, § 269 ZPO. Dies geschieht durch eine Erklärung gegenüber dem Gericht. Wenn schon eine mündliche Verhandlung stattgefunden hat, muss der Beklagte der Klagerücknahme zustimmen. Durch die Klagerücknahme entfällt rückwirkend

die Rechtshängigkeit der Klage. Der Kläger muss die Prozesskosten tragen. Er kann aber den Anspruch jederzeit wieder erneut gerichtlich geltend machen.
- **Klageverzicht**: Der Kläger kann auf den geltend gemachten Anspruch verzichten, § 306 ZPO. Die Klage ist dann abzuweisen. Eine erneute Klageerhebung mit diesem Anspruch ist nicht mehr möglich.
- **Der Beklagte erkennt den geltend gemachten Anspruch an**, § 307 ZPO. Das ist die Variante »Klar, ich gebe dir alles, was du willst«. Das Gericht erlässt dann ohne weitere Prüfung ein Anerkenntnisurteil.
- Die Parteien schließen einen **Vergleich**. Ein Vergleich führt zu einer gütlichen Beilegung des Rechtsstreits. Beide Parteien geben nach und schließen einen **Vertrag**, in dem sie den Rechtsstreit beenden und vereinbaren, was nun zwischen ihnen gelten soll. Der vom Gericht protokollierte Vergleich stellt ebenso wie ein Urteil einen Vollstreckungstitel dar. Das bedeutet: Wenn eine Partei sich in dem Vergleich zu einer Leistung verpflichtet hat, kann aus dem Vergleich die Zwangsvollstreckung betrieben werden.

V. Zusammenfassender Überblick über die Rechtsmittel im Zivilprozess

Nicht immer akzeptieren die Parteien die Entscheidung des Gerichts. Dann gibt es für sie die Möglichkeit, die Entscheidung mit einem Rechtsmittel anzugreifen:

a) Berufung, §§ 511–541 ZPO
- Statthaft gegen erstinstanzliche Urteile des AG und der LG bei einer Beschwer von mehr als 600,– € **oder** bei Zulassung.
- Einlegung beim Berufungsgericht innerhalb eines Monats nach Zustellung des Urteils, Frist zur Begründung: zwei Monate.
- Prüfungsumfang: Überprüfung des erstinstanzlichen Urteils in **rechtlicher** Hinsicht. In **tatsächlicher** Hinsicht **nur,** wenn konkrete Zweifel an der Richtigkeit und Vollständigkeit der Tatsachenfeststellung besteht. Im Übrigen ist das Berufungsgericht an die erstinstanzlichen Feststellungen gebunden.

b) Revision, §§ 542–566 ZPO
- Statthaft gegen Berufungsurteile des LG/OLG, wenn die Revision **im Berufungsurteil zugelassen** wird **oder Zulassung durch den BGH** auf **Nichtzulassungsbeschwerde** der beschwerten Partei hin.
- Einlegung beim BGH innerhalb von einem Monat nach Zustellung des Urteils, Frist zur Begründung: zwei Monate.
- Überprüfung **nur in rechtlicher Hinsicht.**

c) Sofortige Beschwerde, §§ 567–572
- Statthaft gegen Beschlüsse von AG/LG, wenn es **im Gesetz vorgesehen** ist **oder** wenn ein **Verfahrensgesuch abgelehnt** wird, § 567 Abs. 1 ZPO.
- Frist und Form: zwei Wochen bei dem Gericht, das den Beschluss erlassen hat. Bei Nichtabhilfe entscheidet das übergeordnete Gericht.

d) Rechtsbeschwerde an den BGH, §§ 574–577 ZPO

- Statthaft gegen Beschwerdeentscheidungen, Beschlüsse von Berufungsgerichten, Beschlüsse von Oberlandesgerichten, wenn dies im Gesetz zugelassen ist oder sie im jeweiligen Beschluss zugelassen wurde.
- Frist und Form: innerhalb eines Monats beim BGH.
- Überprüfung der Beschlüsse nur in rechtlicher Hinsicht.

VI. Das Mahnverfahren

Ein Gerichtsverfahren dauert unter Umständen ziemlich lange. Damit der Gläubiger einer Geldforderung schneller an sein Geld kommt, gibt ihm die ZPO die Möglichkeit, ein Mahnverfahren durchzuführen. Geregelt ist das im Buch 7 der ZPO, §§ 688 ff. Durch das Mahnverfahren bekommt der Gläubiger auf schnellerem Weg einen Vollstreckungstitel.
Zulässig ist ein Mahnverfahren allerdings nur, wenn es um eine Geldforderung geht. Für andere Forderungen bleibt es also bei dem oben geschilderten Gerichtsverfahren.
Am Anfang des Mahnverfahrens steht ein Antrag des Gläubigers auf Erlass eines Mahnbescheides. Dieser Antrag wird unabhängig von der Höhe der Forderung an das Amtsgericht gerichtet. Grundsätzlich ist für das Mahnverfahren das Amtsgericht zuständig, bei dem der **Antragsteller** seinen allgemeinen Gerichtsstand hat, § 689 Abs. 2 S. 1 ZPO. Allerdings können die Mahnverfahren gemäß § 689 Abs. 3 ZPO zentral durchgeführt werden. Dann werden alle Mahnverfahren aus dem Bezirk mehrerer Amtsgerichte einem zentralen Mahngericht zugewiesen. **In Sachsen-Anhalt ist landesweit für alle Mahnverfahren das Amtsgericht Aschersleben zuständig.** Der Antrag an das Amtsgericht in Aschersleben kann über Datenträger oder auch online übermittelt werden, aber auch mit Hilfe eines Papierformulars. Hier gibt es entsprechende Vordrucke.

Was alles in dem Antrag auf Erlass eines Mahnbescheids stehen muss, steht in § 690 ZPO: Die Parteien und ggf. ihre Prozessbevollmächtigten, das für das Mahnverfahren zuständige Gericht, die Bezeichnung des Anspruchs, die Erklärung, ob der Anspruch von einer Gegenleistung abhängt, die Bezeichnung des Gerichts, das für die Durchführung des streitigen Verfahrens zuständig ist und eine handschriftliche Unterzeichnung.
Der Antrag auf Erlass eines Mahnbescheides wird mit diesen Angaben beim zuständigen Gericht eingereicht. Dort bekommt ihn nicht der Richter, sondern ein **Rechtspfleger** auf den Tisch. Der Rechtspfleger prüft nun nach, ob die Voraussetzungen für den Erlass eines Mahnbescheides vorliegen. **Dabei prüft er aber nicht nach, ob der geltend gemachte Anspruch tatsächlich besteht oder nicht.** Wenn die Voraussetzungen gemäß §§ 688–690; § 703 c Abs. 2 ZPO vorliegen, dann erlässt der Rechtspfleger den Mahnbescheid. Der Antragsgegner wird vorher nicht angehört. Er bekommt den Antrag dann vom Gericht zugestellt. Der Antragsgegner hat nun die Möglichkeit, innerhalb von zwei Wochen gegen den Mahnbescheid **Widerspruch** einzulegen. Wenn er dem Mahnbescheid widerspricht, wird die Sache an das Gericht abgegeben, das im Mahnbescheid als für das streitige Verfahren zuständig bezeichnet worden ist. Das Mahnverfahren wird nun als normales Klageverfahren weitergeführt: Der Antragsteller muss seinen Anspruch begründen.
Wenn der Antragsgegner keinen Widerspruch einlegt, kann der Antragsteller nach Ablauf der Widerspruchsfrist den Antrag auf Erlass eines **Vollstreckungsbescheides** stellen. Gegen diesen Vollstreckungsbescheid kann der Antragsgegner innerhalb von zwei Wochen **Einspruch** einlegen. Wenn Einspruch eingelegt wird, gibt der Rechtspfleger wiederum das Verfahren an das

zuständige Gericht ab. Es wird dann ein normales streitiges Verfahren wie nach dem Erlass eines Versäumnisurteils durchgeführt.
Wenn kein Einspruch eingelegt wird, wird der Vollstreckungsbescheid rechtskräftig. Mit dem Vollstreckungsbescheid kann dann der Gläubiger genauso die Zwangsvollstreckung betreiben, wie aus einem Urteil. Dazu im Einzelnen nachfolgend 7. Zwangsvollstreckung.

VII. Die Zwangsvollstreckung

Wenn das Gericht ein Urteil zugunsten des Klägers erlassen hat und den Beklagten zu einer Leistung verurteilt hat, dann kann der Kläger zunächst darauf hoffen, dass der Beklagte freiwillig die Leistung erbringt, zu der er verurteilt wurde. Tut er das nicht, kann der Kläger aus dem Urteil die Zwangsvollstreckung betreiben. Dazu benötigt er

1. einen Titel, also das Urteil oder einen Prozessvergleich.
2. Der Titel muss mit einer Vollstreckungsklausel versehen sein, § 724 ZPO. Das heißt, auf dem Titel muss stehen: »Vorstehende Ausfertigung wird dem Kläger zum Zwecke der Zwangsvollstreckung erteilt.«
3. Der Titel muss vor oder spätestens gleichzeitig mit dem Beginn der Vollstreckung dem Schuldner zugestellt werden, § 750 Abs. 1 ZPO.

Die weitere Zwangsvollstreckung richtet sich danach, was der Kläger eigentlich haben will: Wenn der Kläger vom Beklagten die **Bezahlung einer Geldforderung** verlangt, hat er drei Möglichkeiten:

- Er kann die Zwangsvollstreckung in das **bewegliche** Vermögen des Schuldners betreiben. Er beantragt dies beim Gerichtsvollzieher. Dieser geht zum Schuldner, pfändet die im Gewahrsam des Schuldners befindlichen Sachen, verwertet sie – meist durch öffentliche Versteigerung – und händigt dem Kläger den Erlös aus.
- Wenn der Beklagte eine Geldforderung gegen eine andere Person hat, kann der Kläger diese Forderung pfänden und an sich überweisen lassen. Er kann dann die Forderung im eigenen Namen einziehen und gilt dann, soweit er die Zahlung von der anderen Person erhält, als vom Schuldner befriedigt.
- Wenn der Beklagte **Grundbesitz** hat, kann der Kläger beim Amtsgericht beantragen, dass die Zwangsversteigerung des Grundbesitzes durchgeführt wird oder die Zwangsverwaltung angeordnet wird. Bei einer Zwangsversteigerung erhält der Kläger dann den Versteigerungserlös. Bei der Zwangsverwaltung erhält der Kläger die Überschüsse der Verwaltung. Zuletzt kann der Kläger auch beim Grundbuchamt beantragen, dass zu seinen Gunsten eine Zwangshypothek im Grundbuch eingetragen wird. Er erhält dadurch eine zusätzliche Sicherung für seine Forderung.

Wenn der Kläger keine Geldforderung vollstrecken will, sondern vom Beklagten die **Herausgabe einer Sache** verlangt, dann kann er den Gerichtsvollzieher losschicken, damit er dem Schuldner die Sache wegnimmt und sie dem Kläger übergibt, § 883 ZPO.

Wenn der Beklagte eine **bestimmte Handlung vornehmen soll**, dann kann der Kläger beantragen, dass gegen ihn ein Zwangsgeld oder Zwangshaft festgesetzt wird, wenn er die Handlung nicht freiwillig vornimmt, § 888 ZPO. Ein entsprechender Antrag muss beim Prozessgericht erster Instanz gestellt werden.

Soll der Beklagte **etwas unterlassen**, dann kann der Kläger, wenn der Beklagte es trotzdem tut, beim Prozessgericht erster Instanz die Verhängung eines Ordnungsgeldes oder Ordnungshaft beantragen.

Am einfachsten ist es, wenn der Beklagte zur **Abgabe einer Willenserklärung** verurteilt wurde. Dann muss der Kläger keine weiteren Vollstreckungsmaßnahmen ergreifen: Mit der Rechtskraft des Urteils gilt die Willenserklärung als abgegeben.

Übersicht zu den Vollstreckungsmaßnahmen:

Was will der Gläubiger vom Schuldner haben?	**Vollstreckungsmaßnahme:**	**Zuständiges Vollstreckungsorgan**
Geld	Der Gläubiger kann vollstrecken in - bewegliche Sachen: §§ 803–827 ZPO, Pfändung und Wegnahme, anschließende Versteigerung. - Forderungen und andere Rechte: §§ 828–863 ZPO, Pfändungs- und Überweisungsbeschluss. - Unbewegliche Sachen: §§ 864–871 ZPO, Eintragung einer Zwangshypothek, §§ 866; 867 ZPO, oder: Zwangsversteigerung oder: Zwangsverwaltung, ZVG, § 869 ZPO.	Gerichtsvollzieher Amtsgericht, bei dem der Schuldner seinen allgemeinen Gerichtsstand hat als Vollstreckungsgericht, § 828 Abs. 2 ZPO. Grundbuchamt Amtsgericht, in dessen Bezirk das betroffene Grundstück liegt, § 1 ZVG.
Herausgabe einer Sache	Die Sache wird dem Schuldner weggenommen und dem Gläubiger übergeben, §§ 883–886 ZPO.	Gerichtsvollzieher
Vornahme einer vertretbaren Handlung (= das kann auch ein anderer machen)	Der Gläubiger wird ermächtigt, die Handlung auf Kosten des Schuldners vornehmen zu lassen, § 887 ZPO.	Prozessgericht der ersten Instanz
Vornahme einer nicht vertretbaren Handlung (= das kann nur der Schuldner machen)	Der Schuldner wird durch Zwangsgeld oder Zwangshaft zur Vornahme der Handlung angehalten, § 888 ZPO.	Prozessgericht der ersten Instanz
Unterlassung oder Duldung einer Handlung	Bei Zuwiderhandlung wird der Schuldner zu einem Ordnungsgeld oder zu Ordnungshaft angehalten.	Prozessgericht der ersten Instanz
Abgabe einer Willenserklärung	Mit Eintritt der Rechtskraft des Urteils gilt die Erklärung als abgegeben.	

Zusammenfassende Übersicht über die Voraussetzungen der Zwangsvollstreckung

Das jeweilige Vollstreckungsorgan darf nur dann tätig werden, wenn die Zwangsvollstreckungsvoraussetzungen vorliegen:

I. Die allgemeine Vollstreckungsvoraussetzungen

a) **Antrag** des Gläubigers
b) **Titel**: z.B. Urteil oder Titel gemäß § 794 ZPO
c) **Vollstreckungsklausel**: Auf dem Titel muss stehen: »Vorstehende Ausfertigung wird dem ... zum Zwecke der Zwangsvollstreckung erteilt.«
d) **Zustellung**: Der Titel muss spätestens gleichzeitig mit der Vollstreckung zugestellt werden, § 750 Abs. 1 ZPO.

II. Die besonderen Zwangsvollstreckungsvoraussetzungen

a) bei Verurteilung des Schuldners zur Leistung **Zug um Zug** darf erst dann vollstreckt werden, wenn der Gläubiger seine Gegenleistung erbracht hat, § 756; § 765 ZPO.
b) wenn der Anspruch vom Eintritt eines bestimmten Tages abhängig ist, darf erst nach diesem Tag vollstreckt werden, § 751 Abs. 1 ZPO.
c) wenn die Vollstreckung von einer Sicherheitsleistung abhängt, dann darf erst nach Erbringung dieser Sicherheitsleistung vollstreckt werden, § 751 Abs. 2 ZPO.
d) bei Pfändung einer beweglichen Sache: Die Pfändung muss
- zur rechten Zeit,
- am rechten Ort,
- in der rechten Weise,
- im rechten Umfang erfolgen.

III. Das Fehlen von Vollstreckungshindernissen

a) Einstellung der Zwangsvollstreckung aufgrund gerichtlicher Anordnung, z.B. § 707 ZPO (Wiederaufnahme des Verfahrens); § 719 ZPO (Einlegung eines Rechtsmittels); § 732 ZPO (Erinnerung gegen die Erteilung der Vollstreckungsklausel); § 766; § 769 ZPO (Erinnerung gegen die Art und Weise der Zwangsvollstreckung); § 771 Abs. 3 ZPO (Drittwiderspruchsklage)
b) In den Fällen des § 775 ZPO
c) In den Fällen des § 765 a ZPO: wegen besonderer Härte
d) Im Insolvenzverfahren des Schuldners, § 89 InsO

11. Kapitel: Grundzüge des Handelsrechts

Bisher ging es ausschließlich um **Bürgerliches Recht**, also den Teil des Privatrechts, der für **jede Privatperson** gilt.

Im Laufe der Zeit haben sich aber für bestimmte Personengruppen rechtliche Regelungen entwickelt, die zusätzlich zum BGB nur für bestimmte Personen gelten. Dies sind die sogenannten **Sonderprivatrechte**. Hierzu gehört das Handelsrecht: Das Sonderprivatrecht der Kaufleute, das vorwiegend im Handelsgesetzbuch (HGB) geregelt ist.
Der Grund für die Entwicklung dieses Sonderprivatrechts liegt darin, dass Kaufleute im Handelsverkehr besondere Bedürfnisse haben:
- Es muss alles **möglichst schnell** gehen. Die Geschäfte sollen rasch abgewickelt werden. Zeit ist Geld! Zum Beispiel muss der Käufer einer Sache die Sache sofort nach der Ablieferung untersuchen und etwaige Mängel gleich rügen. Tut er dies nicht, verliert er evtl. seine Mängelansprüche, § 377 HGB.
- Der Handelsverkehr erfordert oft einen stärkeren **Vertrauensschutz**, als ihn das BGB kennt. Zum Beispiel wird gemäß § 932 BGB derjenige geschützt, der eine bewegliche Sache von einem Nichtberechtigten erwirbt: Der Erwerber wird dann Eigentümer, wenn er glaubt, dass der Veräußerer der Eigentümer der Sache ist. Ein Kaufmann verkauft aber oft Sachen, die ihm nicht gehören, z.B. in Kommission. Daher ordnet § 366 HGB an, dass der Erwerber einer Sache auch dann Eigentümer wird, wenn er zwar genau weiß, dass die Sache nicht dem Veräußerer gehört, er aber glaubt, dass der Veräußerer befugt ist, über die Sache zu verfügen. Ein weiteres Beispiel ist § 15 HGB: Alles das, was nicht im Handelsregister eingetragen ist, obwohl es dort eingetragen werden müsste, kann einem Dritten nicht entgegengesetzt werden, wenn er nichts davon wusste. Dazu im Einzelnen 2. Handelsregister.
- Im Laufe der Zeit haben sich im Handelsverkehr verschiedene Bräuche entwickelt. Auf solche Bräuche ist gemäß § 346 HGB zwischen Kaufleuten besondere Rücksicht zu nehmen. Insbesondere beim Abschluss und der Auslegung von Verträgen sind diese Bräuche zu beachten. So werden oft bestimmte Formulierungen verwendet, wie z.B.: »Selbstbelieferung vorbehalten.« Welche Bedeutung diese Klauseln haben, ist dann mit Hilfe der Handelsbräuche zu ermitteln.
- Von einem Kaufmann wird erwartet, dass er sich im Geschäftsverkehr auskennt. Daher wird er nicht so gut geschützt wie eine Privatperson. Zum Beispiel gelten die Formvorschriften für eine Bürgschaft nicht, § 350 HGB.

A. Der Begriff des Kaufmanns

Handelsrecht gilt dann, wenn an einem Geschäft wenigstens ein Kaufmann beteiligt ist. Wer alles ein Kaufmann ist, steht in § 1 ff. HGB:

I. Istkaufmann gemäß § 1 HGB: Kleine Klitsche oder Firmenimperium?

Nach § 1 HGB wird man dadurch zum Kaufmann, dass man ein Handelsgewerbe betreibt. Was ein Handelsgewerbe ist, steht in § 1 Abs. 2 HGB: »Handelsgewerbe ist jeder Gewerbebetrieb, es sei denn, dass das Unternehmen nach Art oder Umfang einen in kaufmännischer Weise eingerichteten Geschäftsbetrieb **nicht** erfordert.« Das hilft natürlich nicht viel weiter. Hier ist das HGB genauso umständlich wie das BGB. Man muss sich das also übersetzen. Im Umkehrschluss bedeutet § 1 Abs. 2 HGB: Handelsgewerbe ist jeder Gewerbebetrieb, der nach Art und Umfang einen in kaufmännischer Weise eingerichteten Gewerbebetrieb erfordert.

Die Prüfung, ob jemand Kaufmann i.S.v. § 1 HGB ist, besteht aus zwei Schritten:

1. Liegt ein Gewerbe vor?
2. Erfordert das Gewerbe nach Art oder Umfang einen in kaufmännischer Weise eingerichteten Geschäftsbetrieb?

Als Erstes muss man sich fragen, was ein Gewerbe eigentlich ist. Hierfür gibt es eine anerkannte Definition: **Gewerbe ist jede äußerlich erkennbare, selbständige, planmäßig auf gewisse Dauer, zum Zwecke der Gewinnerzielung ausgeübte Tätigkeit, die kein freier Beruf ist.**
Dazu im Einzelnen:

- Die Tätigkeit muss **nach außen** hin in Erscheinung treten. Wer heimlich an der Börse spekuliert, ist kein Kaufmann.
- Die Tätigkeit ist **planmäßig auf gewisse Dauer** angelegt, wenn der Handelnde von vorne herein die Absicht hat, eine Vielzahl von Geschäften zu tätigen. Nur einmal oder nur gelegentlich ein Geschäft abzuschließen reicht also nicht aus.
- Der Handelnde muss **selbständig** sein. Was »selbständig« bedeutet, steht in § 84 Abs. 1 S. 2 HGB: Wer im Wesentlichen frei seine Tätigkeit gestalten und seine Arbeitszeit bestimmen kann.
- Die Tätigkeit muss **auf Gewinnerzielung gerichtet** sein. Der Handelnde muss also die Absicht haben, einen Überschuss der Einnahmen über die Ausgaben zu erwirtschaften. Wenn es sich um eine Privatperson handelt, kann die Gewinnerzielungsabsicht vermutet werden. Bei einem Unternehmen der öffentlichen Hand muss festgestellt werden, ob ein Gewinn erzielt werden soll.
- Zuletzt darf die Tätigkeit **nicht zu den freien Berufen gehören**. Zu den Freiberuflern gehören alle Personen, bei denen die persönliche Leistung im Vordergrund steht. Zum Teil wird diese Eigenschaft durch ein Spezialgesetz bestimmt, z.B. für: Rechtsanwälte (§ 2 BRAO), Ärzte und Zahnärzte (§ 1 Abs. 2 BundesärzteO, § 1 Abs. 4 ZahnheilkundeG) und Steuerberater (§ 1 Abs. 2 SteuerBerG). Auch ohne gesetzliche Bestimmung werden Künstler, Architekten, Schriftsteller und Wissenschaftler als Freiberufler angesehen.

Dass jemand ein Gewerbe betreibt, macht ihn noch nicht automatisch zum Kaufmann. Jetzt muss nämlich noch geprüft werden, ob »nach Art oder Umfang ein in kaufmännischer Weise eingerichteter Geschäftsbetrieb« erforderlich ist.

Was genau ein in kaufmännischer Weise eingerichteter Geschäftsbetrieb ist, steht nicht im HGB. Zu einem in kaufmännischer Weise eingerichteten Geschäftsbetrieb gehört alles das, was nötig ist, um einen Betrieb zuverlässig und übersichtlich abwickeln zu können. Also: Eine kaufmännische Buchführung, Inventarerrichtung, Bilanzerstellung und Aufbewahrung der Geschäftskorrespondenz. Immer, wenn ein Unternehmer in seinem Betrieb eines dieser Dinge benötigt, dann ist er ein Kaufmann.
Für die Frage, wann ein solcher kaufmännischer Geschäftsbetrieb erforderlich ist, gibt es verschiedene Indizien.

In erster Linie ist ein kaufmännischer Geschäftsbetrieb erforderlich, wenn es um ein großes Unternehmen geht, wenn also eines oder mehrere der nachfolgenden Kriterien erfüllt sind:
- Es wird ein hoher Umsatz erzielt.
- Das Unternehmen verfügt über ein hohes Anlage- und Umlaufvermögen.
- Es gibt viele Mitarbeiter.
- Es gibt mehrere Standorte.

Aber auch wenn es nicht um ein großes Unternehmen geht, kann ein kaufmännischer Geschäftsbetrieb erforderlich sein, wenn
- unterschiedliche Arten von Geschäften abgeschlossen werden (nicht nur Kaufverträge!).
- die einzelnen Geschäfte kompliziert sind.
- umfangreiche Geschäftskorrespondenz geführt wird.
- die betriebliche Organisation umfangreich ist: z.B. verschiedene Abteilungen, viele Mitarbeiter.
- Kredit- oder Teilzahlungen vorgenommen werden.

Man kann diese Kriterien kurz zusammenfassen: Eine kleine Klitsche, bei der immer nur die gleichen einfachen Geschäfte getätigt werden, macht ihren Inhaber nicht zum Kaufmann.

Immer dann, wenn man zu dem Ergebnis kommt, dass eine Person ein Gewerbe betreibt, das nach Art und Umfang einen in kaufmännischer Weise eingerichteten Gewerbebetrieb erfordert, dann ist diese Person Kaufmann, ob sie nun will oder nicht. Allerdings ist diese Prüfung im Einzelfall schwierig. Unter Umständen kann man die Kaufmannseigenschaft auch einfacher feststellen, nämlich über § 2 HGB:

II. Kannkaufmann, §§ 2; 3 HGB und Kaufmann kraft Eintragung, § 5 HGB

Gemäß § 2 HGB gilt automatisch jedes gewerbliche Unternehmen als Handelsgewerbe, wenn es **im Handelsregister eingetragen ist**. Man muss also nur gucken, ob ein Unternehmen im Handelsregister steht. Wenn ja, ist die Person, die das Gewerbe betreibt, ein Kaufmann, auch wenn das Unternehmen **nicht** nach Art oder Umfang einen kaufmännischen Geschäftsbetrieb erfordert. Auch der Betreiber einer kleinen Klitsche kann diese im Handelsregister eintragen lassen, wenn er möchte. Dann wird der Inhaber damit zum Kaufmann. Weil die Eintragung auf freiwilliger Basis geschieht, spricht man auch vom Kannkaufmann: Der Unternehmer wird freiwillig zum Kaufmann.
Eine Sonderregel gilt für land- und forstwirtschaftliche Betriebe: Gemäß § 3 HGB sind die Inhaber solcher Betriebe keine Kaufleute, selbst wenn die jeweiligen Unternehmen nach Art und Umfang einen in kaufmännischer Weise eingerichteten Geschäftsbetrieb erfordern. Diese Betriebe **können** im Handelsregister eingetragen werden. Dadurch werden die Inhaber dann zu Kaufleuten.

Sind sie allerdings nicht eingetragen, so sind die Betreiber keine Kaufleute. § 5 HGB sagt das Gleiche aus: Sobald eine Firma im Handelsregister eingetragen ist, kann nicht mehr geltend gemacht werden, dass das unter der Firma betriebene Gewerbe kein Handelsgewerbe sei. Kraft der Eintragung wird der Unternehmer zum Kaufmann.
Ausnahme allerdings: Es handelt sich bei dem Untenehmen überhaupt nicht um ein Gewerbe, sondern z.B. um die Ausübung eines freien Berufes.
Mit einem Blick ins Handelsregister kann man sich also die Prüfung des nach Art und Umfang erforderlichen Geschäftsbetriebs sparen.

III. Formkaufmann, § 6 HGB

Nicht immer ist es eine natürliche Person, die ein Handelsgewerbe betreibt. Oft ist es auch eine Gesellschaft oder eine juristische Person. Gemäß § 6 Abs. 1 HGB finden die für Kaufleute geltenden Vorschriften auch auf Handelsgesellschaften Anwendung. Bestimmte Gesellschaften sind Kaufleute allein aufgrund ihrer Rechtsform. Daher heißt es **Formkaufmann**.
Es ist dabei gleichgültig, ob die Gesellschaft ein Handelsgewerbe betreibt oder nicht. Handelsgesellschaften sind die Gesellschaften, die im Handelsregister eingetragen werden.
Im HGB finden sich zwei Handelsgesellschaften: Die offene Handelsgesellschaft (OHG) und die Kommanditgesellschaft (KG).

Außerdem werden durch besondere gesetzliche Anordnung als Handelsgesellschaften bezeichnet:
- die Aktiengesellschaft (AG): § 3 Abs. 1 AktG
- die Gesellschaft mit beschränkter Haftung (GmbH): § 13 Abs. 3 GmbHG
- die Kommanditgesellschaft auf Aktien (KGaA): § 278 Abs. 3 i.V.m. § 3 Abs. 1 AktG
- die Europäische wirtschaftliche Interessenvereinigung (EWIV)

Die Genossenschaft ist zwar keine Handelsgesellschaft, sie gilt aber gemäß § 17 Abs. 2 GenG als Kaufmann im Sinne des HGB.
Wenn also ein Unternehmen von einer der vorgenannten Gesellschaften betrieben wird, dann ist immer Handelsrecht anwendbar, weil die Gesellschaft automatisch ein Kaufmann ist.

IV. Scheinkaufmann

Und es gibt noch eine letzte Möglichkeit, zum Kaufmann zu werden: Im Handelsverkehr spielt der Vertrauensschutz eine besondere Rolle (s.o.). Aus diesem Grund muss nicht jeder stets nachprüfen, ob sein Vertragspartner im Handelsregister eingetragen und daher Kaufmann ist. Vielmehr wird man auch dadurch zum Kaufmann, dass man bei anderen den Anschein erweckt, man sei ein Kaufmann: Derjenige, der im Handelsverkehr als Kaufmann auftritt, muss sich gutgläubigen Dritten gegenüber auch als solcher behandeln lassen, egal was er für ein Gewerbe betreibt. Wenn jemand also eine kleine Bäckerei betreibt, sich aber großspurig als »Brotfabrik« ausgibt, dann muss er sich seinen Geschäftspartnern gegenüber, die ihm das geglaubt haben, auch als Kaufmann behandeln lassen.

Zusammenfassende Übersicht: Prüfung der Kaufmannseigenschaft:

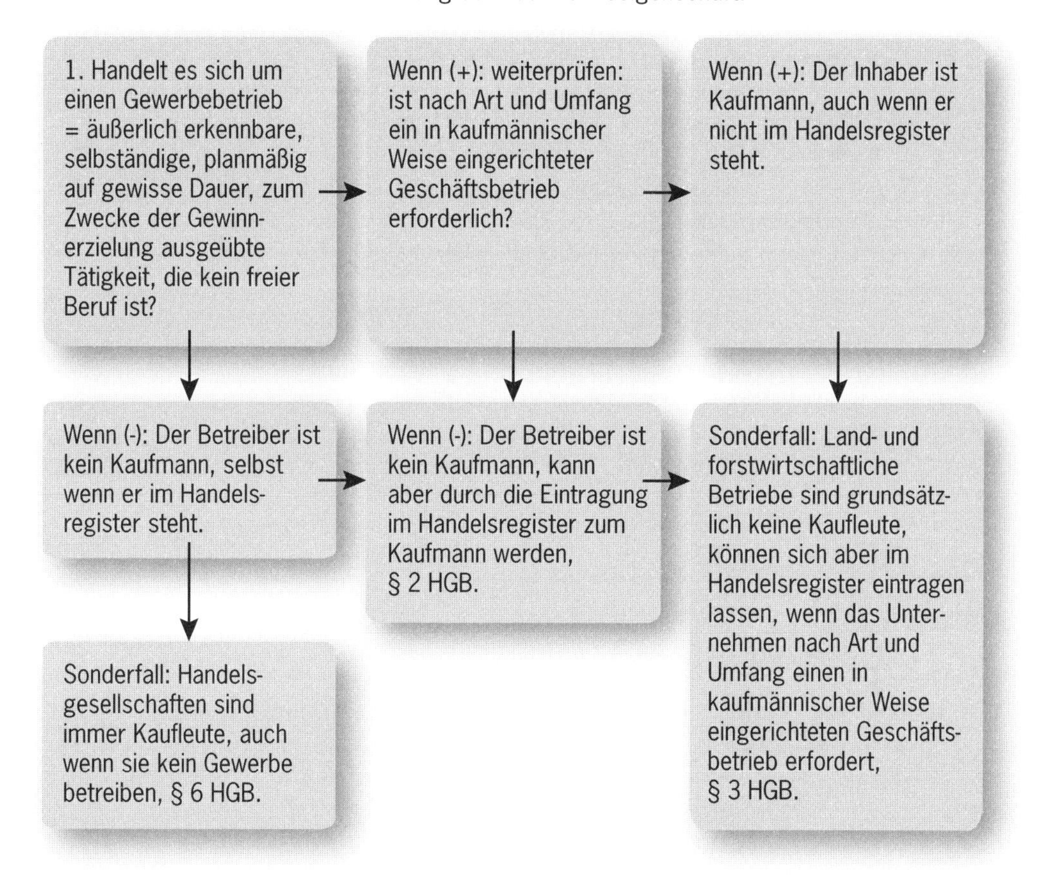

V. Kleiner Exkurs: die Firma: der Name des Kaufmanns im Handelsverkehr

Wenn jemand im allgemeinen Sprachgebrauch das Wort »**Firma**« verwendet, dann meint er damit das Unternehmen, das ein Kaufmann betreibt. Nach dem HGB ist die »Firma« aber lediglich der Name, unter dem der Kaufmann seine Geschäfte betreibt und seine Unterschrift abgibt. Wer Kaufmann ist und sich im Handelsverkehr bewegt, bekommt also dafür einen zusätzlichen Namen. Dieser Handelsname des Kaufmanns heißt Firma. Die Firma ist also **nur der Name des Kaufmanns im Handelsverkehr** und nicht das Unternehmen selbst.

Der Einzelkaufmann führt dann unter Umständen zwei Namen: Seinen bürgerlichen Namen und die Firma als Handelsnamen. Bei einer Handelsgesellschaft ist es einfacher: Hier gibt es nur einen Namen: den Namen der Gesellschaft, der gleichzeitig auch die Firma ist.

Wie die Firma lautet, richtet sich nach §§ 18 ff. HGB: Sie muss zur Kennzeichnung des Kaufmanns geeignet sein und Unterscheidungskraft besitzen. Außerdem muss sie den Rechtsträger und die Rechtsnatur erkennbar machen.

B. Allgemeine Regeln für Handelsgeschäfte

Grundsätzlich gelten für alle Verträge, die ein Kaufmann abschließt, die Regeln des BGB. Allerdings gelten für Handelsgeschäfte einige besondere Vorschriften, die den Erfordernissen des Handelsverkehrs angepasst sind. Diese Regeln finden sich im vierten Buch des HGB.

Handelsgeschäfte sind alle Geschäfte eines Kaufmanns, die zum Betrieb seines Handelsgewerbes gehören. Wenn **nur ein Vertragspartner Kaufmann** ist, spricht man von einem **einseitigen Handelsgeschäft**. Wenn **beide Vertragspartner Kaufleute** sind, dann handelt es sich um ein **beiderseitiges Handelsgeschäft**.
Grundsätzlich gelten die Regeln über die Handelsgeschäfte für beide Parteien, auch wenn es nur ein einseitiges Handelsgeschäft ist. Wenn beide Parteien Kaufleute sein müssen oder eine bestimmte Partei Kaufmann sein muss, dann wird das im HGB ausdrücklich angeordnet.

Die wichtigsten Besonderheiten beim Handelsgeschäft werden nun im Überblick dargestellt:

I. Allgemeine Sonderbestimmungen für Handelsgeschäfte

Zunächst gilt für den Kaufmann ein besonderer Haftungsmaßstab: Er haftet nicht nur gemäß § 276 BGB für Vorsatz und Fahrlässigkeit. Ihn trifft **gemäß § 347 HGB eine erhöhte Sorgfaltspflicht**. Er handelt nicht erst dann fahrlässig, wenn er die allgemein im Verkehr erforderliche Sorgfalt außer Acht lässt, sondern schon dann, wenn er die Sorgfalt eines ordentlichen Kaufmanns missachtet.
Außerdem ordnet § 354 HGB an, dass ein Kaufmann **stets einen Anspruch auf eine Vergütung** hat, auch wenn dies nicht vereinbart worden ist. Und einem Kaufmann stehen bereits **ab dem Tage der Fälligkeit** Zinsen in Höhe von 5 % für das Jahr zu, §§ 352; 353 HGB. Der Schuldner muss sich also nicht im Verzug befinden.

II. Besonderheiten beim Zustandekommen eines Handelsgeschäftes

Auch Kaufleute schließen ihre Verträge grundsätzlich durch zwei übereinstimmende Willenserklärungen nach den Regeln der §§ 145 ff. BGB. Das BGB geht dabei davon aus, dass **Schweigen grundsätzlich keine Willenserklärung** ist, es sei denn, die Parteien haben etwas anderes vereinbart oder das BGB sieht ausnahmsweise etwas anderes vor.
Für Handelsgeschäfte gilt dieser Grundsatz auch, aber es wird dem Schweigen häufiger ein bestimmter Erklärungswert beigemessen. Dies gilt insbesondere für das **Schweigen auf ein kaufmännisches Bestätigungsschreiben**. Im kaufmännischen Verkehr ist es üblich, dass eine Vertragspartei der anderen das Ergebnis der mündlichen Vertragsverhandlungen schriftlich bestätigt. Sinn dieses Bestätigungsschreibens ist es, spätere Streitigkeiten darüber zu vermeiden, ob überhaupt ein Vertrag geschlossen wurde und welche Vertragsbedingungen vereinbart wurden. Wenn der Empfänger eines solchen Bestätigungsschreibens feststellt, dass das Schreiben nicht mit dem übereinstimmt, was mündlich vereinbart wurde, dann muss er das dem Absender unverzüglich mitteilen. Tut er das nicht, dann gilt sein Schweigen als Zustimmung und der Vertrag kommt mit dem Inhalt zustande, den das Bestätigungsschreiben enthält. Für diese Regelung gibt es keinen ausdrücklichen Paragrafen im HGB. Vielmehr beruht dieser Grundsatz auf dem **Handelsbrauch**, mündliche Abreden alsbald schriftlich festzuhalten. Und Handelsbräuche finden gemäß § 346 HGB besondere Beachtung.

Zusammenfassende Übersicht: Die Voraussetzungen und Wirkungen eines kaufmännischen Bestätigungsschreibens

→ Handelsbrauch gemäß § 346 HGB

1. **Der Empfänger muss ein Kaufmann sein oder zumindest wie ein Kaufmann in größerem Umfang am Wirtschaftsleben teilnehmen.**
2. **Die Parteien müssen Vertragsverhandlungen geführt haben.**
3. **In dem Schreiben wird der Vertragsschluss bestätigt.**
4. **Das Bestätigungsschreiben wird kurz nach den Vertragsverhandlungen verschickt.**
5. **Der Empfänger erhebt keinen Widerspruch gegen den Inhalt des Bestätigungsschreibens.**

Rechtsfolge: Der Vertrag kommt mit dem Inhalt des Bestätigungsschreibens zustande

Daneben sieht das HGB in § 362 eine weitere wichtige Abweichung für bestimmte Kaufleute vor. Gemäß § 362 HGB muss ein Kaufmann, dessen Geschäftsbetrieb die Besorgung von Geschäften für andere mit sich bringt, unverzüglich antworten, wenn ihm ein Antrag über die Besorgung eines solchen Geschäftes von einer Person zugeht, mit der er in Geschäftsverbindung steht. Tut er das nicht, so gilt sein Schweigen als Annahme des Antrags.

Eine wichtige Besonderheit gilt auch, wenn ein Kaufmann ein Schuldversprechen oder ein Schuldanerkenntnis abgibt oder sich für eine fremde Schuld verbürgt: Gemäß § 350 HGB sind diese Rechtsgeschäfte **formlos gültig**. Das BGB verlangt für alle »Normalsterblichen«, dass diese Erklärungen schriftlich abgegeben werden, siehe §§ 780; 781 und 766. Auf diese Weise soll man davor geschützt werden, vorschnell und unüberlegt eine erhebliche Verpflichtung einzugehen. Bei Kaufleuten ist dieser Schutz nicht erforderlich. Das HGB geht davon aus, dass sich Kaufleute im geschäftlichen Verkehr auskennen und wissen, worauf sie sich einlassen, wenn sie eine dieser Erklärungen abgeben.

III. Der Erwerb einer beweglichen Sache vom Nichtberechtigten, § 366 HGB

Nach den Regeln des BGB erlangt der Erwerber einer Sache dann das Eigentum an der Sache, wenn die Sache dem Erwerber gehört oder der Eigentümer der Veräußerung zugestimmt hat. Ist der Veräußerer nicht Eigentümer und hat der Eigentümer nicht zugestimmt, dann kommt nur ein gutgläubiger Erwerb nach §§ 932 ff. BGB in Betracht. Dies setzt aber voraus, dass der Erwerber davon ausgeht, dass der Veräußerer **Eigentümer** der Sache ist. § 366 HGB geht darüber hinaus. Nach dieser Vorschrift ist ein gutgläubiger Erwerb auch dann möglich, wenn der Erwerber weiß, dass der Veräußerer nicht Eigentümer ist. Es reicht aus, dass der Erwerber **glaubt**, dass der Veräußerer **berechtigt ist, über die Sache zu verfügen**. Der Grund für diese Vorschrift liegt darin, dass im Handelsverkehr häufig eine Sache von einer Person veräußert wird, die nicht Eigentümer der Sache ist. So werden z.B. Sachen von einem Kaufmann in Kommission genommen und im eigenen Namen verkauft. Damit der Erwerber keine umständlichen Nachforschungen über die Berechtigung des Veräußerers anstellen muss, kommt ihm das HGB insoweit entgegen. § 366 HGB sagt aber nur aus, dass der gute Glaube an die Verfügungsbefugnis ausreicht. Die übrigen Voraussetzungen der §§ 932 ff. BGB müssen außerdem erfüllt sein. Insbesondere findet auch § 935 BGB Anwendung: Die Sache darf dem Eigentümer nicht abhanden gekommen sein. Eine Einschränkung gilt hier nur für bestimmte Wertpapiere gemäß § 367 HGB.

IV. Besonderheiten beim Handelskauf, §§ 373 ff. HGB

Wie der Name schon sagt, werden von Kaufleuten meist Kaufverträge abgeschlossen. Daher gibt es in den §§ 373–382 HGB einige Vorschriften speziell für den Handelskauf. Ein Handelskauf ist ein Kaufvertrag über Waren oder Wertpapiere, bei dem zumindest eine Partei Kaufmann ist.
Bei einem Handelskauf kann der Verkäufer, wenn der Käufer ihm die Ware nicht abnimmt, **unter erleichterten Bedingungen die Ware hinterlegen**. Nach den §§ 372 ff. BGB ist eine Hinterlegung nur bei Geld, Wertpapieren und Kostbarkeiten möglich. Außerdem darf die Hinterlegung nur beim Amtsgericht erfolgen. Gemäß § 373 HGB kann der Verkäufer aber bei einem Handelskauf **jede** Ware hinterlegen. Außerdem muss er nicht zum Amtsgericht gehen, sondern kann sich an ein öffentliches Lagerhaus wenden. Er kann auch gemäß § 373 Abs. 2 HGB einen **Selbsthilfeverkauf** durchführen, also die Ware verkaufen.

Besondere Bedeutung beim Handelskauf hat die **Rügepflicht des Käufers gemäß § 377 HGB**: Bei einem beiderseitigen Handelskauf ist der Käufer verpflichtet, unverzüglich nach der Ablieferung der Ware diese zu untersuchen. Wenn die Ware einen Mangel aufweist, dann muss der Käufer es sofort rügen. Tut er das nicht, dann gilt die Ware gemäß § 377 Abs. 2 HGB als genehmigt. Es wird so getan, als habe der Verkäufer ordnungsgemäß geliefert. Der Käufer kann keine Gewährleistungsansprüche geltend machen. Wenn der Mangel auch bei ordnungsgemäßer Untersuchung nicht erkennbar war, so muss er dann unverzüglich angezeigt werden, wenn er sich später zeigt. Zweck dieser Vorschrift ist, den Handelskauf möglichst schnell abzuwickeln.

Die Voraussetzungen des § 377 HGB: Die Rügepflicht des Kaufmanns

1. Es muss ein beiderseitiger Handelskauf vorliegen.
2. Die verkaufte Ware muss durch den Verkäufer abgeliefert worden sein.
3. Die Ware muss mangelhaft sein → § 434 BGB
4. Der Käufer muss den Mangel rechtzeitig rügen:

Offene Mängel (= nach Untersuchung zu erkennen): unverzüglich, § 377 II HGB
Versteckte Mängel (= auch bei ordnungsgemäßer Untersuchung nicht erkennbar): Unverzüglich nachdem sich der Mangel gezeigt hat, § 377 III HGB

Wenn die Rüge unterbleibt, gilt die Ware als genehmigt. Der Käufer kann dann keine Gewährleistungsansprüche mehr geltend machen.

C. Die Vertretung des Kaufmanns

Wenn der Geschäftsbetrieb des Kaufmanns eine gewisse Größe erreicht hat, kann und will er gegebenenfalls nicht mehr alles selbst machen. Er wird Personen einstellen, die für ihn handeln und ihn vertreten. Die Stellvertretung eines Kaufmanns richtet sich zunächst erst einmal nach den §§ 164 ff. BGB: Der Vertreter muss eine eigene Willenserklärung abgeben. Er muss im Namen des von ihm vertretenen Kaufmanns handeln. Und er muss Vertretungsmacht haben. Dabei ist das Problem, dass der gute Glaube an eine tatsächlich nicht bestehende Vollmacht nicht geschützt wird. Wenn sich also jemand als Vertreter einer anderen Person ausgibt, dann ist der Vertretene an das abgeschlossene Geschäft grundsätzlich nicht gebunden. Er kann das Geschäft genehmigen, wenn er möchte, § 177 BGB. Daher ist es für den Geschäftspartner, der einen Vertrag mit einem Vertreter abschließt, immer etwas riskant: Hat der Vertreter auch wirklich Vertretungsmacht? Da im Handelsverkehr immer alles schnell gehen soll und der Geschäftspartner nicht lange nachforschen will, haben sich bestimmte Vollmachtsarten entwickelt, die einen gesetzlich festgelegten Umfang haben: Die Prokura, die Handlungsvollmacht und die Vertretungsmacht der Ladenangestellten.

I. Die Prokura, §§ 48 ff. HGB

Die Prokura ist eine rechtsgeschäftlich erteilte Vertretungsmacht mit einem sehr weiten Umfang: Gemäß § 49 HGB ermächtigt die Prokura zu allen Arten von gerichtlichen und außergerichtlichen Geschäften und Rechtshandlungen, die der Betrieb eines Handelsgewerbes mit sich bringt. Der Prokurist darf also praktisch alles. Was er nicht darf, ist:

- Grundstücke verkaufen und belasten, wenn ihm das nicht besonders gestattet ist, § 49 Abs. 2 HGB.
- Rechtsgeschäfte vornehmen, die nicht dem Betrieb eines Handelsgewerbes dienen, z.B. Privatgeschäfte oder die Einstellung/Veräußerung des Betriebs.
- Rechtsgeschäfte vornehmen, die dem Geschäftsinhaber vorbehalten sind: Bilanzunterzeichnung, § 245 HGB, oder die Prokuraerteilung.

Alles andere darf der Prokurist. Weil in § 49 Abs. 1 HGB nur die Rede von Geschäften ist, die der Betrieb **eines** Handelsgewerbes mit sich bringt, darf der Prokurist sogar Geschäfte abschließen, die mit dem konkreten Handelsgewerbe des Prokuristen nichts zu tun haben.
So könnte also der Prokurist eines Schuhgroßhandels auch eine Waggonladung Schweinefleisch kaufen und hätte dafür immer noch Vertretungsmacht. Ein Geschäftspartner, der mit dem Prokuristen einen Vertrag schließt, darf darauf vertrauen, dass der Prokurist stets mit Vertretungsmacht handelt. Der Umfang der Prokura darf gegenüber Dritten nicht beschränkt werden, § 50 Abs. 1 HGB. Der Kaufmann hat nur die Möglichkeit, die Prokura auf eine von mehreren Niederlassungen zu beschränken, § 50 Abs. 3 HGB. Man spricht dann von einer Filialprokura.
Die Erteilung einer Prokura ist eine wichtige Sache. Daher bestimmt § 53 HGB, dass die Erteilung und das Erlöschen der Prokura im Handelsregister eingetragen werden müssen.

II. Die Handlungsvollmacht, § 54 HGB

Während die Prokura dem Prokuristen sehr viel Macht einräumt, ist die Handlungsvollmacht eine Nummer kleiner: Hierunter versteht man jede Vollmacht, die ein Kaufmann erteilt und die keine Prokura ist. Die Erteilung einer Handlungsvollmacht wird nicht in das Handelsregister eingetragen. Auch für die Handlungsvollmacht schreibt das HGB in § 54 Abs. 1 und 2 einen bestimmten Rahmen vor. Man unterscheidet:

- die **Generalhandlungsvollmacht**: sie berechtigt den Bevollmächtigten zu allen Rechtsgeschäften, die der gesamte Betrieb eines derartigen Handelsgewerbes mit sich bringt. An dieser Stelle hört sich die Handlungsvollmacht genauso an wie die Prokura. Die Betonung liegt auf dem Wort »derartigen«: Während die Prokura zu allen Handlungen ermächtigt, die der Betrieb irgendeines Handelsgewerbes mit sich bringt, muss sich das Geschäft schon auf den konkreten Geschäftsbetrieb beziehen, für den die Handlungsvollmacht erteilt worden ist. Wer also die Handlungsvollmacht für einen Schuhladen hat, kann keine Waggonladung Schweinefleisch kaufen wie ein Prokurist. Er kann nur die für einen Schuhladen branchenüblichen Geschäfte tätigen.

- Die **Arthandlungsvollmacht**: Sie ermächtigt zu einer bestimmten Art von Geschäften, die ein bestimmtes Handelsgewerbe mit sich bringt.
- Die **Spezialhandlungsvollmacht**: berechtigt zur Vornahme einzelner Geschäfte.

Die Handlungsvollmacht kann – anders als die Prokura – durch rechtsgeschäftliche Vereinbarung gegenüber Dritten weiter eingeschränkt werden. Allerdings gelten die Beschränkungen gegenüber dem Dritten nur, wenn er sie kannte oder kennen musste, § 54 Abs. 3 HGB. Auch hier muss der Geschäftspartner also normalerweise nicht weiter nachforschen, wenn er weiß, dass jemand eine Handlungsvollmacht hat.

III. Die Vertretungsmacht von Ladenangestellten, § 56 HGB

Nach § 56 HGB gilt derjenige, der in einem Laden oder offenen Warenlager angestellt ist, als ermächtigt zu Verkäufen und Empfangnahmen, die in einem derartigen Laden oder Warenlager gewöhnlich geschehen. Niemand muss sich also vergewissern, ob der Verkäufer im Laden wirklich eine entsprechende Vollmacht hat, die Waren zu verkaufen.

Zusammenfassende Übersicht: Stellvertretung im Handelsrecht:

	Prokura, §§ 48 ff. HGB	Handlungsvollmacht, § 54 HGB	Ladenangestellte, § 56 HGB
Umfang	§ 49 HGB: Alles, was der Betrieb **irgendeines** Handelsgewerbes mit sich bringt.	§ 54 Abs. 1 HGB: **Nur branchenübliche** Geschäfte, außerdem § 54 Abs. 2 HGB	Verkäufe und Empfangnahmen
Gesetzliche Beschränkungen	§ 49 Abs. 2 HGB, Geschäftsaufgabe		
Rechtsgeschäftliche Beschränkungen	§ 50 Abs. 1 HGB: gegenüber Dritten unwirksam. Prokura kann an mehrere Personen gemeinsam erteilt werden, sog. Gesamtprokura.	Beschränkungen, die über § 54 Abs. 1 und 2 HGB hinausgehen, sind nur dann wirksam, wenn der Geschäftspartner sie kannte oder kennen musste.	
Erteilung	§ 48 HGB: ausdrücklich und persönlich durch Geschäftsinhaber. Muss ins Handelsregister eingetragen werden.	Durch Kaufleute und Vertreter. Wird nicht eingetragen.	Muss nicht ausdrücklich erteilt werden. → Rechtsscheinsvollmacht
Erlöschen	Tod des Prokuristen, Beendigung des zugrunde liegenden Rechtsverhältnisses, Widerruf, Einstellung des Handelsgeschäftes.	Gemäß §§ 168 ff. BGB.	Bei Aufgabe der Tätigkeit.

D. Das Handelsregister

Fall: Der Kaufmann Gundolf Kloßhammer betreibt ein großes Modegeschäft. Er erteilt seinem Einkaufsleiter Günther Gockel eine Prokura. Die Erteilung der Prokura wird im Handelsregister eingetragen. Nach einiger Zeit kommt es zu einem Zerwürfnis zwischen Kloßhammer und Gockel. Gockel ist nämlich nicht bereit, den Hund von Kloßhammer mit Namen Maisy, dreimal täglich Gassi zu führen. Daher wird Gockel entlassen. Kloßhammer widerruft die Prokura. In seinem Ärger vergisst er allerdings, den Widerruf im Handelsregister eintragen zu lassen. Gockel begibt sich zur Konkurrenz-Boutique »Charme & Anmut« und kleidet sich komplett neu ein. Dabei gibt er sich als Prokurist von Kloßhammer aus und behauptet, die Kleider für Kloßhammer zu erwerben. Anschließend setzt er sich ins Ausland ab. Der Inhaber des »Charme & Anmut« verlangt nunmehr die Bezahlung der Klamotten von Kloßhammer. Dieser weigert sich, da Gockel keine Prokura mehr gehabt habe. Kommt er damit durch?

Eben war wiederholt davon die Rede, dass bestimmte Tatsachen ins Handelsregister eingetragen werden müssen. Allein durch die Eintragung im Handelsregister kann jemand z.B. zum Kaufmann werden. Oder die Erteilung einer Prokura muss im Handelsregister eingetragen werden. Was aber ist das Handelsregister?
Das Handelsregister ist ein öffentliches Verzeichnis bestimmter Tatsachen, die im Handelsverkehr rechtserheblich sind. Es dient der Sicherheit des Handelsverkehrs, indem bestimmte Rechtsverhältnisse der Kaufleute offengelegt werden.
Das Handelsregister wird – wie das Grundbuch – von dem Amtsgericht geführt, in dessen Bezirk das Unternehmen seinen Sitz hat. Dort werden **auf Antrag** bestimmte Tatsachen eingetragen, die für das Unternehmen von Bedeutung sind. Man unterscheidet zwischen **eintragungspflichtigen** und **eintragungsfähigen** Tatsachen.

- **Eintragungspflichtige** Tatsachen sind solche, bei denen das Gesetz eine Eintragung zwingend vorschreibt. Zum Beispiel muss jeder Kaufmann seine Firma und den Ort seiner Handelsniederlassung beim Handelsregister anmelden, § 29 HGB. Auch die Erteilung oder das Erlöschen einer Prokura müssen eingetragen werden, § 53 HGB. Eine OHG oder KG muss bei der Gründung beim Handelsgewerbe angemeldet werden, § 106 HGB.

In unserem Fall ist das Erlöschen der Prokura gemäß § 53 HGB eine eintragungspflichtige Tatsache.

Wenn eine solche eintragungspflichtige Tatsache nicht angemeldet wird, dann kann das Registergericht den Verpflichteten durch Androhung und Festsetzung eines Zwangsgeldes dazu anhalten, § 14 HGB.

Das allein hilft uns in unserem Fall noch nicht weiter. Welche Folgen hat es im Handelsverkehr, wenn etwas nicht eingetragen wird und dadurch ein falscher Eindruck erweckt wird?

- **Eintragungsfähige** Tatsachen sind solche, die in das Handelsregister eingetragen werden können, ohne dass eine gesetzliche Pflicht zur Anmeldung besteht. Hierher gehören z.B. die Eintragung eines Haftungsausschlusses gemäß § 25 Abs. 2 HGB (Erwerb eines Handelsgewerbes bei Firmenfortführung) oder § 28 Abs. 2 HGB (Eintritt in das Geschäft eines Einzelkaufmannes).

Das Handelsregister hat zwei Abteilungen:

In der **Abteilung A** werden die Tatsachen über Einzelkaufleute, OHG, KG oder die in § 33 HGB genannten juristischen Personen eingetragen.
Die **Abteilung B** enthält die Tatsachen über Kapitalgesellschaften, wie AG und GmbH.

Das Handelsregister ist öffentlich: Jeder kann es einsehen. Ein besonderes Interesse wie bei der Grundbucheinsicht ist nicht erforderlich.
Das Interessante am Handelsregister ist seine Publizitätswirkung. Für den Handelsverkehr wird durch die Eintragung im Handelsregister ein bestimmter Rechtsschein erzeugt. Jeder Geschäftspartner darf in einem bestimmten Umfang darauf vertrauen, dass die Eintragungen im Register zutreffend sind. Im Einzelnen ist das in § 15 HGB geregelt:

I. Negative Publizität gemäß § 15 Abs. 1 HGB: Was nicht im Register steht, gibt es nicht

§ 15 Abs. 1 HGB regelt den Fall, dass eine wahre eintragungspflichtige Tatsache nicht eingetragen und bekannt gemacht worden ist. Solange eine in das Handelsregister einzutragende Tatsache nicht eingetragen worden ist und nicht bekannt gemacht worden ist, darf sie einem Dritten nicht entgegengesetzt werden. § 15 Abs. 1 HGB besagt allerdings **nicht**, dass alles, was im Handelsregister steht, auch **richtig** ist. Es geht in § 15 Abs. 1 HGB nur darum, dass ein gutgläubiger Dritter darauf vertrauen darf, dass keine Veränderung eingetreten ist. Der Geschäftspartner darf also gemäß § 15 Abs. 1 HGB nur darauf vertrauen, dass das Handelsregister **vollständig** ist, nicht, dass es auch richtig ist.
Zu den Voraussetzungen von § 15 Abs. 1 HGB im Einzelnen:

- es muss um eine **wahre, eintragungspflichtige Tatsache** gehen. Bloß eintragungsfähige Tatsachen werden nicht von § 15 Abs. 1 HGB geschützt. Die Tatsache muss zudem gestimmt haben. Eine bloße Berichtigung oder Löschung von falschen Eintragungen fällt nicht unter § 15 Abs. 1 HGB.

Der Widerruf der Prokura ist eine wahre Tatsache. Das Erlöschen hätte zudem in das Handelsregister eingetragen werden müssen, § 53 HGB. Es handelt sich also um eine wahre, eintragungspflichtige Tatsache.

- Die wahre, eintragungspflichtige Tatsache darf **nicht eingetragen worden sein oder jedenfalls nicht bekannt gemacht worden sein** i.S.v. § 10 HGB. Gemäß § 10 HGB muss nämlich die Eintragung im Handelsregister auch noch vom Gericht in dem von der Landesjustizverwaltung bestimmten elektronischen Informations- und Kommunikationssystem bekannt gemacht werden. Ob derjenige, für den die Tatsache einzutragen ist, etwas dafür kann, dass die Eintragung/Bekanntmachung unterblieben ist, ist dabei gleichgültig.

In unserem Fall fehlte es sowohl an der Eintragung als auch an der Bekanntmachung des Widerrufes. Für die Anwendung von § 15 Abs. 1 HGB hätte es aber auch schon ausgereicht, wenn das Erlöschen der Prokura zwar im Handelsregister eingetragen worden wäre, aber die Bekanntmachung unterblieben wäre.

Interessant wird es in den Fällen, in denen eine Veränderung eingetreten ist, aber bereits die ursprüngliche Tatsache nicht eingetragen worden ist.

Wie wäre es in unserem Fall, wenn bereits die Erteilung der Prokura nicht eingetragen worden wäre? Dann würde das Handelsregister mit der wirklichen Rechtslage wieder übereinstimmen, sobald die Prokura widerrufen wird. Eigentlich wäre eine Eintragung dann überflüssig.

Aber auch in diesen Fällen soll § 15 Abs. 1 HGB anwendbar sein. Schließlich kann der Geschäftspartner auch auf andere Weise als durch die Eintragung von der Tatsache Kenntnis erlangt haben. Dieser Vertrauenstatbestand muss daher durch eine entsprechende Gegeneintragung beseitigt werden.

Wenn der Inhaber von »Charme & Anmut« bereits mehrfach Geschäfte mit Gockel getätigt hat, als dieser noch Prokurist von Kloßhammer war, dann muss man sein Vertrauen schützen und das Erlöschen der Prokura eintragen, obwohl die Erteilung selbst nicht im Register steht.

- **Dem Dritten** darf die Tatsache, d.h. die nicht eingetragene Rechtsänderung **nicht bekannt sein**. Dritter ist jeder Außenstehende. Nur positive Kenntnis schadet, nicht schon grobfahrlässige Unkenntnis. Die Gutgläubigkeit des Dritten wird nach § 15 Abs. 1 HGB vermutet. Der Geschäftspartner des Dritten muss also beweisen, dass der Dritte tatsächlich von der einzutragenden Tatsache wusste.

Der Inhaber von »Charme & Anmut« hatte keine Kenntnis vom Erlöschen der Prokura. Selbst wenn er gehört hätte, dass es zwischen Kloßhammer und Gockel zu einem Zerwürfnis gekommen ist, würde ihm das nicht schaden. Nur wenn er ganz genau wüsste, dass Kloßhammer die Prokura widerrufen hat, könnte er sich nicht mehr auf § 15 Abs. 1 HGB berufen.

- Der Dritte muss von dem Nichtbestehen der einzutragenden Tatsache ausgehen und aufgrund dieser Annahme sich zu dem Rechtsgeschäft entschlossen haben.

Der Inhaber von »Charme & Anmut« ging davon aus, dass Gockel noch eine Prokura hat. Daher hat er mit ihm einen Kaufvertrag geschlossen.

- Zuletzt noch etwas, was eigentlich selbstverständlich ist: § 15 Abs. 1 HGB findet nur dann Anwendung, wenn es um den **rechtsgeschäftlichen Verkehr** geht. Bei Ansprüchen aus unerlaubter Handlung, §§ 823 ff. BGB, gilt § 15 Abs. 1 HGB dagegen nicht.

Wenn alle Voraussetzungen von § 15 Abs. 1 HGB vorliegen, dann kann die eintragungspflichtige Tatsache von dem, in dessen Angelegenheiten sie einzutragen war, dem Dritten nicht entgegengesetzt werden. Allerdings hat der Dritte ein Wahlrecht: Er kann entscheiden, ob er sich auf die wahre Rechtslage berufen will oder lieber das gelten lassen will, was im Register steht.

Das Ergebnis in unserem Fall lautet dann: Gegenüber dem Inhaber von »Charme & Anmut« kann sich Kloßhammer nicht auf das Erlöschen der Prokura berufen. Zwar ist der Widerruf der Prokura wirksam, aber gemäß § 15 Abs. 1 HGB gilt das nicht im Verhältnis zum Inhaber von »Charme & Anmut«. Daher ist ein wirksamer Kaufvertrag zwischen Kloßhammer und dem Inhaber von »Charme & Anmut« zustande gekommen. Kloßhammer muss also den geforderten Kaufpreis bezahlen und kann nur versuchen, sein Geld von Gockel wiederzubekommen. Der Inhaber von »Charme & Anmut« könnte aber auch auf den Schutz des § 15 Abs. 1 HGB verzichten und stattdessen gegen den Gockel als Vertreter ohne Vertretungsmacht gemäß § 179 Abs. 1 BGB vorgehen.

II. Der Normalfall: Publizität gemäß § 15 Abs. 2 HGB

§ 15 Abs. 2 HGB ist die logische Folge von § 15 Abs. 1 HGB: Während nach § 15 Abs. 1 HGB nicht eingetragene oder nicht bekannt gemachte Tatsachen als unbekannt vermutet werden, bestimmt § 15 Abs. 2 HGB, dass alle eingetragenen und bekannt gemachten Tatsachen auch als bekannt vorausgesetzt werden. Der Dritte muss jede richtige Tatsache gegen sich gelten lassen, die im Register eingetragen worden ist und bekannt gemacht worden ist.
Es gibt nur eine Schonfrist in den ersten 15 Tagen nach der Bekanntmachung. Wenn der Dritte beweisen kann, dass er in dieser Zeit keine Kenntnis hatte und auch nicht haben konnte, dann greift § 15 Abs. 2 HGB nicht ein.

Wenn in unserem Fall das Erlöschen der Prokura ordnungsgemäß im Handelsregister eingetragen worden wäre und die Eintragung auch bekannt gemacht worden wäre, dann müsste der Inhaber von »Charme & Anmut« das gegen sich gelten lassen, auch wenn er von der Eintragung und Bekanntmachung vielleicht nichts mitbekommen hat. Dann wäre wegen der fehlenden Prokura kein Kaufvertrag zwischen ihm und Kloßhammer zustande gekommen. Nur wenn der Kaufvertrag innerhalb von 15 Tagen nach der Bekanntmachung geschlossen worden wäre und der Inhaber von »Charme & Anmut« beweist, dass er beim besten Willen nichts von dem Widerruf der Prokura wissen konnte – schließlich hat er Kloßhammer und Gockel gerade noch Arm in Arm auf dem Opernball getroffen –, dann besteht ihm gegenüber die Prokura für den Kaufvertrag fort.

III. Unrichtige Bekanntmachung, § 15 Abs. 3 HGB

Nils Nasenring (N) betreibt erfolgreich ein großes Tattoo- und Piercing-Studio und verkauft auch Schmuck. Er ist im Handelsregister eingetragen. Wegen der großen Nachfrage eröffnet er eine Filiale und stellt Peter Pitt (P) als Filialleiter ein. Er erteilt ihm eine Prokura. Das wird richtig im Handelsregister eingetragen. In der Bekanntmachung wird allerdings Bert Bull (B) als Prokurist genannt. B erfährt von der falschen Bekanntmachung und wittert seine große Chance, günstig an besonders schwerwiegenden Körperschmuck zu kommen. Er schließt im Namen des N mit dem Eisenwarenhändler E einen Kaufvertrag. Als E von N die Kaufpreiszahlung verlangt, weist dieser auf die fehlende Vertretungsmacht des B hin. E beruft sich auf die Bekanntmachung. Muss N zahlen?

Während es in § 15 Abs. 1 und 2 HGB immer um wahre Tatsachen ging, betrifft § 15 Abs. 3 HGB den Fall, dass eine unrichtige Tatsache bekannt gemacht wird. Grundsätzlich wird das Vertrauen auf eine von vornherein unrichtig eingetragene Tatsache nicht geschützt. § 15 Abs. 3 HGB schränkt diesen Grundsatz allerdings ein: Wird eine eintragungspflichtige Tatsache unrichtig bekannt gemacht, dann kann sich ein Dritter auf die bekannt gemachte Tatsache berufen, es sei denn, dass er die Unrichtigkeit kannte.

Zu den Voraussetzungen von § 15 Abs. 3 HGB im Einzelnen:

- Es muss sich um eine einzutragende Tatsache handeln. Es geht nur um **eintragungspflichtige** Tatsachen. § 15 Abs. 3 behandelt allerdings unrichtige Tatsachen. Unrichtige Tatsachen müssen natürlich nie eingetragen werden. Daher kommt es darauf an, ob die Tatsache, wenn sie wahr wäre, eingetragen werden müsste.

In unserem Fall muss die Erteilung der Prokura gemäß § 53 HGB im Handelsregister eingetragen werden. Allerdings war B tatsächlich keine Prokura erteilt worden. Also könnte das auch nicht eingetragen werden. Aber es kommt nur darauf an, ob die Prokuraerteilung, wenn sie wahr wäre, eingetragen werden müsste: Wäre B eine Prokura erteilt worden, müsste dies eingetragen werden. Somit liegt eine eintragungspflichtige unrichtige Tatsache vor.

- Als weitere Voraussetzung müsste die Tatsache unrichtig bekannt gemacht worden sein. Der Inhalt dessen, was gemäß § 10 HGB bekannt gemacht wird, darf nicht mit der wirklichen Sachlage übereinstimmen. Diese Voraussetzung ist natürlich immer dann erfüllt, wenn die Tatsache **richtig im Register** eingetragen wird, aber die **Bekanntmachung falsch** ist. § 15 Abs. 3 HGB greift aber auch dann ein, wenn **bereits die Registereintragung falsch ist** und damit gleichzeitig **auch die gleichlautende Bekanntmachung.** Und zuletzt ist § 15 Abs. 3 HGB auch dann erfüllt, wenn die Eintragung im Handelsregister ganz fehlt. Wenn also etwas bekannt gemacht wird, ohne dass überhaupt etwas eingetragen wurde.

Unser Fall ist der Regelfall: Die Erteilung der Prokura an P wird richtig im Handelsregister eingetragen. Nur in der Bekanntmachung wird fälschlicherweise der B als Prokurist benannt. § 15 Abs. 3 HGB würde aber auch dann eingreifen, wenn B bereits versehentlich im Handelsregister eingetragen wurde oder wenn er aus irgendeinem Grund als Prokurist des N bekannt gemacht werden würde.

- Außerdem darf der Geschäftspartner keine Kenntnis von der Unrichtigkeit der Tatsache gehabt haben. Wenn er hätte wissen können, dass die Tatsache unrichtig ist, schadet ihm das nicht. Auch hier wird die Unkenntnis von der Unrichtigkeit vermutet. Derjenige, in dessen Angelegenheiten die Tatsache einzutragen war, muss also beweisen, dass der Geschäftspartner von der Unrichtigkeit der Tatsache wusste.

E wusste nicht, dass B keine Prokura erteilt worden war. N müsste ihm schon nachweisen, dass er von der Nichterteilung der Prokura gewusst hat.

- Auch bei § 15 Abs. 3 HGB gilt: Es geht nur um den rechtsgeschäftlichen Bereich, nicht um Ansprüche aus unerlaubter Handlung, §§ 823 ff. BGB.
- Und noch ein weiterer Punkt ist wichtig: Theoretisch würde § 15 Abs. 3 HGB zu einer Haftung auch desjenigen führen, der völlig unbeteiligt daran ist, dass eine Eintragung vorgenommen wird. Um das zu verhindern, wird eine zusätzliche Voraussetzung in § 15 Abs. 3 HGB hineingelesen: Die Vorschrift wirkt nur zulasten desjenigen, der die unrichtige Bekanntmachung zurechenbar veranlasst hat, also z.B. einen Eintragungsantrag gestellt hat.

Als Rechtsfolge bestimmt § 15 Abs. 3 HGB, dass sich der Dritte auf die falsch bekannt gemachte Tatsache berufen kann.

E kann sich also darauf berufen, dass B laut Bekanntmachung eine Prokura erteilt worden ist. Daher kann er von N die Zahlung des Kaufpreises fordern, da zwischen ihm und N ein Kaufvertrag zustande gekommen ist.

Zusammenfassende Übersicht zu § 15 HGB:

Die Publizitätswirkung des Handelsregisters: § 15 HGB

§ 15 Abs. 1 HGB: negative Publizität Was nicht im Handelsregister steht, ist auch nicht passiert. Voraussetzungen: wahre, eintragungspflichtige Tatsache die wahre, eintragungspflichtige Tatsache darf nicht eingetragen worden sein oder jedenfalls nicht bekannt gemacht worden sein. Dem Dritten darf die Tatsache, d.h. die nicht eingetragene Rechtsänderung, nicht bekannt sein (Unkenntnis wird vermutet). Rechtsfolge: Die eintragungspflichtige Tatsache kann von dem, in dessen Angelegenheiten sie einzutragen war, dem Dritten, nicht entgegengesetzt werden.	§ 15 Abs. 2 HGB: Was im Register steht, muss man auch wissen. Alle eingetragenen und bekannt gemachten Tatsachen muss ein Dritter gegen sich gelten lassen. Ausnahme: Die Bekanntmachung ist noch nicht länger als 15 Tage her und der Dritte kann beweisen, dass er nichts davon wusste.	Unrichtige Bekanntmachung, § 15 Abs. 3 HGB Voraussetzungen: 1. eintragungspflichtige Tatsache 2. Der Inhalt dessen, was gemäß § 10 HGB bekannt gemacht wird, darf nicht mit der wirklichen Sachlage übereinstimmen. 3. Der Geschäftspartner hat keine Kenntnis von der Unrichtigkeit der Tatsache. Rechtsfolge: Der Dritte kann sich auf die falsch bekannt gemachte Tatsache berufen.

12. Kapitel: Gesellschaftsrecht

Sehr oft trifft man gerade im Handelsverkehr nicht nur auf Kaufleute, die als Einzelperson ihr Unternehmen führen. In vielen Fällen ist es einfacher, wenn sich mehrere Personen zusammenschließen und gemeinsam das Unternehmen leiten. Auf diese Weise können die persönlichen Fähigkeiten, aber auch die finanziellen Ressourcen von vielen Personen genutzt werden. Wenn sich mehrere Personen zusammentun wollen, werden sie in der Regel eine Gesellschaft gründen. Eine Gesellschaft ist ganz allgemein der auf einem Rechtsgeschäft beruhende Zusammenschluss von Personen zur Verfolgung eines gemeinsamen Zweckes.
Es gibt die unterschiedlichsten Möglichkeiten, wie mehrere Personen sich zusammentun können. Alle Regelungen, die sich mit der Gründung und der Organisation einer Gesellschaft befassen, werden unter dem Oberbegriff »Gesellschaftsrecht« zusammengefasst. Das Gesellschaftsrecht ist also das Recht der privatrechtlichen Personenvereinigungen, die zur Erreichung eines bestimmten gemeinsamen Zweckes durch Rechtsgeschäft begründet werden.

Im Gesellschaftsrecht geht es um drei immer wiederkehrende Fragen:
1. Wie wird eine Gesellschaft gegründet?
2. Wer handelt für die Gesellschaft?
3. Wer haftet den Gläubigern einer Gesellschaft: Nur die Gesellschaft selbst oder auch die Gesellschafter?
Diese Fragen sollen nun für die unterschiedlichen Gesellschaften beantwortet werden.

Die Gesellschaften lassen sich unterteilen in die **Personengesellschaften** und die **Körperschaften**. Der wichtigste Unterschied zwischen Personengesellschaften und Körperschaften besteht darin, dass die **Körperschaften** (mit Ausnahme des nichtrechtsfähigen Vereins) **juristische Personen** sind. Juristische Personen sind von der Rechtsordnung als selbständige Rechtsträger anerkannte Personenvereinigungen oder Vermögensmassen. Diese Personenvereinigungen oder selbständige Vermögensmassen sind **rechtsfähig**. Sie können also selbst Träger von Rechten und Pflichten sein und können selbst am Rechtsverkehr teilnehmen. Sie können durch ihre Vertretungsorgane Verträge abschließen. Wenn z.B. ein Sportverein einen neuen Sportplatz kauft, wird der Verein selbst, vertreten durch den Vorstand, Partei des Kaufvertrages. Das einzelne Vereinsmitglied hingegen kann aus dem Vertrag keine Rechte herleiten.
Personengesellschaften sind keine juristischen Personen. Sie können aber ebenfalls selbst Träger von Rechten und Pflichten sein. Sie besitzen eine sogenannte **Teilrechtsfähigkeit**. Dazu im Einzelnen unten bei den jeweiligen Gesellschaften.

A. Personengesellschaften

Eine **Personengesellschaft** ist ein Zusammenschluss mehrerer Personen mit dem Ziel, durch gemeinsame Leistungen auf der Grundlage des persönlichen Zusammenwirkens der Mitglieder

einen gemeinsamen Zweck zu erreichen. Der Zusammenschluss beruht auf dem persönlichen Vertrauen, das sich die Gesellschafter entgegenbringen. Deshalb ist grundsätzlich der Anteil an der Gesellschaft nicht frei übertragbar. Im Zweifel endet die Gesellschaft daher mit dem Tod eines der Gesellschafter.
Die wichtigsten Personengesellschaften sind die BGB-Gesellschaft, die offene Handelsgesellschaft (OHG) und die Kommanditgesellschaft (KG).

I. Die BGB-Gesellschaft, §§ 705 ff. BGB

Eine BGB-Gesellschaft liegt dann vor, wenn sich mindestens zwei Personen zur Erreichung eines gemeinsamen Zweckes zusammengeschlossen haben. Dabei kann jeder erlaubte dauernde oder vorübergehende oder auch ideelle Zweck Gegenstand einer BGB-Gesellschaft sein. Eine BGB-Gesellschaft kann also die unterschiedlichsten Gesichter haben.
Eine Fahrgemeinschaft ist ebenso eine BGB-Gesellschaft wie der Zusammenschluss mehrerer Jäger zur gemeinsamen Jagd, eine Wohngemeinschaft oder eine Gruppe von Künstlern, die gemeinsam ein Theaterstück aufführen: Entscheidend ist eben immer nur, dass von allen Gesellschaftern ein gemeinsamer Zweck verfolgt wird.
Eine BGB-Gesellschaft entsteht dadurch, dass die beteiligten Gesellschafter einen Gesellschaftsvertrag abschließen. Sie müssen sich darüber einigen, dass sie einen gemeinsamen Zweck verfolgen wollen, und schon sind sie eine BGB-Gesellschaft. Aber was bedeutet das für die Gesellschafter im Einzelnen? Die gesetzlichen Regelungen über die BGB- Gesellschaft finden sich – wie der Name schon sagt – im BGB, in den §§ 705 ff. Dort ist niedergelegt, wie die Gesellschafter die Geschäfte führen, wie die Gesellschaft vertreten wird und was mit den Sachen passiert, die für die Gesellschaft erworben werden.

Im Einzelnen:

1. Rechtsnatur der BGB-Gesellschaft

Wie oben gesagt, ist die BGB-Gesellschaft als Personengesellschaft keine juristische Person. Es fragt sich also, ob die Gesellschaft selbst Träger von Rechten und Pflichten sein kann. Die Gerichte haben dazu im Laufe der letzten Jahrzehnte folgende Ansicht entwickelt:
Wenn die Gesellschaft Vermögen erwirbt, wird ein Sondervermögen gebildet, das vom Privatvermögen der Gesellschafter zu trennen ist. Zu diesem Sondervermögen gehört das, was die Gesellschafter als Beiträge geleistet haben und die Gegenstände, die durch die Geschäftsführung für die Gesellschaft erworben worden sind, § 718 BGB. Dieses Gesellschaftsvermögen wird zu einem sogenannten Gesamthandsvermögen, § 719 BGB. Das heißt: das Vermögen steht allen Gesellschaftern gemeinsam zu. Keiner kann einen bestimmten Teil für sich allein in Anspruch nehmen. Wenn z.B. zwei Personen eine BGB-Gesellschaft gründen und zwei Pferde anschaffen, dann kann keiner der Gesellschafter sagen, dass das eine Pferd ihm gehört und das andere dem anderen Gesellschafter. Beide Pferde gehören beiden Gesellschaftern zusammen.
Außerdem kann keiner der Gesellschafter über seinen Anteil am Gesellschaftsvermögen allein verfügen, § 719 BGB. Nur alle Gesellschafter gemeinsam können das Vermögen veräußern.
Aber wer wird im Rechtsverkehr berechtigt und verpflichtet, wenn für die BGB-Gesellschaft ein Vertrag geschlossen wird? Die BGB-Gesellschaft selbst oder nur die einzelnen Gesellschafter? Wenn man sich ganz streng danach richtet, dass die BGB-Gesellschaft nicht rechtsfähig ist, dann kann sie auch nicht aus einem Vertrag berechtigt und verpflichtet werden. Dann werden nur die einzelnen Gesellschafter Vertragspartner.

In grauer Vorzeit wurde meist davon ausgegangen, dass nur die Gesellschafter berechtigt und verpflichtet werden. Im Laufe der letzten Jahre sind die Gerichte aber mehr und mehr dazu übergegangen, der BGB-Gesellschaft eine sogenannte **Teilrechtsfähigkeit** zuzugestehen: Die BGB-Gesellschaft besitzt Rechtsfähigkeit, soweit sie durch Teilnahme am Rechtsverkehr eigene Rechte und Pflichten begründet. Sie kann, wenn keine speziellen Vorschriften entgegenstehen, als solche am Rechtsverkehr teilnehmen, Rechte erwerben und Verbindlichkeiten eingehen, klagen und verklagt werden. Die Rechte der Gesellschafter beschränken sich auf ihre Beteiligung am Gesellschaftsvermögen. Damit kommt die BGB-Gesellschaft schon sehr nah an eine juristische Person heran. Der Unterschied beschränkt sich auf Kleinigkeiten.

2. Geschäftsführung und Vertretung der BGB-Gesellschaft

Damit die BGB-Gesellschaft am Rechtsverkehr teilnehmen kann, muss sie von irgendjemandem vertreten werden. Um die Gesellschaft wirksam zu vertreten, muss also jemand eine eigene Willenserklärung im Namen der BGB-Gesellschaft mit Vertretungsmacht abgeben. Da die BGB-Gesellschaft teilrechtsfähig ist, bedeutet dies zunächst, dass die Gesellschaft selbst vertreten wird und nicht nur die einzelnen Gesellschafter. Wer hat aber eine Vertretungsmacht für die Gesellschaft?
Das ist in § 714 BGB geregelt: Soweit einem Gesellschafter nach dem Gesellschaftsvertrag die Befugnis zur Geschäftsführung zusteht, ist er im Zweifel auch ermächtigt, die anderen Gesellschafter gegenüber Dritten zu vertreten. Die Vertretungsmacht richtet sich also nach der Geschäftsführungsbefugnis.
Unter Geschäftsführung ist die Tätigkeit der Gesellschafter zur Erreichung des Gesellschaftszweckes zu verstehen, also alles, was die Gesellschafter für die Gesellschaft tun. Nach § 709 BGB steht die Führung der Geschäfte grundsätzlich den Gesellschaftern gemeinschaftlich zu. Also können die Gesellschafter die Gesellschaft auch nur gemeinschaftlich vertreten. Nach dem Gesellschaftsvertrag kann aber die Führung der Geschäfte auch einem oder mehreren Gesellschaftern übertragen werden, § 710 BGB. Die übrigen Gesellschafter sind dann von der Geschäftsführung ausgeschlossen und können die Gesellschaft auch nicht vertreten.
Grundsätzlich ist es auch möglich, dass die Gesellschafter einer Person eine Vollmacht erteilen, die selbst nicht Mitglied der Gesellschaft ist. Allerdings muss immer mindestens ein Mitglied der Gesellschaft geschäftsführungs- und vertretungsbefugt sein. Es ist nicht möglich, alle Gesellschafter von der Vertretung und Geschäftsführung auszuschließen und die Gesellschaft ausschließlich von einem Nichtgesellschafter vertreten zu lassen.

3. Haftung der Gesellschafter

Wenn die BGB-Gesellschaft wirksam vertreten worden ist und in ihrem Namen ein Vertrag geschlossen worden ist, fragt sich als Nächstes, wer für die durch den Vertrag begründeten Verbindlichkeiten haftet? Als Erstes die Gesellschaft selbst, schließlich ist sie wie oben beschrieben teilrechtsfähig. Daneben haften aber gemäß § 128 HGB analog auch die einzelnen Gesellschafter mit ihrem Privatvermögen, und zwar im gleichen Umfang wie die Gesellschaft. Der Gläubiger kann sich aussuchen, ob er die Gesellschaft oder die einzelnen Gesellschafter oder beide gleichzeitig in Anspruch nehmen will. Die Gesellschafter untereinander haften als Gesamtschuldner gemäß §§ 421 ff. BGB: Das bedeutet, dass der Gläubiger die Leistung nach seinem Belieben von jedem der Schuldner ganz oder zu einem Teil fordern kann. Wenn einer der Gesellschafter an den Gläubiger zahlt, dann kann er gemäß § 426 Abs. 1 und Abs. 2 BGB von den anderen Gesellschaftern einen Ausgleich verlangen.

II. Die offene Handelsgesellschaft (OHG), § 105 ff. HGB

Eine OHG ist – ebenso wie die BGB-Gesellschaft – ein Zusammenschluss von mindestens zwei Personen zur Erreichung eines gemeinsamen Zweckes. Anders als die BGB-Gesellschaft besteht aber bei einer OHG der Zweck im Betrieb eines vollkaufmännischen Handelsgewerbes. Sobald also der Zweck einer Gesellschaft auf den Betrieb eines vollkaufmännischen Handelsgewerbes gerichtet ist, wird die Gesellschaft zur OHG. Eine BGB-Gesellschaft kann niemals ein vollkaufmännisches Handelsgewerbe betreiben.
Weil eine OHG immer auf den Betrieb eines Handelsgewerbes gerichtet ist, gehört sie zu den sogenannten **Handelsgesellschaften.** Die rechtlichen Grundlagen für die OHG finden sich in den §§ 105 ff. HGB. Letztlich ist die OHG eine Sonderform der BGB-Gesellschaft, nur unterschieden durch den besonderen Gesellschaftszweck. Aus diesem Grund gelten die Regelungen über die BGB-Gesellschaft, wenn sich in den §§ 105 ff. HGB keine speziellen Vorschriften finden.
Die OHG ist keine juristische Person. Allerdings muss man sich bei einer OHG nicht solche Gedanken machen, ob sie selbst Träger von Rechten und Pflichten sein kann. Dies ist nämlich in § 124 HGB ausdrücklich geregelt: Danach kann die OHG unter ihrer Firma Rechte erwerben und Verbindlichkeiten eingehen, Eigentum und andere dingliche Rechte an Grundstücken erwerben, vor Gericht klagen und verklagt werden. Zur Rechtsfähigkeit einer juristischen Person bestehen daher nur sehr geringe Unterschiede.

1. Die Entstehung der Gesellschaft

Um eine OHG zu gründen, müssen die Gesellschafter einen Gesellschaftsvertrag schließen. Mit dem Abschluss des Gesellschaftsvertrages entsteht die OHG, aber nur im Verhältnis zu den Gesellschaftern untereinander. Um die Gesellschaft nach außen im Verhältnis zu Dritten entstehen zu lassen, muss sie im Handelsregister eingetragen werden, § 123 HGB. Erst wenn dies geschehen ist, ist die Gesellschaft gegenüber Dritten entstanden. Etwas anderes gilt nur, wenn die OHG bereits vorher mit ihren Geschäften beginnt, § 123 Abs. 2 HGB. Wenn die Gesellschaft schon Verträge abschließt, soll sich keiner der Gesellschafter damit herausreden können, dass es die Gesellschaft noch nicht gibt.

2. Geschäftsführung und Vertretung

Zur **Geschäftsführung** ist – anders als bei der BGB-Gesellschaft- **grundsätzlich jeder Gesellschafter allein befugt**, es sei denn, dass der Gesellschaftsvertrag etwas anderes bestimmt, § 114 HGB. Dabei geht es allerdings nur um die Geschäfte, die der Betrieb des Handelsgewerbes gewöhnlich mit sich bringt: Alle Alltagsgeschäfte. Bei Angelegenheiten, die über das normale Tagesgeschäft hinausgehen, müssen alle Gesellschafter zustimmen, § 116 HGB.

Die **Vertretungsmacht** ist unabhängig von der Geschäftsführungsbefugnis. Gemäß § 125 HGB ist zur Vertretung jeder Gesellschafter allein befugt. Der genaue Umfang der Vertretungsmacht ist in § 126 HGB geregelt. Dieser Umfang kann, ebenso wie eine Prokura, gegenüber Dritten nicht beschränkt werden. Wie bei der BGB-Gesellschaft muss auch bei der OHG stets einer der Gesellschafter geschäftsführungs- und vertretungsbefugt sein. Es ist nicht möglich, alle Gesellschafter von der Geschäftsführung auszuschließen und die Gesellschaft von einem Dritten vertreten zu lassen.

3. Die Haftung der Gesellschafter

Die Gesellschafter einer OHG haften gemäß § 128 HGB für die Verbindlichkeiten der Gesellschaft als Gesamtschuldner persönlich. Der Gläubiger kann wählen, ob er sich an die Gesellschaft oder die einzelnen Gesellschafter oder an beide halten will. Die Haftung läuft genauso wie bei der BGB- Gesellschaft, was daran liegt, dass die herrschende Meinung auf die BGB-Gesellschaft § 128 HGB entsprechend anwendet.

III. Die Kommanditgesellschaft (KG), §§ 161 ff. HGB

Die Kommanditgesellschaft (KG) ist ebenso wie die OHG eine Handelsgesellschaft: Ihr Zweck ist auf den Betrieb eines Handelsgewerbes gerichtet. Grundsätzlich finden auf die KG die gleichen Regeln Anwendung wie in der OHG, soweit es in den §§ 161 ff. HGB keine besondere Vorschrift gibt, § 161 Abs. 2 HGB. Und soweit sich bei der OHG keine besonderen Vorschriften finden, gelten wiederum die §§ 705 ff. BGB.

Die KG ist im gleichen Umfang teilrechtsfähig wie die OHG, § 124 i.V.m. § 161 Abs. 2 HGB. Sie kann also Rechte erwerben und Verbindlichkeiten eingehen.

Der wichtigste Unterschied zwischen der OHG und der KG besteht darin, dass es in der KG zwei verschiedene Arten von Gesellschaftern gibt: Kommanditisten und die Komplementäre.

Komplementäre haften persönlich für die Verbindlichkeiten der Gesellschaft mit ihrem Privatvermögen. Sie haben die gleiche Stellung wie die Gesellschafter einer OHG.

Kommanditisten haften den Gesellschaftsgläubigern gegenüber nur beschränkt: Sie erbringen eine bestimmte Vermögenseinlage – meist die Zahlung eines bestimmten Geldbetrages – und nur mit dieser Einlage haften sie den Gesellschaftsgläubigern gegenüber. An ihr übriges Vermögen kommen die Gläubiger nicht heran.

1. Entstehung der Gesellschaft

Die KG entsteht auf die gleiche Weise wie die OHG, § 123 i.V.m. § 161 Abs. 2 HGB: Mit dem Abschluss eines Gesellschaftsvertrages wird die Gesellschaft gegründet. Nach außen hin wird die Gesellschaft aber erst mit der Eintragung ins Handelsregister wirksam.

2. Geschäftsführung und Vertretung

In der KG werden die Geschäfte grundsätzlich von den persönlich haftenden Gesellschaftern geführt. Diese sind jeweils allein zur Geschäftsführung befugt, § 114 i.V.m. § 161 Abs. 2 HGB.

Die Kommanditisten sind von der Geschäftsführung ausgeschlossen, § 164 BGB. Es kann allerdings im Gesellschaftsvertrag auch etwas anderes vereinbart werden. Die Kommanditisten dürfen den persönlich haftenden Gesellschaftern nur dann in die Geschäftsführung hereinreden, wenn diese etwas machen, was über das normale Tagesgeschäft hinausgeht.

Die **Vertretung** erfolgt ebenfalls allein durch die persönlich haftenden Gesellschafter, §§ 125; 126; § 161 Abs. 2 HGB. Diese vertreten die KG nach den gleichen Regeln wie die Gesellschafter einer OHG. Die Kommanditisten sind nicht zur Vertretung der Gesellschaft ermächtigt, § 170 HGB. Sie können die Gesellschaft nur dann wirksam vertreten, wenn ihnen von den persönlich haftenden Gesellschaftern eine entsprechende rechtsgeschäftliche Vertretungsmacht eingeräumt worden ist.

3. Die Haftung der Gesellschafter

Die persönlich haftenden Gesellschafter haften für die Verbindlichkeiten der Gesellschaft persönlich mit ihrem Privatvermögen. Es bestehen keine Unterschiede gegenüber der Haftung eines Gesellschafters einer OHG.

Die Kommanditisten haften gemäß § 171 HGB. Sie müssen eine bestimmte Einlage erbringen. Vor Erbringung dieser Einlage haftet der Kommanditist bis zur Höhe seiner Einlage unmittelbar

mit seinem Privatvermögen. Wenn er also z.B. eine Einlage in Höhe von 10.000,– € zu leisten hat, dann kann ein Gläubiger der Gesellschaft bis 10.000,– € aus dem Privatvermögen des Kommanditisten fordern. Sobald der Kommanditist aber seine Einlage geleistet hat, ist seine Haftung ausgeschlossen, § 171 Abs. 1 HGB. Dann kann ein Gläubiger nicht mehr auf das Privatvermögen des Kommanditisten zurückgreifen. Er muss sehen, dass er sein Geld von der Gesellschaft oder den persönlich haftenden Gesellschaftern bekommt. Erst wenn der Kommanditist die Einlage zurückerhält, haftet er wieder mit seinem Privatvermögen, § 172 Abs. 4 HGB.
Eine Besonderheit gilt, wenn die Gesellschaft noch nicht ins Handelsregister eingetragen worden ist, aber schon mit ihren Geschäften begonnen hat: Dann haftet jeder Kommanditist, der dem Geschäftsbeginn zugestimmt hat, wie ein persönlich haftender Gesellschafter.

Zusammenfassende Übersicht zur BGB-Gesellschaft, OHG und KG:

	BGB- Gesellschaft	Offene Handelsgesellschaft (OHG)	Kommanditgesellschaft (KG)
Anwendbare Vorschriften	§§ 705 ff. BGB	§§ 105 ff. HGB § 105 Abs. 3 HGB: Soweit es dort keine spezielleren Vorschriften gibt: §§ 705 ff. BGB	§§ 161 ff. HGB § 161 Abs. 2 HGB: Soweit es dort keine spezielleren Regeln gibt: §§ 105 ff. HGB und zuletzt §§ 705 ff. BGB
Entstehen der Gesellschaft im Innenverhältnis	Mit Abschluss des Gesellschaftsvertrages: Zusammenschluss zur Förderung eines gemeinsamen Zweckes.	Mit Abschluss des Gesellschaftsvertrages Zweck: Betrieb eines Handelsgewerbes	Mit Abschluss des Gesellschaftsvertrages Zweck: Betrieb eines Handelsgewerbes
Entstehen der Gesellschaft im Verhältnis zu Dritten	Mit Abschluss des Gesellschaftsvertrages	Eintragung im Handelsregister oder Geschäftsbeginn, § 123 Abs. 2 HGB	Eintragung im Handelsregister oder Geschäftsbeginn, § 161 Abs. 2 i.V.m. 123 Abs. 2 HGB
Vertretung der Gesellschaft	Die Vertretungsmacht richtet sich nach der Geschäftsführungsbefugnis. Soweit im Gesellschaftsvertrag nichts bestimmt ist, sind alle Gesellschafter gemeinschaftlich geschäftsführungsbefugt und können daher die Gesellschaft nur gemeinsam vertreten. Anderen Personen kann gemäß § 164 ff. BGB Vertretungsmacht eingeräumt werden.	Grundsätzlich ist jeder Gesellschafter allein vertretungsberechtigt, § 125 Abs. 1 HGB. Ausnahme: Gesamtvertretung gemäß § 125 Abs. 2 HGB. Anderen Personen kann gemäß § 164 ff. BGB Vertretungsmacht eingeräumt werden.	Nur Komplementäre sind allein vertretungsberechtigt, § 161 Abs. 2; § 125 Abs. 1 HGB. Kommanditisten sind zur Vertretung nicht berechtigt, § 170 HGB. Sie können allenfalls rechtsgeschäftlich Vertretungsmacht bekommen, §§ 164 ff. BGB
Haftung der Gesellschaft gegenüber Dritten	1. Es haftet die Gesellschaft mit dem Gesellschaftsvermögen. 2. Die Gesellschafter mit ihrem Privatvermögen. § 128 HGB wird entsprechend angewendet. 3. Die Gesellschafter untereinander haften als Gesamtschuldner.	1. Die Gesellschaft haftet gemäß § 124 HGB. 2. Die Gesellschafter haften gemäß § 128 HGB. 3. Die Gesellschafter untereinander haften nicht, es besteht nur ein Ausgleichsanspruch gegen die Gesellschaft, § 110 .	1. Die Gesellschaft haftet gemäß § 161 Abs. 2; § 124 HGB. 2. Die Komplementäre haften wie die Gesellschafter der OHG gemäß § 128 HGB. 3. Die Kommanditisten haften nur mit ihrer Einlage, § 171 HGB.

Neben der BGB-Gesellschaft, der OHG und der KG gibt es noch weitere Personengesellschaften, die hier aber nur kurz dargestellt werden können:

IV. Die GmbH & Co. KG

Die GmbH und Co. KG ist eine besondere Form einer KG: eine Kommanditgesellschaft, an der eine GmbH als – meist einziger – persönlich haftender Gesellschafter beteiligt ist. Sie wird durch den Abschluss eines Gesellschaftsvertrages zwischen der GmbH und den Kommanditisten gegründet. Wirksam nach außen hin wird die GmbH & Co. KG durch die Eintragung im Handelsregister.
Die Vertretung der KG erfolgt zweistufig: Die GmbH & Co. KG wird vertreten durch die Komplementär-GmbH. Diese wiederum wird vertreten durch ihren Geschäftsführer.
Die Haftung der Gesellschaft und der Gesellschafter erfolgt wie bei einer normalen KG: Die KG selbst ist teilrechtsfähig gemäß § 124 Abs. 1 i.V.m. § 161 Abs. 2 HGB. Die GmbH haftet in vollem Umfang mit ihrem Gesellschaftsvermögen gemäß § 128 HGB. Die Kommanditisten haften beschränkt auf ihre Einlage, §§ 171 ff. HGB.

V. Die stille Gesellschaft

Eine stille Gesellschaft ist eine Personengesellschaft, bei der sich jemand am Handelsgewerbe eines anderen mit einer Vermögenseinlage beteiligt und dafür einen Anteil vom Gewinn erhält. Die stille Gesellschaft ist in den §§ 230 ff. HGB geregelt. Die §§ 230 ff. HGB gehen von einem Zweipersonenverhältnis aus: Die stille Gesellschaft besteht nur aus dem Inhaber des Handelsgewerbes und dem stillen Gesellschafter. Beteiligen sich mehrere Personen an einem Handelsgewerbe, dann entstehen mehrere stille Gesellschaften.
Eine stille Gesellschaft tritt nach außen nicht in Erscheinung. Sie wird nicht im Handelsregister eingetragen. Es gibt auch kein Gesellschaftsvermögen. Nur der Inhaber des Handelsgeschäftes wird aus den abgeschlossenen Verträgen berechtigt und verpflichtet, § 230 Abs. 2 HGB. Der stille Gesellschafter hat mit diesen Verträgen nichts zu tun. Der Geschäftspartner bekommt unter Umständen also gar nicht mit, dass er es mit einer stillen Gesellschaft zu tun hat.

VI. Die Partnerschaftsgesellschaft

Angehörige freier Berufe üben kein Handelsgewerbe im Sinne des HGB aus, siehe oben im Kapitel Handelsrecht. Daher können z.B. Ärzte oder Rechtsanwälte keine OHG oder KG gründen. Wenn sie sich zusammenschließen wollen, können sie dass in der Form einer Partnerschaftsgesellschaft tun. Die rechtliche Grundlage für die Partnerschaft findet sich im Partnerschaftsgesellschaftsgesetz (PartGG). Die Partnerschaft ist eine Personengesellschaft. Nach § 7 Abs. 2 PartGG ist § 124 HGB entsprechend anzuwenden. Die Partnerschaft ist also keine juristische Person, kann aber Trägerin von Rechten und Pflichten sein. Auch im Übrigen verweist das PartGG. weitgehend auf die Vorschriften zur OHG. Die Vertretung der Partnerschaft und die Haftung der Gesellschafter erfolgt wie bei der OHG.
Eine Partnerschaft entsteht mit dem Abschluss des Partnerschaftsvertrages. Nach Außen hin wird die Partnerschaft aber erst wirksam, wenn sie im Partnerschaftsregister eingetragen wird. Das Partnerschaftsregister wird – wie das Handelsregister – beim Amtsgericht geführt.

VII. Die EWIV

»EWIV« steht für »Europäische wirtschaftliche Interessengemeinschaft«. Die EWIV ist die erste eigenständige Gesellschaftsform europäischen Rechts. Rechtsgrundlage ist die EWIV-VO. Darauf aufbauend wurde das Gesetz zur Ausführung der EWIV-VO erlassen.

Eine EWIV ist ein Zusammenschluss zweier Unternehmen aus jeweils zwei Mitgliedstaaten der EG. Sie ist darauf gerichtet, die wirtschaftlichen Zwecke der Mitglieder zu fördern. Sie selbst verfolgt keine wirtschaftlichen Zwecke und erzielt auch keine Gewinne.
Die EWIV entsteht durch den Abschluss eines Gründungsvertrages und die Eintragung in das entsprechende Register des Landes, in dem die Gesellschaft ihren Sitz hat.
In Deutschland ist das Handelsregister zuständig. Die EWIV ist eine Personengesellschaft. Gemäß § 1 AusführungsG sind im Wesentlichen die für die OHG geltenden Vorschriften anzuwenden.

B. Körperschaften

Ebenso wie bei den Personengesellschaften geht es bei den Körperschaften um einen Zusammenschluss mehrerer Personen zur Erreichung eines gemeinsamen Zweckes. Anders als bei einer Personengesellschaft sind Körperschaften aber mit Ausnahme des nichtrechtsfähigen Vereins juristische Personen. Das heißt: Sie sind in vollem Umfang rechtsfähig und können selbst Träger von Rechten und Pflichten sein. Es wird so getan, als ob die Körperschaft selbst ein Mensch wäre. Nur diese Person haftet. Die an der Körperschaft beteiligten Personen haften nicht. Die Mitglieder können auch aus der Körperschaft ausscheiden und es können neue Mitglieder eintreten, ohne dass es Einfluss auf die Körperschaft selbst hat.
Die wichtigsten Körperschaften sind: Der eingetragene Verein, die GmbH, die AG und die Genossenschaft.

I. Der Verein

Der Verein ist der Grundtyp aller Körperschaften. Die gesetzlichen Regelungen zum Verein finden sich in den §§ 21 ff. BGB. Das Gesetz unterscheidet zwischen dem wirtschaftlichen Verein (§ 22 BGB) und dem nicht wirtschaftlichen Verein (§ 21 BGB).

a) Der nichtwirtschaftliche Verein = Idealverein

Der **nicht wirtschaftliche** Verein ist ein Verein, dessen Zweck nicht auf einen wirtschaftlichen Geschäftsbetrieb gerichtet ist. Diese Art von Vereinen wird auch **Idealverein** genannt. Hierher gehören alle Vereine, deren Hauptzwecke politischer, wohltätiger, sportlicher, religiöser, wissenschaftlicher, kultureller oder geselliger Art sind. Hauptbeispiele für Idealvereine sind also: Der Fußballverein, der Kleingartenverein und der Wanderverein. Dabei bleiben diese Vereine auch dann Idealvereine, wenn der Verein sich nebenher auch noch wirtschaftlich betätigt: Wenn der Fußballverein eine Vereinskneipe betreibt, ist das nur der Nebenzweck, der Hauptzweck bleibt die sportliche Betätigung (auch wenn es in der Praxis für die Vereinsmitglieder vielleicht andersherum ist). Es kommt immer darauf an, dass der Hauptzweck ein ideeller Zweck ist.

aa) Die Gründung des Idealvereins

Die Gründung eines Idealvereins vollzieht sich in zwei Schritten:
- zuerst müssen sich mindestens sieben Personen zusammentun, § 56 BGB. Das sind die Gründungsmitglieder.
- Die Gründungsmitglieder müssen eine Vereinssatzung errichten. Die Satzung **muss** den Vereinszweck, den Namen und den Sitz des Vereins enthalten, § 57 BGB. Der Zweck muss nichtwirtschaftlich sein. Außerdem **soll** die Satzung noch die in § 58 BGB geforderten weiteren Bestimmungen enthalten.

Damit ist der Verein zwar gegründet, aber er ist noch nicht rechtsfähig. Um die Rechtsfähigkeit zu erlangen, müssen die Gründungsmitglieder einen Vereinsvorstand bestellen. Der Vorstand meldet den Verein zur Eintragung beim Vereinsregister des zuständigen Amtsgerichtes an, § 59 BGB. Erst mit der Eintragung im Vereinsregister wird der Verein rechtsfähig, § 21 BGB. Der Verein ist jetzt ein eingetragener Verein, abgekürzt: »e.V.«.
Vor der Eintragung ist der Verein ein nichtrechtsfähiger Verein. Gemäß § 54 S. 1 BGB sollen die Vorschriften über die BGB-Gesellschaft, §§ 705 ff. BGB, Anwendung finden. Allerdings werden viele Vorschriften der §§ 705 ff. BGB als für den Idealverein unpassend angesehen. Daher werden auch auf den nichtrechtsfähigen Verein viele vereinsrechtliche Vorschriften angewendet, z.B. §§ 25–28 und 32 BGB.

bb) Die Organe des Vereins

Der eingetragene Verein hat zwei Organe: den Vorstand und die Mitgliederversammlung.
Der **Vorstand** vertritt den Verein gerichtlich und außergerichtlich, § 26 BGB. Der Umfang der Vertretungsmacht kann durch die Satzung auch mit Wirkung gegenüber Dritten beschränkt werden. Wenn der Vorstand aus mehreren Personen besteht, bestimmt die Satzung, ob ein Vorstandsmitglied allein oder nur alle zusammen den Verein vertreten können.
Die **Mitgliederversammlung** besteht aus allen Vereinsmitgliedern. Sie entscheidet über alle Angelegenheiten, deren Besorgung nicht durch Gesetz oder Satzung dem Vorstand übertragen worden sind, § 32 BGB.

cc) Die Haftung des eingetragenen Vereins und seiner Mitglieder

Als juristische Person haftet der Verein für alle Verbindlichkeiten, die der Vorstand im Rahmen seiner Vertretungsmacht eingeht. Die Vereinsmitglieder selbst haften nicht. Für Pflichtverletzungen, die der Vorstand bei der Ausführung der ihm zustehenden Aufgaben begeht, haftet der Verein gemäß § 31 BGB.

b) Der wirtschaftliche Verein

Wenn der Zweck des Vereins auf einen wirtschaftlichen Geschäftsbetrieb gerichtet ist, handelt es sich gemäß § 22 BGB um einen wirtschaftlichen Verein. Beispiele für einen wirtschaftlichen Verein sind: eine Taxizentrale, Immobilienbörsen oder Werbegemeinschaften. Ein wirtschaftlicher Verein erlangt die Rechtsfähigkeit nicht durch die Eintragung im Vereinsregister, sondern durch staatliche Verleihung. Das Verfahren und die Zuständigkeit sind in landesrechtlichen Vorschriften geregelt. Die Verleihung der Rechtsfähigkeit darf aber nur erfolgen, wenn es für die Vereinigung wegen besonderer Umstände unzumutbar ist, sich als AG, GmbH oder Genossenschaft zu organisieren oder wenn es durch Bundesrecht ausdrücklich zugelassen ist. Daher ist ein wirtschaftlicher rechtsfähiger Verein eine seltene Ausnahme. Wenn die Rechtsfähigkeit nicht verliehen wird, bleibt es bei der Verweisung in § 54 S. 1 BGB: Auf den wirtschaftlichen Verein finden in vollem Umfang die Regeln über die BGB-Gesellschaft Anwendung.

II. Die Gesellschaft mit beschränkter Haftung (GmbH)

Die GmbH ist eine juristische Person. Sie kann zur Erreichung jedes gesetzlich zulässigen Zweckes von einer oder mehreren Personen gegründet werden. Die gesetzlichen Grundlagen finden sich im Gesetz betreffend die Gesellschaften mit beschränkter Haftung (GmbHG).
Die GmbH ist eine Handelsgesellschaft (§ 13 Abs. 3 GmbHG) und ist als solche stets Kaufmann, § 6 HGB.

Die GmbH verfügt über ein Gesellschaftsvermögen in einer gesetzlich festgelegten Höhe, das nicht unterschritten werden darf: das sogenannte Stammkapital. Es muss mindestens 25.000,– € betragen, § 5 GmbHG. Dieses Stammkapital wird von den Gesellschaftern aufgebracht: Das Stammkapital wird in Stammanteile aufgeteilt, die dann von den Gesellschaftern quasi gekauft werden. Dabei muss die Stammeinlage jedes Gesellschafters mindestens 100,– € betragen.
Weil die Mitgliedschaft in einer GmbH dadurch entsteht, dass sich die Mitglieder finanziell an der Gesellschaft beteiligen, gehört die GmbH zu den sogenannten **Kapitalgesellschaften**.

Eine wichtige Neuerung ist durch das »Gesetz zur Modernisierung des GmbH-Rechts und zur Bekämpfung von Missbräuchen« (MoMiG) in das GmbHG eingefügt worden: Neben die »normale« GmbH mit einem Stammkapital von 25.000,– € ist die sogenannte haftungsbeschränkte Unternehmergesellschaft getreten, § 5 a GmbHG. Diese kann mit einem geringeren Stammkapital als 25.000,– € gegründet werden. Bei der Unternehmergesellschaft handelt es sich um eine GmbH in der Variante der haftungsbeschränkten Unternehmergesellschaft. Sie ist ebenso wie die GmbH eine juristische Person in der Form einer Kapitalgesellschaft.

a) Die Gründung einer GmbH

Die Gründung einer GmbH erfolgt in vier Schritten:

1. Es wird von den Gesellschaftern ein Gesellschaftsvertrag geschlossen. Dieser muss notariell beurkundet werden, § 2 GmbHG. Der Gesellschaftsvertrag muss gemäß § 3 GmbHG Regelungen über die Firma und den Sitz der Gesellschaft, den Gegenstand des Unternehmens, die Höhe des Stammkapitals und die Höhe der von jedem Gesellschafter zu leistenden Stammeinlage. Man darf sich übrigens von dem Wort »Vertrag« nicht irreführen lassen: Es müssen nicht immer mehrere Gesellschafter sein. Auch eine einzelne Person kann eine GmbH gründen.
   Nach dem Abschluss des Gesellschaftsvertrages bis zur Eintragung ins Handelsregister nennt man die Gesellschaft »Vor-GmbH«.
2. Die Gesellschafter bestellen einen oder mehrere Geschäftsführer entweder im Gesellschaftsvertrag oder in der ersten Gesellschafterversammlung, § 6 GmbHG.
3. Die Gesellschafter bringen zumindest teilweise das Stammkapital auf, § 7 Abs. 2 GmbHG.
- Hierfür gibt es zwei Möglichkeiten: Wenn im Gesellschaftsvertrag nichts anderes bestimmt ist, dann muss die Stammeinlage in Geld erbracht werden. Man spricht dann von einer Bargründung. Das ist die Regel.
- Wenn es im Gesellschaftsvertrag so vorgesehen ist, kann das Stammkapital aber auch ausnahmsweise durch Sachwerte aufgebracht werden, § 5 Abs. 4 GmbHG. Das Problem bei einer Sacheinlage ist es, sicherzustellen, dass die geleistete Sache auch tatsächlich den Wert hat, mit dem sie dem Gesellschafter auf seine Einlageverpflichtung angerechnet werden soll. Es besteht die Gefahr, dass ein Gesellschafter z.B. einen schrottreifen Maschinenpark so hoch bewertet, dass damit nur auf dem Papier seine Einlage erbracht worden ist. Wenn die Sacheinlage in Wirklichkeit nicht den Wert der übernommenen Stammeinlage aufweist, muss der Gesellschafter in Höhe des Fehlbetrages seine Einlage in Geld erbringen.

4. Die Gesellschaft wird von den Geschäftsführern zum Handelsregister angemeldet. Mit der Eintragung der Gesellschaft im Handelsregister ist der Gründungsvorgang abgeschlossen. Die GmbH ist jetzt rechtsfähig.

b) Die Organe der GmbH

Die GmbH besteht aus dem Geschäftsführer und der Gesellschafterversammlung.
Der oder die **Geschäftsführer** nehmen alle Geschäftsführungsaufgaben der Gesellschaft wahr und vertreten die Gesellschaft gerichtlich und außergerichtlich, § 35 GmbHG. Dabei sind die Geschäftsführer an die Weisungen der Gesellschafterversammlung gebunden. Zum Geschäftsführer kann jede natürliche, unbeschränkt geschäftsfähige Person bestellt werden, § 6 GmbHG. Ein Geschäftsführer kann Mitglied der GmbH sein, muss es aber nicht. Wenn mehrere Geschäftsführer bestellt worden sind, können sie grundsätzlich die Gesellschaft nur gemeinsam vertreten. Es kann aber im Gesellschaftsvertrag etwas anderes bestimmt werden. Die Vertretungsmacht der Geschäftsführer ist nach außen hin nicht beschränkbar, § 37 Abs. 2 S. 1 GmbHG.
Die **Gesellschafterversammlung** besteht aus der Gesamtheit der Gesellschafter. In § 46 GmbHG ist im Einzelnen geregelt, wofür die Gesellschafterversammlung zuständig ist. Grob gesagt trifft die Gesellschafterversammlung alle Entscheidungen, die dann von den Geschäftführern ausgeführt werden müssen. Die Entscheidungen der Gesellschafterversammlung werden durch Beschlüsse getroffen. Nur die Vertretung der Gesellschaft ist der Gesellschafterversammlung nicht möglich, alles andere schon. Die Gesellschafterversammlung hat insbesondere gegenüber den Geschäftsführern ein Weisungsrecht, s.o.

c) Die Haftung der GmbH und ihrer Mitglieder

Als juristische Person haftet die GmbH für die in ihrem Namen eingegangenen Verbindlichkeiten selbst. Für schuldhaftes Verhalten des Geschäftsführers haftet die GmbH gemäß § 31 BGB analog. Die Gesellschafter haften für die Verbindlichkeiten der Gesellschaft nicht persönlich. Gläubiger der Gesellschaft können nur auf das Gesellschaftsvermögen zurückgreifen.

III. Die Aktiengesellschaft (AG)

Die Aktiengesellschaft ist wie die GmbH eine Handels- und Kapitalgesellschaft. Sie ist eine juristische Person, für deren Verbindlichkeiten nur das Gesellschaftsvermögen haftet. Die rechtlichen Grundlagen der AG finden sich im Aktiengesetz (AktG). Gemäß § 1 Abs. 2 AktG hat die AG ein in Aktien zerlegtes Grundkapital. Das Grundkapital ist der in der Satzung festgesetzte Kapitalbetrag. Er muss mindestens 50.000,– € betragen, § 7 AktG. Dieses Grundkapital ist in Anteile, die Aktien, zerlegt. Dabei können die Aktien entweder als Nennbetragsaktien oder als Stückaktien begründet werden, § 8 AktG.
Nennbetragsaktien lauten auf einen bestimmten Betrag in Euro. Sie sagen aus, wie viel Euro vom Grundkapital der Inhaber aufgebracht hat.
Auf **Stückaktien** steht kein bestimmter Geldbetrag. Vielmehr wird das Grundkapital in Anteile zerlegt. Für jeden Anteil wird eine Aktie ausgegeben. Alle Aktien repräsentieren also den gleichen Betrag am Grundkapital. Die Höhe der Beteiligung ergibt sich daraus, wie viele Aktien jemand hat. Die Gründer bringen das Grundkapital auf, indem sie Aktien erwerben. Die Aktien können dann weiterveräußert werden. Jeder, der eine Aktie erwirbt, ist Mitglied der AG. Man unterscheidet dabei zwischen Inhaberaktien und Namensaktien.
Bei einer **Inhaberaktie** ist derjenige Mitglied der Aktiengesellschaft, der das Aktienpapier besitzt. Wenn der Inhaber die Aktie nach den Regeln der §§ 929 ff. BGB übereignet, wird der neue Eigentümer gleichzeitig Mitglied der AG.
Auf einer **Namensaktie** ist der Inhaber namentlich vermerkt. Nur er kann die Mitgliedschaftsrechte geltend machen.

a) Die Gründung der AG

Die Gründung einer AG erfolgt in fünf Schritten:

1. Am Anfang steht wie immer ein Gesellschaftsvertrag. Bei der AG heißt dieser Vertrag »Satzung«. Die Satzung muss die in § 23 AktG aufgeführten Regelungen enthalten und notariell beurkundet werden. Durch die Satzung wird die Verpflichtung der Gründer begründet, die Aktien gegen entsprechende Einlagen zu übernehmen. Wie bei einer GmbH kann auch eine einzelne Person eine AG gründen.
2. Es müssen die Organe bestellt werden, durch welche die AG handlungsfähig wird: Der Vorstand, der Aufsichtsrat und der Abschlussprüfer, § 30 AktG.
3. Die Gründer müssen einen Gründungsbericht erstellen, § 32 AktG: Der Gründungshergang muss schriftlich festgehalten werden. Dieser Bericht ist die Grundlage für die anschließende Gründungsprüfung: Vorstand und Aufsichtsrat (und unter bestimmten Voraussetzungen besondere Gründungsprüfer) müssen überprüfen, ob bei der Gründung alles ordnungsgemäß abgelaufen ist, §§ 33 und 34 AktG. Dadurch sollen unseriöse Gründungen vermieden werden.
4. Die Gründer müssen ihre Einlage leisten. Sie müssen also den vereinbarten Betrag für die übernommenen Aktien einzahlen.
5. Zuletzt ist die AG zur Eintragung im Handelsregister anzumelden, § 36 AktG. Das Registergericht überprüft die ordnungsgemäße Errichtung und Anmeldung. Mit der Eintragung im Handelsregister entsteht die AG als juristische Person.

b) Die Organe der AG

Die Organe der AG sind der Vorstand, der Aufsichtsrat und die Hauptversammlung.
Dem **Vorstand** obliegt die Geschäftsführung und die Vertretung der AG, § 76 Abs. 1; § 78 AktG. Er leitet die AG. Dabei handelt der Vorstand eigenverantwortlich und ist – anders als die Geschäftsführer einer GmbH – nicht weisungsgebunden. Wenn der Vorstand aus mehreren Personen besteht, können nur alle zusammen die Geschäfte führen, § 77 Abs. 1 S. 1 AktG, und die Gesellschaft vertreten, § 78 Abs. 2 AktG. Allerdings kann in der Satzung etwas anderes bestimmt werden. Die Vertretungsmacht kann nach außen nicht beschränkt werden, § 82 AktG.
Die Vorstandsmitglieder werden vom Aufsichtsrat für fünf Jahre bestellt, § 84 AktG.
Der **Aufsichtsrat** kontrolliert den Vorstand. Er wird von der Hauptversammlung gewählt, § 101 Abs. 1 AktG. Er überwacht die Geschäftsführung, § 111 Abs. 1 AktG. Außerdem vertritt er die Gesellschaft gegenüber den Vorstandsmitgliedern gerichtlich und außergerichtlich, § 112 AktG.
Die **Hauptversammlung** ist die Versammlung aller Aktionäre der Gesellschaft. Sie wird durch den Vorstand einberufen, der ebenfalls zusammen mit dem Aufsichtsrat an der Hauptversammlung teilnehmen soll, § 118 Abs. 2 S. 1 AktG. Die Zuständigkeit der Hauptversammlung ergibt sich aus § 119 AktG. Es wird durch Beschlüsse entschieden.

c) Die Haftung der AG und ihrer Gesellschafter

Ebenso wie die GmbH haftet die AG für die in ihrem Namen eingegangenen Verbindlichkeiten selbst. Die Gesellschafter haften für die Verbindlichkeiten der Gesellschaft nicht persönlich.

Zusammenfassende Übersicht:
Aktiengesellschaft und Gesellschaft mit beschränkter Haftung

	Die Aktiengesellschaft (AG) gesetzliche Grundlage: AktG	Die Gesellschaft mit beschränkter Haftung (GmbH) gesetzliche Grundlage: GmbHG
Allgemeine Beschreibung	Kapitalgesellschaft, Mitgliedschaft durch Beteiligung am in Aktien zerlegten Grundkapital (mind. 50.000,- €, § 7 AktG).	Kapitalgesellschaft, Mitgliedschaft durch Beteiligung am Stammkapital (mind. 25.000,- €, § 5 GmbHG, Ausnahme: § 5 a, Unternehmergesellschaft)
Organe	1. Vorstand: Geschäftsführung und Vertretung 2. Aufsichtsrat: Überwacht die Geschäftsführung 3. Hauptversammlung = alle Aktionäre, Zuständigkeit: § 119 AktG	1. Geschäftsführer: Geschäftsführung und Vertretung, weisungsgebunden 2. Gesellschafterversammlung = Gesamtheit der Gesellschafter, Zuständigkeit: § 46 GmbHG
Ablauf der Gründung	1. notariell beurkundeter Gesellschaftsvertrag 2. Bestellung der Organe 3. Gründungsbericht 4. Übernahme der Aktien durch die Gründungsmitglieder → Vor-AG 5. Eintragung im Handelsregister → Rechtsfähigkeit	1. notariell beurkundeter Gesellschaftsvertrag → Vor-GmbH 2. Bestellung des/der Geschäftsführer(s) 3. Aufbringung des Stammkapitals 4. Eintragung im Handelsregister

Neben dem Verein, der GmbH und AG gibt es noch weitere Körperschaften, die hier kurz im Überblick dargestellt werden sollen:

IV. Die Kommanditgesellschaft auf Aktien (KGaA)

Die Kommanditgesellschaft auf Aktien ist eine Mischung aus einer KG und einer Aktiengesellschaft. Die gesetzliche Grundlage findet sich in den §§ 278 ff. AktG. Die KGaA ist eine juristische Person. Es gibt wie bei der KG zwei Arten von Gesellschaftern: Die **Kommanditaktionäre**, die das in Aktien zerlegte Grundkapital halten und daneben mindestens einen **persönlich haftenden Gesellschafter**. Es gelten im Wesentlichen die Vorschriften für die AG, § 278 Abs. 3 AktG.
Die persönlich haftenden Gesellschafter haben im Wesentlichen die gleichen Aufgaben wie der Vorstand einer Aktiengesellschaft, § 283 AktG. Die Kommanditaktionäre bilden die Hauptversammlung der KGaA. Daneben gibt es einen Aufsichtsrat, für den dieselben Vorschriften wie für den Aufsichtsrat einer AG gelten.

V. Die Genossenschaft (e.G.)

Die eingetragene Genossenschaft ist eine rechtsfähige Körperschaft nach Art eines Vereins. Der Zweck einer Genossenschaft besteht darin, die wirtschaftliche Tätigkeit ihrer Mitglieder oder deren soziale und kulturelle Belange durch einen gemeinschaftlichen Geschäftsbetrieb zu fördern. Die rechtlichen Regelungen zur Genossenschaft befinden sich im Genossenschaftsgesetz (GenG).

Eine Genossenschaft wird gegründet, indem sich mindestens drei Gründungsmitglieder zusammentun und eine Satzung mit gesetzlich vorgeschriebenem Inhalt errichten, §§ 4–7 GenG. Es wird dann ein Vorstand bestellt. Der Vorstand meldet die Genossenschaft beim zuständigen Amtsgericht zur Eintragung im Genossenschaftsregister an, § 11 GenG. Mit der Eintragung erlangt die Genossenschaft die Rechtsfähigkeit. Sie ist jetzt eine eingetragene Genossenschaft, abgekürzt: e.G. Den Gläubigern der Genossenschaft haftet nur das Vermögen der Genossenschaft, § 2 GenG. Die einzelnen Mitglieder haften nicht. Die Genossenschaft hat ähnlich wie die AG drei Organe: Den Vorstand, den Aufsichtsrat und die Generalversammlung.
Der **Vorstand** führt die Geschäfte der Genossenschaft und vertritt sie nach außen, § 24 GenG. Wie bei einer Aktiengesellschaft können nur alle Vorstandsmitglieder zusammen die Genossenschaft vertreten, wenn es in der Satzung nicht anders geregelt ist, § 25 Abs. 1 GenG.
Ein **Aufsichtsrat** muss nur bestellt werden, wenn die Genossenschaft mehr als zwanzig Mitglieder hat, § 9 GenG. Dieser hat die gleichen Aufgaben wie der Aufsichtsrat einer Aktiengesellschaft: die Überwachung der Geschäftsführung des Vorstands, § 38 GenG, und die Vertretung der Genossenschaft gegenüber dem Vorstand, § 39 GenG.
Oberstes Organ der Genossenschaft ist die **Generalversammlung**. Sie besteht aus allen Mitgliedern der Genossenschaft. Die Generalversammlung wählt den Aufsichtsrat, § 36 Abs. 1 GenG, stellt den Jahresabschluss fest und beschließt über die Verwendung des Überschusses, § 48 GenG.

Übersicht über die verschiedenen Gesellschaftsarten:

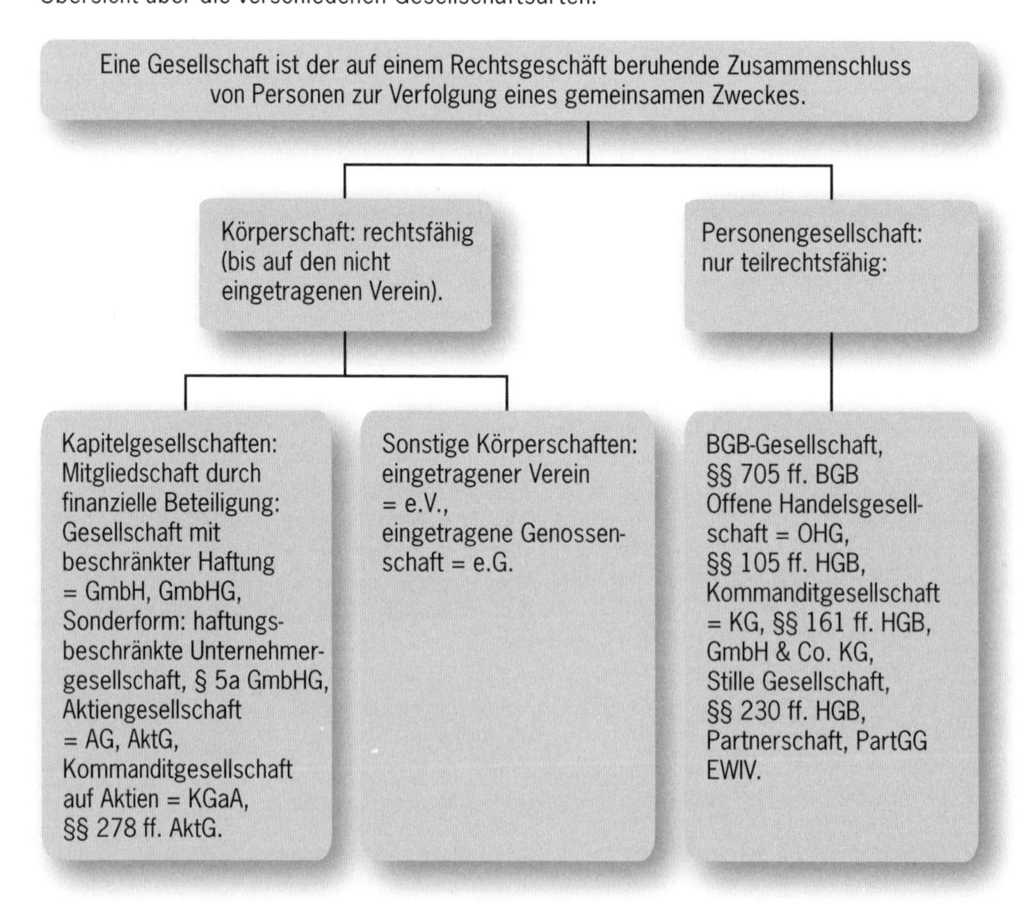